AF271506

أخبار خديجة بنت خويلد

في المصادر الإسلاميّة: أبنية السرد والذاكرة والتاريخ

مريم سعيد العلي

إلى أبي، البهيّ والسعيد.

نُصوصٌ وَدِرَاسَات بَيْروتيَّة

سِلْسِلة يُصْدرُها
المعهَد الألمانيّ للأبحاث الشرقيّة في بَيروت

١٣٩

أخبار خديجة بنت خويلد
في المصادر الإسلاميّة: أبنية السرد والذاكرة والتاريخ

تأليف
مريم سعيد العلي

Bibliografische Information der Deutschen Bibliothek

Die Deutsche Bibliothek verzeichnet diese Publikation
in der Deutschen Nationalbiografie;
detaillierte biografische Daten sind im Internet
über http://dnb.d-nb.de abrufbar.

Bibliographic information published by the Deutsche Nationalbibliothek

The Deutsche Nationalbibliothek lists this publication
in the Deutsche Nationalbibliografie;
detailed bibliographic data are available in the Internet
at http://dnb.d-nb.de.

ISBN 978-3-95650-773-1

إرغون - دار نشر تابعة لمجموعة نوموس للنشر في بادان بادان
المعهد الألمانيّ للأبحاث الشرقيّة

جميع الحقوق محفوظة

الطبعة الأولى
٢٠٢٠

طُبع بإشراف المعهد الألمانيّ للأبحاث الشرقيّة في بيروت
التابع لمؤسّسة ماكس فيبر (المعاهد الألمانيّة للدراسات الإنسانيّة في خارج ألمانيا)
على نفقة وزارة الثقافة والأبحاث العلميّة في ألمانيا الاتّحاديّة
طُبع في شركة درغام ش م م، بيروت – لبنان

نصوص ودراسات بيروتيّة: سلسلة تصدر بالتعاون مع لاله بهزادي
وبيرجيت كرافيتس وسونيا مايشر أتاسي وبيرجيت شيبلر وهيننغ زيفيرت.
الاعتناء العلميّ: كريستوفر بال وتورستن فولينا وبرّاق زكريّا وعبد الله صوفان

المحتويات

هذا الكتاب

هذا كتابٌ ينظر في أخبار خديجة بنت خويلد زوج النبيّ الأولى. وأخبار خديجة شحيحة جدًّا إذا قارنّاها بتلك المتوفِّرة عن غيرها من شهيرات النساء الصحابيّات كابنتها فاطمة (ت. ٦٣٢/١١) أو ضرّتها عائشة (ت. ٦٧٨/٥٨)، أو من رجال الصفّ الأوّل من الصحابة كأبي بكر (ت. ٦٣٤/١٣) أو عليّ (ت. ٦٦١/٤٠). إنّها خديجة المُغمضة أجزاءٌ كبيرةٌ من حياتها عنّا، حتّى إنّ القليل الذي «نعرفه» عنها واقعٌ في تلك الحقبة الانتقاليّة غير المرسومة حدودها بوضوح من فصل الرسالة المحمّديّة، بين الجاهليّة والإسلام. لا بل إنّ مقدار ما نعرفه ضئيلٌ جدًّا قياسًا بما نجهله. لكنْ أليس في المجهول سحر؟ وفي المُغمض جاذبيّة؟ في هذا الكتاب محاولة للإضاءة على المساحات المجهولة المعتمة كما على تلك البيِّنة المعلومة عن خديجة. فالوعي بالمجهول يجدر به أن يحثّنا على قراءة المتوفِّر الموجود الموروث قراءة منفتحة، متحرّرة من الأحكام المسبقة، والأفكار الجاهزة، والحقائق الكاملة التي يظنّها كثيرون عن هذه السيّدة الطالعة من ذلك الزمن المقدّس القديم. هي محاولة تتحدّى الاستنتاج المتسرِّع المُتّكئ على شُحّ الأخبار أنّ المتوفِّر لا يكفي ليكوِّن نواة بحث جدّيّ أو دراسة مُوسَّعة، فالكتاب لا يهدف إلى تجميع أخبار خديجة حسب المقاربة التقليديّة المعتادة لتقديم سيرة لها تستعرض الأحداث المفصليّة في حياتها بشكل ترتيبيّ يبدأ بولادتها وينتهي بوفاتها، فسيرة مماثلة متوافرة في المصادر وفي عدد كبير من المراجع، بل إنّه يرمي إلى استقصاء كيفيّة تبلور صُوَرها وخيالاتها وأدوارها بالتوازي مع عمليّات سرد هذه الأخبار. من خلال مقاربة منهجيّة جديدة تنظر إلى الأخبار كوحدات سرديّة يُعاد تسريدها وتركيبها وتوظيفها على الدوام داخل حبكات سرديّة عدّة في أنواع مصادر مختلفة، يحاول هذا الكتاب الإجابة عن أسئلة 'كيف رأى المسلمون زوج نبيّهم الأولى؟'، و'كيف استحضروها في وعيهم الجماعيّ؟'، و'كيف تذبذبت هذه الرؤية وكيف تطوّرت عبر العصور؟'، 'وهل لنا أن نتلمّس اليوم خديجة التاريخيّة؟'، فهي إذ دُوِّنت أخبارها بشكل خلّاق مع مصنّفين

مبدعين صارت أيضًا بدرجة معيّنة شخصيّة خياليّة يجدر بها أن تؤدّي –وهي لا تزال تؤدّي، دورًا رمزيًّا مؤثّرًا يحرّك عواطف الأجيال، صارت خديجة جزءًا من إرث (legacy) تلك الأجيال. ولا تكتسب أخبار خديجة المحفوظة في تراثنا أهمّيّتها، وهي كلّ ما تبقّى من شخص خديجة الحقيقيّ التاريخيّ، لأنّها تستثير العواطف فقط، بل من تحمّلها نوعًا من الإرشاد «الأخلاقيّ» شبه الملزِم للمسلمين عمومًا، وللمسلمات خصوصًا، لأنّهم حين يتبنّون هذه الأخبار ويُقرّون بها تغدو حيّة في نفوسهم، وتُسهِم بشكل فعّال في نظم أفعالهم، فما نتلقّاه عن مطلق شخصيّة تاريخيّة هو جزء من تراثنا تمامًا كما هي أيّ عادة قديمة من عاداتنا لا نزال نمارسها، أو أيّ مَثَل سائر لا نزال نستخدمه في كلامنا، لأنّنا عندما نتلقّف خبرًا يصبح جزءًا عمليًّا من حاضرنا. صحيح مثلًا أنّ زواج النبيّ من خديجة المذكور في المصادر هو «حدَث» انقضى، لكنّنا اليوم لا نستطيع أن نحصي عدد المسلمين والمسلمات الذين ينظرون إلى هذا الزواج بتقدير استثنائيّ، أو عدد المرّات التي يُستشهَد فيها بفارق العمر بين خديجة والنبيّ دفاعًا عن زواج تكبر فيه المرأة زوجها، استنادًا إلى الخبر المشهور أنّها كانت حين زواجهما قد بلغت الأربعين فيما كان النبيّ لا يزال في زهرة العشرينيات. وليس وَقْع نصوص الأخبار هذه هو نفسه بالطبع في وعي جمهور المتلقّين لها في زمن محدّد، أو المتلقّين الذين توالَوا على قراءتها في أزمنة متلاحقة. تتفاوت تجربة تلقّيها نوعًا وعمقًا وغنًى بين فرد وآخر وبين عصر وآخر بدرجة كبيرة، لأنّ أصحاب العقول المبدِعة هم وحدهم الذين يستطيعون أن يتمثّلوا تلك النصوص وأن يُعيدوا تشكيلها، والمؤرّخون منهم بوجه خاصّ هم الذين يأخذون على عاتقهم مهمّة ترسيخ صوَر الماضي وتطويرها، فالتأريخ، بمعناه الإنسانويّ الواسع، والذي تُعبّر عنه كتب التاريخ والسيَر والأدب وغيرها، هو الذي يصنع المادّة التي تتناقلها الأجيال كـ«تراث» لها. إنّ هؤلاء الخلّاقين، وبخلاف الأفراد الأقلّ موهبة الذين يكتفون بالتلقّي الانفعاليّ لِما يصل إليهم دون أن يتورّطوا في أيّ فعل إبداعيّ قد يمسّه، يتلقّفون المعطى الموروث ويستخرجون منه أنماطًا جديدة، فكريّة أو سلوكيّة أو فنّيّة، تصبح هي المعطى الجديد؛ فالنصوص الموروثة لا تُعيد إنتاج نفسها بنفسها، بل تظلّ تخضع لعمليّات إبداعيّة متكرّرة ناشئة من رغبة أفراد مُرهفين وذوي مقدرة، في تقديمها و/أو تحسينها و/أو نقلها، وهؤلاء عندما يفقدون تلك الرغبة، فإنّ النصّ الموروث المرغوب عنه ينزلق إلى النسيان، فينعدم تدريجيًّا، ويكفّ عن كونه موروثًا. على هذه الخلفيّة، سيبسط هذا الكتاب ما تمخّضت عنه جهود عدد من المؤرِّخين المبدعين لدى تناولهم أخبار خديجة في عدد من مصادر السيرة

والطبقات والحديث والتفسير والأدب، وقد انطلق كلٌّ منهم من مجاله وبيئته وفِرقته، وسيُبيِّن أنّ السطور التي سُجِّلت عن خديجة وإن حفظت لها مكانة راسخة في سرديّة الإسلام، فهي لم تؤهِّلها لاعتبارات عدّة، تاريخيّة أو مذهبيّة أو عمليّة أو تصنيفيّة، لتحتلّ الصدارة المعنويّة المتوقعّة قياسًا بما كان لها في القصّة الدينيّة؛ وأنّ شخصيّتها كانت أحيانًا رمزًا توسّله المصنّفون لتمرير طروحاتهم لِما كانوا يرونَه هم مناسبًا ولائقًا بالمرأة المسلمة. سيبرهن الكتاب أنّ إرث خديجة التي تخبر المصادر أنّها عاشت وماتت قبل الهجرة، ولم تروِ الحديث، ولم تشهد الفتح ولا قيام الدولة كان في أحيان كثيرة وفي زحام الشخصيّات والأحداث والإسقاطات والصراعات سواء على سبق الأوّليّة أو جدارة الخلافة أو أحقّيّة الرأي والمذهب، مجدًا قديمًا... منسيًّا.

شكر

لا يسقط فرض الشكر بتواضع أستاذي طريف الخالدي ودماثة خُلُقه، بل يعظم استحقاقه ويتقوّى وجوبه. وهو الذي أولاني مزيدًا من علمه وعنايته، ولا يزال. تحت إشرافه بدأ هذا الكتاب بمسوّدته الأولى أطروحة لنيل درجة الدكتوراه في اللّغة العربيّة وآدابها مُقدَّمة إلى دائرة اللّغة العربيّة ولغات الشرق الأدنى بالجامعة الأميركيّة في بيروت في آب ٢٠١٧. وما كانت هذه الأطروحة لتُكتَب لولا المنحة الكريمة المخصّصة لطَلَبة الدكتوراه التي نلتها من كلّيّة العلوم والآداب بالجامعة. وكذا، فللدائرة العربيّة التي يرأسها اليوم بلال الأرفه لي عليّ فضل غامر، ففيها ولِما يربو على عقد من السنوات تشكّلت هويّتي الأكاديميّة برفد أساتذة أجلّاء أذكر منهم رمزي بعلبكي، وأسعد خير الله، وصالح سعيد آغا، وديفيد ويلمسن (David Wilmsen). ومنهم ماهر جرّار الذي طوّقني من لطفه وثقافته طوقًا كأطواق الحمائم لا يُنزَع، مُذ إشرافه على أطروحتي لنيل درجة الماجستير إلى ترؤّسه لجنة الأساتذة المراجعين لأطروحة الدكتوراه، أصل هذا الكتاب، وهم: فوّاز طوقان، ومحمّد ريحان، وحسين عبد الساتر، ووحيد بهمردي. فهؤلاء جميعًا أشكر بما اتّسعت له قدرتي. ومعهم أشكر الأستاذَين المجهولَين اللّذين أسند إليهما المعهد الألمانيّ للأبحاث الشرقيّة في بيروت مراجعة مسوّدتين سابقتين لكتابي هذا، فقد أفدتُ من دقائق ملاحظاتهما وصواب رأييهما ما جنّبني هفوات غير قليلة، شكلًا ومنهجًا ومادّة. وأستجمع أحسن الألفاظ الجامعة لمعاني الشكر فأتوجّه بها إلى المعهد الألمانيّ للأبحاث الشرقيّة بشخص مديرته بيرجيت شابلر (Birgit Schäbler)، ومحرّرَي سلسلة نصوص ودراسات بيروتيّة تورستِن فولينا (Torsten Wollina) وكريستوفر بال (Christopher Bahl) اللّذين أشرفا متعاقبَين، وفريقَ عملهما، على تنقيح هذا الكتاب وتهذيبه كيما يصير صالحًا للنشر. وأخصّ بالذكر هنا برّاق زكريّا الذي تفضّل بالمراجعة والتدقيق، والزميل والصديق عبد الله صوفان لجهوده في المراحل الأخيرة من إخراج الكتاب. ومن جامعة القدّيس يوسف في بيروت أقدّر طلابي

بمعهد الآداب الشرقيّة، ومن المعهد الفرنسيّ للشرق الأدنى ببيروت سارة سليمان ديفو (Sarrah Soliman de Vaulx) إذ يسّروا عليّ مجاهدتي في صقل هذا الكتاب، كُلٌّ على طريقته. ويستنفد شكري ويذويه ما كابده وصبر عليه وليفي وزوجي نضال موّاس وأنا أسيرة السعي وراء خديجة لسنوات، فلم يقل لي أفّ بل انبرى يمهد لي كلّ وثير ويجلو عنّي كلّ مرهق حبًّا وتطوّعًا في خدمة العلم. فله ولابنتي لمى التي ولدت أثناء الكتابة صافي الودّ والعرفان. أمّا أمّي التي واكبت هذا الكتاب في الظلّ وفي الشمس، فأنا في تمام العجز عمّا يجب لها عليّ من شكر. فعسى أن يجد المتفضّلون الذين ذكرتهم جميعًا أنّهم قد اجتنوا مع صدور هذا الكتاب ثمرة برّهم العميم.

مقدِّمة عامّة

مَن هي خديجة؟

تروي المصادر أنّ اسمها خديجة بنت خويلد بن أسد بن عبد العزّى، وأنّها كانت تاجرة ثريّة اشتغل النبيّ في تجارة لها ثمّ تزوّجها، وأنّها كانت أولى زوجاته التي لم يتزوّج غيرها حتّى وفاتها، وأمّ أولاده وأوّل من آمن برسالته. وتُخبر أنّ زواجها منه دام مدّة ربع قرن، انقضى منها خمسة عشر عامًا قبل مبعثه وعشرة أعوام من بعدُ تقريبًا، وأنّها توفّيت قبل هجرته من مكّة إلى المدينة بثلاثة أعوام (٣ ق. هـ./٦١٩ م.). ولعلّ تأريخ وفاتها هو أوّل ما ينبّهنا إلى أنّها عاشت وماتت «باكرًا» في الفصل الأوّل من قصّة الإسلام، فالتقويم الإسلاميّ الهجريّ المعروف يبدأ بعام الهجرة، كما أنّ اعتماد التقويم الهجريّ بدأ بحسب ما يُنقَل في الأخبار في عهد عمر بن الخطّاب (ت. ٦٤٤/٢٣) لتأريخ الوثائق الرسميّة، قبل أن يتوسّع استخدامه تدريجيًّا ويسلك طريقه إلى الكتابة التاريخيّة؛ إذ إنّ معظم الروايات التي تتناول الفترة الممتدّة من وفاة النبيّ حتّى مقتل الإمام عليّ بن أبي طالب (٦٣٢/١١–٦٦١/٤٠) لم تكن بالأصل مؤرَّخة على الهجرة. فإذا كان الحال كذلك مع أحداث العقود التي تلت وفاة النبيّ، فما حال تأريخ وفاة خديجة بحسب التقويم الهجريّ، وهي التي خرجت من المشهد قبل ذلك بزمن بعيد؟ إنّه محاولة ضبط تاريخيّ متأخّرة جدًّا عن تلك الوفاة المفترضة.[1] لكنّ الأخبار المكتوبة بعد تلك الوفاة بوقت

---

[1] أنظر محمّد بن جرير الطبريّ (ت. ٩٢٣/٣١٠)، «ذكر الوقت الذي عُمِل فيه التاريخ»، في **تاريخ الرسل والملوك**، تحقيق محمّد أبو الفضل إبراهيم، ط. ٢ (القاهرة: دار المعارف، ١٩٦٨)، ٣٨٨/٢–٣٩٣. وراجع:

Albrecht Noth and Lawrence Conrad, *The Early Arabic Historical Tradition: A source-Critical Study*, trans. Michael Bonner (Princeton: The Darwin Press, 1994), 40–42.

وحول اعتماد التقويم الهجريّ لتأريخ أحداث سِنِيّ الإسلام الأولى وأثره في الكتابة التاريخيّة الإسلاميّة عمومًا راجع أيضًا:

Donner, *Narratives of Islamic Origins*, 236–48.

طويل، والتي تضبط وجودها وأحداث حياتها، هي كلّ ما تبقّى لنا منها. فخديجة التي نعاينها اليوم هي جزء مكتوب من إرثنا السرديّ وهو بدوره جزء من البنيان المعرفيّ الضخم الذي نسمّيه تراثنا.[٢]

بين الصورة والخبر

كلّ ما لدينا عن خديجة إذًا هو أخبار قوامها لغة مرصوفة في كلام. واللغة تُقدِّم حقيقةً عن الأشياء أو الأشخاص، لكنّها لا تحفظ المظهر، وهي تفتقر بالتالي إلى ميزة الصورة المحسوسة.[٣] ونحن ليس بين أيدينا اليوم رسم ماديّ لخديجة يحفظ لنا مظهرها ولعلّه من السهل أن نفهم أنّ الصوَر المادّيّة قد تكون أشدّ وقعًا من الكلمات، ربّما لكثافة الصورة وطريقة تقديمها للمعلومات دفعة واحدة، وهي الطريقة التي تشكّل نوعًا من الضمانة بأنّ ما تُسجّله دقيق وصادق. فلو تسنّى لنا أن نتمعّن في صورة مادّيّة لخديجة، فإنّها كانت ستُظهِر ما إذا كانت خديجة طويلة أو قصيرة، نحيفة أو ممتلئة، بيضاء أو سمراء، علاوة على أمور أخرى. لكنّ جملة عن خديجة مثل: «كانت خديجة ذات شرف وجمال»[٤] تخبرنا أنّ خديجة كانت شريفة وجميلة فقط. ونحن نفترض أنّ خديجة كانت لها صفات أخرى كثيرة في أوقات محدّدة غير كونها شريفة وجميلة. لكنّ الكلام لا يخبرنا كلّ شيء دفعة واحدة، وهذا يعود لطبيعة الخبر وما يكتنزه من رؤى شخصيّة

---

٢ لمدخل نظريّ موسّع حول مفهوم التراث عمومًا وتفصيل عدد من الإشكاليّات المتعلّقة به راجع دراسة شيلز المعمّقة:
Edward Shils, *Tradition* (Chicago: The University of Chicago Press, 1981).

٣ حول اختلاف الصور والكلمات في تحمّل المعنى والتعبير عنه راجع مقالة سول وورث المرجعيّة:
Sol Worth, "Pictures Can't Say Ain't," in *Studying Visual Communication*, ed. Larry Gross (Philadelphia: University of Pennsylvania Press, 1981), 162–84.
أنظر أيضًا:
Nelson Goodman, "Reality Remade," in *Aesthetics: Critical Concepts in Philosophy*, ed. James O. Young (London and New York: Routledge, 2005), 92–93.
ولمدخل قصير إلى مقاربة الموضوع في دراسات مهمّة أخرى حول الصورة ودورها كعنصر ينقل المعنى راجع أومون، «بين الصورة والنصّ: أيّهما أبلغ؟»، في **الصورة**، ترجمة ريتا الخوري (بيروت: المنظّمة العربيّة للترجمة، ٢٠١٣)، ٢٦٤–٢٦٧. وحول العلاقات المتشابكة بين الكتابة والتصوير من خلال مفهوم الصورة مع أمثلة تطبيقيّة من بعض الأعمال الأدبيّة أنظر شاكر عبد الحميد، «الصورة في الأدب»، في **عصر الصورة: السلبيّات والإيجابيّات**، عالم المعرفة ٣١١ (الكويت: المجلس الوطنيّ للثقافة والفنون والآداب، ٢٠٠٥)، ١٧١–٢١٦.

٤ ابن حجر العسقلانيّ (ت. ١٤٤٩/٨٥٢)، **الإصابة في تمييز الصحابة**، تحقيق عبد الله التركيّ (القاهرة: مركز هجر للبحوث والدراسات، ٢٠٠٨)، ٣١٦/١٣.

وغرضيّة محدّدة من حيث هو واقع تحت سلطة المتكلّم/المخبِر الذي يعلن فيه ما يشاء ويسكت فيه عمّا يشاء، فيما الصورة بالمقابل تقصر عن مثل هذا التجزيء المقصود للأمور. فلو أنّ خديجة كانت سمراء طويلة، فهي لا تستطيع أن تظهر في الصورة إلّا سمراء طويلة، لكنّنا بالمقابل نستطيع أن نقول: كانت خديجة سمراء في جملة، وكانت خديجة طويلة في جملة مستقلّة أخرى. لكنْ هذا لا ينفي بالطبع أنّ الصورة قادرة على «مراوغة» العين بطُرُقها الخاصّة، فلعبة الظلّ والمنظور والوضعيّة فضلًا عن انتقائيّة المصوِّر التي تتحكّم بما يدخل في إطار الصورة وما يخرج منها، كلّها تؤثّر مثلًا على ما يُقدَّم للناظر إلى الصورة في مرحلتها النهائيّة، على أنّ قدرة الصورة على التجزيء مع اعتبار كلّ هذه العوامل تبقى محدودة قياسًا على قدرة الألفاظ. فكيفما كانت الصورة، سيكون فيها منسوب من التكثيف لا مهرب منه. وعليه، فإنّ أيّ «بورتريه» قياسيّ لخديجة سيُظهر وجهها على الأقلّ بكلّ تفاصيله، وما نقصده نحن بصورة خديجة في سياقنا هذا هو بورتريه مماثل، لا صورة تجريديّة لها مثلًا.[٥] وعليه، فإنّ الوصف بواسطة اللغة لا يستتبع التمثيل المباشر الذي يفرضه التصوير، لأنّ صورة خديجة المرئيّة المادّيّة تُمثّل خديجة كما هي، تُعيد مَظهرتها، وإن كان الذي يأتي إلى العين عندما ننظر إلى صورة مفترَضة لها هو «نظرة تنظر» إلى خديجة لا خديجة نفسها،[٦] فيما وصفها بمطلق كلام لا يقوم على تمثيل مباشر من هذا النوع. فالكلام المكتوب له شكل لفظيّ لا يحدّده قوام الشخص الموصوف. لكنّ اللغة بالمقابل واسطة للتعبير عن المجرّدات والأفكار، فيما الصورة لا تجلو أمام ناظرَينا غير المادّيّات. تعجز أيّ صورة أن تنقل لنا حقيقة أنّ خديجة كانت ذات شرف مثلًا. وحتّى التعبير «كانت خديجة ذات جمال» الذي يُشير إلى صفة جسمانيّة مادّيّة لا يمثّل لنا ذلك الجمال كما كان، فكأنّ فيه تجريدًا لهذه الحقيقة، وللقارئ أن يرسم في ذهنه صورة المرأة الجميلة التي يحبّ، لأنّ تشخيص خديجة في صورة طبق الأصل غير متوفّر.[٧] ويتعلّق التشخيص عمومًا بنشاط إدراكيّ يقلّص من ممكنات التمثّل داخل الذهن لأنّه يفرض على العين نسخة واحدة، فهو

---

٥ حول الصوَر التجريديّة راجع جاك أومون، «التشكيليّ والأيقونيّ»، في **الصورة**، ٧٦–٨٢. وحول استعراض موجز لـ«أنواع الصوَر» راجع شاكر عبد الحميد، **عصر الصورة**، ١٨–٣٢.

٦ استعرنا العبارة من بنگراد في سعيد بنگراد، مقدّمة الترجمة لـ**الصورة: المكوّنات والتأويل**، لكاتبه غي غوتيي (بيروت والدار البيضاء: المركز الثقافيّ العربيّ، ٢٠١٢)، ٨.

٧ استقينا هذا التمييز النظريّ الموجز بين الصورة واللغة من تحليل جوزف غراهام المفصّل في:
Joseph F. Graham, "The Difference in Aesthetics," in *Onomatopoetics: Theory of Language and Literature* (Cambridge: Cambridge University Press, 1992), 140–77.

يروّض المجهول ويُضفي طابع الألفة والمماثلة، وهذا يقضي على «الصورة الذهنيّة»، الصورة «المطّاطيّة» و«حمّالة الأوجه» والتي لا يمكن أن تتجسّد في نسخة وحيدة.[٨] وهنا لا بدّ من التوقّف قليلاً عند الوصف التفصيليّ لهيئة النبيّ وخلْقته، وهو الذي كان

فخمًا مفخّمًا، يتلألأ وجهه تلألؤ القمر ليلة البدر، أطول من المربوع، وأقصر من المشذّب، عظيم الهامة، رجل الشعر إن انفرقت عقيصته فرق وإلّا فلا يجاوز شعره سحمة أذنيه إذا هو وفره، أزهر اللون، واسع الجبين، أزجّ الحواجب سوابغ في غير قرن بينهما عرق يديره الغضب، أقنى العرنين له نور تعلوه يحسبه من لم يتأمّله أشمّ كثّ اللحية، ضليع الفم، مفلج الأسنان، دقيق المسربة كأنّ عنقه جيد دمية في صفاء الفضّة، معتدل الخلق بادن متماسك، سواء البطن والصدر، عريض الصدر بعيد ما بين المنكبين، ضخم الكراديس، أنور المتجرّد موصول ما بين اللبّة والسرّة بشعر يجري كالخطّ، عاري الثديين والبطن ممّا سوى ذلك، أشعر الذراعين والمنكبين وأعالي الصدر طويل الزندين، رحب الراحة، سبط القصب، شثن الكفّين والقدمين سائل الأطراف، خمصان الأخمصين مسيح القدمين ينبو عنهما الماء [...][٩]

فمن المثير للاهتمام أنّ هذا الوصف المشهور مرويّ عن الحسن بن عليّ (ت. ٦٧٠/٥٠) عن خاله هند بن أبي هالة التميميّ، وهند هذا هو على روايات، ابن خديجة من أبي هالة زوجها قبل النبيّ [وأبو هالة على قول ابن سعد هو هند بن النبّاش بن زرارة بن وقدان بن حبيب بن سلامة ابن غُوَيّ بن جروة بن أُسَيّد بن عمرو بن تميم][١٠] وقد كان وصّافًا،[١١] في حين أنّ المصادر لم تحفظ نصًّا مشابهًا يصف فيه هند أمّه خديجة مثلاً. أليس من المُحبط افتراض أنّ الوصّاف كان حاضرًا وعلى هذه الدرجة من القرب منها، لكنّه لم يصفها وظلّ شكلها عنّا بعيدًا جدًّا؟

---

٨ سعيد بنگراد، مقدّمة، ١١.

٩ محمّد بن سعد بن منيع (ت. ٨٤٥/٢٣٠)، **الطبقات الكبرى**، تحقيق إحسان عبّاس (بيروت: دار صادر، ١٩٦٠)، ٤٢٢/١–٤٢٣. انظره أيضًا مع شرح غريب اللّغات فيه في أحمد بن يحيى البلاذريّ، **أنساب الأشراف**، تحقيق محمّد حميد الله (القاهرة: دار المعارف، ١٩٥٩)، ٣٨٦/١–٣٩٠. وأنظر تفسيرًا له مرويًّا عن أبي عبيد القاسم بن سلّام (ت. ٨٣٨/٢٢٤) في سليمان بن أحمد الطبرانيّ (ت. ٩٧١/٣٦٠)، **المعجم الكبير**، تحقيق حمدي عبد المجيد السلفيّ (القاهرة: مكتبة ابن تيمية، د. ت.)، ١٥٩/٢٢–١٦٣.

١٠ راجع ابن سعد، **الطبقات**، ١٤/٨–١٥. حول أبناء خديجة من غير النبيّ أنظر تفصيلنا في موارد لاحقة من هذا الكتاب.

١١ وكذا فقد رُوي وصف النبيّ ونعته بتفصيل متفاوت عن غير شخص كعليّ بن أبي طالب وأنس بن مالك (ت. ٩١–٧٠٩/٩٣–٧١١) وسواهما. راجع ابن سعد، «ذكر صفة خَلْق رسول الله ﷺ»، في **الطبقات**، ٤١٠/١–٤٢٥.

ويمكن القول إنّ نعت النبيّ الخَلْقيّ المعبَّر عنه باللغة والكلام في هذه الرواية، والذي قد تختزله صورة مرسومة، قد هُمّش نسبيًّا لصالح نعته الخُلُقيّ، فقد استدلّ الفلاسفة وأصحاب الفراسة بحُسن صورته وجماله اللّذَين يبيّنهما وصف هيئته على تمام عقل النبيّ وكماله. يقول أبو حاتم الرازيّ (ت. ٩٣٣/٣٢٢–٩٣٤) في **دلائل النبوّة**: «وأمّا خَلْقه في اعتداله وحُسن صورته وجماله التي يحكم بها أصحاب الفراسة ويستدلّون بها على تمام عقل الإنسان، فإنّه كان مشتهرًا بالجمال واعتدال الصورة [...] وذكرنا ذلك لأنّ الفلاسفة يحكمون بالفراسة ويستدلّون بمثل هذه الصفة على عقل الإنسان وكماله».[١٢] ليس حُكم الفراسة توكيدًا على جمال خَلْقه بقدر ما هو تشديد على نُبل صفاته وبهاء خُلقه.[١٣] فهل إنّ وصفًا مماثلاً لهيئة خديجة – لو توفّر، وهو وصف ربّما يجعل تخيُّلنا لها أقرب إلى صورتها الحقيقيّة الملموسة عنّا، كان سيُقدَّم عليه بدوره نعت أخلاقها وطبائعها، من بوّابة الفراسة أو سواها؟

والصورة الذهنيّة عمومًا مع ما تتمتّع به من قدرة على اتّخاذ شكل جديد من ذهن إلى آخر، أو حتّى من استحضار إلى آخر في ذهن واحد، تخضع لـ«إكراهات» تُفرَض على كلّ نسخة منها، إكراهات ما «نعرفه» عن الشخص الذي نفكّر فيه.[١٤] فأيّ فرد منّا عندما يفكّر بخديجة، ستقفز إلى ذهنه صورة محدّدة لها، قد يتلاعب بتفاصيلها كما يشاء، لكنّه لن يستطيع أن يدفع عن خديجة بسهولة هيئة المرأة المسنّة مثلاً، مهما تلاعب في رأسه بالتفاصيل، لأنّه سيظلّ على الدوام تحت وطأة أخبار مشهورة روّجت لكبر سنّها منذ تزوّجت النبيّ. يفرض الخبر عن شخص ما معطيات «جاهزة» على صورة ذلك الشخص في ذهننا تتسلّط على تلك الصورة وتضبط انفلاتها الحرّ. لا تُنتج معطيات الخبر المفروضة هذه نسخة واحدة تتكرّر في كلّ الأذهان بالطبع، لكنّها تولّد قالبًا يستوعب كلّ النسخ، فالخبر صيغة سرديّة فضفاضة تفتح الباب باستمرار على احتمالات شتّى. هيئة المرأة المسنّة مثلاً هي بمثابة قالب موحّد تنصبّ فيه النسخ

---

١٢ أبو حاتم أحمد بن حمدان الرازيّ (ت. ٩٣٣/٣٢٢–٩٣٤)، **أعلام النبوّة: الردّ على الملحد أبي بكر الرازيّ** [(ت. ٩٢٥/٣١٥)]، تصدير جورج طرابيشي (حنيف وبيروت: المؤسّسة العربيّة للتحديث الفكريّ ودار الساقي، ٢٠٠٣)، ٧٥–٧٦.

١٣ Tarif Khalidi, *Images*, 97.

١٤ النفس يقول أرسطو، لا تعقل أبدًا بدون صور. راجع مقولته هذه في أرسطوطاليس، **كتاب النفس** ٣,٧,٤٣١ و١٦–١٧، ترجمة أحمد فؤاد الأهوانيّ. وقد ترجمها هيكس بالإنكليزيّة "the soul never thinks without an image". راجعها في:

Aristotle, *DA* III. 7.431a16–17, trans. R. D. Hicks.

المختلفة، فخديجة المسنّة لو تصوّرناها ذات عينين سوداوين أو زرقاوين أو خضراوين، لو تصوّرناها كيفما تصوّرناها، آخذين باحتمالات غير محدودة لتمظهر شكلها الخارجيّ بكلّ تفاصيل القوام الإنسانيّ ستكون مسنّة بكلّ الأحوال. وهنا تكمن خطورة قالب عام مماثل، فهو على الرغم ممّا يوحي به من استيعاب مطّاط لنُسَخ غير محدودة من الصور، يسيطر نسبيًّا على كلّ تلك النسخ إذ يفرض عليها ملمحًا معيّنًا (ملمح الكبر هنا)؛ فإن نحن تبنّينا الخبر أو أهملناه، فلن يغيّر الموقف الذي نتّخذه منه حقيقةَ أنّ له قوّة خطرة وفاعلة (بفرضه على أذهاننا هيئة المرأة المسنّة)، ولو لم يتجاوز تأثيرها أحيانًا لحظة قراءة عابرة.

لماذا نهتمّ بخديجة إذًا؟

مع عمليّة تَسْريد (narrativization) أحداث الإسلام بشكل أخبار في نصوص المصادر، غابت سنون طويلة من حياة خديجة، وأحداث منها قُدِّمت وأخرى وُضِعت جانبًا، أدوار عُظِّمت وأدوار بُهِّتت، وسوى ذلك من آثار التحريرات السرديّة التي بقدر ما «أخبرتنا» عن خديجة، بقدر ما باعدتنا عنها، سواء أصدّقنا بوجودها التاريخيّ أم لم نُصدّق. وإذا كان تسجيل أحداث الإسلام أخبارًا هي عمليّة تسريد أولى لحياتها، فإنّها توالت عليها عمليّات تحرير أو إعادة تسريد جمّة بأقلام مصنّفين وعلماء كُثُر كتبوا في أنواع تأليفيّة مختلفة في عصور مختلفة من خلال التأويل والشرح وإعادة الصياغة والاشتغال بهذه الأخبار. وهذه العمليّات المتتابعة بدورها لم تكن بأوجه كثيرة منها مُنْصِفة بحقّ خديجة، لدواعٍ شتّى ستتكشّف للقارئ في هذا الكتاب.

لكنْ ألا نسأل هنا لماذا تُرانا نهتمّ بنتائج هذا التناول السرديّ لخديجة في نصوص التراث «القديمة» التي كُتبت في الماضي؟ لعلّ عموم أخبار خديجة تستشفّ أهميّتها من فعاليّتها أو عمليّتها الأخلاقيّة بالمعنى الكَنْتي للكلمة (نسبة إلى إيمانويل كَنْت)، أي في كونها تُولِّد الوعي بضرورة القيام بشيء ما على أساس قانون أخلاقيّ،[١٥] أي في تحمّلها الإجابة عن سؤال «ماذا نفعل الآن وهنا؟»، في إمكانيّة الاتّكاء عليها لتقديم نموذج (paradigm) مثاليّ للمرأة، المسلمة خصوصًا وغير المسلمة عمومًا، لتعتمده في حياتها. وتتحكّم بالإجابة عن هذا السؤال تأويلات المصنّفين وإعادة تسريدهم لِما تُحيل عليه

١٥ «العقل المحض هو وحده عمليّ من تلقاء نفسه ويعطي (الإنسان) قانونًا عامًّا نسمّيه القانون الأخلاقيّ». أنظر شرح هذه اللازمة الفلسفيّة في إمانويل كَنْت، **نقد العقل العمليّ**، ترجمة غانم هنا (بيروت: المنظمة العربيّة للترجمة، ٢٠٠٨)، ٨٤–٨٦.

هذه الأخبار من أحداث، فكلّ تأويل يحتكم إلى ما يراه المؤوّل/المصنّف/الذي يسرد التاريخ صحيحًا، لا بمعنى كونه دقيقًا وحسب، بل مناسبًا أيضًا، وهو يُملي بذلك «مناسبته» على قُرّائه.[١٦] وهذا ما يجعل من تعقّب التسريدات في أنواع كتب متنوّعة وفي أزمنة مختلفة أمرًا حيويًّا ومطلوبًا جدًّا للكشف عن أوجه استنفاد نصوص تلك الأخبار أخلاقيًّا. فكما لا يجدر بالباحث أن يغفل عن كون الأخبار حين وُضعت في التداول أوّل مرّة هي بُنى سرديّة مركبّة، فإنّه كذلك لا ينبغي له أن يفصلها عمّا حُمِّلته، منفردة ومجتمعة وبأسانيدها ومتونها وسياقاتها النصّيّة وشروحاتها وتنويعاتها السرديّة المتعاقبة، من تأويلات ورؤًى، نظرًا لِما لهذه الأخيرة من تأثيرات عمليّة مباشرة على القُرّاء المتلّقين.

يتمدّد تأثير التسريد إذًا في اتّجاهين: (١) هو ضارِب في القِدَم فالأخبار ركّبت خديجة النصّيّة التي تستجرّ خيال خديجة «حقيقيّة» ماتت قبل كتابة تلك الأخبار بعقود وأعوام، (٢) وهو كذلك متجذِّر في حاضر كلّ مصنِّف تلقّى تلك الأخبار إذ أعاد تسريدها وأوّلها مروِّجًا لفعاليّات أخلاقيّة تُناسب حاضره ويريد لقارئه أن يتبنّاها في المستقبل. وحدود التلقّي الذي نُشير إليه أبعد من تشكّل المعنى في ذهن القارئ المتلقّي وحسب، وهو ما تروّج له نظريّة التلقّي (reception theory)، لأنّ المصنّفين الذين سننظر في نتاجهم عندما تلقّوا نصوص الأخبار سجّلوا تلقّيهم ذاك في مصنّفاتهم، فنتاجهم هذا يترجم عمليّة التلقّي الاستثنائيّة التي أفرزها استيعابهم للأخبار. بكلام آخر، نحن نتعامل مع خلاصات تلقّي قرّاء أفذاذ كتبوها في مصنّفات مشهورة، فهم لم يفهموا الأخبار كلٌّ بطريقته فقط، بل أذاعوا من خلال ما كتبوه فهمهم هذا، ومصنّفاتهم تلقّاها من ثمّ ملايين القرّاء المسلمين عبر العصور.[١٧]

---

١٦ حول معيار الصحّة في تأويل النصوص أنظر ملاحظات هايدن وايت المنوِّرة في:
Hayden White, "The Interpretation of Texts," in *The Fiction of Narrative: Essays on History, Literature, and Theory (1957–2007)*, ed. Robert Doran (Baltimore: Johns Hopkins University Press, 2010), 212–15.

١٧ أرسى دعائم هذه النظريّة كلّ من هانز روبرت ياوس وفولغفانغ إيزر في المجال الأدبيّ، ومناصروها يرفضون حصر المعنى بالنصّ الأدبيّ نفسه ويرَون أنّ القارئ هو الخالق الحقيقيّ للمعنى، فهو عندما يحتكّ بالعمل الأدبيّ يتفاعل معه ويعيد بلورته–يتلقّاه، في شبكة فهمه الشخصيّة وهي شبكة مرتبطة خيوطها بمعارفه المتراكمة وبمخزون وعيه التاريخيّ والاجتماعيّ والأدبيّ الخاصّ. كلّ قراءة بهذا المعنى هي عمليّة تلقّ مختلفة تنتج معانٍ مختلفة للنصّ الواحد. لمدخل إلى نظريّة التلقّي راجع بالعربيّة بشرى صالح، **نظريّة التلقّي: أصول وتطبيقات** (بيروت: المركز الثقافيّ العربيّ، ٢٠٠١)، ومحمّد عزّام، **التلقّي والتأويل: بيان سلطة القارئ في الأدب** (دمشق: دار الينابيع، ٢٠٠٧)؛ وأنظر أصولها بالإنكليزيّة في:
Wolfgang Iser, *The Act of Reading: A Theory of Aesthetic Response* (London: Routledge, 1979); Hans Robert Jauss, *Aesthetic Experience and Literary Hermeneutics*, trans. =

نذكر هنا للتمثيل ما يورده ابن سعد صاحب **الطبقات الكبرى** المتوفّى في القرن الثالث أنّ خديجة كانت تملك عبدًا اسمه زيد بن حارثة، «سألها» النبيّ أنّ تهبه له بعد زواجهما، فوهبته له،[١٨] والخبر الوارد هذا يمكن عدّه تسريدًا أوّلًا لحادثة تملّك النبيّ زيدًا. بعد قرون من ابن سعد، نقرأ رواية ابن حَجَر العسقلانيّ في **الإصابة** وهي بمثابة إعادة تسريد للحادثة: «ومن طواعيتها له قبل البعثة أنّها رأت ميله إلى زيد بن حارثة بعد أن صار في مُلكها فوهبته له ﷺ».[١٩] يجبّ ابن حجر بذلك ما ينقله ابن سعد أنّ النبيّ «سألها» أن تهب له زيدًا، مروّجًا لخلاصة عمليّة مفادها حُسن طواعية المرأة لزوجها، من بوّابة طواعية خديجة لميل النبيّ في هذا الخبر من غير أن يحتاج إلى أن يسألها! في الإطار نفسه يسكت ابن حجر مثلًا عمّا ينقله ابن هشام (ت. ٨٣٤/٢١٨) والطبريّ في روايتهما عن ابن إسحاق (ت. ٧٦٨/١٥١) بأنّ النبيّ كان «لا يخالفها» (تسريد أوّل)، في معرض الحديث عن تزويجه ابنته زينب (ت. ٦٢٩/٨) لابن أختها أبي العاص نزولًا عند رغبتها،[٢٠] فابن حجر لا يذكر هذه الرواية في مدخله عن خديجة بل يكتفي في مدخله عن أبي العاص بالقول: «كان [أبو العاص] قبل البعثة [...] مواخيًا لرسول الله ﷺ وكان يكثر غشيانه في منزله وزوّجه ابنته زينب أكبر بناته وهي من خالته خديجة»،[٢١] وكذا في مدخله عن زينب بنت النبيّ ينقل «وتزوّجها ابن خالتها أبو العاص بن الربيع العبشميّ وأمّه هالة بنت خويلد»[٢٢] فقط (تسريد ثانٍ/إعادة تسريد)، أليس لأنّ ابن حجر ربّما يعدّ مطاوعة النبيّ زوجه وعدم مخالفته إيّاها على الدوام غير مناسب عمليًّا؟

صحيح أنّ خديجة تُطالعنا من قرون بعيدة، لكنّ أخبارها المسرودة مرّة بعد مرّة تحثّنا على تأمّل الزمن ببُعده التواصليّ بين من سبقنا ومن يعاصرنا ومن سيلحق بنا،

Michael Shaw (Minneapolis: University of Minnesota Press, 1982); Hans Robert Jauss, = *Toward an Aesthetic of Reception*, trans. Timothy Bahti (Minneapolis: University of Minnesota Press, 1982).

١٨ ابن سعد، **الطبقات**، ٤٩٧/١.

١٩ ابن حجر، **الإصابة**، ٣١٨/١٣–٣١٩.

٢٠ ابن هشام، **السيرة النبويّة**، تحقيق إبراهيم الأبياريّ ومصطفى السقّا وعبد الحفيظ شلبي (القاهرة: مطبعة البابيّ الحلبيّ، ١٩٣٦)، ٣٠٦/٢، والطبريّ، **تاريخ**، ٤٦٦/٢–٤٦٧.

٢١ ابن حجر، «أبو العاصي بن الربيع بن عبد العزّى بن عبد شمس بن عبد مناف العبشميّ»، في **الإصابة**، ٤٠٨/١٢.

٢٢ ابن حجر، «زينب بنت سيّد ولد آدم محمّد بن عبد الله بن عبد المطّلب القرشيّة الهاشميّة»، في المصدر نفسه، ٤١٤/١٣.

فعمليّات التسريد المستمرّة تضع تحت المجهر تعقيدات تفاعل كلّ منّا مع تجارب الآخرين، وما فتنة السرد التاريخيّ الكلاسيكيّ وسحره سوى أنّه نتاج الحاجة الإنسانيّة الشاملة والمُلحّة لتأمّل لغز الزمن الذي لا يُحلّ.[٢٣] الأخبار إذًا منفتحة على أفقين: أفق يتّجه نحو الماضي، به تكتسب تجربة خديجة الحقيقيّة مع زمنها، مع الحياة، صياغة تصويريّة سرديّة معيّنة، تنقل تتابع أحداثها في نظام محدّد [آمنّا بوجود تلك الحقيقيّة أم لم نؤمن]؛ وأفق ينطلق من حاضر المصنِّف المتلقّي لتلك الأخبار صوب المستقبل، وهو أفق التوقّع المفتوح الذي يهرِّب به المصنِّف بمقتضى تقاليد النوع السرديّ أحلامه وتصوّراته وتأويلاته حول خديجة والتي يريد أن يسرِّبها إلى قارئه، و«أفق التوقّع وأفق التجربة يواجهان باستمرار أحدهما الآخر، وينصهران».[٢٤] أيًّا كان من/ما نتذكّره، فعمليّة التذكّر نفسها هي وصل حاضر يحيّرنا يصعب أن نقبض عليه مع ماض غير مُشكل نعرفه، لبناء حاضر عمليّ أقلّ إرباكًا وأكثر طواعية. هنا نكون أمام تفكير ماضويّ أصيل (pensée de derrière)، وإن لم تكن التجارب المستعادة تستشفّ أهمّيّتها من ماضويّتها، بل من طابع الألفة والاعتياديّة الذي تخلّفه فينا، وملاءمتها لظروفنا الراهنة.[٢٥] ليست خديجة شخصيّة محوريّة بهذا المعنى لأنّها زوج النبيّ التي عاشت منذ أربعة عشر قرنًا وحسب، بل لأنّها امرأة نعرفها، نتمثّلها بسهولة لنبسِّط حاضرنا المعقّد.

خديجة في الدراسات المعاصرة

ربّما كانت عائشة أوفر حظًّا من خديجة في الدراسات المعاصرة، فأخبارها الكثيرة انطلق منها عدد لا بأس به من الدارسين لتناول شخصيّتها في اتّجاهات مختلفة وبنّاءة؛[٢٦]

---

٢٣ هايدن وايت، «ميتافيزيقا السرديّة»، في **الوجود والزمان والسرد: فلسفة پول ريكور**، تحرير ديڤيد وورد، ترجمة سعيد الغانميّ (الدار البيضاء وبيروت: المركز الثقافيّ العربيّ، ١٩٩٩)، ٢٠٤.

٢٤ بول ريكور، «الحياة بحثًا عن السرد»، في **الوجود والزمان والسرد**، ٤٧.

٢٥ Michael Oakshott, *On History and Other Essays*, 2nd ed. (Indianapolis: Liberty Fund, 1999), 18.

٢٦ أنظر مثلًا فاطمة قشوري، **عائشة في كتب الحديث والطبقات** (بيروت والرباط: المركز الثقافيّ العربيّ ومؤسّسة مؤمنون بلا حدود، ٢٠١٤)، وأيضًا:
Denise A. Spellberg, *Politics, Gender, and the Islamic Past: The Legacy of ‘A’isha Bint Abi Bakr* (New York: Columbia University Press, 1994); Jamal J. Elias, *Aisha’s Cushion: Religious Art, Perception, and Practice in Islam* (Cambridge: Harvard University Press, 2012); Nabia Abbott, *Aishah, the Beloved of Mohammed* (Chicago: University of Chicago Press, 1942); Kecia Ali, “The Prophet Muhammad, his Beloved Aishah, and Modern =

كما واعتمدت دراسات عديدة متفاوتة في عمقها وطولها مقاربة شخصيّات تاريخيّة إسلاميّة بارزة من خلال الإضاءة على صُوَر لها مختلفة تُبرِز كيفيّة اشتغال المصنّفين بالأخبار، مستعينة بأدوات نظريّة ومنهجيّة متنوّعة، متجاوزة بذلك القالب التقليديّ الذي يقدِّم الشخصيّة المعنيّة وكأنّه يروي لنا سيرة حياتها.[٢٧] أمّا خديجة فقد خُصّصت لها بالعربيّة فصول عديدة في الدراسات التي تناولت النساء حول النبيّ عامّة، وأزواجه وبناته خاصّة،[٢٨] كما أُفرِدت لها دراسات مستقلّة كثيرة منها قصيرة مختصَرة ومنها موسوعيّة مفصَّلة.[٢٩] على أنّ الغالب على هذه الدراسات هو الجهد التجميعيّ للأخبار

Muslim Sensibilities," in *Sexual Ethics and Islam: Feminist Reflections on Qur'an, Hadith, and Jurisprudence*, 4th ed. (London: Oneworld Publications, 2013), 135–50. =

٢٧ أنظر مثلاً نادر الحمّامي، **صورة الصحابيّ في كتب الحديث** (بيروت والرباط: المركز الثقافيّ العربيّ ومؤسّسة مؤمنون بلا حدود، ٢٠١٤). أنظر أيضًا:

Tarif Khalidi, *Images of Muhammad: Narratives of the Prophet in Islam Across the Centuries* (New York: Doubleday, 2009); Sebastian Günther, ed., *Ideas, Images, and Methods of Portrayal: Insights into Classical Arabic Literature and Islam* (Leiden: Brill, 2005); Hilary Kilpatrick, "'Umar ibn 'Abd al-'Azīz, al-Walīd ibn Yazīd and their Kin: Images of the Umayyads in the Kitāb al-Aghānī," in *Umayyad Legacies: Medieval Memories from Syria to Spain*, eds. Antoine Borrut and Paul M. Cobb (Leiden: Brill, 2010), 63–88; Matthias Vogt, *Figures de califes entre histoire et fiction: al-Walīd b. Yazīd et al-Amīn dans la représentation de l'historiographie arabe de l'époque 'abbāside*, Beiruter Texte und Studien 106 (Beirut: Orient-Institut, 2006); A. J. Cameron, *Abu Dharr al-Ghifari: An Examination of his Image in the Hagiography of Islam* (New Delhi: Adam Publishers, 2006); Michelina Di Cesare, *The Pseudo-historical Image of the Prophet Muhammad in Medieval Latin Literature: A Repertory* (Berlin: De Gruyter, 2012); A. S. Salamah-Qudsi, "A Lightning Trigger or a Stumbling Block: Mother Images and Roles in Classical Sufism," *Oriens* 39 (2011): 199–226; John Renard, *Islam and the Heroic Image: Themes in Literature and the Visual Arts* (Macon: Mercer University Press, 1999); David Pinault, "Images of Christ in Arabic Literature," *Die Welt des Islams* XXVII (1987): 103–25.

٢٨ أنظر مثلاً وداد سكاكيني، «خديجة بنت خويلد أمّ الزهراء [فاطمة بنت محمّد]»، في **أمّهات المؤمنين وبنات الرسول**، ط. ٢ (القاهرة: دار الفكر العربيّ، ١٩٩٢)، ١٦–٢٦، وقد صدر الكتاب في طبعته الأولى تحت عنوان **أمّهات المؤمنين وأخوات الشهداء** عام ١٩٤٧ بالقاهرة عن دار الفكر العربيّ. راجع الفصل عن خديجة فيه في الصفحات ٧–٢٠. أنظر أيضًا محمّد برهان، «السيّدة خديجة بنت خويلد رضي الله عنها»، في **نساء حول الرسول** (بيروت: دار الجيل، ٢٠٠٥)، ٢٣–٣٢؛ وعرفان العشّا حسّونة الدمشقيّ، «السيّدة خديجة بنت خويلد رضي الله عنها»، في **نساء في ظلّ رسول الله: السيرة الكاملة لأزواج النبيّ وبناته الأطهار**، ط. ٣ (بيروت: دار الكتب العلميّة، ٢٠٠٦)، ٥–٤١؛ ومحمود استانبولي ومصطفى الشلبي، «خديجة بنت خويلد: سيّدة قريش الطاهرة»، في **نساء حول الرسول والردّ على مفتريات المستشرقين**، ط. ١٣ (دمشق وبيروت: دار ابن كثير، ٢٠٠٨)، ٣٥–٤٥.

٢٩ من الدراسات المختصَرة أنظر مثلاً عبد الله العلايلي، **مثلهنّ الأعلى: السيّدة خديجة**، ط. ٤ (بيروت: دار الجديد، ١٩٩٢)؛ وبثينة توفيق، **خديجة أمّ المؤمنين** (القاهرة: دار الفكر العربيّ، ١٩٤٨)؛ وعبد الحميد =

من المصادر، وهي تتّخذ في معظمها طابعًا دَعَويًّا يستعرض أخبار خديجة الزوج التي دعمت النبيّ وضحّت في سبيل الدفاع عن رسالته في فترتها التأسيسيّة.[٣٠] وتكشف عناوينها هذا النوع من الاشتراك بينها في المقاربة والطابع، فهذه العناوين تكاد تكون عنوانًا واحدًا ومنها: **خديجة بنت خويلد** أو **خديجة أمّ المؤمنين** أو **حياة خديجة**، أو **حياة أمّ المؤمنين خديجة** أو **حياة السيّدة خديجة**.[٣١] وربّما نستطيع القول إنّ هذه الدراسات على كثرتها تُكرّر الأخبار المنقولة في المصادر ولا يكاد معظمها يضيف إلى هذه الأخبار شيئًا سوى التنميق الأدبيّ أو أحيانًا اللبوس المذهبيّ الموجَّه، إذ تبدو جليّةً في بعضها ميولُ مؤلّفيها الفكريّة والمذهبيّة، بحيث تُنتقى الأخبار وتُرتَّب وتُحاكَم بما يخدم رؤى هؤلاء المؤلّفين ومواقفهم،[٣٢] فأخبارٌ تُرفَع إلى علياء الحقيقة غير القابلة للطعن، وأخبارٌ يُزجّ بها في خانة «الموضوع» و«المدسوس» انطلاقًا من تلك الرؤى المحمَّلة أصلًا بأحكام قِيَميّة جاهزة كأنّها تستبق نتائج «البحث» في هذه الأخبار، النتائج التي يجهد المؤلّفون لإقناع قرّائهم بأنّها خلاصة ذلك البحث الجدّي المتجرّد. يقول جعفر مرتضى مثلًا: «ولا بدّ لنا [...] من أن نشير إلى أنّ البحث العلميّ الموضوعيّ لا يؤيّد دعوى البعض أنّ خديجة قد تزوّجت برجلين قبل النبيّ صلّى الله عليه وآله...» ونحن هنا لا نحاكم بدورنا قوله هذا لكنْ نسوقه للإضاءة على ما يُردّ إلى «البحث العلميّ الموضوعيّ» من تقريرات قد تكون مفاجئة للبعض في حدّتها أو مخالفتها للمشهور من الأخبار.[٣٣] بالمقابل، تطرح بعض الدراسات الأكاديميّة والمداخل الموسوعيّة تناولًا أكثر دقّة لهذه

= طهماز، **السيّدة خديجة أمّ المؤمنين وسبّاقة الخلق إلى الإسلام** (دمشق: دار القلم، ١٩٩٩)؛ ومن الدراسات المطوّلة أنظر غالب السيلاوي، **الأنوار الساطعة من الغرّاء الطاهرة خديجة بنت خويلد عليها السلام**، ط. ٢ (طهران: محلاتي، ٢٠٠٣)؛ ومحمود شلبي، **حياة أمّ المؤمنين خديجة عليها السلام** (بيروت: دار الجيل، ١٩٨٩)؛ ونبيل الحسنيّ، **خديجة بنت خويلد: أمّة جُمعت في امرأة** (كربلاء: قسم الشؤون الفكريّة والثقافيّة في العتبة الحسينيّة، ٢٠١١).

٣٠ نذكر هنا على سبيل المثال لا الحصر عبد المنعم محمّد عمر، **خديجة أمّ المؤمنين: نظرات في إشراق فجر الإسلام** (القاهرة: الهيئة المصريّة العامّة للكتاب، ١٩٨٢)؛ ومحمّد عبده يمانيّ، **أمّ المؤمنين خديجة بنت خويلد: سيّدة في قلب المصطفى** (دمشق: مؤسّسة علوم القرآن، ٢٠٠٠)؛ ومحمّد كامل حسن، **خديجة بنت خويلد: أوّل أهل القبلة** (عكّا: مكتبة السروجي، ١٩٧٦).

٣١ سنُشير إلى عدد منها تواليًا في هوامش هذه الفقرة أدناه.

٣٢ أنظر مثلًا إبراهيم زكي ساعي، **أمّ الاشتراكيّة، خديجة بنت خويلد** (القاهرة: الدار القوميّة للطباعة والنشر، ١٩٦٥)؛ وباقر القرشيّ، **حياة السيّدة خديجة** (بيروت: دار جواد الأئمّة، ٢٠٠٨)؛ وزكيّة الشبّر، **نبع الكوثر: السيّدة خديجة** (بيروت: دار المحجّة البيضاء، ٢٠١٠).

٣٣ راجع مقاربته في جعفر مرتضى، «خديجة لم تتزوّج أحدًا قبل النبيّ»، في **بنات النبيّ صلّى الله عليه وآله أم ربائبه؟**، ط. ٣ (بيروت: المركز الإسلاميّ للدراسات، ٢٠١١)، ٦٧–٧١.

الأخبار، ولعلّ أبرزها ما ولّفته بنت الشاطئ في فصل «خديجة بنت خويلد أمّ المؤمنين الأولى» في كتابها **نساء النبيّ**،[٣٤] ومدخل «خديجة ابنة خويلد بن أسد بن عبد العزّى بن قصيّ بن كلاب» في كتاب **الدرّ المنثور في طبقات ربّات الخدور** لزينب فوّاز،[٣٥] ومدخل «خديجة بنت خويلد» في موسوعة **أعلام النساء** لعمر كحّالة،[٣٦] ومدخل «أمّ المؤمنين خديجة بنت خويلد عليها السلام» في موسوعة **الأعلام** للزركليّ،[٣٧] علاوة على كتاب سلوى بالحاج صالح العايب «**دثّريني يا خديجة**»: **دراسة تحليليّة لشخصيّة خديجة بنت خويلد**.[٣٨]

أمّا فصل «خديجة بنت خويلد» في كتاب بنت الشاطئ فهو أقرب ما يكون إلى القصّة التثقيفيّة المستنِدة إلى نصوص المصادر الموثَّقة في هوامشه، والذي لربّما يبهر الناشئة بجُمَله المنمَّقة وجرسه الإنشائيّ. ولعلّ كتاب بنت الشاطئ كان حين صدوره «جديدًا» في مقاربته وموضوعه، كأنّ ما ولّفته كاتبته فيه هو قصّة خديجة كلّها من الألف إلى الياء خطّتها «بنهج علميّ التزمت به» وأخرجتها ثَمَّ بأبهى حُلّة تعبيريّة خاطبت بها «أبناء الجيل في المعاهد والجامعات»،[٣٩] لكنّه قياسًا على التطوّر المنهجيّ النوعيّ المستجيب للاتّجاهات الجديدة اليوم في حقل الدراسات الإسلاميّة شرقًا وغربًا قد فقد بلا شكّ بريق الجِدَة في المنهج والمقصد، وإن كان ذلك لا يقلّل من قيمة كتاب بنت الشاطئ في أوساط المتعلّمين والمختصّين في العصر الذي كُتِب فيه. وفيما تستوحي بنت الشاطئ من نصوص المصادر وتنقل مقاطع منها بحرفيّتها أحيانًا، فإنّ صوتها التأليفيّ يظلّ هو المهيمن المتحكّم بنصّها، على عكس كحّالة الذي يكتفي

---

٣٤ بنت الشاطئ، **نساء النبيّ عليه الصلاة والسلام**، ط. ٤ (القاهرة: دار الهلال، ١٩٦٧)، ٢٨–٥٠. وقد عُنونِ الفصل نفسه لاحقًا «خديجة بنت خويلد أمّ العيال وربّة البيت» في مؤلَّف جامع واحد ضمّ عددًا من مؤلّفاتها المتفرّقة ومنها **كتاب نساء النبيّ**. راجعه في بنت الشاطئ، **موسوعة آل النبيّ عليه الصلاة والسلام** (بيروت: دار الكتاب العربيّ، ١٩٦٧)، ٢١٠–٢٣٢.

٣٥ زينب فوّاز، **الدرّ المنثور في طبقات ربّات الخدور** (القاهرة: المطبعة الكبرى الأميريّة، ١٨٩٦)، ١٨٠–١٨٢.

٣٦ عمر رضا كحّالة، **أعلام النساء في عالَمَي العرب والإسلام**، ط. ٢ (بيروت: مؤسّسة الرسالة، ١٩٥٩)، ٣٢٦–٣٣١.

٣٧ خير الدين الزركليّ، **الأعلام**: **قاموس تراجم لأشهر الرجال والنساء من العرب والمستعربين والمستشرقين**، ط. ٥ (بيروت: دار العلم للملايين، ١٩٨٠)، ٣٠٢/٢.

٣٨ سلوى بالحاج صالح العايب، **دثّريني يا خديجة**: **دراسة تحليليّة لشخصيّة خديجة بنت خويلد**، ط. ٢ (بيروت: دار الطليعة، ٢٠١١).

٣٩ نستعير هنا عبارات الناشر **لموسوعة آل بيت النبيّ**، راجعها في مقدّمته في بنت الشاطئ، **موسوعة**، ١١.

بالنقل الحرفيّ من المصادر التي يُعدّدها في نهاية مدخله، فنصّه بذلك لا يعدو كونه تجميعًا لأخبار متفرّقة يدرجها متلاصقة بترتيب معيّن في موردٍ واحد، دونما تعديل أو إعادة صياغة، وقد سبقته إلى ذلك زينب فوّاز في مدخلها عن خديجة في **الدرّ المنثور**. أمّا الزركليّ، فمدخله كذلك مختصَر، وإن كان لا يخلو من جهد تحريريّ وتوثيقيّ. ومن جهتها تحاول العايب أن تضيء على جوانب جديدة في شخصيّة خديجة، تتجاوز صورتها النمطيّة التي تتبدّى في المصادر والمراجع، أي خديجة التاجرة التي تزوّجت محمّدًا ووهبته الأولاد وساندته في دعوته. لكنّ كتابها عن خديجة، على جدته، مقتضب قصير، وهي تعمد في مواضع غير قليلة منه إلى تسويغ جانب من تصرّفات النبيّ وخديجة المرويّة في المصادر بعبارات تقريريّة قادتها قراءتها البحثيّة إلى تبنّيها، فتجعلها بذلك تبدو كالحقيقة الراسخة في حين أنّها استنتاجات توافق الصورة التي رسمها بحثها هي لخديجة، وهي ممّا لا يمكن تعميمه أو البتّ في صحّته، فضلًا عن عوص البتّ في صحّة الأخبار نفسها، كتعليق العايب مثلًا عندما تنقل خبر القصّة الشهيرة عن خديجة والنبيّ حين طلبت منه أن يقعد في حجرها في محضر جبريل: «فعلت خديجة ذلك لأنّ محمّدًا ما زال يعتقد أنّه واهم وأنّه مجنون. وهي كعادتها تتصرّف، في علاقة به، تصرّف الأمّ من ناحية، والحكيمة من ناحية ثانية: تضعه على فخذها الأيسر فالأيمن ففي حجرها كما تضع الأمّ طفلها. ومحمّد يطاوعها كما يطاوع الطفل أمّه.»[٤٠]

أمّا الدراسات ذات الطابع الأكاديميّ بالإنكليزيّة عن خديجة فكانت نواتها مقالات قصيرة في مجلّة أو موسوعة، كمقال إدوارد جورجي في مجلّة (*The Muslim World*)؛ ومقال مونتغمري وات في **الموسوعة الإسلاميّة**؛ ولاحقًا مقال يعقوب قِسطر عن أبنائها،[٤١] أو مقاطع من مقالات أوسع ليست خديجة موضوعها الرئيس، كمقال نابيا أبّوت مثلًا المنشور في جزأين ("Women and the State in Early Islam").[٤٢] لكنّ خديجة على ما يبدو بدأت تجد لها مكانًا أرحب في دراسات صادرة مؤخّرًا، مع طفرة التأليف بالإنكليزيّة في مجال الدراسات الإسلاميّة عمومًا، فحضورها تعدّى حدود المقالات، إذ تتعرّض باربرا ستووَسر مثلًا لجوانب من شخصيّتها بالمقارنة مع

---

٤٠ راجع العايب، **دثّريني يا خديجة**، ٨٣.

٤١ Edward Jurgi, "Khadīja, Mohamed's first wife," *The Muslim World* 26, no. 2 (1936): 197–99; W. Montgomery Watt, "Khadīdja," in *EI*² 4 (1978): 930–31; M. J. Kister, "The Sons of Khadīja," *Jerusalem Studies in Arabic and Islam* 16 (1993): 59–95.

٤٢ Nabia Abbot, "Women and the State in Early Islam," *Journal of Near Eastern Studies* 1, nos. 1; 3 (1942): 106–26; 341–68.

شخصيّات نسائيّة بارزة أخرى في التراث الإسلاميّ في مواضع متفرّقة من دراستها القيّمة حول النساء في القرآن والحديث (*Women in the Qur'an, Traditions, and Interpretation*)؛[٤٣] وكذا ليلى أحمد في كتابها الشهير (*Women and Gender in Islam*)؛[٤٤] ودنيز سبيلبيرغ بتفصيل أكثر في دراستها (*Politics, Gender, and the Islamic Past*)؛[٤٥] وبمقارنتها بعائشة وفاطمة في مقالها ("The Politics of Praise").[٤٦] كما وتُخصّص لها كيسيا علي فصلاً مستقلًّا في دراستها (*The Lives of Muhammad*) تستعرض فيه رؤى عدد من المؤلّفين من المسلمين وغير المسلمين حولها وبالأخصّ حول زواجها من النبيّ فيما يشبه مراجعة ببليوغرافيّة موسّعة؛[٤٧] وتُشير إليها أيضًا وإن بشكل عرضيّ أحيانًا آن ماري شيمّل في (*My soul Is a Woman: The Feminine in Islam*).[٤٨] لكنّ أيًّا من هذه الدراسات لا يمكن أن يُعدَّ دراسة شاملة تستنفد كلّ أخبار خديجة المنثورة في المصادر، لأنّ ذِكر خديجة فيها يستقيم لمنهجيّة كلّ دراسة وموضوعها بشكلٍ لا تتعدّى معه كلّ مؤلّفة هيكليّة دراستها التي حدّدتها لنفسها وبيّنتها للقرّاء، وليست خديجة محورها. كما إنّنا نتّفق والرأي القائل إنّ دراسات معاصرة كثيرة بالإنكليزيّة تنظر إلى المرأة في نصوص التراث الإسلاميّ عمومًا من خلف ستار الأحكام المسبَقة والأفكار الجاهزة بأذهان كُتّابها، مروّجة بذلك لقوالب نمطيّة جاهزة (stereotypes) عن المرأة المسلمة بناءً على افتراضات ثقافيّة غربيّة معاصرة، وإن كانت بعض الدراسات بحسب محرّريها تتجاوز قوالب مماثلة.[٤٩] وإذا كان لنا أن نصحّح

---

٤٣ Barbara Freyer Stowasser, *Women in the Qur'an, Traditions, and Interpretation* (New York: Oxford University Press, 1994).

وكذا فإنّ المقال عن خديجة في **موسوعة القرآن** يحمل توقيع ستووَسر. أنظره في:
Barbara Freyer Stowasser, "Khadīja," in *EQ* 3 (2003): 80–1.

٤٤ Leila Ahmed, *Women and Gender in Islam: Historical Roots of a Modern Debate* (New Haven: Yale University Press, 1992).

٤٥ وعلى وجه الخصوص في:
Denise Spellberg, "Khadija," and "Khadija: Consistency of Depiction in Early and Late Sources," in *Politics, Gender, and the Islamic Past*, 153–56; 180–81.

٤٦ Spellberg, "The Politics of Praise: Depictions of Khadīja, Fāṭima, and 'A'isha in Ninth-Century Muslim Sources," *Literature East and West* 26 (1990), 130–48.

٤٧ Kecia Ali, "The Wife of Muhammad," in *The Lives of Muhammad* (Cambridge: Harvard University Press, 2014), 114–54.

٤٨ Annemarie Schimmel, *My Soul Is a Woman: The Feminine in Islam*, trans. Susan Ray, 2nd ed. (New York: Continuum, 2003).

٤٩ راجع مثلاً مقدّمة تحرير غافين هامبلي في: =

وضعًا بحثيًّا مماثلًا فلا بدّ من محاولة مقاربة النصوص من داخلها، لنرى ماذا تريد أن تُفصح عنه فعلًا، لا أن نقرأها على أساس ماذا نتوقّع أو ما نرجو إيجاده فيها. فلا الجدليّة الحادّة ضدّ الرجال مثلًا، ولا أيّ آراء مستنِدة إلى أصول ثقافيّة معاصرة تصلح لأن تقوم عليها دراسة جادّة للكيفيّة التي قُدِّمت فيها المرأة المسلمة عمومًا في هذه النصوص.[٥٠] وعلى العموم، فليس هناك من منهج تعليميّ واحد يمكن أن يُتَوارث من جيل إلى جيل يمكن للباحثين والأساتذة أن يعتمدوه في تناول نصوص التراث الإسلاميّ، لأنّ مقاربة المادّة المدروسة يجب أن تتكيّف مع متطلّبات كلّ جيل وحتّى مع الظروف السائدة في البلدان المختلفة.[٥١]

= Gavin R. G. Hambly, ed., *Women in the Medieval Islamic World: Power, Patronage, and Piety* (New York: St. Martin's Press, 1998).

أنظر أيضًا:

Farida Shaheed and Aisha Lee Shaheed, *Great Ancestors: Women Claiming Rights in Muslim Contexts* (Oxford: Oxford University Press, 2011).

ولمدخل عام إلى قضيّة المرأة في الإسلام، على موسوعيّة القضيّة وتعقيداتها وتشعّباتها، راجع:

Marcel A. Boisard, "Égalité et statut de la femme," in *L'humanisme de l'Islam* (Paris: Albin Michel, 1979), 104–10.

٥٠ راجع تفصيل هذا الرأي في مقالة جولي ميسامي التي تنقد فيها ثلاث دراسات ذائعة الصيت بهذا الموضوع هي (*Women and Gender in Islam*) لليلى أحمد (١٩٩٢)، و(*Woman's Body, Woman's Word: Gender and discourse in Arabo-Islamic Writing*) لفدوى مالطي دوغلاس (١٩٩١)، و(*Politics, Gender, and the Islamic Past*) لسبيلبيرغ في:

Julie Scott Meisami, "Writing Medieval Women: Representations and Misrepresentations," in *Writing and Representation in Medieval Islam: Muslim Horizons*, ed. Julia Bray (London and New York: Routledge, 2006), 47–87.

وفيها تُحيل على دراسات نقديّة قيّمة في هذا المجال منها:

Sarah Pomeroy, *Goddesses, Whores, Wives, and Slaves: Women in Classical Antiquity*, new edition (London: Pimlico, 1994); Nikki Keddie, "Problems in the Study of Middle Eastern Women," *International Journal of Middle East Studies* 10 (1979): 225–40.

٥١ استعادة من واتش في ملاحظته، وإن كان ميدانها اختصاص تاريخ الأديان (the history of religions). أنظرها في:

Joachim Wach, "On Teaching History of Religions," in *Pro Regno pro Sanctuario*, ed. Willem J. Kooiman (Nijkerk: Callenbach, 1950), 525–32.

ولإضاءة تمثيليّة على تطوّر دراسات تاريخ الأديان وتبلور مناهجها في دوائر الجامعات الغربيّة والأميركيّة خصوصًا، أنظر:

Charles Long, "The Study of Religion: Its Nature and Its Discourse," in *Significations: Signs, Symbols and Images in the Interpretation of Religion* (Aurora: The Davies Group Publishers, 1999), 15–29.

عن أيّ خديجة نبحث؟

يمكن إدراج شخصيّة خديجة في خانات تعريفيّة كثيرة، كأن نقول إنّها امرأة، ومسلمة، وقرشيّة، وزوج للنبيّ، وأمّ لأولاده، وأمّ للمؤمنين، وتاجرة، وصحابيّة، وسوى ذلك. ولعلّ كونها امرأة هي الخانة الأولى الطاغية عليها، ويُترجم ذلك تناولها في جُلّ الدراسات المعاصرة التي أشرنا إليها أعلاه، ففيها تُستحضَر كواحدة من النساء البارزات اللواتي تُفيد قراءة أخبارهنّ لاستقراء «الخطاب الإسلاميّ القروسطيّ» عن المرأة بالدرجة الأولى. وقد أسهمت هذه الدراسات الجندريّة (gender studies) بلا شكّ في بلورة فهم عام لتناول المرأة في هذا الخطاب، لكنْ هل يكفي الفهم العام الذي يُقدِّم خلاصات مفهوميّة فضفاضة خطيرة أحيانًا بدرجة التعميم الذي تفيده للإحاطة بهذا الخطاب؟ خصوصًا وأنّ مجاله ونصوصه والفترة الزمنيّة الطويلة التي يُغطّيها على درجة من التعقيد تجعل من تحديده بـ«الإسلاميّ القروسطيّ» نفسه إشكاليًّا إلى حدّ بعيد. فما هو «الإسلاميّ» بالضبط؟ لقد أسهمت دراسات عديدة في العقدَين الأخيرين تحت تأثير التنظير ما بعد الحداثويّ في تفكيك هذا التحديد، فهي أظهرت أنّه نعت يقصر عن تحديد الإسلام ظاهرةً توحيديّة نهائيّة غير متغيّرة على أيّ مستوى كان، بما في ذلك المستوى الدينيّ. خرافة الوحدة (fiction of unity) كما يُعبّر غرونبوم، وحدة الحضارة «الإسلاميّة»، التي تعكس شعورًا طاغيًا بالوحدة الثقافيّة وتحجب إلى حدٍّ ما مظاهر التفكّك والتشعّب على رقعة الجغرافيا الإسلاميّة الفسيحة لا يجدر بها أن تجرّنا طويلًا خلف وهم التجانس والتعميم. فخلف ذلك الوهم تختبئ عناصر التنوّع التي لا تكاد تنفد والتي تُعبّر عن الهويّات المحلّيّة والإقليميّة، فلئن بدت مدن بكاملها وكأنّها تحكي لغة واحدة، فسيتكشّف تدريجيًّا أنّ الواقع الثقافيّ أعقد من أن تختصره عناوين أو تحديدات شموليّة فضفاضة، لأنّ الإسلام ليس كُلًّا متجانسًا يسهل تعريفه.[٥٢]

وماذا عن تحديد «القروسطيّ» أو «الوسيط» مثلًا؟ فالقرون الوسطى تعبير مستعمَل لتعيين الفترة الفاصلة بين نهاية الثقافة الكلاسيكيّة – مع بداية انهيار الامبراطوريّة الرومانيّة، وإعادة إحيائها في عصر النهضة في أوروبا، وهي الفترة الممتدّة بين القرنين السادس/[أو الثامن بحسب تعيينات أخرى] والسادس عشر الميلاديّين، وتُحصَر أحيانًا بين القرنين الثاني عشر والسادس عشر فيما تُسمّى القرون السابقة لذلك بعصور

---

٥٢ Gustave E. Von Grunebaum, *Medieval Islam: A Study in Cultural Orientation* (Chicago: University of Chicago Press, 1946), 1; 320.

الظلام.[٥٣] السياق الحضاريّ الذي استُخدِم فيه هذا التعبير مختلف إذًا عن سياق الجزء من العالم الذي ظهر فيه الإسلام، وهو شائع نسبيًّا في الدراسات المعاصرة للإحالة على الفترة الزمنيّة الموازية للقرون الوسطى الأوروبيّة في العالم الإسلاميّ. لكنْ هل يوقف مستخدموه قُرّاءهم عند هذا الاختلاف؟

لا يعني طرح هذه الملاحظات أنّ هذا الكتاب لن يلج إلى شخصيّة خديجة من بوّابة خانات تعريفيّة مماثلة، فهي لا مفرّ منها لمحاولة القبض على شخصيّتها، لكن نرجو ألّا يحبسها تناولنا إيّاها فيه بحدود أيّ من هذه الخانات، وأن يظلّ القارئ متنبّهًا على الدوام إلى أنّ مجرّد التعريف بتحديد معيّن هو جزء من التسريد الذي يجعلنا ننظر إلى الشخصيّة، بل حتّى إلى تراث ثقافيّ بأمّه، من هذه الزاوية أو تلك. فلماذا محاصرة خديجة بكونها امرأة فقط؟ لماذا المسارعة إلى التعريف عنها بأنّها واحدة من نساء النبيّ لا واحدة من صحابته، وفيهم الرجال والنساء، مثلًا؟ «فأن تكتب عن تراث يعني أن تتورّط في علاقة سرديّة معه» – أيّ إنّنا نحن أيضًا اليوم متورِّطون،[٥٤] ولعلّنا نستطيع أن نعمّم فنقول إنّ شخصيّة خديجة حضرت في التراث الإسلاميّ في كلّ مراحله، وهو تراث تضخّم على مرّ السنين، إذ كانت أخبارها جزءًا من الزمن النبويّ الأوّل المركزيّ في هذا التراث. وقد تحكّم بذلك الحضور العلاقة السرديّة التي ربطت كلّ مصنِّف كتب عنها بأخبارها تلك. وتتضاعف أهمّيّة علاقة سرديّة مماثلة إذا قدّمنا البُعد الدينيّ في تراثنا، لأنّ دراسة الأديان هي دراسة الأشخاص. فالإيمان خاصّيّة لحياة البشر، وهو يتجدّد كلّ يوم إذ تحويه قلوبهم، فهو ليس كيانًا خارجيًّا ثابتًا ومغلقًا معلّقًا في الفضاء في مكان ما.[٥٥] ويدخل تناول التراث الدينيّ في صلب ذلك الإيمان الذي عماده الأشخاص. فأيّ خديجة تحيا اليوم في قلوب المسلمين المؤمنين وكيف نُقاربها؟

---

٥٣ "Middle Ages," in *A Dictionary of World History*, 3rd ed. (Oxford University Press: 2016).

٥٤ Talal Asad, *The Idea of an Anthropology of Islam* Arab (Washington, D.C.: Centre for Contemporary Studies, Georgetown University, 1986), 17.

٥٥ Wilfred Cantwell Smith, "Comparative Religion: Whither-and Why?," in *The History of Religions: Essays in Methodology*, ed. Mircea Eliade and Joseph Kitagawa, 4th ed. (Chicago and London: University of Chicago Press, 1969), 34.

القسم الأوّل

أوّليّات منهجيّة وسرديّة

الفصل الأوّل

أين نقرأ عن خديجة وكيف؟: إطار الكتاب ومنهجه

خديجة في سرديّة الإسلام الكبرى

إنّ الحاجة أو الدافع لترتيب الأحداث وفقًا لأهمّيّتها لدى الجماعة أو الثقافة التي تكتب تاريخها –يقول هايدن وايت، هو ما يجعل تمثيلًا سرديًّا (narrative representation) لأحداث حقيقيّة ممكنًا،[1] مع توكيده في الوقت نفسه على أنّ السرد لا يُشكّل معضلة إلّا عندما نروم أن نمنح أحداثًا حقيقيّة شكل قصّة، لأنّ أحداثًا مماثلة لا تقدّم نفسها كقصص، ممّا يجعل تحويلها إلى صيغة سرديّة أو تسْريدَها صعبًا للغاية.[2] وينسحب ذلك بطبيعة الحال على الأشخاص الحقيقيّين الضالعين في الحدَث، فتراتبيّة الأحداث تستتبع بلا شكّ تراتبيّة أشخاص توجّه القارئَ نحوها صيغةٌ سرديّة معيّنة، وإن كان الأشخاص الحقيقيّون في التاريخ – كما الأحداث، غير مطواعين سرديًّا؛ وهؤلاء يكتسبون «معناهم» التاريخيّ عندما يُنظَر إليهم كأفراد في جماعة تؤطّرها الديانة أو العائلة أو القوميّة أو غيرها. لا يمكن لنا بذلك أن نقارب خديجة ككيان مستقلّ تمامًا، فخديجة التي بين أيدينا هي ترجمة سرديّة لشخص حقيقيّ، لامرأة من لحم ودم، ترجمة غير منفصلة عن توليفة سرديّة معقّدة وموسّعة تقدّم أحداث مكّة والعالم في عصرها بتراتبيّة معيّنة، وهذا واقع «سرديّ» لا مفرّ منه، لأنّ نصوص المصادر التي نقرأ أخبار خديجة فيها لا تتيح لنا أن نستطلع خديجة إلّا من خلال كونها جزءًا من قصّة الإسلام، وتحديدًا من فصلها الأوّل الأكمل والأمثل، فصل الرسالة. تُعبِّر هذه المصادر عن نظريّة إنسانيّة شاملة الإسلام فيها هو الدين الخاتم، عن سرديّة دينيّة كبرى (Grand Réçit)؛ ومفهوم السرديّة الكبرى قدّمه المنظّر الفرنسيّ جان فرانسوا ليوتارد ومنه انطلق لتحديد حالة ما بعد الحداثة، فالسرديّات الكبرى كما يُعرِّفها هي أنظمة ومناهج فكريّة شموليّة سلطويّة تدّعي القدرة على تفسير

[1] Hayden White, *The Content of the Form: Narrative Discourse and Historical Representation*, 2nd ed. (Baltimore and London: Johns Hopkins University Press, 1990), 10.

[2] المرجع نفسه، ٤.

كلّ شيء، ترفضها حالة ما بعد الحداثة المأمولة، لصالح سرديّات صغرى متعدّدة (petits récits) لا تفسدها أيّ ادّعاءات باحتكار الحقيقة والمعرفة.[٣] لكنّنا إذ نستعير المفهوم من سياقه الثقافيّ الغربيّ المعاصر نرفّعه عن التضمينات «السلبيّة» التي يحمّلها إيّاه ذلك السياق، فكلّ ثقافة كبرى لا بدّ أن تقدّم سرديّة كبرى، وما تشتمل عليه من سلطويّة معرفيّة ودعوى امتلاك الحقيقة إذا نُظِر إليها من داخل تلك الثقافة فلا يمكن وسمها بالسلبيّة أو بغير ذلك من الأحكام الخارجة عنها. ونحن نركّز هنا على المضامين والأفكار والخطوط العامّة التي أنتجتها الثقافة الإسلاميّة لتفسير التاريخ ومسار العالم، ونعي مدى خطورة التعميمات لدى تناول حركات دينيّة كبرى كحركة الإسلام، لكنّ الباحث كما أسلفنا سابقًا لا ينجو أحيانًا من تعميمات مماثلة في محاولة صوغ الفهم العام. فلنا أن نُقدّر إذًا الثقل المرجعيّ لحقبة الرسالة، حقبة انطلاق ذلك الدين الخاتم في هيكليّة تلك السرديّة. وعليه فإنّه من العبث أن نحاول عزل خديجة عن سياق المبعث وما تلاه، لأنّ المتوفّر لدينا من أخبار عنها محكوم بهذه السرديّة الكبرى. حتّى تلك الأخبار التي قد نرى فيها تفلّتًا من سطوة هذه السرديّة، كونها قد لا تروّج لرؤاها ومفاهيمها وتفسيراتها للأحداث مباشرة وبشكل واضح، فهي تظلّ أسيرتها، لأنّ خبرًا بسيطًا مثل «كان النبيّ ﷺ يرعى غنيمات خديجة»[٤] مشدود إلى تلك السرديّة، فمجرّد القول «كان النبيّ» يحيل عليها، على حدَث النبوّة المحوريّ فيها. كلّ ما نعرفه عن خديجة اليوم نعرفه لأنّها كانت زوج ذلك النبيّ. ونحن في هذه الدراسة ننفتح «بإيجابيّة» على هذا الكلّ الذي تستوعبه قصّة الإسلام، لأنّه عندما يتعلّق الأمر بسِيَر الأشخاص وأخبارهم، فإنّ الثقافة الإسلاميّة لا تُضاهيها أيّ ثقافة قديمة أخرى.[٥] وعمومًا، فإنّ الاعتقاد أنّ البشريّة عاشت ذات يوم عصرًا أنقى وأقلّ تعقيدًا من عصرها الحاضر هو ثيمة شائعة في التاريخ الثقافيّ للأمم، تاريخ انطلاق الثقافات الكبرى خصوصًا. إنّه اعتقاد راسخ أنّ الوجود البشريّ

---

٣ راجع:
Jean-François Lyotard, *La Condition Postmoderne: Rapport Sur Le Savior* (Paris: Les Éditions de Minuit, 1979), 7–8; 31; 63; 98.

٤ عمرو بن بحر الجاحظ (ت. ٢٥٥/٨٦٩)، «أخبار ونصوص في الغنم»، في **كتاب الحيوان**، تحقيق عبد السلام هارون (القاهرة: البابيّ الحلبيّ، ١٩٤٣)، ٥/٥٠٩.

٥ يقول طريف الخالدي:
"No pre-modern civilization known to me teems with so many people, with flesh and blood individuals, men and women, as does classical Arabic."
راجع ملاحظته هذه في:
Khalidi, forward to *Ideas, Images, and Methods of Portrayal*, edited by Sebastian Günther, ix.

بلغ نقطة سامية في الماضي، لا الماضي المتّصل بالحاضر، بل الماضي المحدود في حقبة بذاتها ومكان بعينه وبيئة إنسانيّة خاصّة. التعلّق بهذا الماضي هو نوع من التعاطف الثقافيّ، أو قل الحبّ، إذ يمكن وبسهولة لحقبة تاريخيّة بعيدة أن تتحوّل إلى محطّ تعلّق عاطفيّ ومنزل تبجيل وإلى مثال مؤسّس لأنماط السلوك والعقيدة والنتاج الفنّيّ التي يجدر بها أن تسود في الحاضر القريب. يغدو الارتماء في أحضان صوَر الماضي ووثائقه وآثاره المكتشَفة وبورتريهاته التي صنعها كُتّاب متأخّرون لاحقًا مريحًا للعقل ورافعًا للمعنويّات. يصبح الماضي ملاذًا للانسلال من حاضر معقّد.[٦] إنّه الاجتذاب إلى الماضي الذي يصعب حقًّا أن نشرحه، والذي يميّز كلّ الثقافات الإنسانيّة.[٧] ففي جوهر كلّ تراث دعوى للتطلّع إلى الوراء، إلى حقبة في الماضي تُعدّ اللحظة الحاسمة الأكثر محوريّة، الـ(arché) داخل ذلك التراث، وهي لحظة لا تكتسب هذه المحوريّة في حينها الآنيّ، بل عندما يتبلور التراث المعنيّ ويترسّخ فينظر إلى الخلف ويحدّدها (arché) مبتدأً له، والمصطلح في اليونانيّة يعني البداية، الأصل، العلّة الأولى.[٨] ومن المسلّم به أنّ فترة الرسالة التي امتدّت منذ بعثة النبيّ حتّى وفاته هي اللحظة التاريخيّة التي ثبّتها التراث الإسلاميّ لحظة الأصل والبدء في وقت ما قريب من العقدين السادس والسابع من القرن الهجريّ الأوّل على تقدير فرِد دونِر،[٩] ويستعير دونِر استعمال مفهوم الـ(arché) في مقاربة فترة الإسلام الأولى من المتخصّص في تاريخ الأديان شارل لونغ.[١٠] إنّه زمن أوّل الإسلام الاستثنائيّ، «لِما شغلَ الناس

---

[٦] Shils, *Tradition*, 206–07.
عن فكرة الماضي المفقود الذي يستثير الحنين وأشياء أخرى كثيرة أنظر:
Mircea Eliade, *Images et Symboles: Essais sur le symbolisme magico-religieux*, 2nd ed. (Paris: Gallimard, 1980), 24.
وحول «وسواس البدايات» (la hantise des origines) في دراسة التاريخ وكتابته أنظر:
Marc Bloch, "L'idole des origines," in *Apologie pour l'Histoire ou Métier d'Historian*, 2nd ed. (Paris: Librairie Armand Colin, 1952), 19–23.

[٧] Shils, *Tradition*, 212.

[٨] Donner, *Narratives*, 185.

[٩] المرجع نفسه، ١١٤.

[١٠] وبالتحديد من محاضرة سمعها منه دونِر كان لونغ ألقاها في مؤتمر حول نشأة الإسلام عُقِد في جامعة ولاية أوهايو في كولومبوس بالولايات المتّحدة في تشرين الأوّل ١٩٨٦، ويشير إلى ذلك في هامش نصّه. وبقدر ما علمنا، لم تُنشَر محاضرات ذلك المؤتمر قطّ لأنّه لم يكن حدثًا موّسعًا بل كان بمثابة لقاء أكاديميّ مصغّر جمع في جلسات ثلاث عددًا محدودًا من المختصّين والطلّاب طُرِحَت فيها قضايا متعلّقة بحقل الدراسات الإسلاميّة، بمبادرة من مارلين والدمان أستاذة التاريخ بالجامعة آنذاك. وقد قدّم لونغ محاضرته المذكورة في الجلسة الأولى. ولقد جهدنا، طمعًا بالتوسّع في هذه الفكرة، للحصول على نسخة من تلك المحاضرة لكن دون جدوى، فالمحفوظ في أرشيف مكتبة جامعة أوهايو هو =

[فيه] – يقول ابن خلدون (ت. ١٤٠٦/٨٠٨)، من الذهول بالخوارق وأمر الوحي».[١١] إنّه زمن الوحي، وهو بتعبير ميرسيا إلياده زمن الـ(hierophany)، أي الزمن الذي تجلّى فيه المقدّس الإسلاميّ بنزول هذا الوحي، فبالوحي اخترقت حقيقةٌ مقدّسة (sacred) العالَم العاديّ الـ(profane) للنبيّ ومعاصريه.[١٢]

وتكتسب رسالة النبيّ المؤسّس لدين جديد أهمّيّة جوهريّة لأنّها تُقدّم مثالًا دينيًّا نموذجيًّا ومعيارًا مستخلَصًا من تجربته المباشرة، فهذه الرسالة تستحيل منطلقًا لترسيخ تحديدات وتحوّلات اجتماعيّة متنوّعة.[١٣] تصبح الحقبة الـ(arché)[١٤] التي عاش فيها ذلك النبيّ المؤسّس بمثابة متّكأ ثقافيّ دينيّ صلب، عليها تُحال كلّ الأحداث والسيرورات في إطار التراث الدينيّ الجديد. صحيحٌ أنّ هذه المقاربة قد لا تستوعب كلّ الإشكاليّات والقضايا المرتبطة بمفهوم الزمن التي عالجها المفكّرون المسلمون، لكنّها لربّما المقاربة الأعمّ التي تستغرق مفهوم الزمن بشموليّته وهي مقاربة حرّكت معظم الطروحات «الإسلاميّة» التي تقاطعت فيها البُنى الفكريّة والسياسيّة والأيديولوجيّة[١٥]

= أوراق مناقشات الجلسة الثانية (١٩٨٨) فقط، أرسل لنا القيّمون على الأرشيف مشكورين نُسَخًا منها. وحول ذلك المؤتمر أحالنا باتريك فيسيل (Patrick Visel) مشكورًا أيضًا، وهو تلميذ لوالدمان كان حاضرًا في جلسة عام ٨٨، على:

Richard C. Martin, "Islamic Studies in the American Academy: A Personal Reflection," *Journal of the American Academy of Religion* 78, no. 4 (2010): 910–11.

١١ ابن خلدون، **مقدّمة ابن خلدون**، تحقيق عليّ عبد الواحد وافي (القاهرة: نهضة مصر، ٢٠٠٤)، ٥٩٩/٢. لمدخل إلى مقاربة مفصّلة عن الوحي في سياقه الإسلاميّ أنظر نصر حامد أبو زيد، **مفهوم النصّ: دراسة في علوم القرآن**، ط. ٨ (بيروت والدار البيضاء: المركز الثقافيّ العربيّ، ٢٠١١)، ٣١–٥٧. ولمدخل مختصَر راجع أيضًا رشيد رضا، «تعريف الوحي لغة وشرعًا»، في **الوحي المحمّديّ**، ط. ٢ (القاهرة: مطبعة المنار، ١٩٣٣)، ٨١–٨٤، وأيضًا:

A.J. Wensinck and A. Rippin, "Waḥy," in *EI*^{2} 11 (2002): 53–56.

١٢ حول مفهوم الـ(hierophany) في فكر إلياده راجع:

Mircea Eliade, *The Sacred and the Profane: The Nature of Religion*, trans. Willard R. Trask (New York: Harcourt, Brace & World, 1963), 11–12; 21; 26–29; 63–65; 117–121; 155–59.

أنظر الكتاب مترجمًا إلى العربيّة في مرسيا إلياد، **المقدّس والعادي**، ترجمة عادل العوّا (بودابست: صحارى للصحافة والنشر، ١٩٩٤).

١٣ Joachim Wach, *Sociology of Religion*, 7th ed. (Chicago: University of Chicago Press, 1954), 343.

١٤ هي بتعبير واتش مرحلة أوّليّة (initial phase). أنظر المرجع نفسه، ١٣٩.

١٥ يُستعمل مصطلح الأيديولوجيا عمومًا وكأنّه قائم على تمييز جوهريّ بين الأيديولوجيّ وما سواه، وهو تمييز يعارضه لويس دومون، فالأيديولوجيّ – بحسب دومون، ليس ما يتبقّى من بعد كلّ شيء آخر =

عبر العصور. فعلى اختلاف الطروحات، فهي تشترك كلّها بشكل أو بآخر بشعار
«العودة إلى الإسلام»، الإسلام التي انبثق وتجلّى بأكمل صوره وأبهاها في حياة النبيّ
محمّد، وهو شعار يكاد يكون لازمةً في نُظُم تلك الطروحات المتنافرة حدّ التناقض
أحيانًا.١٦ بناءً عليه، فإنّ الجزء المعيش من حياة خديجة في تلك الحقبة التأسيسيّة التي
يحنّ إليها ملايين المسلمين يُبهّت كلّ أجزاء حياتها الأخرى. في ذلك الجزء كانت
خديجة زوج النبيّ، وذاك أكثر ما يستقرّ في وعينا لأنّنا نقرأ من داخل سرديّة الإسلام.

المادّة السرديّة المتوفّرة في المصادر

ينهض هذا الكتاب على متون الأخبار المتوفّرة، ويقترن توفّرها بمعضلة تاريخيّة نصّيّة
كبيرة، ألا وهي اختيارات مصنّفي المصادر لِما يُثبَت في مصنّفاتهم وما يُسقَط منها،
ما يُسرد وما لا يُسرد، فنحن اليوم محكومون بتقديرات علماء عاشوا قبل مئات السنين،
تقديرات جعلتهم يَرون أنّ ما أثبتوه/سردوه في تلك المصنّفات هو ما كان يستحقّ
الإثبات/السرد.١٧ فالمصنّف عندما يختار أخبارًا دون أخرى، فإنّما يُثبت فيها قيمة
الاستحقاق، استحقاق السرد والحفظ، وليس لنا كباحثين إلّا أن نتأمّل هذه الأخبار
مباشرة كقيمة في نفسها، وإن كان اختيارنا تناولها بالبحث لا يخلو بدوره من حُكم

= حقيقيّ ومنطقيّ وعلميّ، بل هو كلّ ما يدخل في دائرة المعتقد والفكر والفعل الاجتماعيّ مع افتراض
كونه كلًّا فعّالًا بمكوّناته كافة. الأيديولوجيا بذلك ليست فضلة ثقافيّة، بل هي كلٌّ معقّد وشامل لا
يستبعد التناقض أو التعارض. وهو تعريف نستند إليه عند استعمالنا لمصطلح الأيديولوجيا في فصول
الكتاب التالية. راجعه في:

Louis Dumont, *From Mandeville to Marx: The Genesis and Triumph of Economic Ideology*
(Chicago: University of Chicago Press, 1977), 22.

١٦ يقول أبو زيد مثلًا: «إنّ العودة إلى الإسلام لا تتمّ إلّا بإعادة تأسيس العقل في الفكر والثقافة، وذلك على
خلاف ما يدعو إليه الخطاب الدينيّ المعاصر من تحكيم النصوص، مردّدًا أصداء نداء أسلافه الأمويّين
الذي أدّى إلى نتائجه المنطقيّة في الواقع الإسلاميّ». راجع قوله في نصر حامد أبو زيد، **نقد الخطاب
الدينيّ**، ط. ٣ (بيروت والدار البيضاء: المركز الثقافيّ العربيّ، ٢٠٠٧)، ٦٥. ولمدخل إلى جانب من
المفاهيم الفكريّة المتعلّقة بالزمن المتبلورة في السياق الإسلاميّ راجع مقالة أندريه رومان التي فيها محاولة
تأطير نظريّ لتلك المفاهيم في:

André Roman, "Le Temps dans la Langue et la Culture d'Arabie et d'Islam," in *Paroles,
Signes, Mythes. Mélanges offerts à Jamal Eddine Bencheikh*, cd. Floréal Sanagustin
(Damas: Institut Français d'Études Arabes de Damas, 2001), 48–65.

١٧ هناك قول اتّفق عليه المؤرّخون القدامى شرقًا وغربًا بحسب عبد الله العروي، وهو أنّ التاريخ المذكور
هو مجموع العوارض والطوارق التي كانت تستحقّ أن تُحفظ. عبد الله العروي، **مفهوم التاريخ** (بيروت
والدار البيضاء: المركز الثقافيّ العربيّ، ١٩٩٢)، ٣٥/١.

قِيَميّ، لأنّنا عندما نختار عملاً ما لتفتيته فإنّنا نحكم عليه بأنّه عمل ذو قيمة (جماليّة أو سواها) ويستحقّ بالتالي أن يُخضَع للتفتيت.[١٨]

وبدورها، فقد تقيّدت تقديرات هؤلاء المصنّفين بما كان متوفّرًا لديهم من أخبار عندما انكبّوا على التصنيف، لأنّ المراحل المبكرة من عمر نصوص التراث التاريخيّ الإسلاميّ قد حدّدت نسبيًّا الخطوط العريضة لفِعل الكتابة التاريخيّة الذي تصدّى له المصنّفون بدءًا من القرن الثالث الهجريّ لجهة المواضيع المطروحة في الأخبار التي كُتِبَت، فهي حصرتهم بثيمات (themes) معيّنة وجبهتهم بفجوات واسعة في المعلومات في المواضيع التي لم تكن في دائرة اهتمام المسلمين الأوائل،[١٩] وهي بالمقابل قدّمت لهم معلومات تفصيليّة ربّما لم تكن لتكون أولويتهم لو كان لهم أن يختاروا ثيمات الأخبار بأنفسهم. ينقل الحاكم النيسابوريّ (ت. ١٠١٤/٤٠٥) مثلاً عن الزبير بن عبد الواحد الحافظ (ت. ٩٥٩/٣٤٧) [...] عن محمّد بن سيرين (ت. ٧٢٨/١١٠) عن المغيرة بن شعبة (ت. ٦٧٠/٥٠) قال: «كان أصحاب رسول الله ﷺ يقرعون بابه بالأظافير»![٢٠] في حين يصدمنا شُحّ الأخبار عن فترة الخمسة عشر عامًا أو ما يقرب منها التي قضاها النبيّ مع خديجة قبل المبعث مثلاً، فهل نقرأ في المصادر سوى أنّهما أنجبا خلالها عددًا من الأبناء؟ لا حرج على نفوسنا، بتعبير عليّ عبد الرازق، أن يخالطها الشكّ في أنّنا نجهل كثيرًا من شؤون التاريخ النبويّ، بل الواقع أنّنا نجهل منه ومن غيره أكثر ممّا نعرف.[٢١] فإذا كان التاريخ المرويّ المحفوظ في الذاكرة و/أو الكتابة تُشكّله عادة تفاعلات الأفراد الذين يعيشون في الحاضر مع التاريخ الفعليّ، أي مع الأحداث التي وقعت في الماضي،[٢٢] فإنّ تاريخ صدر الإسلام المكتوب تشكّل من تفاعل عدد من المصنّفين مع هذا التاريخ لكن **بواسطة**، واسطة أخبار سجّلت تفاعل أفراد آخرين عاشوا قبلهم مع ذلك التاريخ، وليس عبر تفاعل مباشر، فأيٌّ منهم لم يشهد تلك الأحداث. وعلى ما يبدو، فإنّ الجزء الأساسيّ من قصّة أوّل الإسلام الـ(arché) الذي

---

[١٨] أنظر إنريكِ أندرسون إمبِرت، **مناهج النقد الأدبيّ**، ترجمة الطاهر أحمد مكّي (القاهرة: مكتبة الآداب، ١٩٩١)، ٥٣؛ ٥٨.

[١٩] Donner, *Narratives*, 281.

[٢٠] راجعه في الحاكم النيسابوريّ، **معرفة علوم الحديث**، تحقيق معظم حسين (القاهرة: مطبعة دار الكتب المصريّة، ١٩٣٧)، ١٩.

[٢١] عليّ عبد الرازق، **الإسلام وأصول الحكم: بحث في الخلافة والحكومة في الإسلام**. ط. ٢ (القاهرة: مطبعة مصر، ١٩٢٥)، ٥٩.

[٢٢] Shils, *Tradition*, 195.

شكّل ضبط الذكريات حوله تحدّيًا عسيرًا هو حياة النبيّ في مكّة، وهذا هو الجزء الذي تحيل عليه معظم الأخبار التي تتناول خديجة. وليس مردّ ذلك فقط إلى قِدَم أحداث تلك الفترة، بمعنى أنّ معظم الأفراد الأحياء مع نهاية القرن الهجريّ الأوّل كانوا يقصرون عن استرجاع تلك الأحداث من خلال عمليّات تذكّر شخصيّة، بل إنّ تلك الأحداث تأثّر بها عدد محدود من الأشخاص قياسًا على عدد الذين تأثّروا بالأحداث اللاحقة في تاريخ الإسلام،[٢٣] فالمسلمون في تلك الفترة كانوا قليلين نسبيًّا، وبالتالي فإنّ الذكريات عنها قليلة جدًّا. ولعلّ ذلك يفسّر جزئيًّا كون المادّة الأسطوريّة، كما يلحظ كثيرون، تطفو أكثر ما تطفو في أخبار حياة النبيّ في مكّة.[٢٤]

لكنْ هل إنّ الأخبار التي نُصنّفها اليوم في خانة المادّة الأسطوريّة أو الحكاية الخرافيّة على أساس معاييرنا التحليليّة كان يُنظَر إليها كذلك في سياقها الأصليّ؟[٢٥] فمادّة أخبار حياة النبيّ في مكّة تُقدَّم للقارئ تحت لافتة الحقيقيّ لا الخياليّ،[٢٦] أي على أنّها فاعِلة في ميدان الذاكرة لا في ميدان الخرافة أو الأسطورة، وأنّ المنقول فيها عن حياة النبيّ آنذاك ليس حكاية بل واقعًا مستعادًا، ومثلها أيضًا المادّة المختلقَة، فهي ثمرة ذكريات حقيقيّة كما يزعم رواتها، وإن كانت ذكريات زائفة ترسم صورة معيّنة للأحداث لتلبّي توقّعاتٍ ما لدى الجمهور أو لتنسجم مع مزاج العصر الذي فيه وُضِعَت. فنحن إذ لمّا كنّا لا نعرف حقيقة ما حدث في الزمن الغابر – يقول أفلاطون، فإنّنا نجعل الاختراع أقرب ما يكون إلى الحقيقة وبذا نجعله شيئًا يُعتدّ به.[٢٧]

وهنا نستحضر رفض هشام جعيط قصّة غار حراء المنقولة في حديث أوّل الوحي المشهور المنقول عن عائشة [ودور خديجة رئيسٌ في تلك القصّة]، وكذا قصّة رؤية الملك فيما بعد المنقولة في أحاديث أخرى [وخديجة جزءٌ منها]، وإن كانت كما يقول غير مستحيلة لتواتر المصادر، فلحظة التلاقي والتجلّي والوحي حصلت برأيه كما ورد في سورتَي النجم والتكوير واضحة مفصّلة وهما يستعرضان رؤيتين فقط لا علاقة لهما بأيّ غار. قصّة

---

٢٣ Donner, *Narratives*, 279.

٢٤ المرجع نفسه، ٢٨٩.

٢٥ Robert Hoyland, "History, Fiction, and Authorship in the First Centuries of Islam," in *Writing and Representation in Medieval Islam*,19.

٢٦ Hayden White, *The Content of the Form*, 9.

٢٧ العبارة العربيّة بحرفيّتها أخذناها من ديفيد ديتشِس، **مناهج النقد الأدبيّ بين النظريّة والتطبيق**، ترجمة محمّد يوسف نجم (بيروت: دار صادر، ١٩٦٧)، ٢٧. أنظرها في:
Plato, *Republic* 382, trans. Benjamin Jowett, 3rd ed. (Oxford: Clarendon Press, 1888).

الغار وما تبعها هي كما يصفها اختلاق بحت يرمز بشكل مسرحيّ إلى أمور جدّيّة هامّة ويعكس آراء وتصوّرات ظهرت فيما بعد في الضمير الإسلاميّ.[٢٨] ويُعمّم جعيط تشكيكه على مُجمل الأخبار التي تتناول خديجة في المصادر، فدور خديجة «في الإسلام الأوّليّ» – يقول جعيط، لا نجد أيّ إشارة إليه في القرآن، وأخبار المصادر «قد يصحّ قسم منها أو قد تكون كلّها من عمل الأسطورة، وهذا أمر مشروع جدًّا في تكوين المخيال الدينيّ».[٢٩] لكنْ ذلك لا ينبغي له أن يثبّط عزائمنا وأن يجعلنا نُهمل هذه الأخبار على فرض أنّ جُلّها أسطوريّة أو أنّها من نِتاج «المخيال»، فإشكاليّة صحّتها التاريخيّة لم تكن لتُقصيها من ذلك الجزء الغامض والبعيد من التراث، وما كانت لتُعيق تفعيلها السرديّ المستمرّ.

المعالجة السرديّة للأخبار في هذا الكتاب

ليس همّ هذا الكتاب أن يعالج تفصيليًّا لحظة إنتاج الأخبار الأولى على كلّ حال، أي لحظة صارت في التداول، فالأخبار إن كانت صحيحة أو موضوعة، حقيقيّة أو خرافيّة، هي منذ تلك اللحظة تُلُقِّيت وأُعيد تسريدها مرارًا، مع ما لذلك من آثار حافرة خلّفتها في وعي المتلقّين لها. لقد كان فِعل الكتابة التاريخيّة الإسلاميّة المنظّم أسير مادّة الأخبار الخام التي نهل منها (كلّ الأخبار الصحيحة والسقيمة)، والتي قيّدته موضوعيًّا، أي بموضوعاتها بالمقام الأوّل، لكنّه كان على درجة عالية من البراعة والإبداعيّة، وبه رُسّخت هذه الأخبار عن الماضي وأُعيد تشكيلها مرارًا. على هذه الخلفيّة، نتّفق جزئيًّا مع فوك (Fueck) على أنّ ما يسمّيها الـ(traditionalism) التي يعني بها ربّما التقليديّة النقليّة في حفظ التراث، سيّما الأحاديث، قد أدّت ما عليها، إذ انتقت من موروث القرنين الأوّل والثاني أجزاء مختارَة رسمت صورة النبيّ (ومن معه) لكلّ الأزمان وزوّدت المسلمين بنموذج مثاليّ يستطيعون محاكاته في حياتهم.[٣٠] لكنّ تقريرًا مماثلًا نراه يهمّش إلى حدّ بعيد الجهد التصنيفيّ الإبداعيّ الذي سمح لاحقًا للمصنّفين في أزمنة مختلفة أن يعيدوا تشكيل تلك الصورة، وأن يستخرجوا منها ما أسهم في بلورة حاضرهم الثقافيّ وحتّى في التأثير على المستقبل.

---

٢٨ راجع تفنيد جعيط لرأيه هذا في هشام جعيط، **في السيرة النبويّة ١: الوحي والقرآن والنبوّة**، ط. ٤ (بيروت: دار الطليعة، ٢٠٠٨)، ٣٥–٤٦.

٢٩ أنظر هشام جعيط، **في السيرة النبويّة ٢: تاريخيّة الدعوة المحمّديّة في مكّة**، ط. ٢ (بيروت: دار الطليعة، ٢٠٠٧)، ١٥٠.

٣٠ J. Fueck, "The Role of Traditionalism in Islam," in *Ḥadīth: Origins and Developments*, ed. Harald Motzki (Aldershot: Ashgate, 2004), 22.

فنحن إذ نلاحق أخبار خديجة نجد أنّه لا يجدر بنا أن نذهب بثنائيّة الثبات وإعادة التشكيل إلى مداها الأبعد في أيّ من الاتّجاهين، وهي ثنائيّة يستدعيها فِعل هؤلاء المصنّفين. فمن جهة، لا يمكن أن نعدّ نقل أخبارها القليلة المنتقاة في مرحلة معيّنة خاليًا من أيّ نوع من الجِدَة أو مجرّدًا من أيّ بُعد إبداعيّ، لأنّ تداور عقول خصبة على مادّة أخبار محدودة على مدى قرون يعني حتمًا توالد أفكار ورؤى جديدة تمزج تلك الأخبار مع مكتسبات تلك العقول الثقافيّة والاجتماعيّة، وبالتالي تعديلاً لهيئة تلك الأخبار ومعانيها على الدوام؛ أي تسريدًا جديدًا لها في كلّ مرّة.[٣١] لكن من جهة أخرى، لا نستطيع تجاوز حقيقة أنّ تلك الأخبار هي نسبيًّا منطلق ثابت للمتلقّين لها، بمن فيهم المبدعون متّقدو الذهن، فهي عصيّة على التغيير الكامل، وأيّ مصنّف لن يستطيع بأيّ شكل أن يغيّر تلك الأخبار كلّيًّا أو أن يستبدلها بأخرى.[٣٢]

وعليه، فإنّنا في مطالعتنا اشتغالَ المصنّفين سرديًّا بأخبار خديجة لن نُغفِل هذه الحقيقة، وإن كنّا سنضيء بشكل أساسيّ على عنصر التغيّر في الأخبار، إذ سنتعقّب إعادة تركّبها في أنواع كتب مختلفة على أيدي مصنّفين كُثُر. كما إنّنا لن نتصدّى بحال لدرس أسانيد الأخبار تفصيليًّا لاستثارة مسألة صحّتها التاريخيّة، لأنّ وقوفنا على تلك الأخبار في مصادرها نعدّه محاولة لرصد تطوّر تسريد هذه الأخبار وتلقّيها، دونما تبنٍّ لأيّ منها، أو سعي لإثبات صحّتها أو غلطها. وقد قاومنا بذلك غواية البحث عن الحقيقة في المرويّات التاريخيّة التي تحمل على الدوام «نيّة إرجاعيّة» (referential intention)، ممّا يجعل العلاقة بين الرواية والأحداث الحقيقيّة موضع تساؤل، تساؤل

---

٣١ يصحّ ذلك أيضًا على أخبار ماضية يقدّمها مصنّفون يؤرّخون عهدًا سابقًا قريبًا، وهو ما تضيء عليه دراسة كونراد هيرشلر، فهو يبيّن فيها كيف قدّم كلّ من عبد الرحمن بن إسماعيل المقدسيّ المعروف بأبي شامة (ت. ١٢٦٨/٦٦٥) في **كتاب الروضتين في أخبار الدولتين النوريّة والصلاحيّة** ومحمّد بن سالم بن واصل الحمويّ (ت. ١٢٩٨/٦٩٧) في **مفرّج الكروب في أخبار بني أيّوب** تصوّره الخاص للماضي القريب، مقاربًا قدرتها على المناورة في التأليف التاريخيّ باعتبار السياق الاجتماعيّ والخلفيّة الفكريّة والمناخ التأليفيّ الذي كتبا فيه، بما تحمله هذه القدرة من شحنة إبداعيّة توافق مفاهيم كلٍّ منهما واهتماماتها والتزاماتها على اختلافها، وهي مقاربة يعدّها جديدة في الكتابة التاريخيّة العربيّة في تلك الفترة. أنظر:

Konrad Hirschler, *Medieval Arabic Historiography: Authors as Actors* (London and New York: Routledge, 2006).

ولإضاءة نقديّة أنظر مراجعة الخالدي لهذا الكتاب في:

Tarif Khalidi, review of *Medieval Arabic Historiography: Authors as Actors* by Konrad Hirschler, *American Historical Review* 114, no. 3 (2009): 868–69.

٣٢ حول إشكاليّة ثبات الماضي وتفاعلنا معه راجع:

Shils, *Tradition*, 196–200.

حول حقيقتها.[٣٣] وإن كنّا نعي تمامًا أنّ الأبعاد المعرفيّة والنصّيّة للأسانيد لا تستنفدها حصرًا مسألة صحّة الأخبار، وإشارتنا إلى هذه المسألة هي من باب الأمانة للغرض الأوّل الذي من أجله نشأ الإسناد، وهو بكثير من التبسيط طمأنة المرويّ له إلى موثوقيّة الخبر المرويّ من خلال عدّ أسماء الرواة الذين توالوا على نقله، وسنستثير جانبًا من هذه الأبعاد في تناولنا للأحاديث خاصّة في مواضع متفرّقة لاحقة من هذا الكتاب. وكذا، فإنّ إعراضنا عن الغوص في إشكاليّة الصحّة التاريخيّة ربّما يجنّبنا الوقوع في فخّ التكهّنات على خلفيّة الأخبار «الصحيحة» و«الكاذبة» وسواها، فلعلّنا علينا اليوم كباحثين ألّا ننجرف في استنتاجاتنا عن حقبة الإسلام الأولى، وأن نتصالح بمعنى ما مع فجوات المعلومات الواسعة التي تتكشّف عنها المصادر، لأنّه يلزم الباحثَ قسطٌ كبير من التبحّر والاطّلاع التفصيليّ قبل أن يستطيع تقديم «فرضيّات» مُحتمَلة معتّد بها لسدّ تلك الفجوات. فالأجدى برأينا هو استنفاد المتوفّر عن تلك المرحلة تحليلًا وتمحيصًا قبل القفز إلى المجهول، لأنّه لا ينبغي أن يكون هدف البحث الوحيد تقديم الاحتمالات لِما كان قد حصل في الماضي، فالمتوفّر على قلّته يستوعب تحليلات واسعة ومقاربات متنوّعة تستطيع أن تُضيء على غير «ما حدث بالفعل» آنذاك. وليست هذه دعوة للتكاسل البحثيّ بالطبع، لكن المقصود أنّ الأخبار المتوفّرة قد لا تُسعفنا، مهما حرثناها أحيانًا، لكشف حقائق لم تصرّح بها. فالتصدّي لتناول قضايا لم تأتِ على ذِكرها الأخبار يوقع الباحث في أغلب الأحيان، مهما كان بحثه جدّيًّا، في شرك الاستنتاجات التي يستحيل التثبّت منها. وهذا ما ترى خليل عبد الكريم مثلًا قد أوقع نفسه فيه بكتابه **فترة التكوين في حياة الصادق الأمين** المولَّف في لبوس إنشائيّ فيه كثير من التكلّف بدءًا بعناوين فصوله وانتهاءً بمضامينها، طرح فيه صاحبه رؤية متهالكة لسيناريو تلك الفترة ودور خديجة وورقة بن نوفل ابن عمّها فيها، سيناريو يقوم على ترجيحات واستنتاجات يقدّمها كحقائق أكيدة، كقوله: «من المؤكّد أنّ خديجة سمعت»، و«لا بدّ أنّها تحادثت معه فعرفت»، و«وهذا يؤكّد ما قلناه أنّها هي [أي خديجة] هندوز التجربة وهو [أي النبيّ] موضوعها»، وغيرها كثير، وإن كان الكتاب لا يخلو من جهد بحثيّ وتنقيب في المصادر والمراجع على السواء.[٣٤] علاوة على أنّ واقع الانغماس بقضيّة الصحّة التاريخيّة

---

٣٣ أنظر نورمان فاركلوف، **تحليل الخطاب: التحليل النصّيّ في البحث الاجتماعيّ**، ترجمة طلال وهبه (بيروت: المنظّمة العربيّة للترجمة، ٢٠٠٩)، ١٧٠.

٣٤ خليل عبد الكريم، **فترة التكوين في حياة الصادق الأمين** (القاهرة: دار مصر المحروسة، ٢٠٠٤). وقد خصّص إبراهيم عوض كتابًا للردّ على مؤلّف عبد الكريم هذا، لكنّ ردّه على الرؤية المقدَّمة فيه تخلّله =

لدى تناول المصادر الإسلاميّة عمومًا الذي كان حتّى الأمس القريب سائدًا بين الباحثين المعاصرين بدأ يتغيّر، لأنّ دراسة هذه المصادر بدأت تخترقها ولو ببطء أبحاث بول ريكور ورولان بارت وهايدن وايت وسواهم حول الحدود بين التاريخ والرواية وطبيعة السرد نفسه. فالاهتمام اليوم ينحو باتّجاه الطريقة التي نُقِل بها الخبر وكيفيّة تشكّله،[٣٥] وفي هذا السياق يقع هذا الكتاب. ليست المعضلة الحقيقيّة الكامنة في دراسة هذه المصادر هو تمييز صحيح أخبارها من زائفها، بل كشف قيمة السرد الجوهريّة كنَسَق لفهم الواقع الذي تقدّمه هذه الأخبار (١) أفقيًّا في أنواع المصادر المختلفة، (٢) وعموديًّا في عصور مختلفة، وسُنفصّل في الفقرتين أدناه شِقّي هذه المقاربة:[٣٦]

١) أنواع المصادر وحبكات السرد

شكّلت حياة الأفراد المعاصرين للنبيّ، علاوة على حياته هو، محور دراسات لا تكاد تُعدّ. وقد تصدّى لها المصنّفون المسلمون باكرًا، وتوالت تآليفهم عبر العصور متناولةً

= تسفيه وتحقير مهين لعبد الكريم، بما يخرج به عن أصول الردّ العلميّ، ويجعل قراءته باعثة على الضيق والأسف. انظره في إبراهيم عوض، «**لكن محمّدًا لا بواكي له**»: **هتك الأستار عن خفايا كتاب «فترة التكوين في حياة الصادق الأمين»**، ط. ٢ (القاهرة: دار الفكر العربيّ، ٢٠٠١).

٣٥ أنظر:
Robert G. Hoyland, "History, Fiction, and Authorship in the First Centuries of Islam," 19.
وقد تناولت دراسات عديدة نوع الخبر العربيّ وطرق رواياته وتشكيله، ولعلّ أبرزها ما كتبه ستيفن ليدر. راجع مثلًا:
Stefan Leder, "Authorship and Transmission in Unauthored Literature: The Akhbār Attributed to al-Hayṯam ibn 'Adī," *Oriens* (1988): 67–81; Stefan Leder and Hilary Kilpatrick, "Classical Arabic Prose Literature: A Researchers' Sketch Map," *Journal of Arabic Literature* 23, no. 1 (1992): 10–15; Stefan Leder, "The Literary Use of Khabar: A Basic Form of Historical Writing," in *The Byzantine and Early Islamic Near East, I: Problems in the Literary Source Material*, ed. L. Conrad and A. Cameron (Princeton: The Darwin Press, 1992), 277–315; Stefan Leder, ed., *Story-Telling in the Framework of Non-Fictional Classical Arabic Literature* (Wiesbaden: Harrassowitz, 1998); Stefan Leder, "The Use of Composite Form in the Making of the Islamic Historical Tradition," in *On Fiction and Adab in Medieval Arabic Literature*, ed. Philip F. Kennedy (Wiesbaden: Harrassowitz, 2005), 125–48; Stefan Leder, "Understanding a Text Through its Transmission: Documented Samā', Copies, Reception," in *Manuscript Notes as Documentary Sources*, ed. Andreas Goerke and Konrad Hirschler (Beirut: Orient-Institut Beirut, 2011), 59–72; 192–95 (illustrations).
أنظر أيضًا، سعيد يقطين، **الكلام والخبر**؛ ومحمّد القاضي، **الخبر في الأدب العربيّ: دراسة في السرديّة العربيّة** (بيروت: دار الغرب الإسلاميّ، ١٩٩٨).

٣٦ W. J. T. Mitchell, "Editor's Note: On Narrative," *Critical Inquiry* 7, no. 1 (1980): 2.

هؤلاء الأفراد ومحرّرة أخبارهم في كتب متخصّصة، أبرزها السيرة والطبقات. لكنّنا لا نجد أخبار النبيّ ومعاصريه، ومنهم خديجة بالطبع، في كتب السيرة والطبقات حصرًا، بل نوشك أن نقع على أخبار متفرّقة عنهم في كلّ كتاب في التراث، فالخبر العربيّ وحدة سرديّة منفردة سهلٌ إدراجها في أنواع تأليفيّة عدّة. ولا نبالغ إن قلنا إنّ الخبر الفرد الذي نقرؤه في كتب التراث المختلفة هو في كلّ نسخة منه نتيجة سياق أو ظرف خاصّ للمؤلّف وعصره ومحيطه ومنظوره الثقافيّ، تِبعًا للمجال المعرفيّ لهذه الكتب تاريخًا أو تفسيرًا أو عِظَة أو غير ذلك. وعليه يُعاد تشكيل أجزاء كبيرة من الأنواع التأليفيّة في طيّات بعضها البعض. ودراسةُ أخبار هذه الشخصيّة أو تلك تقتضي إذًا «رفع الحواجز الموضوعة بين الأنواع وافتراض وحدة في الثقافة العربيّة الكلاسيكيّة كيفما كانت الأنواع، نثريّة أو شعريّة، رفيعة الشأن أو ساقطة، واقعيّة أو أسطوريّة».[٣٧] دوران الأخبار هذا في المصادر المختلفة سِمَة تراثيّة شائكة على الباحث أن يعيها جيّدًا وألّا يركن إلى توزيع موضوعيّ – أي بحسب الموضوع، متوقَّع للأخبار في الأنواع التأليفيّة. في كتب الحديث الستّة المعتمَدة عند أهل السنّة مثلًا أبواب مفرَدة لمسائل قرآنيّة تحوي أحاديث تفسيريّة حصرًا،[٣٨] هذا إذا نحّينا جانبًا تلميحات إلى آيات قرآنيّة لا تُحصى منثورة في باقي أبواب تلك الكتب. ولعلّ خبر أوّل نزول الوحي المنقول عن عائشة خير مثال على هذه القضيّة، فهو حديث تروي فيه عائشة عن النبيّ؛ وإذ يتناول الخبر الحدَث الأكبر في حياة النبيّ، فهو جزء من السيرة؛ ومع ربطه بآية القرآن الأولى، فهو ركن في تفسير هذه الآية. فهذا خبر يرِد في **صحاح** الحديث وفي **السيرة** وفي جلّ كتب التفسير، وعلى مثله فَقِسْ. ويُعدّ هذا الخبرَ الأشهرَ من بين الأخبار القليلة التي توفّرت لمصنّفي القرنين الثاني والثالث في بداية التأليف التاريخيّ الإسلاميّ التي تظهر فيها خديجة بنت خويلد.

لقد جُبِه المصنّفون المسلمون مع بداية التأليف التاريخيّ الإسلاميّ بطبيعة الخبر من حيث هو وحدة سرديّة صغرى مستقلّة تتنقّل بيُسر بين الأنواع، وهي طبيعة ضعّفت

---

٣٧ عبد الفتاح كيليطو، **الحكاية والتأويل: دراسات في السرد العربيّ** (الدار البيضاء: دار توبقال للنشر، ١٩٨٨)، ٧–٨.

٣٨ والكتب الستّة هي: **صحيح البخاريّ** (ت. ٨٧٠/٢٥٦)، **وصحيح مسلم** (ت. ٨٧٥/٢٦١)، **وسنن الترمذيّ** (ت. ٨٩٢/٢٧٩)، وسنن **ابن ماجه** (ت. ٨٨٦/٢٧٣)، **وسنن أبي داوود السجستانيّ** (ت. ٨٨٨/٢٧٥)، **وسنن النسائيّ** (ت. ٩١٥/٣٠٣). للوقوف على الأبواب القرآنيّة في هذه الكتب ولمدخل إلى أبرز المواضيع التي تطرّقت إليها الأحاديث التفسيريّة وتوزيع تلك الأحاديث في المصادر عمومًا. راجع:

G.H.A. Juynboll, “Ḥadīth and the Qur’ān,” in *EQ* 2 (2002): 376–97.

نسبيًّا أيّ لُحمَة سرديّة مفترَضة تقبض على أيّ كتلة أخبار عريضة. وقد حلّ مصنّفو القرنين الثاني والثالث الهجريَّيْن هذه القضيّة (أو ربّما استغلّوها؟) من خلال انتقاء الأخبار التي تهمّهم من كتلة الأخبار التي كانت متوفّرة بين أيديهم، ثمّ إعادة تنظيمها في إطار هيكليّات عامّة في كتبهم كانت غير ذات صِلَة في أغلب الأحيان بالأخبار المنتقاة نفسها، لو أخذناها منفردة، كهيكليّة الحوليّات (التأريخ) أو الأنساب (كما في **أنساب الأشراف** للبلاذريّ)، أو الجغرافيا والأفراد (كما في كتب الطبقات)، أو غير ذلك. ونتيجة لذلك، يقع القارئ على الخبر الواحد في أكثر من كتاب، مُحاطًا بأخبار مختلفة تمامًا في كلّ مرّة، وهي حقيقة تُلقي ضوءًا على طبيعة معظم الأخبار المتفلّتة من الانضباط في سياق واحد، وتُلمح إلى الخطر المحتمَل الذي قد يكمن في أن نترك الأخبار المحيطة بالخبر الذي يعنينا تصبغ فهمنا وقراءتنا له – يقول دونر، اللّهم إلّا بقدر ما يساعدنا ذلك على فهم مقاصد الكتاب الذي يحتويه ككلّ.[٣٩] لكنْ أليس هذا التصبّغ جزءًا حيويًّا ولا مفرّ منه في عمليّة القراءة؟

إنّ من أهداف هذا الكتاب هو إلقاء الضوء على تلوُّن القراءة هذا بالضبط، من خلال تبيين جهد المصنِّفين الإبداعيّ في نظم الأخبار بحكبات سرديّة تختلف باختلاف النوع الذي يؤلِّف فيه كلٌّ منهم، وبناء الحبكة (emplotment)[٤٠] هو مركز السرد الإبداعيّ الذي يهيمن على عمليّات قراءاتنا، والمقصود بالحبكة هو ذلك المبنى السرديّ الذي يمنح الأحداث شكل قصّة لها بداية ووسط ونهاية يمكن تمييزها. تُحيل الأخبار التي بين أيدينا على مادّة سرديّة خام تشكّل جوهر الأحداث بحياة خديجة في سياقها التاريخي الترتيبيّ الزمنيّ من ولادتها حتّى وفاتها، لكنّ هذه المادّة تنتظم في حبكات متنوّعة بأنواع معيّنة لا تترجم هذا السياق الترتيبيّ، لا بل يمكن القول إنّنا لا نقع على حبكة، أو شبه حبكة أمينة للخطوط العامّة لهذا السياق سوى في المداخل التي تتناول خديجة في نوع الطبقات.

هل نستطيع بدءًا تعريف المصادر الإسلاميّة، على اختلاف أنواعها، من حيث تقديمها مبانٍ سرديّة مختلفة؟ وإن كانت منها مصنّفات لا تقصد إلى طرح مادّتها كقصّة

---

٣٩ Donner, *Narratives*, 262–63.

٤٠ حول مفهوم بناء الحبكة وأثره في تسريد التاريخ راجع:
Hayden White, *The Content of the Form*, 44–45.
ولتأصيل نظريّ عميق أنظر أيضًا بول ريكور، **من النصّ إلى الفعل**: **أبحاث التأويل**، ترجمة محمّد برادة وحسّان بورقية (القاهرة: عين للدراسات والبحوث الإنسانيّة والاجتماعيّة، ٢٠٠١)، ٧–١٣.

ذات حبكة بيِّنة معالمها. لكنْ كيف لا نحاول أن نُعرِّف هذه المصادر من هذه الزاوية السرديّة وهي التي تشتمل على آلاف الوحدات السرديّة التي هي الأخبار؟

يتراءى لنا أنّ المصادر أيًّا كان نوعها تنتصب في خلفيّتها قصّة رسالة الإسلام المعروفة في سياقها التاريخيّ التي تلاحق تسلسل المحطّات في حياة النبيّ قبل المبعث وبعده، وقبل الهجرة وبعدها، وقبل فتح مكّة وبعده حتّى وفاته. إذا نظرنا مثلًا في أحد كتب صحاح الحديث، **كصحيح البخاريّ** مثلًا، لعلّنا نستطيع أن نؤطِّر الكتاب بالتالي: الكاتب/الراوي الذي هو البخاريّ يسرد لنا الأحاديث الصحيحة عن النبيّ من أوّلها إلى آخرها. أليست هذه حبكة سرديّة مُنجَزة؟ لكنْ ألا تُحيلنا مادّة الكتاب على الدوام إلى قصّة الإسلام إيّاها، إلى هذه المحطّة المعلومة أو تلك من حياة النبيّ فتجعلنا نلاحق في أذهاننا القصّة بسياقها التاريخيّ المعروف لدينا؟ وهذا ينسحب على أنواع المصادر الأخرى، ففي كلٍّ منها حبكة مختلفة تُحيلنا على كرونولوجيا الأحداث نفسها. حتّى إنّ النوع الواحد قد تُطرح فيه أنماط مختلفة لبناء الحبكة. تُرتَّب الأحاديث في **المسانيد** مثلًا بحسب اسم الصحابيّ الذي يرتفع إليه الحديث، وهذا مختلف عن ترتيبها في مجاميع **الصحاح** التي تتوالى فيها الأحاديث لا بحسب اسم الصحابي بل بحسب الأبواب الفقهيّة. أي إنّ هذين النوعَين الفرعيّين في نوع كتب الحديث يلتزمان حبكة كبرى واحدة تسرد فيها أحاديث النبيّ، لكنْ يقدِّمان نمطين مختلفين في ترتيب سردها.

الحبكة إذًا هي الصياغة الصوريّة الداخليّة التي تنظِّم المسرود (configuration)، والتي نشارك نحن كقرّاء في صياغتها، إذ لا بدّ من أن نتابعها وأن نصحبها ونحقّق لها قابليّة كونها متبوعة من خلال فعل القراءة، فمتابعة سرد ما هي إعادة تحقيق فعل تصويريّ يُضفي عليه شكله الذي حدّدته أساسًا الحبكة أو الصياغة الداخليّة للكتاب الذي يقع فيه. ألسنا عندما نقرأ في **صحيح البخاريّ** مثلًا نُجيز حبكته بفعل القراءة المستمرّ؟ فما نُسمّيه بالحبكة ليس بنية ساكنة، بل هو عمليّة وإجراء متكامل يتمّمه قارئ متلقٍّ حيّ للقصّة المرويّة. إنّ العمل التأليفيّ هو الذي يُضفي على القصّة، أيّ قصّة، هويّة ديناميكيّة متحرِّكة مخصِّبًا دلالاتها، لكنّ هذه الدلالات لا تنبثق فعليًّا سوى من التفاعل بين عالم النصّ وعالم القارئ، فعلى القراءة ترتكز قدرة السرد على صياغة تجربة القارئ من خلال التجربة المسرودة، أي إعادة التصوير الخارجيّة لحياته (refiguration) من خلال حياة الآخرين.

لكنْ كيف تعزِّز حبكات المصادر معرفتنا الإنسانيّة من خلال شخصيّة خديجة الحقيقيّة التي رحلت من قرون بعيدة التي يُحيل عليها السرد؟

تُطوِّرُ نصوص المصادر نوعًا من الفهم لدينا يمكن تسميته بالفهم السرديّ، والذي هو أقرب إلى الحكمة العمليّة في الحكم الأخلاقيّ منه إلى العلم. ألا تتحدّث الأخلاق كما فهمها أرسطو، وكما يمكن فهمها إلى اليوم، حديثًا مجرّدًا عن العلاقة بين الفضيلة والبحث عن السعادة؟ ووظيفة الشعر بشكلَيْه السرديّ والدراميّ أن يقترح على الخيال أشكالًا مختلفة تكوّن «تجارب فكريّة» كثيرة، نستطيع أن نتعلّم من خلالها الربط بين مظاهر السلوك البشريّ والسعادة والشقاء. وما الحبكات السرديّة التي تقترحها المصادر سوى شكل من تلك الأشكال، فنحن عندما ينشأ بقراءتنا نوع من الألفة مع الحبكات التي نتلقّاها من ثقافتنا نتعلّم إذ ذاك ربط الفضائل، أو بالأحرى أشكال التفوّق بالسعادة أو الشقاء. يقول ابن حجر مثلًا متحدِّثًا عن خديجة: «قد تقدّم في أبواب بدء الوحي بيان تصديقها للنبيّ ﷺ في أوّل وهلة ومن ثباتها في الأمر ما يدلّ على قوّة يقينها ووفور عقلها وصحّة عزمها، لا جَرَم كانت أفضل نسائه على الراجح».[٤١] لنا أن نلاحظ هنا تخصيب الدلالات، دلالات سلوك خديجة، أي تصديقها للنبيّ وثباتها في أوّل الإسلام، التي يستحبّها ابن حجر، أي قوّة اليقين ووفور العقل وصحّة العزم قبل أن يربط بين هذا السلوك الفاضل إذا صحّ التعبير، وبين منزلة رفيعة تبوّأتها خديجة برأيه على إثره، أي ترجيحه أنّها كانت أفضل نسائه، وهي منزلة أليس فيها شيء من الإرشاد، إرشادنا نحن، إلى نوع من السعادة؟ وكأنّنا في تجريبنا دور خديجة هذا في خيالنا، وهي من الشخصيّات الأثيرة في قصّة الإسلام العزيزة علينا، نستطيع أن نرث شيئًا من تلك السعادة، فالقصص تروى لكنّها أيضًا «تُعاش على نحو متخيَّل». بواسطة هذه التحوّلات الخياليّة لذاتنا نحاول أن نحصل على فهم ذاتيّ لأنفسنا لنصقل به تجربتنا الآنيّة، وهي تحوّلات تُخرجنا من دائرة الأنا الضيّقة (ego) المفتونة بذاتها، إذ تظهر بها ذات تمليها علينا الرموز الثقافيّة الراسخة، وهي أوّل ما تقدِّمه مرويّات تراثنا، إذ تعطينا هذه المرويات وحدة وهويّة ليست جوهريّة ثابتة ولكنّها سرديّة متحرِّكة. ولأنّها تراثيّة، تُفعَّل هذه المرويّات باستمرار، فتتحدّد معها هويّات مختلفة، وهو تفعيل منوط بالإبداع الخياليّ السرديّ المتّصل عبر العصور، وهو ما يُبقي مطلق تراث إنسانيّ تراثًا حيًّا.

---

٤١ ابن حجر العسقلانيّ، **فتح الباري بشرح صحيح البخاريّ**، تحقيق محمّد عبد الباقي ومحبّ الدين الخطيب (القاهرة: دار الريّان، ١٩٨٦)، ١٦٧/٧.

٢) تقادم العصور وتوالي تنويعات الأخبار

سيُبيِّن هذا الكتاب من خلال ملاحقة أخبار خديجة الموسَّعة والمتأنّية في المصادر أنّ بين أيدينا أخبار لخديجة قليلة تتطبَّع بسياقات كتب مختلفة، لا أخبار كثيرة مختلفة ينفرد بها كلّ نوع من أنواع المصادر، ولكأنّ ما يميّز المصادر بعضها عن بعض هو اختلاف ترتيب الأخبار ومنهجيّات عرضها وطُرُق توزيعها في طيّاتها لا الأخبار نفسها. ليست الجِدَة في تقديم أخبار «مختلفة» في كلّ مرّة بقدر ما هي في تسريدها أو قُلْ رصفها في هيكليّات مختلفة ترتيبًا ومنهجًا.

لكنْ إذا كانت فعاليّة التسريد تولِّد هيئات سرديّة متعدّدة لخديجة عبر الأنواع المختلفة، فماذا عن فعاليّة ذلك التسريد عبر العصور مع تراكم التأليف في النوع الواحد؟ فبموازاة توسيع نطاق البحث من خلال رصد أنواع تأليفيّة مختلفة ألا يجب علينا أيضًا، ولكي نتلمّس تطوّر تفاعل الأخبار التسريديّ المتواصل في النوع الواحد، أن نبسط إطار الكتاب الزمنيّ وأن نلاحق تنويعات مختلفة للخبر الواحد مثلاً في مصادر متأخِّرة؟

إذا كان النظر في الأنساق السرديّة العامّة للمصادر يُعين في رصد كيفيّة تأثّر أخبار خديجة ببُنى تلك الأنساق، وتأثيرها بدورها علينا كقُرّاء، فلا بُدّ علاوة على ذلك من استقراء متون هذه الأخبار تحت مجهر تفصيليّ، أليست كلّ تنويعة منها تُقدِّم «حبكة» سرديّة صغرى؟ تقصر أنساق الأنواع التأليفيّة بخطوطها العامّة عن الإضاءة على كافّة جوانب الاشتغال بالأخبار وتداعياته، إذ لا بُدّ بالموازة من تحليل نصّيّ واسع مفتوح إطاره الزمنيّ والمعرفيّ أمام كلّ الاحتمالات،[٤٢] تحليل سيسمح لنا ولو جزئيًّا بمشاركة المصنّفين في إحساسهم الفعّال وطُرُقهم الجديدة في تشكيل العالم عبر تشكيل أخبار خديجة، كلٌّ في زمانه، وهم أصحاب التحريرات التفصيليّة المتوالية لتلك الأخبار من خلال انتقائيّتهم في الإيراد والحذف والتغيير، وتصريحهم أحيانًا بآراء وانطباعات نقديّة حولها وغير ذلك ممّا ابتدعته كتابتهم.[٤٣] فإذا كنّا استندنا أوّلًا في بلورة مفهوم الحبكة وتوسعته لاستقراء الأنساق السرديّة التي تندرج فيها نصوص أخبار خديجة على ملاحظات بول ريكور ومن خلفه وايت بشكل رئيس بما ينسجم مع سياق بحثنا وإطاره الثقافيّ دونما تقيّد بالسياقات التي تبلورت فيها أفكار هذين المنظِّرَين،

---

٤٢ تهدف المعالجة العابرة للاختصاصات (transdisciplinary)، يقول فاركلوف، إلى تحسين قدرتنا على «رؤية» الأشياء في النصوص من خلال تفعيل المنظورات الاجتماعيّة النظريّة مع ما يكشف عنه التحليل النصيّ. أنظر نورمان فاركلوف، **تحليل الخطاب**، ٤٥.

٤٣ إنريكِ أندرسون إمبِرت، **مناهج النقد الأدبيّ**، ٨٤.

وسواهما، أو تبنٍّ لاستنتاجاتها المفهوميّة، فنحن نتّفق مع المتألّق إدوارد سعيد فيما ينبّه إليه بأنّ الأنساق النظريّة (the systems)، بدءًا من نورثروب فراي إلى فوكو، تدّعي القدرة على تبيان كيف تسير الأمور على نحو حاسم، بشكل كامل وتنبّؤيّ، وهي قد تنزلق إلى خطر تحديد ما تتناوله سلفًا، محوّلة كلّ شيء إلى برهان على صحّة أنظمتها، متجاهلة بذلك الظروف التي منها انبثق كلّ نسق ونظام بالأساس. تعجز أيّ نظريّة بهذا المعنى عن الإلمام بكلّ جوانب أيّ نصّ أو ضبط مساره ومضمونه بشكل كلّيّ مهما بدا التناسب بينهما جليًّا.[٤٤] فإذا كنّا نستعير من النظريّة مفاهيم وأفكارًا لتُعيننا في محاولتنا مقاربة نصوص الأخبار نقديًّا ومنهجيًّا، فما تحرّينا التنظير الأدبيّ سوى استعانة بمنهجه النقديّ ذي المنحى الفلسفيّ لإنتاج فهم أعمق والتأسيس لتذوّق أكثر تركيزًا لهذه النصوص، مع وعينا أنّ «كلّ نقد فإنّما هو نسبيّ قاصر موارب».[٤٥] فنحن إذا سلّمنا جدلًا بأنّ معرفتنا بالنصوص هي بالضرورة جزئيّة وغير مكتملة، وبأنّنا نسعى دائمًا إلى تحسينها وتوسيعها، فعلينا أن نقبل أنّ المقولات التي نستخدمها لوصف النصوص وتقييمها والتنظير حولها هي أيضًا مؤقّتة وقابلة للتغيير.[٤٦] ولئن بدا هذا تبسيطًا لمجريات العمل المستشرَفة، فلربّما يكفل لنا ذلك نسبيًّا حماية المادّة المدروسة من تعسّف قد يقع عليها إذا اعتمدنا منهجًا تطبيقيًّا ينطلق من نظريّة محدّدة لنحاول إسقاطها عليها. فاعتماد منهج مماثل على مادّة نصوص كبيرة، تمتدّ عبر قرون، كالّتي بين أيدينا قد يجرّ إلى مسار بحثيّ مضنٍ ومبدّد للجهد، بحيث تُسخَّر النصوص لخدمة النظريّة، ويُصار إلى حشرها فيها بطريقة متكلّفة لإثبات تناسب بينهما قد لا يكون موجودًا، خصوصًا أنّنا نضع قيد البحث أنواعًا تأليفيّة مختلفة، فربّما سيدفع اعتماد نظريّة معيّنة لمعالجتها إلى تجاوز خصوصيّة كلّ نوع وسيُعيق استقصاء مدى تأثير خصائص هذا النوع وأدواته ومعاييره

---

[٤٤] أنظر:

Edward Said, *The World, the Text, and the Critic* (Cambridge: Harvard University Press, 1983), 22; 26.

وقد أصبحت النظريّة عمومًا والأدبيّة خصوصًا (literary theory) حقلًا قائمًا بذاته اليوم، له أنصار ومعارضون، وميدانًا فسيحًا للممارسة النقديّة. لمدخل وجيز راجع الرويلي، «النظريّة الأدبيّة»، في **دليل**، ٢٧٥–٢٨٢؛ ولإضاءة موسّعة حول التنظير الأدبيّ عمومًا راجع مقدّمة إدوارد سعيد القيّمة في:

Edward Said, *The World, the Text*, 1–30.

ولمدخل عام راجع أيضًا:

Paul Fry, *Theory of Literature* (New Haven and London: Yale University Press, 2012).

[٤٥] أنظر ديفيد ديتشِس، **مناهج النقد الأدبيّ**، ٥٩٨.

[٤٦] راجع فاركلوف، **تحليل الخطاب**، ٤٧.

على الأخبار المقدَّمة في تصانيفه، كما قد يُصار بذلك إلى إغفال دقائق الجهد التحريريّ الإبداعيّ في أخبار بعينها متسرِّبة من هذا البناء النظريّ أو ذاك.[٤٧]

في أيّ مصادر سننظر إذًا؟

بناءً على ما تقدّم، كان لا بُدَّ لنا ألّا نقصر البحث على نوع تأليفيّ واحد هو السيرة، لأنّ لَحْظ تسريد الأخبار في السياقات أنواع المصادر المختلفة وما يُولّده من نتائج على اختلافها لا يستنفده ذلك. فصرنا إلى توسيع رقعة الأنواع، وهي بمثابة ديوان الأخبار التي نستهدفها، والتي تُبنى فيها حبكات مختلفة، وهي، علاوة على السيرة: الطبقات والحديث والتفسير والأدب، وهي تغطّي جزءًا كبيرًا من كتلة الموروث الثقافيّ الإسلاميّ الذي تشكّل في ظلّ القرآن، وقد عمدنا في كلّ نوع إلى مطالعة ما أمكننا من نماذج منتخَبة من قائمة الكتب «المرجعيّة» الإجماعيّة (canon) بشكل أساسيّ،[٤٨] وغطّينا بالبحث مصادر متأخّرة عن تلك المصنّفة في القرون الإسلاميّة الأولى، حتّى القرن التاسع الهجريّ أحيانًا للوقوف على تطوّر تسريد تنويعات الأخبار في أزمنة مختلفة، وقد تحكّم باختياراتنا لهذه المصادر، المتقدّمة منها والمتأخّرة، انتقائيّة صعُبَ علينا تجاوزها، فعدد المصنَّفات المنقولة فيها تنويعات أخبار خديجة من كلّ نوع تأليفيّ أكبر من أن تستوعبها دراسة واحدة.

أمّا في **السيرة**، فلن نقصر مطالعتنا على نسخة البكّائيّ (ت. ١٨٣/٧٩٩)، وهي أشهر النسخ المتوفّرة المرويّة عن تلاميذ ابن إسحاق والتي اعتمد عليها ابن هشام في تهذيبه،

---

[٤٧] وهو ما ذهب إليه نادر الحمّامي مثلًا في بحثه الذي أشرنا إليه آنفًا، حيث استند إلى نظريّة التمثّل الاجتماعيّ (la représentation sociale)، فصورة الصحابة كما رسمتها الأدبيّات الإسلاميّة السنّيّة بالخصوص – يقول الحمامي، نابعة من تمثّل مخصوص لجيل الصحابة ودورهم في الإسلام. راجع مقدّمته في نادر الحمامي، **صورة الصحابة**، **٣١–٣٥** والباب الرابع «الصورة وصداها» في المرجع نفسه، **٣٠١–٣٥٠**. وللولوج إلى قضيّة مقاربة المصادر عمومًا على ضوء مناهج ومبادئ نقديّة معاصرة أنظر:

Marilyn Robinson Waldman, "Towards a Mode of Criticism for Premodern Islamicate Historical Narratives," in *Towards a Theory of Historical Narrative: A Case Study in Perso-Islamicate Historiography* (Columbus: Ohio State University Press, 1980), 3–25.

وهنا نحيل الأمر على تمييز يمنى العيد بين الممارسة النقديّة والتطبيق النظريّ المباشر، فالتطبيق نشاط آليّ يسعى إلى إثبات صحّة المفاهيم وإلى برهنتها وهو ما يؤدّي – بحسب العيد، إلى إفراغ الموضوع من دلالته الخاصّة، أمّا الممارسة فتستخدم المفاهيم لتُنتجها أخرى، تتسلّح بالأدوات النظريّة لتُجدّدَها، فهي نشاط لا يُكرِّر، بل يُنتج، كما أنّه نشاط يتحدّد بموضوعها. أنظر يمنى العيد، **في معرفة النصّ: دراسات في النقد الأدبيّ**، ط. ٤ (بيروت: دار الآداب: **١٩٩٩**)، **٢٥–٢٨**.

[٤٨] لتوسعة حول هذا المفهوم وأبرز الإشكاليّات المتّصلة به أنظر الفصل الثاني أدناه.

بل سنقرنها بنسخة تلميذ آخر له هو يونس بن بكير (ت. ١٩٩/٨١٤)، وسنقابلها أيضًا بالفقرات السيريّة التي يوردها الطبريّ في **تاريخه** معتمدًا على رواية سلَمَة بن الفضل (ت. ١٩١/٨٠٦–٨٠٧) عن ابن إسحاق،[٤٩] قبل أن نتناول بالتحليل نصوصًا رديفة لها في **الطبقات الكبرى**[٥٠] لابن سعد – **والطبقات** شاهد بليغ آخر على تصنيف التلميذ اعتمادًا على تصنيف أستاذه، فعمل ابن سعد شمل رواية أستاذه الواقديّ (ت. ٢٠٧/٨٢٣) في السيرة والتراجم الذي كان ألّف كتاب طبقات، مُضافًا إليها روايات أخذها عن غيره، لكنّ المادّة المأخوذة عن الواقديّ تغلب على ما عداها فيه.[٥١] وسننظر في **الإصابة في تمييز الصحابة** لابن حجر محاولين لَحْظ جانب من تطوّر أخبار خديجة، مستفيدين علاوة على ذلك من الجزء المخصّص للسيرة النبويّة في **أنساب الأشراف** للبلاذريّ، وأحيانًا **المغازي** للواقديّ وعدد من مصنّفات السيرة المتأخّرة.

ولمّا كان لعلماء **الحديث** في تصنيفه[٥٢] طريقتان: (١) التصنيف على الأبواب، وهو تخريجه على أحكام الفقه وغيرها، وتنويعه أنواعًا، وجمع ما ورد في كلّ حُكم وكلّ نوع

---

٤٩ حول هذه الروايات الثلاث راجع:
Gregor Schoeler, "Transmitters of Ibn Isḥāq's Kitāb al-maġāzī: Yūnus ibn Bukayr, Ziyād al-Bakkā'ī, Salama ibn al-Faḍl," in *The Biography of Muḥammad*, 31–2.

٥٠ تطرّقت دراسات معاصرة عديدة لنوع الطبقات وأدواته وكتبه وتطوّره. أنظر على سبيل المثال:
Ibrahim Hafsi, "Recherches sur le Genre "Ṭabaqāt" dans la Littérature Arabe I–III." *Arabica* 23 (1976): 227–65, *Arabica* 24 (1977): 1–41, 150–86; George Makdisi, "Ṭabaqāt"-Biography: Law and Orthodoxy in Classical Islam," *Islamic Studies* 32, no. 4 (1993): 371–396; Tarif Khalidi, *Arabic Historical Thought*, 44–61, 204–10; Wadad al-Qadi, "Biographical Dictionaries: Inner Structure and Cultural Significance," in *The Book in the Islamic World: The Written Word and Communication in the Middle East*, ed. George N. Atiyeh (Albany: State University of New York Press, 1995), 93–112; C. F. Robinson, "Al-Mu'āfā b. 'Imrān and the Beginnings of the Ṭabaqāt Literature," *Journal of the American Oriental Society* 116, no. 1 (1996): 114–120; Michael Cooperson, "The Development of the Genre," in *Classical Arabic Biography*, 1–23.

٥١ راجع إحسان عبّاس، مقدّمة التحقيق **للطبقات الكبرى** لابن سعد، ٩–١٧.

٥٢ في تقديمه الوجيز لباب «علم الحديث» في **تاريخ التراث العربيّ** يرى سيزكين – وإن كان في رأيه درجة من اليقينيّة الجازمة التي قد تبدو مُشكِلة أحيانًا، أنّ كتب الحديث تطوّرت عبر ثلاث مراحل: (١) كتابة الحديث، فقد سُجّلت الأحاديث في عصر الصحابة وأوائل التابعين في كراريس صغيرة، (٢) وتدوين الحديث، إذ جُمِعت الكتابات المتفرّقة في الربع الأخير من القرن الأوّل والربع الأوّل من القرن الثاني الهجريّ، (٣) وتصنيف الحديث، وفي هذه المرحلة رُتّبت الأحاديث وفق مضمونها في أبواب منذ سنة ١٢٥هـ. تقريبًا، ومع أواخر القرن الثاني الهجريّ ظهرت طريقة أخرى موازية لترتيب الأحاديث وفق أسماء الصحابة في كتب المسانيد، وفي القرن الثالث نُقّحت الكتب المنهجيّة المبكرة وأُعِدَّت كتب جامعة يسمّيها الباحثون المحدَثون بالمجموعات الصحيحة. ويفصّل سيزكين في قضيّة طُرُق تحمُّل العلم =

في بابٍ فباب، (٢) والتصنيف على المسانيد، وجمع حديث كلّ صحابيّ وحده، وإن اختلفت أنواعه مع اختلاف وجوه الترتيب المعتمَد للصحابة،[٥٣] فقد انتقينا نموذجَين من كتب الحديث الجامِعة بالطريقتين لنستطلعهما، فمِن المسانيد اخترنا **مسند أحمد بن حنبل**، ومن الكتب المصنَّفة على الأبواب اقتصرنا على **صحيح البخاريّ** مُستعينين بكتاب **فتح الباري**، وهو شرح ابن حجر الموسوعيّ عليه، وقد عمدنا أحيانًا إلى مقارنة أحاديث **صحيح البخاريّ** وتبويبه بما أُثبِت في كتب حديث أخرى، سيّما منها **صحيح مسلم**. كما سنطلّ على عدد من كتب علوم الحديث العامّة، فهذه الكتب، وإن أتت

= المطروحة في كتب مصطلح الحديث، كالسماع والقراءة والإجازة والمكاتبة ويورد أمثلة من المصادر يقول إنّها تدلّ على أنّ المكاتبة كانت إحدى طرق التحمّل المألوفة بجانب السماع والقراءة منذ القرن الأوّل، ويشدّد على أنّه من سوء الفهم أن نستدلّ من قصص الرحلات الشاقّة التي قام بها المحدّثون بهدف الحصول على إجازات برواية أكبر عدد ممكن من الكتب والأحاديث على أفضل وجه ممكن أي سماعًا أو قراءة – وقد اعتُبِرَتا أفضل الطرق وسُمّيَتا الرواية على الوجه، على أنّهم كانوا بذلك يجمعون الأحاديث المحفوظة في ذاكرة الرواة المتفرّقين في أنحاء العالم الإسلاميّ ليدوّنوها لأوّل مرّة. والمكاتبة بحسب سيزكين كانت سببًا رئيسًا في ظهور تصوّر خاطئ في الدراسات الحديثة التي قصرت عن فهم معنى هذه الكلمة الاصطلاحيّ، فالكلمة لا تعني المراسلة بل الرواية عن طريق الكتاب. ولدى تناوله أسانيد الأحاديث يحاول سيزكين أن يثبت أنّ هذه الأسانيد لا تشير إلى مرويّات شفويّة، بل تذكر مؤلّفي الكتب ورواتها الثقات بأسمائهم. راجع فؤاد سيزكين، **تاريخ التراث العربيّ**، ترجمة محمود حجازي (الرياض: جامعة محمّد بن سعود، ١٩٩١)، ١١٧/١–١٥٢. لمدخل مفصَّل حول طرق نقل الحديث وتحمّله راجع أيضًا في ابن الصلاح، «معرفة كيفيّة سماع الحديث وتحمّله وصفة ضبطه»، في **مقدّمة**، ٣١٢–٣٦١. وتُعبّر عن المقاربة الوضعيّة (positivist approach) التي يتبنّاها سيزكين في تناوله الحديث عمومًا دراسات معاصرة أخرى منها بالعربيّة: مصطفى السباعي، **السنّة ومكانتها في التشريع الإسلاميّ** (القاهرة: دار العروبة، ١٩٦١)؛ ومحمّد عجّاج الخطيب، **السنّة قبل التدوين** (القاهرة: مكتبة وهبة، ١٩٦٣)، وبالإنكليزيّة:

Nabia Abbot, *Studies in Arabic Literary Papyri, II, Qur'ānic Commentary and Tradition* (Chicago: The University of Chicago Press, 1967); Abbot, "Ḥadīth Literature-II: Collection and Transmission of Ḥadīth," in *The Cambridge History of Arabic Literature, I*, 289–98; Muhammad Mustafa Al-Azami, Studies in Early *Ḥadīth Literature*, 2nd ed. (Indianapolis: American Trust Publications: 1978); M. Z. Siddiqui, *Ḥadīth Literature: Its Origin, Development, and Special Features*, ed. Abdal Hakim Murad (Cambridge: Islamic Texts Society, 1993).

أنظر مراجعة نقديّة وجيزة لهذه الدراسات في معرض مسح موتزكي لردود الباحثين على كتاب شاخت الشهير الذي أشرنا إليه أعلاه في:

Harald Motzki, *The Origins of Islamic Jurisprudence*, 36–8.

راجع أيضًا دراسة مصطفى الأعظميّ بالعربيّة تحت عنوان **دراسات في الحديث النبويّ وتاريخ تدوينه** (بيروت: المكتب الإسلاميّ، ١٩٨٠).

٥٣ ابن الصلاح، **مقدّمة**، ٤٣٤.

متأخّرة، فهي بمثابة مدخل إلى حضور خديجة في كتب الحديث عمومًا ومثال جيّد على تطوّر واضح لذلك الحضور من خلال قضيّة أوّل من أسلم المتناوَلة فيها. وقد سهّلَ تتبعَ ذلك التطوّر ذِكرُ خديجة المقتضَب في نوع واحد وفي معرض هذه القضيّة الواحدة في كلٍّ منها، بخلاف ذِكرها على نطاق واسع وفي أبواب كثيرة نسبيًّا في الكتب الجامعة. كما سنعرّج على كتب الحديث المعتمدة الأربعة عند الشيعة الإماميّة، وهي **الكافي في علم الدين** للكلينيّ (ت. ٣٢٩/٩٤١)، و**من لا يحضره الفقيه** لابن بابويه المعروف بالشيخ الصدوق (ت. ٣٧١/٩٩١)، و**الاستبصار** و**تهذيب الأحكام** لمحمّد بن الحسن الطوسيّ (ت. ٤٦٠/١٠٦٧).[٥٤]

وفي عباب بحر **التفسير**، لاحقنا في التفاسير الموسوعيّة بالدرجة الأولى **كجامع البيان** للطبريّ، و**التفسير الكبير** لفخر الدين الرازيّ (ت. ٦٠٦/١٢٠٩)، و**الدرّ المنثور** للسيوطيّ (ت. ٩١١/١٥٠٥)، وفي بعض كتب علوم القرآن نصوصًا وأخبارًا متنوّعة ومتناثرة تجمعها بشكل مركزيّ الإشارة فيها إلى شخصيّة خديجة، والتباين شديد بين الآيات (١) في عدد الروايات المفسّرة الملحقة بها، (٢) وفي تفصيل تلك الروايات، (٣) وفي المقاطع المدرَجة تحتها هذه الروايات (سبب نزول/لغة/قصّة...) كلّ مرّة، ولعلّ ذلك يعكس طبيعة النصّ القرآنيّ نفسه، فـ«نحن نعلم أنّه نادرًا ما تُشكّل السور القرآنيّة وحدات نصّيّة منسجمة»[٥٥] تتناول فكرة واحدة أو قصّة واحدة، وغالبًا ما تتجاور في السورة الواحدة آيات أو مقاطع متباعدة في مضامينها، بما يجعلها تكاد تستقلّ كوحدات نصّيّة صغيرة وتنقطع عن السورة أو الوحدة النصّيّة الأكبر التي تحتضنها.

ورجاء أن نعثر على أثر أدبيّ لخديجة، فقد طالعنا علاوة على أصول **الأدب** وأركانه التي هي على ما ينقل ابن خلدون عن شيوخه في مجالس التعليم: **أدب الكاتب** لابن

---

[٥٤] ويمكن القول إنّ أيًّا منها لم يُخصّ بعد بدراسة أكاديميّة شاملة وتفصيليّة. لمدخل إلى هذه الكتب أنظر:

Robert Gleave, "Between Ḥadīth and Fiqh: The Canonical Imāmī Collections of Akhbār," *Islamic Law and Society* 8 (2001): 350–82; Etan Kohlberg, "Shīʿī Ḥadīth," in *The Cambridge History of Arabic Literature, I,* 299–307; Gérard Lecomte, "Aspects de la littérature du Ḥadīṯ chez les Imamites," in *Le Shîʿisme Imâmite* (Paris: Presses Universitaires de France, 1970), 91–103.

ولملامسة جانب من الإشكاليّات والآراء المحيطة بها وبالحديث الشيعيّ عمومًا أنظر:

Mohammad Ali Amir-Moezzi, "Remarques sur les Critères d'Authenticité du Hadîth et l'Autorité du Juriste dans le Shiʿisme Imâmite," *Studia Islamica* 85 (1997): 5–39.

[٥٥] محمّد أركون، **القرآن من التفسير الموروث إلى تحليل الخطاب الدينيّ**، ترجمة هاشم صالح (بيروت: دار الطليعة للطباعة والنشر، ٢٠٠١)، ١٤٦.

قتيبة، وكتاب **الكامل** للمبرّد، وكتاب **البيان والتبيين** للجاحظ، وكتاب **النوادر** لأبي عليّ القالي البغداديّ (ت. **٣٥٦/٩٦٧**)،[٥٦] كتبًا وأبوابًا أو أجزاء أو فصولًا في «أدب النساء»،[٥٧] كما نظرنا في عدد لا بأس به من كتب الأدب الموسوعيّة والمقتضبة[٥٨] التي لم نقصرها على كتب المحاضرات والأمالي بل إنّنا استقصينا أنواع كتب متخصّصة متفرّعة من الأدب بمفهومه الشامل، ككتب الجغرافيا والرحلات وغيرها.

لكنْ قبل الغوص في المصادر وأخبارها نُجمل القول تاليًا في ملاحظات مفهوميّة ضروريّة عامّة حول لُبنة الخبر المُسند وارتباطها بذاكرتنا التراثيّة واختياراتها.

---

٥٦ ابن خلدون، **مقدّمة**، ١١٣٩/٣. والنصّ الكلاسيكيّ (أو الأصل)، يُحدّد كيليطو، هو «النصّ الذي تتبنّاه طبقة الأدباء، ويندمج في صنف من النصوص ويخصّص للتدريس في القسم [أو الصفّ]». كيليطو، **الأدب والارتياب** (الدار البيضاء: دار توبقال للنشر، ٢٠٠٧)، ٥٠–٥١. واتّصالًا بهذا التحديد راجع أدناه حول الكتب المرجعيّة الإجماعيّة الـ(canon) في الفصل الثاني.

٥٧ طالِع مثلًا عبد الملك بن حبيب (ت. ٨٥٢/٢٣٨)، **كتاب أدب النساء** الموسوم **بكتاب الغاية والنهاية**، تحقيق عبد المجيد تركيّ (بيروت: دار الغرب الإسلاميّ، **١٩٩٢**).

٥٨ ليست موسوعيّة كتب الأدب شرطًا ضروريًّا لوسمها بالتنوّع، إذ إنّ كثيرًا من تصانيف الأدب، سوى تلك ذائعة الصيت الواقعة في مجلّدات **كعيون الأخبار** لابن قتيبة (ت. ٨٨٩/٢٧٦) مثلًا، هي تصانيف مقتضبة قصيرة، لكنّها مع ذلك جامعة حاوية. يقول ابن دريد (ت. ٨٦٩/٣٢١) في مقدّمة كتابه **المجتنى** وهو لا يتجاوز السبعين صفحة في طبعته المعاصرة: «هذا كتاب يشتمل على فنون شتّى من الأخبار المؤنّقة والألفاظ المسترشقة والأشعار الرائقة والمعاني الفخمة والحكم المتناهية والأحاديث المنتخبة سمّيناه كتاب **المجتنى** لاجتنائنا فيه طرائف الآثار كما تجتنى أطايب الثمار [...]». أنظر محمّد بن الحسن ابن دريد، كتاب **المجتنى**، تحقيق عبد المعيد خان، ط. ٣ (حيدر آباد: دائرة المعارف العثمانيّة، **١٩٦٣**)، ١. وكأنّ كلّ كتاب أدب يجمع مختلف الرغبات والحاجات والأذواق والميول وكلّ ما يستسيغه القارئ. أنظر:

Hachem Foda, "La Langue de L'*Adab*," in *Paroles, Signes, Mythes*, 178.

الفصل الثاني

الذاكرة والكتابة والاختيار: أوّليّات سرديّة تأسيسيّة

الخبر المُسند والاحتفاء بالذاكرة

الخبر المسنَد هو اللبنة الأساسيّة التي تنهض عليها الكتابة التاريخيّة الإسلاميّة المبكرة، وهو الذي جعل هذه الكتابة ذرّيّة (atomistic) ومركّبة (compound) سرديًّا في آن، فالخبر الفرد هو الوحدة/الذرّة المستقلّة المكرَّرة في نصوصها، وتآليفها التاريخيّة تتركّب من حشد آلاف الأخبار التي ينتقيها المؤرّخ–المصنّف بعناية تامّة؛ وقد كان تنظيم هذه الأخبار والتعليق عليها أحيانًا مطيّته الأنسب للتعبير عن آرائه عِوَض أن يعبّر مباشرة بصوته التأليفيّ الشخصيّ.[١] وتتّصل بكلّ خبر عربيّ عمومًا سلسلةٌ تحصي أسماء رواته المتوالين تعود به إلى الشاهد أو الراوي الأوّل وتُسمّى سلسلة الإسناد، وبها يتميّز عن غيره من الوحدات السرديّة المحفوظة في التراثات الإنسانيّة الأخرى، فالإسناد نِتاج فريد في الثقافة الإسلاميّة،[٢] فسلسلة الإسناد، «خُصَّت بها هذه الأمّة، زادها الله شرفًا، آمين».[٣] وليست الفرادة في السياق الإسلاميّ، يرى روبنسون، في أنّ الماضي مُجّد أو حُفِظ من قِبَل علماء امتازوا بذاكرة نشِطة وشحذوا بعناية تقنيّات النقل الشفاهيّة-السماعيّة، بل في مستوى الإبداعيّة والكمّ الذي ضُبِط به هذا الماضي في إطار الكتابة التاريخيّة الإسلاميّة.[٤]

---

١ *Oxford History of Historical Writing*, ed. Sarah Foot and Chase F. Robinson (Oxford: Oxford University Press, 2012), 2: 246–248.

٢ Tarif Khalidi, *Arabic Historical Thought* (Cambridge: Cambridge University Press, 1994), 22.

٣ عثمان بن عبد الرحمن المعروف بابن الصلاح (ت. ٦٤٣/١٢٤٥)، **مقدّمة ابن الصلاح**، تحقيق عائشة عبد الرحمن (القاهرة: دار المعارف، ١٩٨٩)، ١٦٠.

٤ راجع:

Robinson, "Islamic Historical Writing," 2: 248.

ولمدخل تعريفيّ إلى ظاهرة الإسناد راجع:

James Robson, "Isnād," in *EI*² 4 (1978): 207; James Robson, "The Isnād in Muslim Tradition," in *Ḥadīth: Origins and Developments*, ed. Harald Motzki (Aldershot: Ashgate, 2004), 163–74.

=

وتستثير أخبار النبيّ والصحابة إشكاليّات معقّدة ومتداخلة تأتي على رأسها إشكاليّة صحّة الخبر التاريخيّة التي تتفرّع منها هموم بحثيّة شائكة متعلّقة بأسانيدها على وجه خاص كالتثبّت من موثوقيّة رجال الإسناد ومعقوليّة سلسلة السند ككلّ.[٥] وقد اعتنى عدد من الباحثين المعاصرين بفحص السند والمتن معًا، وبرزت في هذا الإطار طريقة نقد الإسناد-مع-المتن (isnād-cum-matn) في تحليل الأحاديث بشكل خاص، وهي طريقة تعتمد على منهجيّة دقيقة قدّمها هارولد موتزكي، وهو تحليل يستفيد من خصيصتين تميّزان نسبة كبيرة من الأخبار في المصادر وهما أوّلًا وجود الحلقة المشتركة (common link) أي اسم شخصيّة معتبَرة يبدو أنّه لها دور فاعِل في نشر حديث معيّن وهو اسم يتكرّر في كلّ أسانيد الحديث المعنيّ تقريبًا وثانيًا التعالق الذي يقوم عادة بين نصّ الخبر (المتن) وطرق روايته. وفقًا لهذه المقاربة، كلّما كان الاسم–الحلقة المشتركة أقرب إلى الأحداث التي يرويها، كلّما رجح احتمال أن تكون الرواية تعكس فعِلًا الخطوط العريضة لتلك الأحداث والعكس صحيح.

وتخضع هذه الأخبار–كما آلاف الأخبار المثبتة في المصادر، لتأثيرات سياسيّة ومذهبيّة، ويتحكّم بنقلها أيضًا ذوق المصنّف الشخصيّ الذي تفرزه، كما أسلفنا، بيئة ثقافيّة وجغرافيّة معيّنة في زمن محدّد. وبالنظر إلى ما «نعرفه» عن تاريخ الإسلام المبكر

= وأنظر استعراضًا تاريخيًا موجزًا لأبرز الكتب التاريخيّة تحت مظلّة الثقافة الإسلاميّة في:

Claude Cahen, “L’Historiographie Arabe: Des Origines au VIIe s. H.,” *Arabica* 33, no. 2 (1986): 133–98.

ولمراجعة مختصرة لمراحل نشوء هذه الكتابة وتطوّرها مع ملاحظات بحثيّة ثاقبة حولها أنظر:

Donner, *Narratives*, 275–90.

٥ استعمله موتزكي أوّل مرّة في مقال له نُشِر بالألمانيّة:

Harald Motzki, “Der Prophet und die Schuldner: Eine ḥadīṯ-Untersuchung auf dem Prüfungstand,” *Der Islam* 77 (2000): 1–83.

لشرح مختصَر لهذه الطريقة ومنهجيّتها أنظر:

Harald Motzki, “Dating Muslim Traditions: A Survey,” *Arabica* 52 (2005): 250–53.

وللوقوف على أبرز الدراسات المعاصرة التي اعتمدت هذه الطريقة راجع الهامش رقم ١٧٨ في مقال موتزكي الآنف الذكر، والهوامش ١٦ و١٧ و١٨ في:

Andeas Görke, “Prospects and Limits in the Study of the Historical Muḥammad,” in *The Transmission and Dynamics of the Textual Sources of Islam*, ed. Nicolet Boekhoff-van der Voort, Kees Versteegh and Joas Wagemakers (Leiden: Brill, 2011), 137–51.

وفي هذا المقال مناقشة وجيزة لكن قيّمة لأربع مقاربات بحثيّة لكشف حقائق تاريخيّة عن النبيّ من المصادر الإسلاميّة المتوفّرة اليوم يناسب كلّ منها جزءًا محدّدًا من مرويّات هذه المصادر التي تتناول حياته، مبرِزًا فيها الآفاق الممكنة لكلّ مقاربة ومعوقات تطبيقها.

يصعب إطلاق حُكْم عام عليها يفصل في تاريخيّتها وصدقيّتها وتنقّلها في المصادر. حتّى إنّ الإشكاليّات التي تُحيط بالخبر الواحد تجعلنا نعي أكثر خطورة تعميم النتائج البحثيّة المنبثقة من درس إشكاليّات مماثلة، مهما كانت دقّتها، على سلّة أخبار عريضة لم يشملها البحث كلّها مباشرة. وهو ما يُشير إليه هربرت بيرغ في مقدّمة دراسته حول الأحاديث المسندة إلى ابن عبّاس (ت. ٦٨/٦٨٧) في تفسير **جامع البيان** للطبريّ حيث يصنّف الأحاديث عامّة في ثلاث فئات: الأحاديث التفسيريّة (exegetical) أي التي فيها تفسير والأحاديث الفقهيّة (legal) التي تبيّن السنّة والأحاديث التاريخيّة (historical) التي موضوعها السيرة. وإذ يُركّز بيرغ على الفئة الأولى يرى أنّ تعميم النتائج التي توصّل إليها باعتماده على عدد محدود من الأحاديث التفسيريّة على كلّ فئات الحديث الأخرى لن يكون بالطبع مقنعًا لكلّ الباحثين، كما ينبّه بيرغ إلى فداحة تأثير مواقف الباحثين التشكيكيّة أو الإيجابيّة من مصادر تاريخ الإسلام المبكر عمومًا على عمليّة تلقّي النتائج التي يتبنّاها الباحثون الآخرون، وهي مواقف تُسيّر الأبحاث في حقل الدراسات الإسلاميّه اليوم وتُملي نتائجها أحيانًا.[٦]

تتباين بالطبع كمّيّة الأخبار التي تتناول هذه الشخصيّة أو تلك، وكذا تختلف تفصيلاتها ومضامينها، بحسب مكانة الشخصيّة في منظومة السرديّة التاريخيّة؛ على أنّ القرب من النبيّ ليس معيارًا ثابتًا ووحيدًا لوفرة الأخبار، فنحن لا نستطيع أن نتوقّع أخبارًا أغزر و/أو أكثر تفصيلًا كلّما كانت الشخصيّة أقرب للنبيّ مثلًا وهو ما سيبدو جليًّا في هذا الكتاب الذي سيتتبّع الأخبار القليلة التي تروي لنا عن حياة خديجة.

وكلّ رواية عمومًا فيها فِعل تذكُّر، به يُصاغ المرويّ، أيًّا كان نوع ذلك المرويّ، أكان تاريخيًّا أو خرافيًّا أو غير ذلك. وتعرُّفُنا على خديجة بأيّ حال ليس عمليّة تتمّ من اتّجاه واحد. فالمرويّات تخبر عن خديجة أشياء وتُخفي أشياء، وهذه الرواية تُشعرِنا بالفرح، فرح التعرّف عليها، ولكن في المقابل، فإنّها - أي الرواية، تؤثّر في خديجة، أو على الأقلّ في الطريقة التي نراها من خلالها. إنّها تتحكّم بالطريقة التي نتذكّرها بها. فالذاكرة، يقول دانيال شاكتر، هي جزء رئيس من محاولة الدماغ البشريّ لعقل التجارب، ورواية قصص متماسكة حولها. هذه القصص بهذا المعنى هي كلّ ما لدينا عن ماضينا. لكنّ قصصنا تتركّب من أشياء كثيرة: من نتف وبقايا ما حصل بالفعل، ومن أفكار وتقديرات حول ما قد يكون قد حصل، ومن رؤى

٦ Herbert Berg, *The Development of Exegesis in Early Islam: The Authenticity of Muslim Literature from the Formative Period* (Surrey: Curzon Press, 2000), 3–5.

ومعتقدات ترشدنا إذ نحاول أن نتذكّر. ذكرياتنا هي إذًا النِتاج الهشّ لكنْ المؤثّر لِما نسترجعه من الماضي، ونعتقده عن الحاضر، ونستشرفه في المستقبل.[٧] بحسب هذا الاتّجاه الجديد في النظر إلى آليّة عمل الذاكرة البشريّة، بدأت دراسة التذكّر كتجربة ذاتيّة (subjective experience) تُنبِّه إلى سياق الزمان والمكان اللّذَين تُسترجَع فيهما الذكريات وإلى غير ذلك من العوامل المتعلّقة بالشخص المتذكّر. اعتبار كلّ هذه العوامل يجعل كلّ عمليّة تذكّر تجربة شخصيّة ذاتيّة إلى حدٍّ بعيد. وقد كانت ملكَة الذاكرة تُقدَّر تقديرًا عاليًا في المجتمعات القديمة والقروسطيّة، فكان أوّل ما يُميَّز به البارزون من جهابذة الأدب والعلم ذاكراتهم الممتازة، وكان ذلك يُعدّ علامة رِفعة خُلقيّة وفكريّة.[٨] كانت الذاكرة (*Memoria*) آنذاك تعني الذاكرة المدرَّبة، المثقّفة والمنضبطة بأصول بيداغوجيا عالية.[٩] وإذا التفتنا إلى ثقافة الإسلام الوسيط لنتحرّى في القيمة التي توليها للذاكرة، نستطيع القول إنّها بلا شكّ من أكثر الثقافات التصاقًا بالذاكرة وتحيُّزًا لها. فسلاسل الإسناد الملحَقة بالأخبار، التي هي العلامة الفارِقة لهذه الثقافة، هي بمثابة ذيل الذاكرة المتطاوِل مع تعاقب الأجيال الذي تُسجَّل فيه أسماء الذين تذكّروا الخبر وطُرُق الذاكرة التي سلكها. من هذا المنظور، تكتسب الأخبار قيمتها الثقافيّة الفريدة كنصّ مكتوب موروث من إيحاء الذاكرة الذي يرشح عنها، الإيحاء بأنّ ما هو منقول فيها حفظته ذاكرة فلان عن فلان [...]، بصرف النظر عن صحّة الإسناد وقيمته التاريخيّة. فالاعتماد على الذاكرة، والاحتفاء بالدربة عليها في هذه الثقافة مكتوب ومسجّل. ولا يُستقرأ ذلك فقط من كتابة سلاسل الإسناد نفسها وحسب، بل من مصنَّفات العلوم الموسوعيّة التي تبلوت فيها دراسة تلك السلاسل، إذ تكشف مناهجها ومصطلحاتها عن مركزيّة ملكَة الذاكرة في مجال نقل الأخبار عمومًا والأحاديث خصوصًا. ويلزم التمثيل الدقيق على هذه الفكرة التبحّر في تلك المصنّفات، ونحن نكتفي هنا بالإشارة إلى ما قاله ابن الصلاح في «معرفة من خلّط في آخر عمره من الثقات»: «هذا فنّ عزيز مهمّ، لم أعلم أحدًا أفرده بالتصنيف واعتنى به مع كونه حقيقًا بذلك جدًّا».[١٠] أوليس في التخليط اعتلال ذاكرة؟

---

٧ Daniel L. Schacter, *Searching for Memory: The Brain, the Mind, and the Past* (New York: Basic Books, 1996), 308.

٨ Carruthers, *The Book of Memory*, 1.

٩ المرجع نفسه، ٧.

١٠ راجع ابن الصلاح، **مقدّمة**، ٦٦٠. راجع أيضًا «باب في أنّ الحافظ إذا نسي حديثًا سمعه من شيخ لم يجز له أن يرويه عنه»؛ و«باب في أنّ السيّئ الحفظ لا يُعتدّ من حديثه إلّا بما رواه من أصل كتابه»؛ =

وإذا كانت لأسانيد الأخبار عمومًا قيمة عالية في فضاء هذه الثقافة، فإنّها عندما تُلحَق بالأحاديث وهي «جُملة ما أُسنِد من الأخبار عن رسول الله»،[١١] تكتسب قيمة مضاعفة، لأنّ إيحاء الذاكرة فيها يحيلنا على ذاكرة فلان عن فلان [...] عن تابعيّ عن صحابيّ عن النبيّ. في أسانيد الأحاديث دعوى صريحة بأنّ متونها أخبار عن النبيّ حفظتها بحرص ذاكرة رواة استثنائيّين. فنحن عندما نقرأ خبرًا عن خديجة علينا بناءً على ما تقدّم أن نستحضر في ذهننا سؤال «من يتذكّر؟» كيلا ينتهي بنا المطاف –بتعبير ابن خلدون، نجلبُ الأخبار عنها ونستجلي حكايات الوقائع في عصرها «صُوَرًا قد تجرّدت من موادها [...] ومعارف تُستنكَر للجهل بطارفها وتلادها».[١٢] فالتاريخ كما يعرّفه جون لوكاس هو «الماضي المتذَكَّر»، وعليه فهو واقع بلا شكّ تحت تأثير من يتذكّر.[١٣] ولعلّ التأمّل في إسناد حديث أوّل الوحي المشهور إيّاه الذي تتوالى فيه أسماء ستّة رواة يُظْهِر القارئ على إشكاليّة الذاكرة التي نُثيرها، ففي حين كانت خديجة زوج النبيّ عند وقوع الوحي أوّل مرّة، وهي التي لجأ النبيّ إلى بيتها بُعيَد ذلك الحدَث الجَلَل مباشرة بحسب سيناريو هذا الحديث وهو أوّل حديث في **صحيح البخاريّ**،[١٤] فإنّه وصلنا كما يقول نصّ الإسناد عبر عمليّات تذكّر توالى عليها ستّة أشخاص آخرهم عائشة التي تحكي عن النبيّ. نحن نفتقد بهذا المعنى

= و«باب فيمن خالفه أحفظ منه فحكى خلافه له في روايته» في أحمد بن عليّ المعروف بالخطيب البغداديّ (ت. ١٠٧١/٤٦٣)، **كتاب الكفاية في علم الرواية** (حيدر آباد: دائرة المعارف العثمانيّة، ١٩٣٨)، ٢٢١–٢٢٦.

١١ استوحينا هذا التعريف من مقدّمة مسلم في **الجامع الصحيح**، وفيها يقول: «ثمّ إنّا إن شاء الله مبتدئون في تخريج ما سألتَ وتأليفه على شريطة سوف أذكرها لك وهو أنّا نعمد إلى جُملة ما أُسنِد من الأخبار عن رسول الله ﷺ فنقسمها على ثلاثة أقسام...». راجع مسلم بن الحجّاج النيسابوريّ، **الجامع الصحيح**، تحقيق خليل مأمون شيحا (بيروت: دار المعرفة، ١٩٩٤)، ٩.

١٢ عن بعض المؤرّخين يقول ابن خلدون: «[...] ثمّ لم يأتِ من بعد هؤلاء إلّا مقلّد وبليد الطبع والعقل أو متبلّد، ينسج على ذلك المنوال ويحتذي منه بالمثال، ويذهل عمّا أحالته الأيّام من الأحوال واستبدلت به من عوائد الأمم والأجيال، فيجلبون الأخبار عن الدول وحكايات الوقائع في العصور الأُوَل صورًا قد تجرّدت عن موادها، وصفاحًا انتُضيت من أغمادها، ومعارف تُستنكر للجهل بطارفها وتلادها». أنظر قوله هذا في ابن خلدون، **مقدّمة**، ٢٨٤/١.

١٣ تعريف ينقله عنه كارل ترومان في:
Carl Trueman, *Histories and Fallacies: Problems Faced in the Writing of History* (Illinois: Crossway, 2010), 26.

١٤ انظره في محمّد بن إسماعيل البخاريّ، «باب كيف كان بدء الوحي إلى رسول الله ﷺ»، في **صحيح البخاريّ**، عن طبعة دار الطباعة العامرة باستانبول (بيروت: دار الفكر، ١٩٨١)، ٣/١.

استرجاعًا شخصيًّا لذلك الحدَث عن لسان خديجة مثلاً، ذلك الحدَث الذي وقع تأثيره على زوجها ثمّ عليها حصرًا في لحظته الأولى، كما يروي الحديث. فإذا كنّا ممّن يرتاح لتصديق متن الخبر، فعلينا أن نتنبّه أنّ كلّ ما لدينا من أثَر لخديجة فيه هو نِتاج تُلوّنه ذاتيّة تجربة التذكّر لستّة أفراد، يجدر بنا أن نعي ذاتيّة تجاربهم عند قراءة هذا الخبر، وكلّ خبر قد نركن إلى صحّته،[١٥] فعمليّة تذكّر كلّ خبر – إذا استهدينا بمقاربة شاكتر، هي تجربة فريدة لا تتكرّر، لأنّ كلّ عمليّة تذكّر لها سياقها وظرفها. وبالتالي، فحتّى بالنسبة إلى الراوي الواحد، ليست كلّ الأخبار المنقولة عنه نِتاج تجربة واحدة.

الذاكرة والكتابة

تنبني على ذاكرات الأفراد ذاكرة الجماعة. وتشكّل الكتب (كتب معيّنة بالطبع) مصادر هذه الذاكرة الجماعيّة في الجماعات التي يسمّيها بريان ستوك (Brian Stock) الجماعات النصّيّة (textual communities)، سواء أكانت نصوصها متداوَلة فيها بشكلها الشفاهيّ أو الكتابيّ.[١٦] إنّها الكتب المرجعيّة التي تضمّ المجتمع معًا إذ توفّر له تجربة مشتركة ونوعًا معيّنًا من اللغة والحكي، لغة القصص التي يمكن استعادتها مِرارًا مع تقادم الزمن وكلّما اقتضت الظروف ذلك. أمّا معاني تلك القصص، فيُعتقَد أنّها كامنة ومخبّأة ومتعدّدة ومعقّدة، فهي تظلّ محتاجة على الدوام إلى التأويل والتعديل والكشف.[١٧]

ويمكن القول بناءً على ذلك إنّ القرآن هو الكتاب المرجعيّ الأوّل في التراث الإسلاميّ، لأنّه النصّ الوحيد المتوفّر والمعاصر للتجربة الإسلاميّة، وهو نصّ وحي مقدّس ثابت تُسترجَع آياته يوميًّا، وتُفسَّر وتُؤوّل وتوضَع تحت مجهر الكشف. وكتب الحديث المعتمَدة هي بدورها من هذا النوع من الكتب المرجعيّة، لأنّ نصّها ديوان ذاكرات آلاف الأفراد، الذاكرات التي تنقل تجربة النبيّ أيضًا، وهي التجربة الجامعة المشتركة الأهمّ في وعي المسلمين التي ما برحوا يستعيدونها ويتمثّلونها ويؤوّلونها – وإن

١٥ يُحفَظ أثَر حياة الفرد بعد مماته في النفوس الحيّة لكلّ الأشخاص الموجودين على قيد الحياة. أنظر:
John Dunne, *The City of The Gods: A Study in Myth and Mortality* (New York: Macmillan, 1965), 16; 24.

١٦ حول قضيّة نقل النصوص بين الشفاهة والكتابة في حاضنة الإسلام الوسيط، سيّما في فترته الأولى راجع:
Gregor Schoeler, *Écrire et transmettre dans les débuts de l'islam* (Paris: Presses Universitaires de France, 2002).

١٧ Carruthers, *The Book of Memory*, 12.

كان تاريخ تصنيف تلك الكتب متأخّرًا عن التجربة النبويّة. ومن الجدير بالذكر هنا أنّ القدماء – كما يقول أبو زيد، لم يكونوا يشيرون إلى القرآن والحديث باسم النصوص، كما نفعل في اللغة المعاصرة [...] وكانوا حين يشيرون إلى «النصّ» فإنّما كانوا يعنون به جزءًا ضئيلًا من الوحي، أو بعبارة أخرى ما لا يحتمل أدنى قدر من تعدّد المعنى والدلالة بحكم بنائه اللغويّ [...] فما لا ينطبق عليه وصف الوضوح الدلاليّ الذي لا يحتاج معه إلى تفسير ليس نصًّا. وهذا يجعلنا نعي أكثر أنّ المنزلة المرجعيّة لنصّ ما في مجتمع معيّن هي مرجعيّة يُتواضَع عليها في مرحلة معيّنة في معظم الأحيان، فأيّ نصّ عندما يتشكّل أوّل مرّة، لا يكون مرجعيًّا بالضرورة أو ربّما تختلف نوعيّة مرجعيّته بين وقت وآخر.[18] لكنّ كتب الحديث المعتمَدة تفتقر إلى ميزة ثبات النصّ القرآنيّ، لأنّ في تأليفها مبدئيًّا عمليّة إثبات وإسقاط متعمَّدة، فالأخبار المرويّة فيها هي أخبار منتخبَة، انتخبها مؤلّفوها، وهي خاضعة لسلطتهم ومعاييرهم. إنّها المعايير الصارمة التي تحدّد للمتلقّي ما يجب عليه أن يتذكّره من أحاديث النبيّ، أي الأحاديث المثبتَة في هذه الكتب، وما يجب عليه أن ينساه، أي الأحاديث المهمَلة المسقَطة منها. حتّى فئة الأحاديث الضعيفة تدلّل على السلطة الانتقائيّة لجامِعي الأحاديث، فهذه الأحاديث على ضعفها كانت مستحسنة لِما فيها من عِبَر وفضائل وغير ذلك، إذ «يجوز عند أهل الحديث وغيرهم التساهل في الأسانيد ورواية ما سِوى الموضوع من أنواع الحديث الضعيفة من غير اهتمام ببيان ضعفها فيما سِوى صفات الله تعالى وأحكام الشريعة من الحلال والحرام وغيرهما، وذلك كالمواعظ والقصص وفضائل الأعمال وسائر فنون الترغيب والترهيب وسائر ما لا تعلُّقَ له بالأحكام والعقائد».[19] ما فِعْلُ التذكّر سوى اختيار، به تُدفع أشياء إلى خلفيّة الذاكرة وتُطمس لإلقاء الضوء على أشياء أخرى.[20] وتُنتقى الأحاديث في كتب الحديث

---

[18] راجع نصر حامد أبو زيد، **نقد الخطاب الدينيّ**، ٩٣.

[19] أنظر ابن الصلاح، **مقدّمة**، ٢٨٦. أنظر أيضًا، الخطيب البغداديّ، «باب التشدّد في أحاديث الأحكام والتجوّز في فضائل الأعمال»، في **الكفاية**، ١٣٣–١٣٤. والموضوع هو الحديث «المختلَق المصنوع، [وهو] شرّ الأحاديث الضعيفة ولا تحلّ روايته لأحدٍ عَلِمَ حاله في أيّ معنى كان إلّا مقرونًا ببيان وضعه». أنظر المصدر نفسه، ٢٧٩. ولاستعراض موجز لقواعد نقد الأحاديث وتصنيفها أنظر:

Burton, "The classification of the Ḥadīths," in *An Introduction to the Ḥadīth*, 110–16.

ولنظرة سريعة مرفقة برسوم بيانيّة مبسَّطة ومساعِدة راجع أيضًا:

Recep Senturk, *Narrative Social Structure*, 45–57.

[20] Jan Assmann, *Religion and Cultural Memory*, trans. Rodney Livingstone (Stanford: Stanford University Press, 2006), 3.

المرجعيّة بناءً على مقبوليّة أسانيدها بشكل أساسيّ،[٢١] فإذا جاوزت الأسانيد امتحان القبول صار للأحاديث المذيَّلة بها حقّ أن تُثبَت فيها، على اعتبار الموثوقيّة بذاكرات الرواة في تلك الأسانيد (علاوة على معايير أخرى بالطبع)، وهو ما يحفّز بالتالي على تذكّر الأحاديث المعنيّة من جانب عموم المتلقّين. ولا يكمن الاختيار في انتقاء ما يجب أن يكون مثبَتًا وحسب، بل أيضًا في ما يجب ألّا يُثبَت.

وهذه الاختيارات الصعبة والتي فيصلها الأهمّ ربّما الثقة بذاكرات الرواة المتعاقبين هي آليّة من آليّات تأصيل التأويلات المختلفة للتجربة النبويّة، وتتشكّل «المذاهب» على خلفيّة اختلافات في الآراء مردّها اختلافات في الأمزجة والشخصيّات، علاوة على صِيَغ تأويليّة متنوّعة للتجربة الأولى النواة للدعوة الدينيّة، وتلتئم هذه المذاهب حول رجال دين بارزين ومفسّرين متأوّلين وعلماء كلام.[٢٢] فالشكل «النصّيّ» الذي يُرسَّخ به الماضي في الذاكرة الجماعيّة للفِرَق المختلفة هو ما يُذكي صراعات تلك الفرق ويمدّها بالقوّة المعنويّة الانفعاليّة الكفيلة بإبقاء نزاعاتها مفتوحة.[٢٣] وهذا يجرّنا إلى الخوض في قضيّة قائمة الكتب المرجعيّة الإجماعيّة الـ(canon) المعقّدة والخطيرة في أبعادها ونتائجها. ونستعير بداية، لتبيان جانب من الإشكاليّات المتعلّقة بهذه القضيّة، نقدَ إدوارد سعيد لهيكليّات المناهج الدراسيّة القابضة بحسب سعيد على دوائر الآداب في الجامعات الأوروبيّة، فهو يرى أنّ النصوص العظيمة (great texts) والنظريّات العظيمة (great theories) لا تكتسب السلطة التي تفرض التفاتة احترام بفضل مضامينها بقدر ما تكتسبها لأنّها ببساطة إمّا عتيقة، وإمّا تمتلك نفوذًا لأنّها نُقِلت من جيل إلى آخر عبر الزمن أو توحي بأنّها خارج الزمن، وهي تُجَلّ وتُحترَم على نحو تقليديّ على هدي تعاليم رجال الدين والعلماء أو البيروقراطيين (bureaucrats) المَهَرَة.[٢٤] كتب الحديث الستّة المعتمدة عند السنّة مثلًا اكتسبت مرجعيّتها من قبول

---

٢١ في «معرفة الثقات والضعفاء من رواة الحديث» يقول ابن الصلاح: «هو من أجلّ نوع وأفخمه، فإنّه المرقاة إلى معرفة صحّة الحديث وسقمه». راجع ابن الصلاح، **مقدّمة**، ٦٥٤. و«معرفة ما يجب العمل به [شرعًا] من الأحاديث يضبطه الوقوع على السند الكامل الشروط، لأنّ العمل إنّما يجب بما يغلب على الظنّ صدقه من أخبار رسول الله» راجع ابن خلدون، **مقدّمة**، ٩٣٧/٣. فالأحاديث لا تُحدَّد على أساس أنّها صادرة عن النبيّ، بل على أساس إجماع المحدّثين على أنّها صادرة عنه على الأرجح، فالمتلقّي يطلب إثبات الأرجحيّة لا الحقيقة اليقينيّة. أنظر:

Burton, An *Introduction to the Ḥadīth*, 177.

٢٢ Wach, *Sociology of Religion*, 37–8.

٢٣ المرجع نفسه، ٢١.

٢٤ Edward Said, *The World, the Text*, 22.

عام بين أوساط علماء السنّة عبر العصور، لا بتوصية لجنة فاحصة متخصّصة أو مؤسّسة مركزيّة.[٢٥]

قائمة الكتب المرجعيّة الإجماعيّة الـ(canon): اختيارات الذاكرة

نشير أوّلًا إلى أنّ ماهر جرّار يترجم مصطلح الـ(canon) بـ«قائمة الكتب الرسميّة المعتمَدة»، ويترجمه الرويلي والبازعي بـ«المعتمَد (أو القانون)». وقد ارتأينا ألّا نعتمد ترجمة جرّار لأنّنا رأيناها توحي بأنّ القائمة المذكورة صادرة عن جهة أو مؤسّسة رسميّة معيّنة، فيما ترجمة الرويلي وجدناها تكتنف شيئًا من العموميّة وتقصر بذلك عن إيصال معنى المصطلح الذي نقصده في سياقنا هذا.[٢٦] إنّ الإجراء الأهمّ في عمليّة تشكيل قائمة الكتب المرجعيّة الإجماعيّة الـ(canon) هو فِعل الإغلاق، فالقائمة لا يمكن أن تُتابَع.[٢٧] ولعلّ خطورة مفهوم الـ(canon) كامنة في انطباع الكلّيّة والتجانس الثقافيّ الذي يخلّفه، فكأنّ القائمة «المرجعيّة» تختصر كلّ المكتوب، وتوحي بأنّ الكتب التي تشتمل عليها يوحّدها نوع من التجانس، التجانس الذي توحي هذه القائمة أيضًا أنّه يعكس تجانسًا ثقافيًّا حقيقيًّا وشامِلًا في الخطاب الاجتماعيّ المتداولَة فيه تلك الكتب. لكنّ الحال لا يكون كذلك في العادة، وهو حتمًا لم يكن كذلك في الواقع الثقافيّ الإسلاميّ في العصور التي نتعرّض في هذه الدراسة لكتب كانت متداوَلة فيها. فغنيّ عن القول إنّ ترسيم الحدود العريضة لمتن القائمة «المرجعيّة» ككلّ والتي يُصنَّف على أساسها مطلق كتاب داخلَها أو خارجَها يعكس موقفًا سياسيًّا في جوهره أكثر منه ثقافيًّا، ومن المسلَّم به أنّ التحيّز المذهبيّ قد لعب دورًا في اعتماد النصوص وتشكيل ما نعرفه اليوم باسم التراث. صحيح أنّ كلّ ثقافة عمومًا هي من جهة معتنَق إيجابيّ لأفضل الآراء والمعارف، لكنّها أيضًا من جهة أخرى معتنق سلبيّ تفاضليّ يُقصي

---

٢٥ لمدخل وجيز حولها أنظر:
Burton, "the Hadith Collections," in *Introduction to the Ḥadīth* (Edinburgh: Edinburgh University Press, 1994), 119–47; Jonathan Brown, "The Hadith Canon," in *Hadith: Muhammad's Legacy in the Medieval and Modern World* (Oxford: Oneworld, 2009), 38–40.

٢٦ أنظر مراجعته لكتاب (*Ideas, Images, and Methods of Portrayal*)، تحرير سيباستيان غونتر، **الأبحاث** ٥٨–٥٩ (٢٠١٠–٢٠١١): ١٢١؛ أنظر ميجان الرويلي وسعد البازعي، **دليل الناقد الأدبيّ: إضاءة لأكثر من سبعين تيّارًا ومصطلحًا نقديًّا معاصرًا**، ط. ٥ (بيروت والدار البيضاء: المركز الثقافيّ العربيّ، ٢٠٠٧)، ٢٣٤.

٢٧ Jan Assmann, *Religion and Cultural Memory*, 41.

كلّ ما لا يرتقي إلى مصاف ذلك الأفضل.[٢٨] المسألة هنا هي كيف يتمّ تمثيل الخاص الشخصيّ باعتباره عالميًّا أو جمعيًّا، وهي مسألة يمكن وضعها ضمن إطار قضيّة الهيمنة، وهي إقامة سيطرة اجتماعيّة تتمتّع بها مجموعات اجتماعيّة معيّنة وتدعيمها أو مقاومتها: يستلزم تحقيق الهيمنة تحقيق نجاح ما في تحويل بعض ما هو محلّيّ إلى عالميّ. وذلك، إلى حدّ ما، إنجاز نصّيّ.[٢٩] إنّه ومن خلال مأْسَسَة (institutionalizing) قصّة بواسطة الذاكرة تتمّ عمليّة الحبك النصّي (textualizing)، وكلمة (textus) اللاتينيّة نفسها مشتقّة من معنى الفعل حبك،[٣٠] لأنّ كلّ تصنيف هو نَسَق تجميع لقِطَع نصّيّة متفرّقة، قِطَع مستعادة منتخبَة من أعمال وكتب قرأها المصنّف واستوعبها يتذكّرها ويستعيدها في كتابته.[٣١] فالاختيار لإثبات خبر وإسقاط آخر، وهو اختيار يفرضه فِعل الكتابة، لا يقترن بالضرورة مع ادّعاء صريح بأنّ المثبَت صحيح- كما في حالة **صحاح** الحديث مثلاً، لكنّ مجرّد إثباته يدلّل على استحقاقه أن يُثبَت، أن يُتذكَّر، بتقدير المصنّف.

وعلاوة على تَقابُل قوائم الكتب المرجعيّة لدى الفِرَق المختلفة في كتلة التراث النصيّ، فإنّ في داخل تراث الفِرقة الواحدة قِسمة، وإن لم تكن على الدرجة نفسها من الوضوح والقطع، تميّز بين المرجعيّ وغير المرجعيّ أو الأقلّ مرجعيّة من كُتُبها، حتّى لقد يختلف علماء الفرقة الواحدة على درجة مرجعيّة كتب يعدّها من هم خارجها «معتبرة» معتمدة لديها. ففي إطار المذهب الواحد أو الثقافة الواحدة هناك اختيارات، وعلى الباحث المستقصي لكتب المذهب المعنيّ أن يكون على دراية بها وإن بخطوطها العريضة.[٣٢]

---

٢٨ Edward Said, *The World, the Text*, 11–12.

٢٩ فاركلوف، **تحليل الخطاب**، ٩٢.

٣٠ Carruthers, *The Book of Memory*, 12.

٣١ المرجع نفسه، ١٨٩.

٣٢ بلورنا مقاربتنا هذه بالاعتماد على دراسة جون غيلّوري التي يُشرّح فيها إشكاليّات كبرى تدور في فلك الجدل المثار اليوم حول مفهوم الـ(canon) في المجال الثقافيّ والتربويّ الغربيّ، الأميركيّ منه بوجه خاصّ، ولا سيّما فصلها الأوّل. راجع لإضاءة نظريّة تفصيليّة:
John Guillory, "Canonical and Noncanonical: The Current Debate," in *Cultural Capital: The Problem of Literary Canon Formation* (Chicago and London: The University of Chicago Press, 1994), 3–82.
كما أفدنا من مدخل «المعتمَد» في **دليل الناقد الأدبيّ** الآنف الذكر، راجعه في الرويلي، **دليل**، ٢٣٤–٢٣٨، ومن:
Peter Widdowson, "The Canon," in *Literature* (London and New York: Routledge, 1999), 22–25.

نُحيل هنا مثلًا على جواب للعالِم الإماميّ الشريف المرتضى (ت. ١٠٤٤/٤٣٦) «حول الحديث المرويّ في **الكافي** [أحد كتب الحديث الشيعيّ المعتبرة] في قدرة الله تعالى» وفيه: «إعلم أنّه لا يجب الإقرار بما تضمنه[٣٣] الروايات، فإنّ الحديث المرويّ في كتب الشيعة وكتب جميع مخالفينا، يتضمّن ضروب الخطأ وصنوف الباطل، من مُحال لا يجوز أن يُتصوَّر، ومن باطل قد دلّ الدليل على بطلانه وفساده [...] ومَنْ هذا الذي يحصي أو يحصر ما في الأحاديث من الأباطيل؟ ولهذا وجب نقد الحديث بعرضه على العقول [...]»،[٣٤] فليست الكتب المعتبرة مُرفَّعة عن النقد المنهجيّ بحال.

وتُسلِّط فكرة قائمة الكتب «المرجعيّة» أو الـ(canon) الضوء على فِعل الاختيار، لأنّها تفتح الباب على الاختيار الذي قام به من قيّم كُتُب تراثنا النصيّ قبلنا ليضمّ أو يُقصي من هذه القائمة المغلقة هذا الكتاب أو ذاك بالأساس، لكنّنا في هذا الكتاب لن نُثير هذه الإشكاليّة مباشرة، أي إنّنا لن نسأل 'كيف صار الكتاب المرجعيّ مرجعيًّا؟' بل سنُسلّم جدلًا بمرجعيّته. وسنُفيد من مفهوم قائمة الكتب المرجعيّة كأداة للنقد الثقافيّ الذاتيّ، لتوكيد الحاجة إلى تجاوز هذا التحيّز الذي شطَر التراث بشكل رئيسيّ إلى نصفَيْن سنّيّ وشيعيّ، إذ سنطالع كتبًا مرجعيّة معتبَرة سنّيّة وشيعيّة، فالمخيال الإسلاميّ العريض اندرج ضمنه غير مخيال رديف لغير فِرقة، إذ «اختلف الناس بعد نبيّهم ﷺ في أشياء كثيرة ضلّل فيها بعضهم بعضًا وبرئ بعضهم من بعض فصاروا فِرَقًا متباينين، وأحزابًا متشتّتين، إلّا أنّ الإسلام يجمعهم ويشتمل عليهم، وأوّل ما حدث من الاختلاف بين المسلمين بعد نبيّهم اختلافهم في الإمامة».[٣٥] أمّا تصنيف سنّيّ/شيعيّ فنفرق به بين «مزاجَيْن»، تفريقًا فضفاضًا

٣٣ كذا في الأصل ولعلّها «تتضمّنه».

٣٤ عليّ بن الحسين الموسويّ الشريف المرتضى، **رسائل الشريف المرتضى**، تحقيق أحمد الحسينيّ (قم: دار القرآن الكريم، ١٩٨٥–١٩٩٠)، ٤٠٩/١–٤١٠.

٣٥ عليّ بن إسماعيل الأشعريّ (ت. ٩٣٥/٣٢٤)، **مقالات الإسلاميّين واختلاف المصلّين**، تحقيق هلموت ريتر، ط. ٤ (بيروت: المعهد الألمانيّ للأبحاث الشرقيّة، ٢٠٠٥)، ١–٢. أنظر أيضًا عبد القادر بن طاهر البغداديّ (ت. ١٠٣٧/٤٢٩)، **الفَرْق بين الفِرَق وبيان الفرقة الناجية منهم** (بيروت: دار الآفاق الجديدة، ١٩٧٣)، وهو كتاب مفتتَحه «في بيان الحديث المأثور في افتراق الأمّة» إلى ثلاث وسبعين فرقة كلّهم في النار إلّا فرقة واحدة هي بحسب البغداديّ فرقة أهل السنّة والجماعة. أنظر المصدر نفسه، ١٩–٢٠. حول هذا الحديث وسواه ممّا يتّصل بالموضوع راجع إجناتس جولدسيهر، «الفِرَق»، في **العقيدة والشريعة في الإسلام**، ترجمة محمّد يوسف موسى (بيروت وبغداد: منشورات الجمل، ٢٠٠٩)، ٢٤٥–٣٣٠. أنظر أيضًا محمّد بن عبد الكريم الشهرستانيّ (ت. ١١٥٣/٥٤٨)، **المِلَل والنِّحَل**، تحقيق أحمد فهمي محمّد، ط. ٢ (بيروت: دار الكتب العلميّة، ١٩٩٢)، وفيه استعراض دقيق وشامل لمقالات =

لا نقصد منه تسليط الضوء مباشرة على تحديدات عقديّة وفقهيّة صارمة ودقيقة قد تفصل بين هذين المزاجين، لأنّ التصنيف في خانة السنّيّ أو الشيعيّ تغيّر معناه وتطوّرت دلالاته تبعًا للفترة التي استُعمِل فيها وهو تطوّر واكب تبلور المذاهب المختلفة وترسيخ أصولها الفكريّة والمنهجيّة، وحتّى تفرّعات التيّارات المتشعّبة في المذهب الواحد.[٣٦] فبعض الكلمات تستعصي على التعريف، لأنّ تداولها بدأ منذ آلاف السنين، وظلّت متداوَلة لكنّ معناها ما فتئ يتغيّر عبر العصور. ونحن عندما نستعمل كلمات مماثلة لها تاريخ طويل، ككلمة «سنّيّ» أو «شيعيّ»، لا نستطيع أن نقبض بدقّة على معناها الأقدم، ولا نستطيع أن نحمّلها في آن واحد كلّ المعاني التي أشارت إليها عبر تاريخها الطويل.[٣٧] وعليه، فإنّ ما نعنيه بالشيعيّ هنا، هو المزاج الذي يعبّر أصحابه عن ميل إلى تفضيل عليّ بن أبي طالب واتّخاذه مثالًا للحاكم المستقيم والعادل القادر على قيادة الأمّة، ولفظ «شيعيّ» إذا أُدخلت فيه علامة التعريف «فهو على التخصيص لا محالة لأتباع أمير المؤمنين صلوات الله عليه وعلى سبيل الولاء والإعتقاد لإمامته بعد الرسول صلوات الله عليه وآله بلا فصل، ونفي الإمامة عمّن تقدّمه في مقام الخلافة، وجعله في الاعتقاد متبوعًا لهم غير تابع لأحد منهم على وجه الاقتداء».[٣٨] فيما المزاج السنّيّ هو الذي يُعبّر أكثر عن رؤية

= الفِرَق الإسلاميّة علاوة على تمحيص منهجيّ في طرائق من كتب حولها قبل الشهرستانيّ. أنظر على وجه الخصوص مقدّمات الكتاب في المصدر نفسه، ٣–٣٢.

٣٦ استعرنا هذه القِسمة بين «مزاجَين» من طريف الخالدي، راجع:
Tarif Khalidi, *Images of Muhammad*, 124–25.

٣٧ راجع:
Max Müller, "The Perception of the Infinite," in *The Essential Max Müller: On Language, Mythology, and Religion*, ed. Jon R. Stone (New York: Palgrave MacMillan, 2002), 171.

٣٨ محمّد بن محمّد بن النعمان المعروف بالشيخ المفيد (ت. ٤١٣/١٠٢٢)، **أوائل المقالات في المذاهب المختارات** (بيروت: دار الكتاب الإسلاميّ، ١٩٨٣)، ٣٧–٣٨. لمدخل إلى تاريخ الإسلام الشيعيّ وأصوله ومذاهبه أنظر:
Moojan Momen, *An Introduction to Shi'i Islam: The History and Doctrines of Twelver Shi'ism* (New Haven and London: Yale University Press, 1985); Najam Haidar, *Shī'ī Islam: An Introduction* (New York: Cambridge University Press, 2014); H. M. Jafri, *The Origins and Early Development of Shi'a Islam* (London: Longman, 1979); Heinz Halm, *Shiism*, trans. Janet Watson (Edinburgh: Edinburgh University Press, 1991).
ولاطّلاع على جانب من الدراسات والمقالات التي تكشف عن تنامي اهتمام الباحثين بالمذاهب الشيعيّة وكتبها وعلمائها وبُناها الفكريّة أنظر:
Mohammad Ali Amir-Moezzi et al., eds., *Le Shī'isme Imāmite Quarante Ans Après* (Turnhout: Brepols, 2009); Etan Kohlberg, ed., *Shī'ism* (Aldershot: Ashgate, 2003).

جماعيّة تستوعب كلّ الشخصيّات، من خلفاء وصحابة تحت راية الأمّة الإسلاميّة الواحدة، فأهل السنّة «يعرفون حقّ السلف الذين اختارهم الله سبحانه لصحبة نبيّه ﷺ ويأخذون بفضائلهم ويمسكون عمّا شَجَر بينهم صغيرهم وكبيرهم ويقدّمون أبا بكر ثمّ عمر ثمّ عثمان [ت. ٦٥٦/٣٥] ثمّ عليًّا رضوان الله عليهم [...]، ويرَون العيد والجمعة والجماعة خلف كلّ إمام برّ وفاجر [...] ويرَون الدعاء لأئمّة المسلمين بالصلاح وألّا يخرجوا عليهم بالسيف».[٣٩] ونحن وإن كنّا نركن إلى تعريفات مختصَرَة مماثلة للمزاجين، فهذا لا ينفي أنّنا واعون لقصور هذه التعريفات عن الإحاطة حقًّا بمعالِم كلّ الفِرَق تحت مظلّتهما؛ فنحن في حدود هذا الكتاب لا نستهدف بيانًا تفصيليًّا لآراء هذه الفِرَق وأقوالها في عموم القضايا التي اختلف عليها المسلمون وفي الدقيق من الكلام منها خاصّة، بل الإضاءةَ على تباين في تشكيل صورة خديجة في سياقات المذاهب المختلفة من بوّابة تفريقنا الفضفاض هذا بين مزاجَين. وعمومًا، لا يعكس التباين بينهما اختلافات جوهريّة في مسار الأحداث في حياة خديجة، بل اختلافًا في قبول أو ردّ بعض أخبارها، وتفاوتًا في درجة التركيز على أخبار أخرى متَّفَق عليها، وتعليلات وقراءات مختلفة لِما نقلته هذه الأخبار عن حركيّتها على مسرح الأحداث، ومعلوم أنّ «سيناريو» هذه الأحداث في صدر الإسلام واحد لدى كلّ الفِرَق، لكن تختلف طرق استعادة هذا السيناريو وبالخصوص مدى مشروعيّة الأشخاص أخلاقيًّا ودينيًّا وسياسيًّا في خضم تلك الأحداث.[٤٠]

وسنقصر مصادر الشيعة في هذا الكتاب على الإماميّة الإثني عشريّة، وهم المذهب الشيعيّ الأكبر، وعلماء الإماميّة عندما يتطرّقون إلى بدايات تراثهم المكتوب يشيرون إلى نوعين من الكتب انبثق منهما هذا التراث: الأوّل هو أعمال الأئمّة أنفسهم – كالصحيفة السجّاديّة لعليّ بن الحسين (ت. ٧١٣/٩٥)، والثاني كتب مجموعة فيها أحاديث هؤلاء الأئمّة المعروفة بالأصول، ومفردها أصل وهي تضمّ حصرًا أحاديث الأئمّة التي سلكت طريقها إلى الكتابة لأوّل مرّة بين دفّتَي الأصل. ينقل مصنّف الأصل الأحاديث التي سمعها مباشرة من الإمام أو يعتمد على رواية محدّث آخر سمعها منه. والأصول عمومًا هي بمثابة الحجر الأساس الذي انبنت عليه مجاميع الأحاديث المعتبَرة لاحقًا.[٤١]

---

٣٩ الأشعريّ، «هذه حكاية جملة قول أصحاب الحديث وأهل السنّة»، في **مقالات الإسلاميّين**، ٣٢٣/١.

٤٠ Donner, *Narratives*, 286–89.

٤١ حول طبيعة الأصول وأهمّيّتها ودورها في منظومة الفكر الشيعيّ الإماميّ عمومًا أنظر:
Kohlberg, "Al-Uṣūl al-Arbaʿumiʾa," in *Ḥadīth*, ed. Harald Motzki, 109–47.

وربّما يمكن ردّ الافتقار إلى دراسة أكاديميّة شاملة ومعمّقة لهذا التراث، ولو جزئيًّا، إلى ضخامته بالمقام الأوّل ممّا يجعل كلّ عمل نقديّ منهجيّ له صعبًا للغاية.

ونحن في هذا الكتاب لا نريد أن نُعيد تكريس هذا الانشطار العاموديّ في تراثنا، إذ لن نعدّ قائمة الكتب المرجعيّة السنّيّة مرآة للثقافة السائدة المهيمِنة (hegemonic) وقائمة الكتب الشيعيّة تعبيرًا عن الثقافة المهمَّشة الأقلّ انتشارًا (nonhegemonic) في الخطاب الاجتماعيّ، أو العكس. لأنّ حضور هذه الثقافة أو تلك على رقعة جغرافيا العالم الإسلاميّ وعلى مرّ العصور لم يكن ثابتًا مستقرّ الحدود، بل كان محتكِمًا نسبيًّا إلى التجاذبات السياسيّة المعقّدة. فمع طلوع كلّ دولة/دويلة أو سقوطها، كانت تتقدّم تلك الثقافة وتتراجع تلك بما يُعيد تشكيل ذلك الحضور في فضاء العالم الإسلاميّ ككلّ،[٤٢] وهكذا دواليك. كما أنّ واقع الخطاب الإسلاميّ القروسطيّ لم يكن جامدًا كلّ فرقة فيه تنادي باسم «الإسلام الأصيل»، مثلما هو الحال اليوم، بل كان متلوّنًا بكلّ الثقافات ومنبرًا مفتوحًا استوعب نسبيًّا آراء الفِرَق كافّة، السنّيّة والشيعيّة وسواها، مهما اشتدّت خصوماتها الفكريّة والعقديّة، في دوائر العلم على الأقلّ. لم يكن علماء هذه الفرقة أو تلك يرون حرجًا في نقل آراء الفِرَق الأخرى في كتبهم مثلاً، ولو تحيّزوا في ذلك وتحاملوا، إن لنقضها أو للردّ عليها أو لإعادة صياغتها.[٤٣] وإذا كان تصنيف المرجعيّ/غير المرجعيّ يعكس كما أسلفنا توجّهًا سياسيًّا بالدرجة الأولى، فإنّ مطالعة النتاجَيْن السنّيّ والشيعيّ نراها تُلائم الواقع الثقافيّ الإسلاميّ، لأنّ مقام الخلافة الإسلاميّة، المقام الرمز للثقافة السنّيّة، «كان منذ الخليفة الأوّل إلى

---

٤٢ حول انتشار التشيّع على رقعة العالم الإسلاميّ في القرن الهجريّ الرابع مثلًا أنظر ما كتبه آدم متز في:
Adam Mez, "Shi'ah," in *The Renaissance of Islam*, trans. Salahuddin Khuda Bukhsh and D. S. Margoliouth (Beirut: United Publishers, 1973), 59–72.
ولملاحظات تفصيليّة توضيحيّة حول التشيّع عمومًا والتي يستقي معظمها بشكل مباشر من جولدسيهر في كتابه (*Mohammed and Islam*) راجع ما ألحقه بالفصل المذكور، ٧٢–٧٥. أنظر أيضًا:
Hossein Modarressi, "Imāmite Shī'ism in the Late Third/Ninth Century," in *Crisis and Consolidation in the Formative Period of Shī'ite Islam: Abū Ja'far ibn Qiba al-Rāzī and His Contribution to Imāmite Shī'ite Thought* (Princeton: Darwin Press, 1993), 3–105.
وللائحة بيبلوغرافيا شاملة لأعمال حسين مدرّسي، وهو من أبرز الباحثين المشتغلين بالتراث الشيعيّ اليوم راجع:
Michael Cook et al., eds., "The Scholarly Output of Professor Hossein Modarressi," in *Law and Tradition in Classical Islamic Thought: Studies in Honor of Professor Hossein Modarressi* (New York: Palgrave MacMillan, 2013), 293–303.

٤٣ الأشعريّ، **مقالات الإسلاميّين**، ١–٢.

يومنا هذا عُرضة للخارجين عليه المنكرين له [...] [وإن] كان ذلك غالبًا شأن الملوك في كلّ أمّة وكلّ ملّة وجيل، ولكن لا نظنّ أنّ أمّة من الأمم تُضارع المسلمين في ذلك، فإنّ معارضتهم للخلافة نشأت إذ نشأت الخلافة نفسها، وبقيت ببقائها، ولحركة المعارضة هذه تاريخ كبير جدير بالاعتبار».[٤٤] وعليه، فإنّ اعتبار النتاج النصّيّ لجانب من هذه المعارضة كجزء أصيل من التراث، من خلال مقاربة نصوص مستلّة من كتب متقدّمة على سلّم المرجعيّة صُنّفت ودارت في أوساط العلماء، تلك الأوساط التي تبلورت فيها الفكرة الدينيّة الشيعيّة الأصيلة، بعيدًا عن دوائر المعارضين والثوّار الذين استثمروا هذه الفكرة للتعبئة والحشد،[٤٥] نرى أنّه يستجيب لواقع سياسيّ تكاد تنفرد به الأمّة الإسلاميّة، ويشتمل على محاولة نقديّة ترنو إلى معرفة شاملة وكاشفة. ونتلمّس أصداء مقاربة مماثلة في استعمال عدد من الباحثين المعاصرين لمصطلح الأرثوذوكسيّة (orthodoxy) في سياق التعبير عن المذاهب الإسلاميّة. فالتصوّرات المختلفة لأحداث تاريخ الإسلام المبكر شكّلتها الفِرَق المختلفة، أو ما يمكن تسميته –يقول دونر– بالأرثوذوكسيّات المعدّدة (multiplc orthodoxies)، كما لا تصحّ ترجمة مصطلح «سنّيّ» المستخدَم بشكل واعٍ في مقابل مصطلح «شيعة، شيعيّ» بـ«أرثوذوكسيّ» (orthodox) – يرى جون بيرتون، لأنّه ليس في الإسلام كنيسة (ecclesia) ولا تعاليم كنسيّة (magisterium)، فالخارج على الأرثوذوكسيّة (unorthodox) يعني في السياق الإسلاميّ المبتدِع، مِنْ «بِدعة» في مقابل «السنّة».[٤٦] على أنّ المنظومة الفكريّة السنّيّة يُزاوَج بينها وبين مصطلح الأرثوذكسيّة في دراسات أكاديميّة معاصرة ولعلّ مردّ تلك المزاوجة هو زاوية النظر إلى إشكاليّة الاختلاف في الفكر الإسلاميّ القديم، إذ تُستثار لمساءلة «سيادة» الفكر السنّيّ في مقابل اختيارات فكريّة متنوّعة أخرى أُقصيَت انتصر عليها ذلك الفكر في ظلّ صراع فكريّ وإنسانيّ وسياسيّ معقّد تعكسه قضايا معرفيّة متنوّعة في حدود نصوص تراثيّة معيّنة.[٤٧]

---

٤٤ عليّ عبد الرازق، **الإسلام وأصول الحكم**، ٢٣.

٤٥ ينبّه هنري كوربان إلى ضرورة التمييز بين الأوساط «الروحيّة» التي تكوّنت فيها الفكرة الدينيّة الشيعيّة وبين المعارضين ومثيري الاضطرابات الذين استغلّوا تلك الفكرة. أنظر:
Henri Corbin, *En Islam iranien: Aspects spirituels et philosophiques*, vol. 1, *Le Shî'isme duodécimain* (Paris: Gallimard, 1971), 16.

٤٦ Donner, *Narratives*, 286; John Burton, *An Introduction to the Ḥadīth*, 201.

٤٧ راجع مثلاً ناجية الوريمي بو عجيلة، **في الائتلاف والاختلاف: ثنائيّة السائد والمهمَّش في الفكر الإسلاميّ القديم** (دمشق: دار المدى، ٢٠٠٤).

الفصل الثالث

الأنواع التأليفيّة: ملامحها العامّة وأثرها في أخبار خديجة

يتكوّن الموروث الدينيّ عمومًا من مجموع نصوص تأويليّة تفسيريّة تنشأ حول النصّ المقدّس الموحى به (أو النصوص) تعبّر عن الجهد البشريّ لفهم هذا النصّ بشكل أفضل.[١] وليس الإسلام بهذا المعنى استثناءً على هذا الاتّجاه التأليفيّ المطّرد حول نصّ وحيه، لكنّ فرادة محوريّة هذا النصّ المقدّس في حاضنة الثقافة الإسلاميّة تكمن من ناحية معيّنة في التعبير الصريح والمتواتر عن هذه المحوريّة بفخر وتعالٍ في كتب هذا التراث، أي من داخل منظومة هذه الثقافة الواعية جيّدًا للثقافات الأخرى. ويعبّر الطبريّ عن ذلك بشكل جيّد في مقدّمة تفسيره حيث يقول مثلًا في معرض حديثه عن الرسل: «ثمّ جعلهم [الله] – فيما خصّهم به من مواهبه ومنّ به عليهم من كراماته، مراتب مختلفة، ومنازل مفترقة، ورفع بعضهم فوق بعض درجات متفاضلات متباينات، فكرّم بعضهم بالتكليم والنجوى [أي النبيّ موسى]، وأيّد بعضهم بروح القدس وخصّه بإحياء الموتى وإبراء أولي العاهة والعمى [أي النبيّ عيسى]، وفضّل نبيّنا محمّدًا ﷺ من الدرجات بالعليا ومن المراتب بالعظمى»،[٢] وفي حديثه عن القرآن حين يقول: «فإنّ من جسيم ما خصّ الله به أمّة نبيّنا محمّد ﷺ من الفضيلة وشرّفهم به على سائر الأمم من المنازل الرفيعة وحباهم به من الكرامة السنيّة حفظه ما حفظ جلّ ذكره وتقدّست أسماؤه عليهم من وحيه وتنزيله الذي جعله على حقيقة نبوّة نبيّهم ﷺ دلالة، وعلى ما خصّه به من الكرامة علامة واضحة وحجّة بالغة».[٣] القرآن إذًا هو قطب الرحى الذي يدور حوله كلّ الموروث الدينيّ الإسلاميّ، وكتب التفسير عمومًا هي ألصق الأنواع التأليفيّة بفِعل تفسير نصّ الوحي، يتفرّغ فيها واضِعوها بشكل تفصيليّ ومباشر لـ«تفسير» القرآن، فلعلّها بذلك

---

[١] راجع تفصيل ذلك في:
Shils, "Religious Knowledge," in *Tradition*, 94–100.

[٢] الطبريّ، **جامع البيان في تفسير القرآن**، عن طبعة بولاق المصريّة (بيروت: دار الجيل، د. ت.)، ١/٢–٣.

[٣] المصدر نفسه، ١/٣.

بمثابة البوّابة الأوسع للولوج إلى نصوص الموروث الإسلاميّ، وهي التي تُستحضَر فيها مختلف المعارف تحت مظلّة فِعل التفسير هذا، من لغة وفقه وكلام وقصص وغيرها. لكنّ المصادر الإسلاميّة بأنواعها التأليفيّة المختلفة تنغمس كلّها في فِعل التفسير بمعناه الشامل، إذ يطرح كلّ نوع «تجربة» تفسير خاصّة، وإن ابتعدت عن التفسير بمعناه الاصطلاحيّ المباشر، فكلّها تُحيل، وإن بدرجات متفاوتة، على أحداث الرسالة الإسلاميّة التي انبثق القرآن في ظلّها. لكنْ كيف تتحوّل التجربة الإنسانيّة الواحدة، قُلْ تجربة خديجة بنت خويلد في خضم تلك الرسالة، إلى تجربة، أو تجارب سرديّة مختلفة؟ إذا كان هناك مِنْ منطق يهيمن على عمليّة الانتقال من مستوى الحدَث أو الواقعة إلى مستوى الخطاب السرديّ فذاك منطق الترميز والمجاز نفسه (figuration, tropology)، وذلك يُنجَز بإسقاط بُنية حبكة هذا النوع أو ذاك على الأحداث المسرودة.[٤] الحرص على قراءة أخبار خديجة في أنواع مختلفة يُسلِّط الضوء إذًا على إمكانيّات تسريدها تبعًا لحبكة كلّ نوع، ولا يهدف إلى تصنيفها في خانة هذا النوع أو ذاك، كأن نقول هذه أخبار تفسيريّة وتلك حديثيّة أو سيَريّة أو أدبيّة، خصوصًا أنّ جُلّ الأخبار كما أشرنا في صفحات سابقة تسرح وتمرح في نصوص الأنواع كافّة.

وليست حاضنة النوع على كلّ حال مجرّد أداة تصنيفيّة، حتّى إنّها تقصر عن التصنيف الحاسم القاطع لعدد لا يُحصى من الأعمال، بل إنّها آلة تواصليّة للكُتّاب في عمليّة الكتابة، وللقُرّاء والنُقّاد في عمليّات القراءة والتأويل. فكما يستدلّ الكاتب بالأعمال السابقة في نوع تأليفيّ ما لينسج على منوالها كتابه هو، يستضيء القارئ/الناقد بملامح هذا النوع أو ذاك لينطلق في فهمه وتأويله.[٥] أليست عناوين المصنّفات نفسها تُحدِّدها في أحيان كثيرة أنواعها؟ كيف نفهم مثلًا عنوان **الجامع الصحيح**؟ لا يكتمل فهمنا لهذا العنوان سوى من بوابّة المعنى الاصطلاحيّ لكلمة «الصحيح» الذي وضعه علماء الحديث، أي «الحديث المسند الذي يتّصل إسناده بنقل العدل الضابط عن العدل الضابط إلى منتهاه، ولا يكون شاذًّا ولا مُعلَّلًا».[٦] مُآلفة الآلة الاصطلاحيّة لكلّ نوع ضروريّة إذًا للفهم المؤسِّس لمآلفة النصوص، ولوجًا إلى الحبكات المختلفة المقدَّمة في كلٍّ منها.

---

٤ Hayden White, *The Content of the Form*, 47.

٥ استضأنا في فهمنا الأوّليّ لقضيّة النوع التأليفيّ بعمل فاولر المرجعيّ حول نظريّة الأنواع الأدبيّة. أنظر: Alastair Fowler, *Kinds of Literature: An Introduction to the Theory of Genres and Modes* (Oxford: Clarendon Press, 1982).

٦ ابن الصلاح، **مقدّمة**، ١٥١.

السيرة النبويّة: القصّة الكاملة

السيرة النبويّة هي بناء سرديّ مُفرَد لقصّة حياة نبيّ الإسلام، وقد اكتسبت السيرة معناها الاصطلاحيّ، أي صارت مُرادِفة لسيرة النبيّ مع محمّد بن إسحاق الذي كان أوّل من ألّف كتابًا بعنوان **سيرة رسول الله**.[٧] وإن نحن لحظنا أقسام هذا الكتاب المتابِعة، أي (١) **المبتدأ** الذي عالج فيه ابن اسحاق بدء الخلق وتاريخ رسالات الأنبياء السابقين وتاريخ العرب قبل الإسلام، (٢) و**المبعث** وفيه أخبار ولادة النبيّ وشبابه وتلقّيه الوحي

---

[٧] لمدخل تعريفيّ بصنف السيرة ومؤلّفيها قبل ابن إسحاق وبعده علاوة على استعراض عام لمضامينها أنظر:
Maher Jarrar, "Sira," in *Muhammad in History, Thought, and Culture: An Encyclopedia of the Prophet of God*, ed. Coeli Fitzpatrick and Adam Walker (Santa Barbara: ABC-CLIO, 2014), 568–82; W. Raven, "Sīra," in *EI*^{2} 9 (1997): 660–63; M. J. Kister, "The Sīrah Literature," in *Arabic Literature to the End of the Umayyad Period*, 352–67.

أنظر أيضًا مارسدن جونز، «أصول السيرة النبويّة وتطوّرها في القرنين الأوّل والثاني للهجرة»، في مقدّمة **لكتاب المغازي** للواقديّ (لندن: مطبوعات جامعة أكسفورد، ١٩٦٦)، **١٩–٣٥**؛ ومصطفى السقّا وإبراهيم الأبياريّ وعبد الحفيظ شلبي، مقدّمة **للسيرة النبويّة لابن هشام**، ج – ث؛ وأيضًا:
Gregor Schoeler, *The Biography of Muḥammad: Nature and Authenticity*, trans. Uwe Vagelpohl and ed. James E. Montgomery (New York and London: Routledge, 2011), 1–19; Martin Hinds, "Maghāzī and Sīra in Early Islamic Scholarship," in *Studies in Early Islamic History*, 188–98; Toufic Fahd, ed., *La Vie du Prophète Mahomet*, colloque de Strasbourg, 1980 (Paris: P.U.F., 1983).

ولمدخل أعمّ لا يخلو من فائدة أنظر:
Dwight Fletcher Reynolds, "Islam and Life Writing," in *Encyclopedia of Life Writing: Autobiographical and Biographical Forms*, ed. Margaretta Jolly (London and Chicago: Fitzroy Dearborn Publishers, 2001): 1: 475–77.

ولِلمحة موجزة حول مناهج عدد من الباحثين منذ القرن التاسع عشر حتّى اليوم في تناول حياة النبيّ أنظر:
Lawrence I. Conrad, ed., introduction to *The Earliest Biographies of the Prophet and Their Authors* by Joseph Horovitz (Princeton: Darwin Press, 2002), ix–xxxiii; Harald Motzki, ed., introduction to *The Biography of Muḥammad: The Issue of the Sources* (Leiden: Brill, 2000), XI–XVI.

أنظر أيضًا في المرجع الأخير نفسه:
Adrian Leites, "Sīra and the Question of Tradition," in *The Biography of Muḥammad*, 50–53.

ولمسح عام لِما ترويه المصادر عن حياة النبيّ علاوة على تناول حياته في المراجع العربيّة والأجنبيّة عمومًا أنظر:
Jonathan E. Brockopp, ed., *The Cambridge Companion to Muḥammad* (Cambridge: Cambridge University Press, 2012).

ولمراجعة مختصرة مقارنة لعدد من المراجع الصادرة حديثًا التي تتناول السيرة النبويّة بكلّها أو بجزء منها، ومنها عدد من المراجع أعلاه، أنظر:
Göran Larsson, "Images of the Prophet Muhammad: Some New Books on the Sira Literature," *Temenos* 48, no. 2 (2012): 231–34.

وحياته من بعدُ في الفترة المكّيّة، (٣) و**المغازي** المخصَّص للفترة المدنيّة والغزوات القتاليّة حتّى وفاته، وجدنا أنّ أخبار فترة الرسالة، بشقَّيها المكّيّ والمدنيّ، تحتلّ حيّزًا واسعًا من مجمل نصّ السيرة. حتّى ليمكننا القول إنّ الأخبار التي تتناول الأحداث السابقة على تلك الفترة، قريبة كانت – كولادة النبيّ ونشأته وما سبق من أحداث لها صلة بعائلته ومحيطه قبل النبوّة في قسم المبعث، أو بعيدة – كبدء الخلق وقصص الأنبياء الذين مضوا قبله في قسم المبتدأ، ما هي في هذا البناء السرديّ إلّا توطئة للرسالة المحمّديّة التي توالت فصولها بُعيَد بدء الوحي. فالسيرة إذ تقدّم حياة النبيّ كحلقة من حلقات تاريخ العالم المتسلسِلة وتحديدًا تاريخ الرسالات السابقة، تتطبّع بملامح ما يُسمّى بـ«تاريخ الخلاص»، وهو ما يترجم بشكلٍ ما المزاج الإسلاميّ العام في الفترة التي كُتِبت فيها **السيرة** بعد وفاة النبيّ تشرذمت خلالها أمّة خاتم الأنبياء فِرَقًا، كلٌّ منها تنشد النجاة وتنتظر المهدي – المخلّص. والمؤرِّخ عندما يحيل رواياته التاريخيّة على مسار أو مخطّط خلاص – وهو مسار غامض، يقول والتر بينجامين، فهو يزيح عن كاهله عبء تفسير تلك الروايات. يحلّ التأويل بذلك محلّ التفسير، وبالتأويل يصبح غير معني بتسلسل دقيق لأحداث محدّدة بل بكيفيّة تضمين هذه الأحداث في المسار المبهم الأكبر للعالم.[٨] والإسلام بجوهره يشتمل على التوق للخلاص وتجربته. و«الخلاص» إسلاميًّا ليس مجرّد الأمل بمباهج الجنّة الآخرويّة بل إنّ العامل الأكثر حيويّة في الإسلام هو الإسلام نفسه، أي الاستسلام لله والدخول في حالة «الله» الآن وهنا، فالوصول إلى الله هو الغاية، وهذا ما يشكّل إطارًا ذهنيًّا هو بحدّ ذاته «خلاص».[٩] لكنّ ذلك كلّه لا ينبغي له أن يدفعنا باتّجاه قراءة السيرة كجزء من هذا المسار الرساليّ فقط، لأنّ الأحداث التي تتناولها تُقدَّم في المكان الأوّل كسلسلة من الوقائع الحقيقيّة ذات الحيّز التاريخيّ،

---

٨ أنظر قوله ذاك عن مؤرّخي القرون الوسطى عمومًا في:
Walter Benjamin, "The Storyteller," in *Illuminations*, ed. Hannah Arendt and trans. Harry Zorn (London: Pimlico, 1999), 95.
وفي سياق متّصل حول الثنائيّة الجدليّة بين الواقعة التاريخيّة من جهة وتأويلها من جهة أخرى في نصوص سيَر الأئمّة عند الشيعة من خلال سيرة الإمام عليّ بن موسى الرضا راجع:
Michael Cooperson, *Classical Arabic Biography: The Heirs of the Prophets in the Age of al-Ma'mūn* (Cambridge: Cambridge University Press, 2000), 75–76.
وحول فكرة تاريخ الخلاص في إطار الكتابة التاريخيّة الإسلاميّة أنظر:
Robinson, "Islamic Historiography," 2: 262–3.

٩ Rudolf Otto, *The Idea of the Holy: An Inquiry into the Non-Rational Factor in the Idea of the Divine and its Relation to the Rational*, trans. John Harvey, 4th ed. (Oxford: Oxford University Press, 1969), 166.

فعليه ليس لنا أن نأسر السيرة في إطار دينيّ/ميثولوجيّ بحت وكأنّ ما دفع إلى كتابتها هو تأويل الأحداث على خلفيّة تاريخ خلاص عالميّ فقط،[١٠] فالتسميات والتحديدات (labels) – كتاريخ الخلاص هنا، وإن كانت بظاهرها تصف حقيقة معيّنة، إلّا أنّها قد تشجّع على قراءات عامّة لنصوص السيرة المدروسة طامسة ميّزاتها الأصيلة ودقائق تركيبها التفصيليّة.[١١]

في السيرة نقع على محاولة جمع الأخبار المتّصلة بحياة النبيّ في كُلٍّ موحَّد، وإن عبَّرت عن محاولة جمع تلك الأخبار أحيانًا بعض أدوات الربط فقط، كالفاء و«ثُمّ». ولعلّ انطباع سرد القصّة «الكاملة» لحياة النبيّ من أَلِفها إلى يائها الذي تخلّفه السيرة في نفوس مُتلقّيها، هو السِمة التي ميّزتها عن باقي المصادر التي تتناول بدورها، بكلّها أو بجزء كبير منها، أخبار النبيّ. إنّ كلّ معلومة مهما كانت ضئيلة لا تكتسب قيمتها في السيرة إلّا عندما تُلحَق بالسياق السيَريّ الأشمل، خصوصًا أنّ السيرة تتبع عمومًا ترتيبًا زمنيًّا إذ تورد الروايات مرتّبة على السنين حسب وقوع الحوادث التي تشير إليها الأخبار؛[١٢] وإن كان الترتيب الزمنيّ مشوّشًا أحيانًا، إذ لا يمكن للقارئ أن يحدّد بدقّة مدّة حادثة معيّنة أو المدّة التي تفصل هذه الحادثة عمّا قبلها أو بعدها، أو العام التي حدثت فيها مثلًا خصوصًا في قسمَي المبتدأ والمبعث، وكأنّ السيرة بذلك تخلط ترتيبًا زمنيًّا (*per tempora*) بترتيب موضوعيّ (*per species*) يقفز من نقطة إلى أخرى مُلاحِقًا منطق الأحداث.[١٣] تحشد السيرة تِباعًا بهذا المعنى كلّ لحظات الزمن النبويّ، زمن البدء الذي ترنو إليه ذاكرات المسلمين جميعهم – بدءًا بمُصنّفي السيرة أنفسهم،

---

١٠ Maher Jarrar, "Sīra," 569–71.

١١ Thomas Heffeman, *Sacred Biography: Saints and Their Biographies in the Middle Ages* (Oxford: Oxford University Press, 1988), 16.

١٢ يوسف هوروفتس، **المغازي الأولى ومؤلّفوها**، ترجمة حسين نصّار (القاهرة: مطبعة البابيّ الحلبيّ، ١٩٤٩)، ١. وهو بالأصل بحث نُشِر بالإنكليزيّة تواليًا في:
Joseph Horovitz, "The Earliest Biographies of the Prophet and Their Authors," *Islamic Culture* 1 (1927): 535–59; 2 (1928): 22–50; 164–82; 495–526.
وقد أُعيد نشره مؤخّرًا بتحرير كونراد. أنظر أيضًا:
Joseph Horovitz, "The Antiquity and Origin of the Isnād," in *Hadith*, ed. Harald Motzki, 151–52.

١٣ حول هذين الترتيبَين أنظر:
Sergei S. Averintsev, "From Biography to Hagiography: Some Stable Patterns in the Greek and Latin Tradition of Lives, including Lives of the Saints," in *Mapping Lives: The Uses of Biography*, ed. Peter France and William St Clair (Oxford: Oxford University Press, 2002), 20–1.

لتحبسه بين دفّتَي كتاب واحد. وعليه يمكن القول إنّ السيرة تتقدّم على باقي المصادر ببوحها بكلّ أحداث الزمن النبويّ في حبكة سرديّة تلتزم الترتيب الذي توالت فيه تلك الأحداث. إنّ الماضي الذي توحي السيرة بأنّها تحكيه كلّه، والذي يُشكّل الجزء الأكثر حيويّة وخصوصيّة في الذاكرة الثقافيّة (cultural memory) للجماعة الإسلاميّة هو «زمن النبيّ»، وتحديدًا تلك الفترة الرساليّة من حياته التي انطلقت مع الوحي. وليس هذا الزمن في وعي المسلمين مجرّد زمن بدئيّ ماكث على مسافة ثابتة من الحاضر المتقدّم على الدوام، بل هو، وكما أسلفنا في صفحات سابقة، ماضٍ تاريخيّ يعي المسلمون تمامًا تباعده عن حاضرهم مع مضيّ الأيّام، لكن ينظرون إليه على ذلك في حاضر «الآن وهنا» كنموذج مرجعيّ يفرض نفسه بقوّة، أو قُلْ يُفرَض بواسطة الممارسات الثقافيّة على أنواعها، لأنّ الذاكرة الثقافيّة في نهاية المطاف ليست شيئًا نتوارثه بيولوجيًّا أو تحفة أثريّة نتملّكها بموجب وصية أو صكّ إرث. وهنا تكمن قوّة السيرة النبويّة كنصّ ثقافيّ، لأنّها تُقدّم لنا الماضي النموذجيّ على شكل رواية تاريخيّة كاملة كبرى حفظتها عمليّة رواية شفويّة/مكتوبة معقّدة.[١٤]

ولعلّه يمكن القول إنّ **لسيرة ابن إسحاق** وقعًا فريدًا في تراثنا من زاوية أخرى أيضًا لأنّها «مُعتمَدة» بشكل ما عند جُلّ أصحاب الحديث والمؤرّخين،[١٥] وهذا امتياز مرجعيّ ربّما لم يتمتّع به أيّ مؤلّف آخر. ولا ينفي ذلك بالطبع أنّه كانت هناك مصنّفات سيريّة أخرى سوى **سيرة ابن إسحاق** عبّرت أكثر عن اصطفافات الفِرَق المختلفة، سيّما الشيعيّة منها. لكنّ ما أسهم في تربّع **سيرة ابن إسحاق** على رأس الهرم في هذا النوع التأليفيّ هو أنّ تلك المصنّفات الشيعيّة المبكرة لم تصلنا، كما أنّ المصنّفات المتأخِّرة التي تشتمل على مادّة سيريّة لا تنصرف بموضوعها الرئيس إلى السيرة والمغازي، وإن كانت

---

١٤ لبلورة هذا المقطع استعرنا عدّ السيرة تعبيرًا عن الذاكرة الثقافيّة الجماعيّة للمسلمين من إشارة لماهر جرّار في:

Maher Jarrar, "Exegetical Designs of the Sīra: Tafsīr and Sīra," in The *Oxford Handbook of Qur'anic Studies*, ed. Muhammad Abdel Haleem and Mustafa Shah (Oxford: Oxford University Press, 2020).

ومن تفصيل أسمان لمفهوم الذاكرة الثقافيّة في:

Jan Assmann, *Religion and Cultural Memory*, 24–45.

١٥ عن ابن إسحاق وكتابه يقول ابن أبي الحديد (ت. ٦٥٦/١٢٥٨) مثلًا في إشارة مُقتضَبة لكن بعيدة الدلالة: «[...] في كتاب السيرة والمغازي، فإنّه كتاب مُعتمَد عند أصحاب الحديث والمؤرّخين، ومصنّفه شيخ الناس كلّهم» في ابن أبي الحديد، **شرح نهج البلاغة**، تحقيق محمّد أبو الفضل إبراهيم (القاهرة: دار إحياء الكتب العربيّة، د. ت.)، ٥٢/١٤.

شكّلت أرضيّة خصبة لترويج الرؤى الشيعيّة من خلال أخبار النبيّ والأئمّة المنقولة فيها، فكما في الحديث، فالسيرة الشيعيّة موسَّعة باحتوائها علاوة على سيرة النبيّ سِيَر الأئمّة المعصومين.[١٦]

والسيرة في الثقافة الإسلاميّة، كما في الثقافات الأخرى، نصّ انتقائيّ لا يشمل «كلّ شيء»؛ وهي نصّ توجيهيّ (prescriptive) بقدر ما هي نصّ وصفيّ (descriptive)، فالسيرة مثلما تُقرأ لحفظ الماضي المرجعيّ ولإبقائه حيًّا في الذاكرة الثقافيّة، كذلك تُطالَع لتُلهِم وترشد إذ إنّ النبيّ موضوعها الرئيس شخصيّة نموذجيّة، بطل مثال ومعلّم وقدوة،[١٧] بل هو «أهمّ بطل في تراثنا الدينيّ».[١٨] فعليه يمكن القول إنّ السيرة هي نصّ تكوينيّ (formative) تجيب المسلمين على سؤال: «من نحن؟» عبر الإجابة على سؤال: «من هو النبيّ؟» فتسهم بذلك في تكوين هويّتهم الثقافيّة من خلال ما يُنقَل فيها من معرفة – روايات وأخبار، تعزّز هذه الهويّة؛ كما إنّها من جهة أخرى نصّ معياريّ (normative) تجيب على سؤال: «ماذا نفعل؟» عن طريق الإجابة على سؤال: «ماذا فعل النبيّ؟» فتُعين المتلقّين على الاجتهاد واتّخاذ القرارات إذ تنقل لهم «السنّة» الصحيحة الواجب اتّباعها،[١٩] وإن كان هذا الدور منوطًا «رسميًّا» بمصادر الحديث المرجعيّة لأنّها أُسٌّ من أسس التشريع والفقه. ولعلّ من أبرز الأمثلة على استنباط الفقه والآداب والتوجيهات والتعليمات التفصيليّة العمليّة من السيرة كتاب **زاد المعاد** لابن القيّم (ت. ١٣٤٩/٧٥١)، فعلى «هدي» النبيّ في المسائل كافّة يبسط ابن القيّم فصوله.

---

١٦ لمدخل مفيد إلى المادّة السيريّة في مصادر الشيعة الإماميّة أنظر:
Maher Jarrar, "'Sīrat Ahl Al-Kisā'" : "Early Shīʿī Sources on the Biography of the Prophet," *in The Biography of Muḥammad*, 98–153.

فالذين جمعوا أخبار النبيّ وسواه من الشخصيّات الأخرى لم يكن عملهم مجرّد تأريخ لحياة أفراد، بل إنّهم – يمكن القول استعانوا بقصص حياة هؤلاء لتوثيق آثار مُنتقاة ومحدّدة تبرهن بطريقة أو بأخرى على مشروعيّة الفرقة التي انتموا إليها. أنظر:
Michael Cooperson, Classical Arabic Biography, xii.

١٧ Robinson, "Islamic Historiography," 253.

في إشارة إلى مدى تأثيرها وقوّتها الإلهاميّة، يقول القدّيس أوغسطين إنّ أفعال القدّيس ومآثره تجسيد أكثر فعاليّة لحقيقة المسيحيّة من توسّل اللغة المعقّدة في التعاليم المسيحيّة، وهو ما يمكن أن نراه أيضًا في سيرة النبيّ كقصّة ملهمة مجسّدة لحقيقة الإسلام. أنظر قول أوغسطين مُقتبَسًا في:
Thomas Heffernan, *Sacred Biography*, 4.

١٨ نصر حامد أبو زيد، «السيرة النبويّة سيرة شعبيّة»، **مجلّة الفنون الشعبيّة ٣٢-٣٣ (١٩٩١)**: ١٨.

١٩ حول الفرق بين النصوص التكوينيّة والمعياريّة أنظر:
Jan Assmann, *Religion and Cultural Memory*, 38.

نقرأ فيه مثلاً: «وكان دأبه [أي دأب النبيّ] في إحرامه لفظة «الله أكبر» لا غيرها، ولم ينقل أحد عنه سواها».[٢٠] وكما إنّ النصّ المرجعيّ ثابت عمومًا، فلا يمكن القبض على المعاني التكوينيّة والمعياريّة التي يحملها إلّا من خلال سدّ الفجوة بين ثبات النصّ وتغيّر الواقع الإنسانيّ المستمرّ، وهو ما يُنجَز بعمليّات التأويل. يصبح التأويل بذلك هو إيماءة الذاكرة المرجوّة، لأنّ من يُؤوّل النصّ يغدو هو الشخص الذي يتذكّر ويُذكّرنا بالحقيقة المنسيّة المدفونة في نصّنا المرجعيّ.[٢١] ولعلّ في سعة انتشار تهذيب ابن هشام **لسيرة ابن إسحاق** خير مثال على حجم التأثير الذي قد يدمغ به مؤوّل واحد نصًّا مرجعيًّا معيّنًا. فإن نحن نظرنا مثلاً إلى تهذيب ابن هشام كنوع من التأويل يتبيّن لنا كم كان أثر العمل الذي قام به ابن هشام المهذِّب/المتذكّر/المؤوّل على **سيرة ابن إسحاق** المصنّف، إذ إنّ عمليّة تهذيبه تلك «قللّت الحاجة إلى الكتاب الأصليّ منذ عهد بعيد».[٢٢] وإذا تنبّهنا إلى أنّ ما هذّبه ابن هشام ليس **سيرة ابن إسحاق** بنسختها الأصليّة، بل برواياتها عن تلميذ هذا الأخير زياد بن عبد الله البكّائيّ ندرك أنّنا أمام نصّ مؤوَّل/متذكَّر مرّتين، نقله لنا تلميذ تلميذ ابن إسحاق (فابن هشام هو تلميذ البكّائيّ تلميذ ابن إسحاق).

سيرة خديجة في سيرة النبيّ

على أهمّيّة جهد مصنّف السيرة فإنّه يسهل علينا أن نغفل عن هذا المصنّف، لأنّه عندما يكون مَنْ تُسرَد حياته شخصًا عظيمًا، فإنّ مصنّفها، ومن بعده راويها و/أو مهذِّبها، يتلاشى في ظلّ النصّ الذي أنجزه عنها، إذ يتركّز اهتمام القارئ عمومًا على حياة ذلك العظيم–حياة النبيّ هنا، عِوَضًا عن حياة النبيّ بعيون المصنّف أو الراوي الفلانيّ.[٢٣] يؤخَذ القارئ بالسرد فينسى أنّ القصّة التي بين يديه كتبها أحدهم، وأنّها ليست سوى مزج مُبتدَع بين الحقائق والكلمات، وكأنّ ما يقرؤه عن صاحب السيرة هو ما كان عليه فعلاً دون زيادة أو نقصان مغيّبًا تمامًا فِعل من يكتب عنه.[٢٤] إنّه حلم القصّة الكاملة الذي يراود كاتب السيرة وقارئها على السواء، القصّة الكاملة المكتوبة في نصّ واحد. على أنّ

---

[٢٠] ابن القيّم، «فصل في هديه ﷺ في الصلاة»، في **زاد المعاد في هدي خير العباد**، تحقيق شعيب الأرناؤوط وعبد القادر الأرناؤوط، ط. ٢ (بيروت: مؤسّسة الرسالة، ١٩٩٨)، ١٩٤/١.

[٢١] Jan Assmann, *Religion and Cultural Memory*, 43.

[٢٢] يوسف هوروفتس، **المغازي الأولى**، ٨٧.

[٢٣] Marc Pachter, ed., “The Biographer Himself: An Introduction,” in *Telling Lives: The Biographer’s Art* (Philadelphia: University of Pennsylvania Press, 1981), 7–8.

[٢٤] Leon Edel, “The Figure Under the Carpet,” in *Telling Lives*, 19.

ما يكشفه النصّ ليس سوى بورتريه لصاحب السيرة من زاوية معيّنة صاغها المصنّف، أو قل صاغتها سيرة هذا الأخير نفسها وتصوّراته ومواقفه ومشاعره إزاء الشخص الذي يكتب عنه.[٢٥]

تنبّهنا مقاربة نصوص السيرة النبويّة من هذا المنظور إلى أنّنا لسنا أمام مُنجَز نصّي «موضوعيّ» يُظهر لنا النبيّ كما كان، بكلّ تفاصيل حياته التي يتضمّنها، وإن فُتِنّا بسحر شخصيّته وعظمتها أثناء قراءتنا لها، وهو ما قد يحجب عنّا، ولو في لحظات استغراق قصيرة، هذا الواقع النصّيّ الذي يتحكّم بالمقروء. ويوطّئ انشغالنا بشخصيّة النبيّ للعقدة الأعسر التي تواجه من يبحث عن خديجة في السيرة، ففي غمرة سيرته التي تملأ مئات الصفحات، مع كونه الشخصيّة – المحور في الثقافة الإسلاميّة، يصعب بالفعل، أو ربّما يستحيل، الانهماك بدرس شخصيّات أخرى معاصرة له بمعزل عن حضوره الطاغي، وإن كانت سيرته تُسرَد وحوله المئات من الشخصيّات وكأنّها تاريخ له ولأمّته.

ففي ظلّ هذا الحضور توفّر **السيرة** (١) أخبارًا يمكن القول إنّها قليلة لا تكفي لبناء صورة متكاملة لحياة هذه السيّدة، إذا كنّا نطمع بالتوّصل إلى صورة مماثلة أساسًا، (٢) كما إنّ التسلسل الذي تنتظم فيه أخبارها هو تسلسل أحداث الرسالة، فالسيرة تصمت عن أحداث حياتها غير المتّصلة بالرسالة، (٣) علاوة على تأثّر أخبارها بنفحة التقديس والمثاليّة التي يفرضها الخوض في قصّة هذه الرسالة.

يؤيّد هذه الملاحظات الثلاث الإشارة الأولى إلى خديجة في **السيرة النبويّة** لابن هشام التي تأتي تحت عنوان «حديث تزويج رسول الله ﷺ خديجة رضي الله عنها» حيث نقرأ: «قال ابن هشام: فلمّا بلغ رسول الله ﷺ خمسًا وعشرين سنة تزوّج خديجة بنت خويلد بن أسد بن عبد العزّى بن قصيّ بن كلاب بن مرّة ابن كعب بن لؤي بن غالب فيما حدّثني غير واحد من أهل العلم [...]».[٢٦] فمن عبارة الترضّي عنها في العنوان تكتسب خديجة تلقائيًّا رصيدًا تقديسيًّا يصلها بعلاقة خاصّة مع الله، ومن النصّ المدرَج تحته نلحظ أنّ النصّ يلاحق تسلسل حياة النبيّ، صاحب الرسالة، وتزويجه من خديجة محطّة فيها «لمّا بلغ خمسًا وعشرين سنة». فبصرف النظر عن عدد محدود جدًّا من الأخبار يلامس حياة خديجة قبل زواجها بالنبيّ التي ترِد في **السيرة** لاحقًا، لكن

---

٢٥ Doris Kearns, "Angles of Vision," in *Telling Lives*, 91.
للتوسّع حول دور مؤلّف السيرة الخفيّ غالبًا أنظر:
Paula R. Backscheider, "The Voice of the Biographer," in *Reflections on Biography* (Oxford: Oxford University Press, 1999), 3–29.

٢٦ ابن هشام، **السيرة**، ١٩٨/١–١٩٩.

دومًا في فلك رسالة الإسلام وصاحبها، يوجّهنا هذا الخبر، بمضمونه وموقعه في النصّ لنضع خديجة بخيالنا في خانة زوج النبيّ أوّلًا، وكأنّه يدعونا لنضرب صفحًا عن كلّ ما فات من عمرها قبل هذا الزواج.

وتوازي الأحداث المسجّلة عمومًا في أيّ سيرة دومًا أحداث أخرى غائبة أو مُغيّبة، ويضبط اختيار تسجيل حادثة معيّنة أو التركيز عليها على حساب أحداث أخرى عوامل كثيرة، ومنها مدى اتّصال الحدَث بصاحب السيرة، فنحن لا نستطيع أن نتوقّع مثلًا إفاضة في تسريد أحداث حياة خديجة وتفصيلها في نصّ ليست هي شخصيّته الرئيسة، بل علينا أن نتوقّع أنّ كلّ حدث مسرود مرتبط بخديجة أو بسواها من الشخصيّات لن يجد له مكانًا في نصّ مماثل إلّا إذا كان متّصلًا بطريقة أو بأخرى بالنبيّ، وهو الشخصيّة الرئيسة فيه. وهنا نستطيع ربّما أن نقابل خديجة ببلقيس، فـ«الحادث الكبير في حياة بلقيس هو لقاؤها بالنبيّ سليمان الذي كان يتوفّر على السلطة الحقّة ببُعدها الروحيّ الكبير»،[27] لأنّه في وعينا على الأقلّ وعلى أساس ما ورد في القرآن من آيات وما نُسِج حول تلك الآيات من قصص، يشطر هذا الحادث حياتها إلى شطرين: أوّلهما عديم الأهمّيّة قبل هذا اللقاء وثانيهما خطير ذو بال بعده. وكذا خديجة، فإنّ الحادث الكبير في حياتها كما تروّج لنا السيرة كان زواجها بالنبيّ، وهو ما يقلّل من أهمّيّة أحداث حياتها قبله. يكتسب حدَث الزواج أهمّيّة لأنّه متعلّق بالنبيّ بالدرجة الأولى، فدخول النبيّ إلى مسرح حياتها جعل من الحقبة التي سبقت ذلك الدخول باهتة ومسطّحة. ويحضرنا هنا توصيف تعميميّ آخر لفترتين متقابلتين من الزمن فصَلَ بينهما أيضًا خاتم النبيّ الذي كان بحوزة عثمان بن عفّان، فخلافته تُشطَر إلى شطرين: سنوات ستّ جيّدة أولى قبل فقد الخاتم وسنوات ستّ أُخَر كأنّها منحوسة بعد فقده.[28] حتّى بعد وفاته، تظلّ لأشياء النبيّ خصوصيّة وقوّة، فالارتباط به عبر التختّم

---

[27] فاطمة المرنيسي، **سلطانات منسيّات**، ترجمة فاطمة الزهراء أزرويل (بيروت: المركز الثقافيّ العربيّ، ٢٠٠٠)، ٦٦.

[28] «قال بعض العلماء: كان في خاتمه ﷺ من السرّ شيء ممّا كان في خاتم سليمان عليه السلام، لأنّ سليمان لمّا فقد خاتمه ذهب ملكه، وعثمان لمّا فقد خاتم النبيّ ﷺ انتقض عليه الأمر وخرج عليه الخارجون وكان ذلك مبدأ الفتنة التي أفضت إلى قتله واتّصلت إلى آخر الزمان». أنظر ابن حجر، «باب هل يُجعَل نقش الخاتم ثلاثة أسطر؟»، في **فتح الباري**، ١٠/٣٤٢. «وفي هذه السنة، أعني سنة ثلاثين، سقط خاتم رسول الله ﷺ من يد عثمان في بئر أريس وهي على ميلين من المدينة، تختّم به ستّ سنين، فحفر بئرًا في المدينة شربًا للمسلمين، فقعد على رأس البئر فجعل يعبث بالخاتم ويديره بإصبعه فانسلّ الخاتم من إصبعه فوقع في البئر [...] واغتمّ لذلك غمًّا شديدًا فلمّا يئس من الخاتم أمر فصُنع له خاتم آخر مثله خلقه من فضّة =

بخاتمه كان كفيلاً بحسب هذا التوصيف بتأمين ستّ سنوات من عمر الخليفة والأمّة كلّها، وعندما فُكَّ الارتباط معه بضياع الخاتم تزعزعت الأحوال وكانت الفتنة. على أنّ حياة النبيّ نفسه تخضع بدورها لقفزات سرديّة تغطّي سنوات طويلة يصمت عنها النصّ كلّيًّا، لعلّ أطولها وأبرزها فترة الخمسة عشر عامًا التي تخبر المصادر أنّه قضاها مع خديجة قبل المبعث، فلماذا لا نكاد نعرف عنها شيئًا ما خلا أنّهما أنجبا خلالها عددًا من الأبناء؟ هل لأنّ فترات السعادة والرخاء – كما يقول هيغل، هي صفحات بيضاء في التاريخ الإنسانيّ؟[٢٩] فلو أنّنا عرفنا أكثر كنّا ربّما سنحسّ أكثر بحرارة وجودٍ لهما إنسانيّ، تلك الحرارة التي تخبو بشكل ما عندما يُحجز الزوجان في خانة التقديس التبجيليّة التي تعلّقهما في فراغ سامٍ، فمحمّد هو النبيّ وخديجة هي زوجه، وهما اللّذان تدخّل الله لتزويجهما، وخديجة «كانت مُسمّاة لورقة بن نوفل، فآثر الله عزّ وجلّ بها نبيّه».[٣٠]

الحديث: هذه أخبار رسول الله

الحديث بتعريفٍ مُيسَّر هو «جُملة ما أُسنِد من الأخبار عن رسول الله».[٣١] يضبط هذا التعريف، على يُسْره، مئات آلاف الأخبار التي أسندها إلى النبيّ آلاف الرواة، «إذ

= على مثاله وشبهه ونقش عليه: «محمّد رسول الله» فجعله في إصبعه حتّى هلك». أنظر الطبريّ، «ذكر الخبر عن سبب سقوط الخاتم من يد عثمان في بئر أريس»، في **تاريخ**، ٢٨١/٤–٢٨٣. و«[...] حدّثنا أنس بن مالك قال: «كان خاتم النبيّ ﷺ في يده حتّى مات وفي يد أبي بكر وعمر حتّى ماتا ثمّ كان في يد عثمان ستّ سنين، فلمّا كان في الستّ الباقية كنّا معه على بئر أريس وهو يحرّك خاتم رسول الله ﷺ في يده فوقع في البئر فطلبناه مع عثمان ثلاثة أيّام فلم نقدر عليه» في ابن سعد، «ذكر ما صار إليه أمر خاتمه ﷺ»، في **الطبقات**، ٤٧٦/١–٤٧٧.

٢٩ أنظر ملاحظة هيغل مذكورة دون إحالة إلى مرجع محدّد في:
Hayden White, *The Content of the Form*, 11.
علاوة على إهمال فترات من أعمار الأشخاص تهمل الكتابة التاريخيّة الإسلاميّة عمومًا فترات من تاريخ مدن بأكملها. قارن مثلاً كمّ الأخبار المتوفّرة عن مكّة قبل هجرة النبيّ منها وبعدها. أنظر في هذا الصدد:
Donner, *Narratives*, 221–22.

٣٠ البلاذريّ، **أنساب الأشراف**، ٤٠٧/١. «وكانت قد سُمّيت لورقة بن نوفل بن أسد» في ابن حبيب البغداديّ (ت. ٨٥٩/٢٤٥)، **كتاب المحبّر**، تحقيق إيلزه ليختن شتيتر (حيدر آباد: دائرة المعارف العثمانيّة، ١٩٤٢)، ٧٩.

٣١ وهو تعريف اقتبسناه من مسلم في **الجامع الصحيح** وقد أثبتناه وإحالتَه إلى مصدره في الهامش رقم ١١ ص٦١، راجعه هناك. ولمدخل يسير إلى أبرز الوقائع والإشكاليّات المحيطة بالحديث عمومًا، والتي سنلامسها بشكل أو بآخر في مواضع متفرّقة من هذا الكتاب أنظر:
J. Robson, "Ḥadīth," in *EI*^{2} 3 (1971): 23–8.

لا تُحصى أحوال رواة الحديث وصفاتُهم، ولا أحوال متون الحديث وصفاتُها».[٣٢] وقد كرّس علماء حديث كُثُر وعلى مدى قرون جهودًا مُضنية، وأنفقوا في ذلك أعمارًا أحيانًا، لدراسة هذه المتون و/أو سلاسل رُواتها. وتُحيل كلمة «العلماء» عمومًا على طبقة عريضة من الرجال المشتغلين بالعلوم الدينيّة (القرّاء والمحدّثون والمفسّرون والفقهاء إلخ) كان لهم حضور معقّد وفاعل في حضارة الإسلام القروسطيّ، وهم بحسب الرؤية السنّيّة حرّاس الشريعة ويمثّلون فيها سلطة الدين التي تختلف بجوهرها عن سلطة الملك أو الدولة.[٣٣] ولعلّنا نستطيع القول إنّ علماء الحديث/المحدّثين كانوا يتمتّعون بحضور خاص، نظرًا لخصوصيّة المادّة التي يشتغلون بها، أي الأخبار عن النبيّ. ولا ريب كان المحدّثون مُعتدّين بعلمهم، وواعين لخصوصيّته، فعلم الحديث على قول ابن الصلاح «من أفضل العلوم الفاضلة»، وهو على قول ابن خلدون فنّ «شريف في مغزاه لأنّه معرفة ما يُحفظ به السنن المنقولة عن صاحب الشريعة».[٣٤] وقد تصدّى علماء الشيعة بدورهم – علاوة على أمور أخرى، كما علماء السنّة، لحفظ تراث الحديث النبويّ، وإن من طرق مختلفة، مُلحقين به تراث حديث الأئمّة، الذي يُعدّ شيعيًّا خالصًا. والعلم عند الشيعة يحتلّ موقعًا مركزيًّا في هيكليّة نظريّة الحكم، لا بل يمكن عدّه أساس تلك النظريّة منذ ما بعد الغيبة الكبرى (٢٦٠/٨٧٤--)، أي غيبة الإمام الثاني عشر محمّد بن الحسن الثانية بحسب المعتقد الشيعيّ الإثني عشريّ. فمفهوم العلم مُذ ذاك صار مرتبطًا بمعارف العلماء أكثر من ارتباطه بعلم الإمام، ومنه تفرّع مفهوم «الأعلميّة» الذي استُعين به لتبيان تراتبيّة معيّنة بين المجتهدين منهم.[٣٥] وعليه، ومع اختلاف موقع العلماء كطبقة مستقلّة بين

---

٣٢ ابن الصلاح، **مقدّمة**، ١٥٠.

٣٣ للإضاءة أنظر:

Stephen Humphreys, "A Culture Elite: The Role and Status of the 'Ulamā' in Islamic Society," in *Islamic History: A Framework for Inquiry*, revised edition (Princeton: Princeton University Press, 1991), 185–227; Gilliot; Repp; Nizami; Hooker; Lin; Hunwick, "'Ulamā'," in EI^2 10 (2000): 801–10.

أنظر أيضًا محمّد سعد الدين، **العلماء عند المسلمين، مكانتهم ودورهم في المجتمع** (بيروت: دار المناهل، **١٩٩٢**).

٣٤ راجع ابن الصلاح، **مقدّمة**، **١٤٥** وابن خلدون، **مقدّمة**، **٩٤٢/٣**.

٣٥ حول مفاهيم السلطة والسياسة والحكم وتشابك تلك المفاهيم في النظريّة الشيعيّة ودور العلماء في ظلّها راجع:

Said Amir Arjomand, ed., "Introduction: Shi'ism, Authority, and Political Culture," in *Authority and Political Culture in Shi'ism* (New York: State University of New York Press, 1988), 1–22.

وحول علم الأئمّة والعلماء في الفكر الشيعيّ عمومًا أنظر في المرجع نفسه:

Etan Kohlberg, "Imam and Community in the Pre-Ghayba Period," 25–53.

الرؤيتين السنّيّة والشيعيّة، فقد كان لهؤلاء دور بارز لا يُجارى لدى الطرفين. وتشهد على جهودهم التأليفيّة الجبّارة مصنّفات موسوعيّة متخصّصة هي نتاج مرحلة متقدّمة من تطوّر علم الحديث، إذ «لم يكن العلم بالجملة [صدرَ الإسلام والدولتين] صناعة، إنّما كان نقلاً لِما سُمِع من الشارع وتعليمًا لِما جُهِل من الدين على جهة البلاغ، فكان أهل الأنساب والعصبيّة الذين قاموا بالملّة هم الذين يعلّمون كتاب الله وسنّة نبيّه ﷺ، على معنى التبليغ الخبريّ لا على وجه التعليم الصناعيّ».[٣٦] وإن نحن قصدنا أن نحدّد الهاجس الأبرز الذي سكن معظم هذه المصنّفات فسيكون – بالمقام الأوّل، التحقّق من صحّة الأحاديث، فقد «تكلّم كثير من أئمّة المغاربة والمشارقة في فقه متونها ولغتها وإعرابها[٣٧] إلّا أنّ كلامهم في أسانيدها بصناعة الحديث أوعب وأكبر»،[٣٨] وهذا ما انشغل به اليوم أيضًا، على اختلاف المقاربات والنتائج، عدد كبير من الباحثين شرقًا وغربًا.[٣٩]

---

٣٦ ابن خلدون، **مقدّمة**، ٣٢٢/١. راجع أيضًا:
Muhammad Abdul Rauf, "Ḥadīth Literature-I: The Development of the Science of Ḥadīth," in *Arabic Literature to the End of the Umayyad Period*, 271–88; Mez, *The Renaissance of Islam*, 190–95.

٣٧ حول مسألة وجوب مراعاة مقتضيات سلامة اللغة في رواية الحديث وحدّ ذلك أنظر مراجعة فِك المختصرة في يوهان فِك، **العربيّة: دراسات في اللغة واللهجات والأساليب**، ترجمة وتحقيق عبد الحليم النجّار (القاهرة: مطبعة دار الكتاب العربيّ، ١٩٥١)، ٧١–٨٠.

٣٨ ابن خلدون، **مقدّمة**، ٩٤٦/٣.

٣٩ أنظر:
Jonathan Brown, *Hadith*, 197–268; Harald Motzki, "The Question of the Authenticity of Muslim Traditions Reconsidered: A Review Article," in *Method and Theory in the Study of Islamic Origins*, ed. Herbert Berg (Leiden: Brill, 2003), 211–57.
ولاطّلاع عام على أبرز القضايا المتّصلة بالحديث التي أثاروها في دراساتهم كأصوله وتاريخيّته وطُرُق تناقله وأسانيده راجع مقدّمة موتزكي ولائحة البيبلوغرافيا الملحَقة بها في:
Harald Motzki, ed., *Hadith: Origins and Developments* (Aldershots: Ashgate, 2004), xiii–lxiii.
وكان إجناتس جولدسيهر أوّل من بذَر الأفكار المسائلة والمشكّكة بصحّة جسم عريض من الأحاديث في عمله الشهير (*Muhammedanische Studien*, 1889–90)، ورسّخ تلميذه شاخت مقاربة أستاذه النقديّة وطوّرها في كتابه (*The Origins of Muhammadan Jurisprudence*, 1967) الذي حرّك الباحثين بين مؤيّد ورافض لمنطلقاته ونتائجه. أنظر مثلاً جانبًا من الآراء والمراجعات النقديّة لكِلا العملَين في:
Zafer Ansari, "The Authenticity of Traditions – A Critique of Joseph Schacht's Argument *e silentio*," *Hamdard Islamicus* 7 (1984): 51–61; Muhammad Mustafa al-Azami, *On Schacht's Origins of Muhammadan Jurisprudence* (Riyadh: King Saud University, 1985); John Burton, *An Introduction to the Ḥadīth*, ix–xxvi; Wael Hallaq, "From Regional to Personal Schools of Laws? A Reevaluation," *Islamic Law and Society* 8 (2001): 1–26; = Harald Motzki, *The Origins of Islamic Jurisprudence: Meccan Fiqh before the Classical*

ولم يكن ذلك الهاجس دافعًا مباشرًا لتأليف المصنَّفات الموسوعيّة فقط، بل كان همًّا حاضرًا حتّى في مصنَّفات أخرى مُختصَرة تبلورت في طيّاتها «علوم الحديث» المتنوّعة يمكن اعتبارها بمثابة مداخل اصطلاحيّة ضروريّة لهذه العلوم. وربّما يوحي بحضور هذا الهمّ في جلّ التآليف الحديثيّة سواء المختصَرة والموسوعيّة تعريف ابن خلدون لعلوم الحديث بأنّها «إسناد السنّة إلى صاحبها، والكلام في الرواة الناقلين لها ومعرفة أحوالهم وعدالتهم ليقع الوثوق بأخبارهم بعلم ما يجب العمل بمقتضاه من ذلك».[٤٠] حتّى نقد متون الأحاديث ساقه علماء الحديث تحت غطاء نقد الأسانيد منذ القرنَين الثالث والرابع الهجريّين – يرى جوناثان براون، لأنّ الإقرار بخلل ما في معنى الحديث إذا لم يُتوَصَّل إليه عبر تحليل السند، للوقوف على خلل ما فيه، يدعم منهجيّة أهل الرأي المناوئة التي يعدّ أصحابها نقدَ المتون الطريقةَ الناجعة الوحيدة لتقييم صحّة الأحاديث بصرف النظر عن أسانيدها.[٤١] كما كان همّ تمييز صحيح الأحاديث من سقيمها دافعًا لتأليف كتب الحديث الجامعة أيضًا ككُتب **الصّحاح** الستّة التي حشد فيها مؤلّفوها آلاف الأحاديث المنتقاة على شروط صارمة. وليس أدلّ على عظيم أثر هذه الكتب من المكانة المرجعيّة المرموقة التي رُفِعت إليها سواء في دوائر العلماء أو في أوساط العامّة من أهل السنّة والجماعة، سيّما منها كتابَي البخاريّ ومسلم اللّذين يقول ابن الصلاح فيهما: «وكتاباهما أصحّ الكتب بعد كتاب الله العزيز»،[٤٢] و«أوّل أقسام الصحيح صحيح أخرجه البخاريّ ومسلم جميعًا، وهو الذي يقول فيه أهل الحديث كثيرًا: «صحيح مُتّفَق عليه»، يُطلقون ذلك ويعنون به اتّفاق البخاريّ ومسلم لا اتّفاق الأمّة عليه. لكنّ اتفاق الأمّة عليه لازمٌ مِن ذلك وحاصل معه، باتّفاق الأمّة على تلقّي ما اتّفقا عليه بالقبول».[٤٣]

Schools, trans. Marion Katz (Leiden: Brill, 2002), 10–49; Scott Lucas, *Constructive Critics, Ḥadīth Literature, and the Articulation of Sunnī Islam* (Leiden: Brill, 2004), 4–11. =

٤٠ راجعه في ابن خلدون، **مقدّمة**، ٩٣١/٣، ولمدخل مفيد إلى هذه العلوم وتآليفها أنظر ابن خلدون، «علوم الحديث»، في المصدر نفسه، **٩٣٦/٣–٩٤٧**.

٤١ أنظر:
Jonathan Brown, "How We Know Early Hadīth Critics Did Matn Criticism and Why It's so Hard to Find," *Islamic Law and Society* 15, no. 2 (2008): 143–84.

٤٢ ابن الصلاح، **مقدّمة**، ١٦٠. لمدخل حول هذين الكتابَين من بوّابة التكريس المرجعيّ أنظر:
Jonathan Brown, *The Canonization of al-Bukhari and Muslim: The Formation and Function of the Sunni Hadith Canon* (Leiden: Brill, 2007).

٤٣ المصدر نفسه، ١٦٩–١٧٠. غنيّ عن القول إنّ تقرير ابن الصلاح هذا تجب قراءته في سياقه الحديثيّ المعرفيّ والعقديّ، فـ«اتّفاق الأمّة» لا يمكن أن نأخذه حرفيًّا، لأنّه بالطبع لم يكن يشمل الأمّة كلّها. بكلام آخر، علينا حين قراءته أن نتنبّه إلى ما يعنيه بالأمّة.

ولنا أن نستدلّ على لبوس تقديسيّ جُلّلت به الأحاديث المسنَدة عن النبيّ عمومًا من وصف ابن أبي حاتم الرازيّ (ت. ٩٣٨/٣٢٧) لجيلَي الصحابة والتابعين. فالصحابة الذين «حفظوا» الحديث «ووعوه وأتقنوه» الله «سمّاهم» عدولًا، والله «نفى عنهم» بمقتضى آية مُنزَّلة «الشكّ والكذب والغلط والريبة»، فكانوا «نَقَلَة الكتاب والسنّة» – لاحِظ المزاوَجة بين القرآن والحديث. والتابعون بدورهم، «حفظوا عن الصحابة ما نشروه وبثّوه وأتقنوه وعلموه»، وهم المعيَّنون بآية قرآنيّة أيضًا، الله «نزّههم عن أن يلحقهم مغمز أو تدركهم وصمة لتيقّظهم وتحرّزهم ولأنّهم الذين ندبهم الله لإثبات دينه وإقامة سنّته» – لاحِظ قَرْن إثبات الدين بإقامة السنّة.[٤٤] فإذا كان نقل المعرفة يعتمد بالعادة على ذاكرة الناقل، فإنّ نقل الحديث بحسب هذا التوصيف ينهض على الحفظ، حفظ الصحابة عن النبيّ ثمّ حفظ التابعين عن الصحابة، وهو توصيف تتكرّس به مثاليّة مزدوجة: (١) مثاليّةُ نوعيّةِ التذكّر أي الحفظ بدرجة الإتقان، فالصحابة لم يتذكّروا فحسب بل حفظوا عن النبيّ وأتقنوا ذلك، وكذا فَعَل التابعون عن الصحابة؛ (٢) ومثاليّة عدديّة لأنّه يعمّم الحفظ الواعي والمتقَن على كلّ الصحابة وكلّ التابعين، وكأنّه ليس بينهم أيّ تفاوت في مَلَكة الحفظ، فجيلٌ كاملٌ من الصحابة حفظ ونقل، وتابعه على ذلك جيل من التابعين. ويعزّز المثاليّةَ النوعيّة تقريرُ ابن أبي حاتم أنّ الصحابة حفظوا عن النبيّ «ما بلّغهم عن الله عزّ وجلّ وما سنّ وشرع وحكم وقضى وندب وأمر ونهى وحظر وأدّب». فبكلام آخر، هم حفظوا كلّ شيء.[٤٥] ولا يقتصر التدخّل

---

٤٤ راجع توصيفه كاملًا في ابن أبي حاتم الرازيّ، **تقدمة المعرفة لكتاب الجرح والتعديل** (حيدر آباد: دائرة المعارف العثمانيّة، **١٩٥٢**)، ٧–٩. ولدراسة معمّقة **لتقدمة المعرفة**، أنظر:

Eerik Dickinson, *The Development of Early Sunnite Ḥadīth Criticism: The Taqdima of Ibn Abī Ḥātim al-Rāzī (240/854–327/938)* (Leiden: Brill, 2001).

يقول ابن كثير (ت. ١٣٧٣/٧٧٤) في الإطار نفسه: «والصحابة كلّهم عدول عند أهل السنّة والجماعة، لِما أثنى الله عليهم في كتابه العزيز، وبما نطقت به السنّة النبويّة في المدح لهم في جميع أخلاقهم وأفعالهم، وما بذلوه من الأموال والأرواح بين يدَي رسول الله ﷺ، رغبة فيما عند الله من الثواب الجزيل والجزاء الجميل». أنظر قوله في أحمد محمّد شاكر، **الباعث الحثيث: شرح اختصار علوم الحديث للحافظ ابن كثير** (بيروت: دار الكتب العلميّة، د. ت.)، ١٧٦–١٧٧. وحول كرونولوجيا تعديل الصحابة كعقيدة راجع:

G.H.A. Juynboll, "The Collective Ta'dīl of the Companions," in *Muslim Tradition*, 190–206.

والتعديل كمنهجيّة يتعدّى جيل الصحابة، الغرض منه، يقول عبد الله العروي، هو تحديد مسطرة ثابتة يتمّ بمقتضاها في كلّ جيل ضمّ حافظ جديد أو حُفّاظ جدد، فهي مسطرة انتخاب فرد معيّن إلى الجماعة المعتبَرة [جماعة المحدّثين] وفي الوقت نفسه مسطرة إقصاء المنتسب إليها بدون حقّ. أنظر عبد الله العروي، **مفهوم التاريخ**، ٢٠٨/١.

٤٥ وعلى هذا الحفظ أن ينسحب بحسب النقّاد على طلّاب الحديث أيضًا، فوقوع طالب الحديث على الأحاديث المرويّة – التي حفظها الراوي تلو الرواي، يجب أن يقترن بحفظه الواعي لها، «[فـ]بالصحيح =

الإلهيّ تِبعًا لهذا التوصيف على رعاية عمليّة النقل المثاليّة عن النبيّ من قِبَل الصحابة ثمّ من قِبَل التابعين عنهم، بل يسبق ذلك نوع من التحديد للمنقول، لأنّ الله هو المبلّغ الأوّل لكلّ ما نُقِل، وإليه تُرفَع العَنْعَنة، فالتابعون حفظوا «عن الصحابة» ما حفظوه «عن النبيّ» وهو ما بلّغهم إيّاه «عن الله». تشدّ هذه الرؤية التقديسيّة الشاملة كلّ حديث مُسنَد إلى هذه العنعنة.[٤٦]

ولعلّ تعلّق متون الأحاديث بأسانيدها قد ساهم في خطّ منهج المحدّثين في تصانيفهم، فالمحدّث لا يتدخّل بين القارئ وبين نصوص الحديث، كأنّه يعتبر القارئ غير مُحتاج إليه لفتح مغالق تلك النصوص، فهو يحشد له الأحاديث المسنَدة ويتنحّى، «فلا يكاد القارئ يسمع له صوته التأليفيّ بتعليق أو غيره. وتلك طريقة المحدّثين في أبسط أشكالها، وكأنّهم يريدون أن تنطق النصوص بما يريدون، حتّى لا يكون لتأويلهم وتفسيرهم مجال للظهور، فإذا قرأنا كتابًا على أسلوب المحدّثين وجب علينا أن نعرف رأي المحدّث، إن كان له رأي، من الأقوال التي يرويها، ومن

= لا يُعرَف بروايته فقط وإنّما يُعرَف بالفهم والحفظ وكثرة السماع، وليس لهذا النوع من العلم عون أكثر من مذاكرة أهل الفهم والمعرفة ليظهر ما يخفى من علّة الحديث. فإذا وجد [الطالب] مثل هذه الأحاديث بالأسانيد الصحيحة غير مُخرَّجة في كتابَي الإمامين البخاريّ ومسلم لزم صاحب الحديث التنقير عن علّته ومذاكرة أهل المعرفة به لتظهر علّته». راجع الحاكم، **معرفة**، **٥٩–٦٠**. وكذلك يقول ابن الصلاح: «لا ينبغي لطالب الحديث أن يقتصر على سماع الحديث وكَتْبه دون معرفته وفهمه، فيكون قد أتعب نفسه من غير أن يظفر بطائل، وبغير أن يحصل في عِداد أهل الحديث، بل لم يزِد على أن صار من المتشبّهين والمنقوصين المتحلّين بما هم منه عاطلون». راجع ابن الصلاح، **مقدّمة**، **٤٣٢**. وهنا نورد تعليقًا للرمّانيّ (ت. **٣٨٤/٩٩٤**)، وهو معتزليّ جَلِدٌ، ربّما قصد به ذمّ أهل الحديث من بوّابة حفظ الأحاديث في رسالته البلاغيّة **النكت في إعجاز القرآن**: «وقال عزّ وجلّ ﴿مَثَلُ الَّذِينَ حُمِّلُوا التَّوْرَاةَ ثُمَّ لَمْ يَحْمِلُوهَا كَمَثَلِ الْحِمَارِ يَحْمِلُ أَسْفَارًا﴾ وهذا تشبيه قد أخرج ما لا يُعلم بالبديهة إلى ما يُعلم بالبديهة وقد اجتمعا في الجهل بما حملا، وفي ذلك العيب لطريقة من ضيّع العلم بالاتّكال على حفظ الرواية من غير دراية». أنظر عليّ بن عيسى الرمّانيّ، «النكت في إعجاز القرآن»، في **ثلاث رسائل في إعجاز القرآن**، تحقيق محمّد خلف الله ومحمّد زغلول سلام (القاهرة: دار المعارف، **١٩٥٥**)، ٧٧–٧٨.

٤٦ ربّما يعبّر عن هذه الرؤية أيضًا قول ابن خلدون: «ومن كان قليل البضاعة من الحديث فيتعيّن عليه طلبه وروايته والجدّ والتشمير في ذلك ليأخذ الدين عن أصول صحيحة ويتلقّى الأحكام عن صاحبها المبلّغ لها عن الله». راجعه في ابن خلدون، **مقدّمة**، **٩٤٥/٣**؛ وكذا قول ابن قتيبة في **تأويل مختلف الحديث**: «فأمّا أصحاب الحديث فإنّهم التمسوا الحقّ من وجهته، وتتبّعوه من مظانّه وتقرّبوا من الله تعالى باتّباعهم سنن رسول الله ﷺ وطلبهم لآثاره وأخباره، برًّا وبحرًا، وشرقًا وغربًا». انظره في ابن قتيبة، **تأويل مختلف الحديث**، تحقيق محمّد النجّار (القاهرة: مكتبة الكلّيّات الأزهريّة، **١٩٦٦**)، **٧٣**. وذلك في سياق تصدّيه في هذا الكتاب للردّ على «ثلب أهل الكلام أهلَ الحديث وامتهانهم وإسهابهم في الكتب بذمّهم ورميهم بحمل الكذب ورواية المتناقض»، المصدر نفسه، **٣**. فهذه الرؤية من آلة دفاع علماء الحديث المستميت عن أنفسهم، وهم الذين كانوا على الدوام هدفًا للهجوم من جانب علماء الكلام، المعتزلة منهم خصوصًا.

الترتيب الذي يعرضها به، ومن العناوين التي يُثبت بها فصول الكتاب».[٤٧] وتستقيم مقاربتنا لنصوص الأحاديث مع هذا المنهج، فكُتُب الحديث الجامِعة تغيب فيها عمومًا أصوات مؤلّفيها لصالح نصوص الحديث نفسها، ونحن سننظر في سياقات الكتب، لنرى ماذا رُوي فيها من أحاديث تتناول خديجة، وكيف وُزّعت هذه الأحاديث في أبواب هذه الكتب استجابة لحبكاتها السرديّة، وبالتالي فإنّ ما ترسمه هذه الكتب عن خديجة يتشكّل بمعظمه من خلال انتقاء الأحاديث التي تُروى فيها أوّلًا، ومن موضعة هذه الأحاديث فيها ثانيًا. حتّى الحديث الواحد قد يقع في أبواب متعدّدة باختلاف المعاني التي يشتمل عليها.[٤٨] وهذا إن دلّ على شيء، فعلى أنّ متون الحديث المسنَدة لا تحكي بنفسها فيما المصنّف مُتنحٍّ جانبًا، فهو الذي يحدّدها، وينتقيها، ويبوّبها، ويضعها في سياق، قبل أن نتمكّن من استلال أيّ معرفة منها، فهي لا تكتسب معناها إلّا في إطار رؤية هذا المصنِّف.[٤٩] يعكس إثبات أيّ حديث مُسنَد قبولًا مبدئيًّا من المصنّف، وهو قبول يروّج له بمجرّد إيراده في كتابه. فمُطلق حديث وإن خلا من أيّ إلماح إلى تقييم نقديّ صريح من جانب المصنّف، تدلّل روايته بحدّ ذاتها على درجة من المقبوليّة، لأنّه لسبب ما رأى أنّه يستحقّ أن يُنقَل فاختار إثباته، فشغل العلماء، أو فِعلهم الإنسانويّ الأبرز هو فِعل كتابة، يختارون أن يثبتوا من خلاله مرويّات معيّنة في كتبهم، وأن يحذفوا أخرى. وإن كان الإسناد بطبيعته يسمح للمصنِّف، ولو نسبيًّا، بالتخفّف من عبء الرواية، أي من مراحل تشكُّل المرويّ وتناقله قبل أن يصل إليه وما يستتبع ذلك من نقد من قِبَل الذين ستصل إليهم الرواية عبره، لكنّ المصنّف بمجرّد تلقّيه للرواية يكون قد تورّط في فِعل الرواية العابِر للأجيال. فالراوي، أيّ راوٍ، بمجرّد أن روى، ولو فرضنا أنّه لا ينحاز سلبًا أو إيجابًا إلى ما يرويه، سيكون مسؤولًا عن إثبات ما رواه في كتلة المرويّ الكبرى المتراكمة المتشكّلة من مجموع كلّ ما رُوِي في ثقافة معيّنة.

---

[٤٧] يوسف العشّ، مقدّمة تحقيق كتاب **تقييد العلم** للخطيب البغداديّ (دمشق: المعهد الفرنسيّ للدراسات العربيّة، ١٩٤٩)، ١٥.

[٤٨] ابن خلدون، **مقدّمة**، ٩٤١/٣.

[٤٩] استعرنا هذه العبارة من نافيل مورلي الذي يفصّلها في إطار مقاربته لدور المؤرّخ في كتابة التاريخ حيث يقول Facts don't speak for themselves. أنظر:

Neville Morley, "The Use and Abuse of Sources," in *Writing Ancient History* (New York: Cornell University Press, 1999), 53–95.

خديجة الصحابيّة التي لم ترو الحديث

ليس تعريف الصحابيّ أمرًا يسيرًا، وتتّصل هذه القضيّة الإشكاليّة بشكل وثيق بالحديث، وفي هذا الإطار يرى فؤاد جبلي أنّ تعريف العلماء للصحابيّ حدّدته حاجة هؤلاء العلماء لحماية الحديث، فعليه كان الاتّجاه مع الوقت ينحو من تعريف ضيّق لدى جيل المسلمين الأوائل يُعيّن الصحابيّ بأنّه كلّ من صحب النبيّ مدّة طويلة نسبيًّا، وهو تعريف يستبعد كلّ من رآه أو التقاه مرّة أو صحبه فترة قصيرة مثلاً، إلى تعريف مفتوح وفضفاض تطوّر لاحقًا ليضمّ أكبر عدد ممكن من الأشخاص الذين عاصروا النبيّ، فصار الصحابيّ مطلق شخص التقى النبيّ وهو مسلم ومات على إسلامه، ويستهدف ذلك بالطبع رفع أكبر عدد ممكن من الأحاديث من منزلة الحديث المرسَل، أي الذي يرتفع إلى تابعيّ، إلى المسنَد، أي الذي يرتفع إلى صحابيّ. وهو تعريف، يقول جبلي، أثّرت فيه انتقادات المعتزلة الموجَّهة ضدّ حجّيّة الحديث عامّة، وقد كان للمعتزلة توجّه معاكس لحصر هذا التعريف وبالتالي لتقليص عدد الأحاديث المسنَدة. ويلفت جبلي إلى أنّ المبدأ الأكثر أهمّيّة الكامن وراء تعريف العلماء للصحابيّ هو منزلة النبيّ الرفيعة التي منحت كلّ من كان له حظّ لُقياه أو رؤيته، بصرف النظر عن عمره وجنسه، تقديرًا عظيمًا من أولئك الذين لم يُقدَّر لهم ذلك. وبالتالي صارت أيّ معلومة عن النبيّ من أفواه هؤلاء جميعًا، بمن فيهم الذين لم يكونوا قد وصلوا إلى سنّ البلوغ عند وفاة النبيّ، جديرة بالتسجيل والحفظ.[٥٠] وكذلك في تعريفها لمفهوم الصحبة تفرق حياة عمامو من جهتها بين القرآن والحديث، فكلّ ما ورد في القرآن بحسب عمامو يحصر صحبة النبيّ في المهاجرين والأنصار، أمّا الحديث فقد وسّعها فجعلها تشمل إلى جانب المهاجرين والأنصار كلّ الذين عايشوا النبيّ وأسلموا على عهده مهما تأخّر إسلامهم، وهو ما يُفقِد الصحبة بُعدها التاريخيّ لأنّ ذلك لا يعطي أهمّيّة للّذين «أنجزوا» الإسلام فعلاً وأسّسوه بقيادة النبيّ وتوجيه القرآن. وترى عمامو أنّ هذه التوسعة على المفهوم القرآنيّ «الأصيل» تتجلّى في معظم كتب الأحاديث والتراجم في العصر العبّاسيّ.[٥١]

---

[٥٠] راجع في هذا الشأن:
Fu'ad Jabali, "Definition," in *The Companions of the Prophet: A Study of Geographical Distribution and Political Alignments* (Leiden: Brill, 2003), 41–67.

[٥١] تستعرض عمامو هذه الكتب في دراستها **أصحاب محمّد** بشيء من التفصيل. راجع حياة عمامو، **أصحاب محمّد ودورهم في نشأة الإسلام**، ط. ٣ (جبيل: دار ومكتبة بيبليون، ٢٠١٤)، ١٣–٧٤.

بناءً على ذلك، فإنّ خديجة صحابيّة بدرجة استحقاق رفيع، وإن احتسبنا فقط فترة زواجها من النبيّ الذي دامت لربع قرن تقريبًا تكون السيّدة قد أوفت بشروط الصحبة الطويلة على مستوى لصيق به لا يضاهيها فيه أحد، مع ما كان لها من إسهام جسيم في «إنجاز» الإسلام في مهده باتّفاق المصادر. لكنّه ليس بين أيدينا اليوم حديث مرفوع إلى خديجة. بكلام آخر، فنحن لا نكاد نسمع لها صوتًا في تراث الحديث الإسلاميّ الذي يضمّ آلاف الأحاديث المسندة إلى مئات الصحابة. وقد أرسى هذا الصمت عن الرواية، والذي يمكن عدّ موتها المبكر واحدًا من أسبابه، لخديجة حضورًا غير فعّال في ميدان الحديث الفسيح، فانحسر كيانها فيه بما رُوي بخصوصها بأصوات الآخرين، فبانت صحبتها من هذه الزاوية وفي سياق كتب الحديث أقلّ درجة من صحبة غيرها، ممّن لم يصحبوا النبيّ فعلًا كما صحبته هي، لكنّهم بخلافها حفظ التراث لهم روايات نقلوها عنه.

إن نحن نظرنا مثلًا في كتاب **بمعرفة علوم الحديث** للحاكم النيسابوريّ أحد كتب علوم الحديث العامّة التي تبسط هذه العلوم في أنواع، وهي كتب نظريّة الطابع وأُلِّفَت بعد **الصحاح**،[٥٢] بحثًا عن خديجة سنجد أنّ مورد ذِكْرها الوحيد فيه هو في نوع «معرفة الصحابة». نلحظ بدءًا أنّ الكتاب يعجّ بأسماء الرجال وليس ذلك بغريب، فالوحدة التأليفيّة الصغرى فيه هي الحديث المسنَد. وكما هو معلوم، تكمن قيمة الأحاديث أصلًا في أسانيدها على رأي المحدّثين، لأنّ قبول المتن يتكّئ بالدرجة الأولى على معرفة رجال السند، ويُصطلَح على العلم المختصّ بتحصيل تلك المعرفة بـ«علم الرجال».[٥٣] وتعكس

---

٥٢ أوّل محاولة تصنيفيّة شاملة في علوم الحديث كانت مع أبي محمّد الرامهرمزي (ت.٣٦٠/٩٧١) في كتابه الواقع في سبعة أجزاء بعنوان **المحدّث الفاصل بين الراوي والواعي**.

٥٣ "'Accepting traditions means knowing the men'." هكذا يعنون يوينبول الفصل الذي يعالج فيه طرائق نقّاد الحديث الأوائل لضبط الكذب في الأحاديث، وهو يقدّر أنّ نقد الرجال بدأ بشكل منهجيّ بحدود سنة ١٣٠/٧٤٧. أنظر:

Juynboll, *Muslim Tradition*, 20; 161–217.

ومنهج الحديث، يرى عبد الله العروي، ليس منهج التاريخ عامّة، بل هو منهج دقيق ومضبوط لمعرفة تاريخ جماعة حُفّاظ الشريعة خاصّة، وفي هذا تكمن قوّته وكذلك خصوصيّته. فالرشيد (ت. ١٩٣/٨٠٩) يُذكَر عند اتّصاله بالإمام مالك (ت. ١٧٩/٧٩٥) لا العكس، ومدينة سبتة تُذكر عند الكلام على مولد القاضي عياض (ت. ٥٤٤/١١٤٩) وعنده فقط. راجع عبد الله العروي، **مفهوم التاريخ**، ٢١٢/١. أنظر أيضًا:

Iftikhar Zaman, "The Science of Rijāl as a Method in the Study of Ḥadīths," *Journal of Islamic Studies* 5 (1994): 1–34.

نظرة سريعة على عناوين الأنواع التي يستعرضها الحاكم كون معرفة الرواة، وجُلّهم رجال، جزءًا أصيلًا من جسم «معرفة أنواع الحديث» المطلوبة؛[٥٤] كما تُثبِت مضامين الأنواع كيف يركّز الحاكم على أشخاص رجال رُوي عنهم في سياق مواقف مُعيّنة، بما يُقصي أشخاصًا آخرين معنيين بهذه المواقف، ربّما لكونهم ممّن لم يُروَ عنهم. وهذا يوصلنا إلى حضور خديجة في هذا الكتاب أو قُلْ غيابها عنه، ففيه نقرأ:

> النوع السابع من هذا العلم معرفة الصحابة على مراتبهم: فأوّلهم قوم أسلموا بمكّة مثل أبي بكر وعمر وعثمان وعليّ وغيرهم رضي الله عنهم ولا أعلم خلافًا بين أصحاب التواريخ أنّ عليّ بن أبي طالب رضي الله عنه أوّلهم إسلامًا وإنّما اختلفوا في بلوغه والصحيح عند الجماعة أنّ أبا بكر الصدّيق رضي الله عنه أوّل من أسلم من الرجال البالغين بحديث عمرو بن عبسة[٥٥] أنّه قال: يا رسول الله من تَبِعَكَ على هذا الأمر؟ قال حرٌّ وعبدٌ وإذا معه أبو بكر وبلال [ابن رباح (ت. ١٧ أو ١٨ أو ٢٠ أو **٦٣٨/٢١** أو **٦٣٩** أو **٦٤١** أو **٦٤٢**)] رضي الله عنهما[٥٦]

يسمّي الحاكم أربعة رجال للتمثيل على الذين أسلموا بمكّة، وينفذ من ذلك إلى قضيّة أوّل من أسلم فيعمّم على أصحاب التواريخ إجماعًا بأنّ أوّلهم كان عليًّا، قبل أن يذكر ما صحّ لدى الجماعة بأنّ أبا بكر هو الأوّل بحديث عمرو بن عبسة دون الإشارة إلى خديجة. وإن كان ظاهر هذا الحديث لا يقتضي أوّليّة أبي بكر وحده، بل يضعه وبلالًا على قدم المساواة في معيّة النبيّ. لكن بما أنّ الأوّل حرٌّ والثاني عبد، علاوة على تبوّء أبي بكر منصب الخلافة لاحقًا بما يجعله متقدّمًا بشكل ما على غيره من الصحابة، وربّما أيضًا لكون أشهر شخصَين احتدم النزاع على إثبات أوّليّتهما هما أبو بكر وعليّ،

---

٥٤ فالنوع الثالث من هذا العلم «معرفة صدق المحدّث وإتقانه وثبته وصحّة أصوله، وما يحتمله سنّه ورحلته من الأسانيد وغير ذلك من غفلته وتهاونه بنفسه وعلمه وأصوله»، والنوع السابع منه «معرفة الصحابة على مراتبهم»، والنوع الرابع عشر «معرفة التابعين»، والخامس عشر «معرفة أتباع التابعين»، والسابع عشر «معرفة أولاد الصحابة»، والثامن والثلاثون «معرفة قبائل الرواة»، والتاسع والثلاثون «معرفة أنساب الرواة»، والأربعون «معرفة أسامي الرواة»، إلى غيرها من الأنواع التي تصرّح عناوينها بمحوريّة الرجال فيها، عدا عن أنواع أخرى لا تشير عناوينها إلى ارتباط مباشر بأشخاص الرواة لكنّها مع ذلك مُتعلّقة بهم، كمعرفة عالي الإسناد ونازله ومسلسله. وربّما يُستثنى من ذلك النوع السادس والثلاثون وهو «معرفة الأخوة والأخوات من الصحابة والتابعين وأتباعهم» الذي يُدلّل على وجود نساء راويات أُخِذ عنهنّ. راجعه في الحاكم، **معرفة**، ١٥٢–١٥٧. وللوقوف على قضيّة رواية النساء الحديث أنظر تاليًا فقرة «مقدّمة ابن الصلاح».

٥٥ لم نقع له على تاريخ وفاة. أنظر ترجمته في ابن عبد البرّ (ت. ١٠٧١/٤٦٣)، **الاستيعاب في معرفة الأصحاب**، تحقيق محمّد البجاوي (بيروت: دار الجيل، ١٩٩٢)، ١١٩٢–١١٩٤.

٥٦ الحاكم، **معرفة**، ٢٢–٢٣.

كلّ ذلك قد يكون أسهم في استعمال هذا الحديث لصالِح أبي بكر وحده. يستجيب تغييب خديجة على الأرجح إلى مزاج محدّث، يركّز اهتمامه على الرواة – الذين يحدث أنّهم رجال بمعظمهم، فكلّ الرجال الذين سمّاهم الحاكم هم من أكابر الصحابة الذين رُوي عنهم، وكأنّنا نستطيع أن نُضيف بعد كلمة الصحابة في أوّل الاقتباس عبارة «الرواة»،[٥٧] بصرف النظر عن عدد الأحاديث المرويّة عنهم.[٥٨]

ولا يصحّ عمومًا أن تُقرأ الأنواع المختلفة المستعرَضة في الكتاب كمقاطع منفصلة تتكتّل كلٌّ منها حول موضوع مستقلّ تُعبّر عنه غالبًا عناوينها الفرعيّة التي تندرج تحتها، بل يحسن التنبّه لاتّصال الأنواع فيه بشكل تكامليّ، إذ لا يمكن فصل معرفة النوع الواحد منها عن معرفة باقي الأنواع، وكلّها تتمحور حول مادّة الحديث وراويته. من هذه الزاوية، يمكن أن نبرّر تغييب خديجة في التمثيل على النوع المذكور أعلاه وعن جلّ الأنواع الأخرى، بأنّها ليست من الرواة وبالتالي فهي كأنّها خارجة عن موضوع الكتاب. فإنّه وإن كان يجوز ذِكرها في سياق التمثيل على أوّل الصحابة إسلامًا، فكونها ليست ممّن رُوي عنها الحديث، يُقلّل احتمال الذكر هذا كما ويصعّب أن يرتبط اسمها بأيّ نوع آخر من أنواع علوم الحديث. لكنّ ذلك على شموليّته وأهمّيّته في سياق هذا الكتاب، لا يبدو أنّه المسوّغ الممكن الوحيد لإسقاط ذِكرها منه. ففي «معرفة أنساب المحدّثين من الصحابة» يقول الحاكم:

> أنا بعد أن ذكرتُ الخلفاء الأربعة أذكر قومًا يخفى على أكثر الناس ما يجمعهم ورسول الله ﷺ من النسب، فإنّ طلحة [بن عبيد الله (ت. ٦٥٦/٣٦)] والزبير [بن العوّام (ت. ٦٥٦/٣٦)] قُربُهما من نسب رسول الله ﷺ مشهور [....و] السائب بن العوّام أخو الزبير [ت. ٦٣٢/١١] يجمعه ورسول الله ﷺ قصيّ بن كلاب وهو السائب بن

٥٧ يمكن إضافة هذه العبارة في مواضع أخرى من الكتاب أيضًا كما يُظهر السياق، ففي النوع الرابع والأربعين من علوم الحديث يقول الحاكم: «هذا النوع من هذه العلوم معرفة أعمار المحدّثين من ولادتهم إلى وقت وفاتهم [...و] قد جعلتُ أعمار العشرة الذين شهد لهم رسول الله ﷺ بالجنّة مثالًا لسائر الصحابة [المحدّثين/الذين رُوي عنهم] ليبحث الباحث عن ولادتهم ووقت وفاتهم ومبلغ أعمارهم». الحاكم، **معرفة**، ٢٠٢–٢٠٣. ويمثّل على ذلك صراحة أيضًا قول ابن حبّان: «ثمّ إنّا ذاكرون أسماء الصحابة، ونقصد منهم من رُوي عنه الأخبار» في محمّد بن حبّان (ت. ٩٦٥/٣٥٤)، **كتاب الثقات**، تحقيق محمّد عبد المعيد خان (حيدر آباد: دائرة المعارف العثمانيّة، ١٩٨١)، ١/٣.

٥٨ حول الأحاديث المسنَدة عن كلّ من أبي بكر وعمر وعثمان وعليّ التي يوردها ابن سعد في **الطبقات الكبرى**، مع مقارنتها بما حُفِظ في مسانيدهم في عدد من كتب الحديث المبكرة راجع:
Juynboll, *Muslim Tradition*, 24–9.

العوّام بن خويلد بن أسد بن عبد العزّى بن قصيّ وحكيم بن حزام (ت. ٦٧٤/٥٤)[٥٩] يلقى رسول الله ﷺ عند جدّهم قصيّ فإنّه حكيم بن حزام بن خويلد بن أسد بن عبد العزّى بن قصيّ[٦٠]

لم يذكر الحاكم مثلًا أنّ العوّام وحزام هما كما هو مشهور أَخَوَا خديجة، أي أنّ الزبير والسائب وحكيم هم أولاد أخوَيْها، متجاوزًا قرابتهم غير الأبويّة – أي من جهة الأب، تلك القريبة العهد من النبيّ، إلى أخرى أبويّة لكن بعيدة تصلهم به عند جدٍّ مشترك هو قُصيّ. فهل يستحقّ النسب الأبويّ أن يُقدَّم جدٌّ يبتعد عن الصحابة المذكورين خمسة أجيال على أنّه صلة القربى بينهم وبين النبيّ، وأن يُسقَط لصالحه تمامًا ذِكر خديجة، كحلقة وصل لقربى غير مباشرة في حياتهم بينهم وبينه؟ ويمكن الجزم بأنّهم تأثّروا، واشتهروا، لأنّ خديجة زوج النبيّ عمّتهم لا لأنّهم يُلاقون النبيّ بنسبهم عند جدّهم قصيّ، وهو ما يدلّل عليه صراحة تقرير الحاكم إذ يقول «أذكر قومًا يخفى على أكثر الناس ما يجمعهم ورسول الله من النسب»، إلّا إذا كان الحاكم يعتمد في صمته على مسلمّة أنّ قرابتهم منها معروفة؟ أو لعلّه لم يعتنِ في ذهنه أصلًا بهذه القرابة لأنّها ليست طريقًا لملاقاة النبيّ بالنسب الأبويّ، وهو الأصل المنشود الذي يقول إنّه يريد أن يبيّنه. لكن على ذلك، ألم يكن المقام يتّسع لإشارة ولو سريعة إلى قرابتهم من خديجة؟

---

٥٩ يقول ابن عبد البرّ عنه في **الاستيعاب**: «وعاش حكيم بن حزام في الجاهليّة ستّين سنة، وفي الإسلام ستّين سنة، وتوفّي بالمدينة في داره بها عند بلاط الفاكهة وزقاق الصوّاغين في خلافة معاوية سنة أربع وخمسين، وهو ابن مائة وعشرين سنة». وهذا ربّما يطرح علامات استفهام حول سنة الوفاة المذكورة، فكأنّ شطر حياته إلى قسمين متساويين قسم في الجاهليّة وآخر في الإسلام تحديد مقصود ويُراد له أن يثبت في الذاكرة. وهو ما يذكّرنا بشطر خلافة عثمان إلى ستّ سنوات جيّدة أولى قبل فقد خاتم النبيّ وسنوات ستّ سيّئة بعد فقده. عن ابن حزام راجع ابن عبد البرّ، «باب حكيم»، في **الاستيعاب**، **٣٦٢–٣٦٣**. ويُذكر ابن أخ آخر لخديجة اسمه خالد بن حزام في تفسير النساء، ١٠٠ لكن في سياق لا يعنيها هي مباشرة، ففي قوله ﴿وَمَنْ يَخْرُجْ مِنْ بَيْتِهِ مُهَاجِرًا﴾ يورد القرطبيّ: «قد قيل فيه –أي في الرجل المقصود بالآية– خالد بن حزام بن خويلد ابن أخي خديجة، وأنّه هاجر إلى أرض الحبشة فنهشته حيّة في الطريق فمات قبل أن يبلغ أرض الحبشة فنزلت فيه الآية والله أعلم». أنظر محمّد بن أحمد القرطبيّ، **الجامع لأحكام القرآن**، ط. ٣ عن دار الكتب المصريّة (القاهرة: دار الكاتب العربيّ، ١٩٦٧)، **٣٤٩/٥**. أنظر أيضًا الطوسيّ، **التبيان في تفسير القرآن**، تصحيح أحمد قصير (النجف: المطبعة العلميّة ومطبعة النعمان، ١٩٦٣)، ٣٠٦/٣؛ وابن الجوزيّ، **زاد المسير في علم التفسير**، ط. ٣ (بيروت ودمشق: المكتب الإسلاميّ، ١٩٨٤)، ١٨١/٢؛ وابن جُزَي الكلبيّ (ت. ١٣٤٠/٧٤١)، **التسهيل لعلوم التنزيل**، تحقيق محمّد هاشم (بيروت: دار الكتب العلميّة، ١٩٩٥)، ٢٠٦/١؛ وابن كثير، **تفسير**، ٥٥٥/٢؛ والسيوطيّ، **الدرّ المنثور**، ٦٥٠/٤.

٦٠ الحاكم، **معرفة**، ١٧١–١٧٢.

التفسير: بحر كلّ شيء

تدرّج التفسير في أطوار مُتعاقِبة، منذ أن بدأ النبيّ، وهو المفسّر الأوّل، بشرح بعض آيات الوحي على مسمع من صحابته إلى أن صار التفسير عِلْمًا يصنّف فيه المتبحّرون ممن أتقنوا صنعته، وفنًّا تأليفيًّا مُتكاملًا له أصوله وأدواته ومعاييره. وتتطلّب الكتابة في التفسير الإلمام بعلوم شتّى، لأنّ المفسّر وإن كان متخصّصًا في علم التفسير (specialist) فإنّه سيعتني بعلوم شتّى يفرضها التصدّي للتفسير، وحتّى لو كان تفسيره مطبوعًا بالعلم الذي يغلب عليه، كعلم اللغة مثلًا. كلّ مفسّر من هذه الزاوية هو عالِم متبحّر في تخصّصات شتّى (generalist, polymath) إلى حدّ ما، وإن تفاوتت درجة عِلمه من تخصّص إلى آخر.[٦١] يستجلب الخوض في التراث التفسيريّ الضخم عبئًا بحثيًّا ثقيلًا لِما تتّسم به التفاسير

٦١ لمدخل إلى الروايات التفسيريّة راجع ما ورد عن النبيّ من «التفاسير المصرَّح برفعها إليه غير ما ورد من أسباب النزول» والتي يختم بها السيوطيّ كتاب **الإتقان** في السيوطيّ، **الإتقان في علوم القرآن**، تحقيق شعيب الأرنؤوط (بيروت: مؤسّسة الرسالة، ٢٠٠٨)، ٧٨٩–٨١٩. ولعرض وجيز لتطوّر التفسير ونبذة عن أهمّ علوم القرآن المتفرّعة منه أنظر قاسم القيسيّ، **تاريخ التفسير** (بغداد: مطبعة المجمع العلميّ العراقيّ، ١٩٦٦)؛ ومحمّد الصبّاغ، **لمحات في علوم القرآن واتّجاهات التفسير** (بيروت: المكتبة الإسلاميّة، ١٩٧٤)؛ وصبحي الصالح، «التفسير والإعجاز» في **مباحث في علوم القرآن**، ط. ١٠ (بيروت: دار العلم للملايين، ٢٠٠٩)، ٢٨٧–٣٤٠. وحول تاريخ هذا العلم وأبرز تآليفه وبعض القضايا المثارة حوله في الدراسات المعاصرة أنظر مقدّمة مصطفى شاه في:

Mustafa Shah, ed., *Tafsīr: Interpreting the Qur'ān* (London and New York: Routledge, 2013), 1: 1–157.

أنظر أيضًا مقدّمة أندرو ريبين ولائحة البيبلوغرافيا الملحَقة بها في:

Andrew Rippin, ed., *The Qur'an: Formative Interpretation*, Formation of the Classical Islamic World 25 (Aldershot: Ashgate, 1999), xii–xxvii.

للتوسّع أنظر أيضًا:

Helmut Gätje, *The Qur'ān and Its Exegesis*, trans. Alford T. Welch (London: Routledge, 1976), 1–44; John Burton, "Quranic Exegesis," in *The Cambridge History of Arabic Literature, I: Arabic Literature to the End of the Umayyad Period*, ed. A. F. L. Beeston et al. (Cambridge: Cambridge University Press, 1983), 40–55; Mahmoud Ayoub, *The Qur'an and its Interpreters* (Albany: State University of New York Press, 1984), 1: 16–40; Fred Leemhuis, "Origins and Early Development of the tafsīr Tradition," in *Approaches to the History of the Interpretation of the Qur'ān*, ed. Andrew Rippin (New York: Oxford University Press, 1988), 13–30; Jane Dammen McAuliffe, "Text and tafsīr," in *Qur'ānic Christians: An Analysis of Classical and Modern Exegesis* (Cambridge: Cambridge University Press, 1991), 13–36; Herbert Berg, *The Development of Exegesis in Early Islam*; Claude Gilliot, "Exegesis of the Qur'ān: Classical and Medieval," in *EQ* 2 (2002): 99–124; Andreas Görke and Johanna Pink, eds., *Tafsīr and Islamic Intellectual History: Exploring the Boundaries of a Genre* (New York: Oxford University Press, 2014).

عند الفرق كافّة[٦٢] من طابع احتوائيّ موسوعيّ يجعلها تستوعب معه أو تكاد كلّ العلوم الإسلاميّة، كاللغة والفقه والكلام والقصص، وربّما كلّ الأيديولوجيّات. ينقل أبو حيّان الأندلسيّ (ت. ١٣٤٤/٧٤٥) في **البحر المحيط**: «كلّ قاعدة في علم من العلوم يُرجَع في تقريرها إلى ذلك العلم ونأخذها في علم التفسير مُسلَّمة من ذلك العلم ولا نُطوّل بذكر ذلك في علم التفسير فنخرج عن طريقة التفسير كما فعله أبو عبد الله محمّد بن عمر [فخر الدين] الرازيّ المعروف بابن خطيب الريّ، فإنّه جمع في كتابه في التفسير أشياء كثيرة طويلة، لا حاجة بها في علم التفسير، ولذلك حُكيَ عن بعض المتطرّفين من العلماء أنّه قال: فيه كلّ شيء إلّا التفسير».[٦٣] وهذا توصيف يُعبّر عن غزارة ما تضمّه كتب التفسير وصعوبة حصر المادّة التي تنهل منها، بصرف النظر عن النقد الذي يحمله. فقد ألّف في التفسير علماء متنوّعو المذاهب الفكريّة والعقديّة متأثّرين بخلفيّات اجتماعيّة وثقافيّة وسياسيّة معقّدة على مساحة جغرافيّة رحيبة عبر العصور، وكلٌّ غلّبَ على تفسيره الفنّ الذي فيه يبرع. غلب على الزجّاج (ت. ٩٢٣/٣١١) الغريب مثلاً، وعلى الثعلبيّ (ت. ١٠٣٥/٤٢٧) القصص، وعلى الزمخشريّ (ت. ١١٤٣/٥٣٨) علم البيان، وعلى فخر الدين الرازيّ علم الكلام وما معناه من العلوم العقليّة.[٦٤] وتلك سِمة قد تُخلّف إرباكًا لا ينجو منه أحيانًا المتمرّسون من البحّاثة والعلماء.

---

[٦٢] يزداد اهتمام الباحثين المعاصرين اليوم بتفاسير مُعتبَرة عند فِرَق مختلفة لم تلقَ عناية تفصيليّة في الدراسات الحديثة سابقًا، وقد صدرت في هذا المجال العديد من الكتب والمقالات التي يرى فيها مؤلّفوها محاولة لإعادة قراءة تفاسير مماثلة من منظور جديد. أنظر على سبيل المثال لا الحصر:
Andrew J. Lane, *A traditional Mu'tazilite Qur'an Commentary: the Kashshaf of Jar Allah al-Zamakhshari (d. 538/1144)* (Leiden: Brill, 2006); Mahmoud Ayoub, "Literary Exegesis of the Qur'ān: The Case of al-Sharīf al-Raḍī," in *Literary Structures of Religious Meaning in the Qur'ān*, ed. Issa Boullata (Surrey: Curzon, 2000), 292–309; Bilal Orfali and Gerhard Böwering, eds., *Sufi Inquiries and Interpretations of Abū 'Abd al-Raḥmān al-Sulamī (d. 412/1021) and a Treatise of Traditions by Ismā'īl b. Nujayd al-Naysābūrī (d. 366/976–7)* (Beirut: Dar al-Machreq, 2010); Jamal J. Elias, "Ṣūfī Tafsīr Reconsidered: Exploring the Development of a Genre," *Journal of Qur'anic Studies* 12 (2010): 41–55; Azim Nanji, "Shi'ī Ismā'īlī Interpretations of the Qur'an," in *Tafsīr: Interpreting the Qur'ān*, ed. Mustafa Shah, 3: 217–223.

[٦٣] أبو حيّان الأندلسيّ، **البحر المحيط**، تحقيق عادل عبد الموجود وعلي معوّض (بيروت: دار الكتب العلميّة، ١٩٩٣)، ٥١١/١. ونقل السيوطيّ توصيف **تفسير الرازيّ** نفسه عن أبي حيّان في السيوطيّ، **الإتقان**، ٧٨٩.

[٦٤] راجع محمّد بن عبد الله الزركشيّ (ت. ١٣٩٢/٧٩٤)، **البرهان في علوم القرآن**، تحقيق محمّد أبو الفضل إبراهيم (القاهرة: دار إحياء الكتب العربيّة، ١٩٥٧)، ١٣/١. لاستعراض مُجمَل لأبرز المفسّرين ومذاهبهم أنظر السيوطيّ، «في طبقات المفسّرين»، في **الإتقان**، ٧٨٣–٧٨٩. وللتوسّع أنظر أبو بكر بن أحمد ابن قاضي شُهبة (ت. ١٤٤٧/٨٥١)، **تراجم طبقات النحاة واللغويّين والمفسّرين والفقهاء**، تحقيق =

لكنّ هذه الموسوعيّة وبالرغم من التحدّيات الصعبة التي تُنفِذها، هيّأت لنا مجالاً بحثيًّا عريضًا، فقد جُمِعت في كتب التفسير أخبار عدّة تتناول خديجة موزّعة في موارد كثيرة (١) أفقيًّا، في تفسير آيات بسوَر مكّيّة ومدنيّة على امتداد القرآن، (٢) وعاموديًّا، في المقاطع التفسيريّة المتتالية بهامش الآية أو السورة الواحدة التي يبسط فيها المفسّرون تفسيرهم مستعينين بعلوم القرآن المتنوّعة، كمقاطع سبب النزول والإعراب والقصّة. ففي سوى أخبار ربّما مُتوقَّعة موصولة بنزول آيات بعض السوَر المكّيّة المبكّرة، لخديجة ذِكْر في معرض تفسير آيات أخرى قد يُستبعَد ربطها بها. ويبرهن انتشار الأخبار هذا على أنّه لا يمكن فِعلاً التنبّؤ بالمحتوى التفسيريّ، فالمفسّر إذ يتوسّل أدوات نصّيّة غير قليلة ليستوفي «تفسيره» تتوالد بين يديه الأخبار والآراء والشروحات، فيغدو يخرج من شيء إلى شيء حتّى إنّ القارئ لينسى الآية الملحَق بها كلّ هذا «التفسير». لكنْ لِمَ البحث عن خديجة في التفسير لا في القرآن؟

التفسير عِوَض القرآن: حضور بعد غياب

يسيطر أسلوب إيجازٍ مُتشابِه على مُجمل القصص القرآنيّ عمومًا، وهو أسلوب لا ينضبط بقاعدة محدّدة تُعين القارئ على تحديد ما يُغيَّب من التفاصيل، كالأسماء وغيرها، أو تحديد سبب تغييبه، سوى لربّما داعي الاكتفاء بما يخدم عِبرة القصّة. ففي حين قد تحتلّ قصّة واحدة سورة بكاملها تقريبًا كما في سورة يوسف،[٦٥] قد تُجمَل قصّة أخرى في آية واحدة.[٦٦] لكنْ هل نستطيع أن نُلحِق المقاطع التي تتناول

= محسن غياض (بيروت: الدار العربيّة للموسوعات، ٢٠٠٨)؛ والسيوطيّ، **طبقات المفسّرين**، تحقيق علي محمّد عمر (القاهرة: مكتبة وهبة، ١٩٧٦)؛ ومحمّد بن عليّ الداووديّ (ت. ١٥٣٨/٩٤٥)، **طبقات المفسّرين**، تحقيق عليّ محمّد عمر (القاهرة، مطبعة وهبة، ١٩٧٢)؛ واجنتس جولدتسهر، **مذاهب التفسير الإسلاميّ**، ترجمة عبد الحليم النجّار، ط. ٢ (بيروت: دار إقرأ، ١٩٨٣)؛ ومحمّد حسين الذهبي، **التفسير والمفسّرون** (القاهرة: دار الكتب الحديثة، ١٩٦١–١٩٦٢)؛ ومحمّد الفاضل بن عاشور، **التفسير ورجاله** (تونس: دار الكتب الشرقيّة، ١٩٦٦)؛ وعادل نويهض، **معجم المفسّرين من صدر الإسلام حتّى العصر الحاضر** (بيروت: مؤسّسة نويهض الثقافيّة، ١٩٨٣)؛ وصلاح الخالدي، **تعريف الدارسين بمناهج المفسّرين** (دمشق: دار القلم، ٢٠٠٢).

٦٥ يوسف، ٣–١٠٢.

٦٦ ﴿أَوْ كَالَّذِي مَرَّ عَلَى قَرْيَةٍ وَهِيَ خَاوِيَةٌ عَلَى عُرُوشِهَا قَالَ أَنَّى يُحْيِي هَذِهِ اللهُ بَعْدَ مَوْتِهَا فَأَمَاتَهُ اللهُ مِئَةَ عَامٍ ثُمَّ بَعَثَهُ قَالَ كَمْ لَبِثْتَ قَالَ لَبِثْتُ يَوْمًا أَوْ بَعْضَ يَوْمٍ قَالَ بَلْ لَبِثْتَ مِئَةَ عَامٍ فَانْظُرْ إِلَى طَعَامِكَ وَشَرَابِكَ لَمْ يَتَسَنَّهْ وَانْظُرْ إِلَى حِمَارِكَ وَلِنَجْعَلَكَ آيَةً لِلنَّاسِ وَانْظُرْ إِلَى الْعِظَامِ كَيْفَ نُنْشِزُهَا ثُمَّ نَكْسُوهَا لَحْمًا فَلَمَّا تَبَيَّنَ لَهُ قَالَ أَعْلَمُ أَنَّ اللهَ عَلَى كُلِّ شَيْءٍ قَدِيرٌ﴾. البقرة، **٢٥٩**. يخبر النصّ في آية واحدة عن قصّة =

النبيّ ومُعاصريه في القرآن بهذا القصص؟ فإضافة ما قُصّ عن النبيّ إلى ما قُصّ عليه، يزيد موضوعًا جديدًا على مواضيع القصص الآنفة، وهذا جدير بالتوقّف عنده،[٦٧] لأنّ مفهوم القَصَص القرآنيّ ينصرف عامّة إلى ما ورد في القرآن من أحوال مجتمعات ما قبل عصر النصّ وأنبيائه، وهو ما يُقصي عنه قصّة النبيّ. لكنْ إذا تناولنا مصطلح «القصّ/السرد» بمعناه الأشمل ليندرج ضمنه أيّ حكاية أو وصف لأحداث حقيقيّة أو خياليّة، ربّما نستطيع أن نصنّف هذه المقاطع قصصًا، فهي تقدّم عناصر قصصيّة أوّليّة واضحة، إذ توصّف حوادث وأشخاصًا وأماكن وأزمنة، ويمكن أنّ يستوعبها بالتالي إطارُ «القصّة» كمفهوم عريض؛ ومثلها أجزاء أخرى من القرآن، فكثيرة هي المقاطع القصيرة أو الآيات المنفردة التي تقدّم ما يمكن أن نسمّيه مسوّدة قصّة، أو قماشة قصصيّة غير محبوكة تمامًا، فيها عناصر قصصيّة أوّليّة: شخصيّات ومكان وزمان وأحداث، وإن كانت تفتقر إلى التفاصيل الناظمة لهذه العناصر، المتوفّرة في قصص أخرى.[٦٨] ولأنّ هذه المقاطع تدور حول النبيّ محمّد ورسالته إلى قومه، فهي تنسجم بموضوعها مع صنف قصص الأنبياء والرسل،[٦٩] تلك القصص المتكاملة المتعارَف

= غريبة امتدّت مائة عام، لكنّه مثلًا لا يُعيّن مكانها ولا يُسمّي الرجل المعنيّ بها بل يكتفي بالإشارة إليه بلفظ «الذي» أوّل الآية.

٦٧ نصر حامد أبو زيد، **مفهوم النص**، ٢٦٧. وتأتي إشارة أبو زيد إلى هذه الإضافة في معرض تناوله إدراج الغزاليّ أحوال النبيّ وأحوال أهل مكّة في القَصص القرآنيّ في مصنَّفه **جواهر القرآن**، ولعلّه، بحسب أبو زيد، «كان ينظر في هذا التصنيف إلى ما يؤدّيه قُصّاص عصره من قصص وما يحكونه من روايات كانت السيرة النبويّة دون شكّ جزءًا أصيلًا فيها». أنظر المرجع نفسه والصفحة نفسها، وراجع تصنيف الغزاليّ في أبو حامد الغزاليّ (ت. ١١١١/٥٠٥)، «في أحوال السالكين والناكبين»، في **جواهر القرآن**، تحقيق محمّد القبّاني (بيروت: دار إحياء العلوم، ١٩٨٥)، ٣١.

٦٨ لمدخل إلى جانب من خصائص القصّ في القرآن أنظر أيضًا:
Mustansir Mir, "Some Aspects of Narration in the Qur'an," in *Sacred Tropes: Tanakh, New Tesament, and Qur'an as Literature and Culture*, ed. Roberta Sterman Sabbath (Leiden: Brill, 2009), 93–106.

٦٩ في الفرق بين النبيّ والرسول تأويلات، منها ما يُنسَب إلى بعض من اشتهر بالتفسير من الصحابة والتابعين، فعن مجاهد (ت. ١٠٠/٧١٨–٧٢٢/١٠٤) في قوله: ﴿وَكَانَ رَسُولًا نَبِيًّا﴾. قال: النبيّ هو الذي يُكلَّم ويُنزَّل عليه ولا يُرسَل، والرسول هو الذي يُرسَل. أنظر مجاهد بن جبر، **تفسير مجاهد**، تحقيق عبد الرحمن الطاهر بن محمّد السورتي (بيروت: المنشورات العلميّة، د. ت.)، ١/٣٨٦–٣٨٧. وفي **تنوير المقباس** ﴿وَكَانَ رَسُولًا﴾ مُرسَلًا إلى قومه ﴿نَبِيًّا﴾ يخبر عن الله. أنظر محمّد بن يعقوب الفيروزآباديّ (ت. ١٤١٥/٨١٧)، **تنوير المقباس من تفسير ابن عبّاس** (بيروت: دار الكتب العلميّة، ١٩٩٢)، ٣٢٤. وكذا يرى رشيد رضا إذ يقول إنّ النبيّ هو من أوحى الله إليه وحيًا، فإن أمره بتبليغه كان رسولًا، فكلّ رسول نبيّ، وما كلّ نبيّ رسول. أنظر محمّد رشيد رضا، «النبيّ: معناه لغة =

على إدراجها ضمن نوع القَصَص القرآنيّ[٧٠] والتي تنهض على بعض المزايا الضروريّة في تركيبها، كابتعادها نسبيًّا عن الإجمال المفرط، وتشابهها بالتعابير والصيغ المتكرّرة في أغلبها.[٧١] وتنتظم مادّة القصص الخام التي تشكّل جوهر الأحداث في كلّ قصص الأنبياء والرسل في القرآن في حبكة أو هيكليّة عريضة عامّة. فكلّ قصّة منها تبدأ باتّصال إلهيّ من نوع ما، كالوحي أو الرؤيا وما شابه، بين الله والرسول، وهو اتّصال يختصر قوم الرسول من ثَمّ في فريقين: فريق يصدّق رسالته، وآخر يكذّبها. وبفعل حاكميّة الله المرسِل الذي يمنح لرسوله ومن صدّق برسالته تفوّقًا دائمًا، ينتصر الرسول والمؤمنون معه وينهزم المكذِّبون. ولئن بدا تحديد مسار هذه القصص بهيكليّة مماثلة بدائيًّا أو مبسّطًا جدًّا، فيبدو أنّها فِعلاً تستوعبها كلّها.

= وشرعًا والفرق بين الرسول وغيره»، في **الوحي المحمّديّ**، ٨٤–٨٥، ومثله يلحظ الطباطبائيّ أنّ كلّ رسول نبيّ لا العكس. أنظر بحثه في هذه القضيّة في محمّد حسين الطباطبائيّ، **الميزان في تفسير القرآن** (قم: مؤسّسة النشر الإسلاميّ، د. ت.)، ٢/١٤٤–١٤٧. ويرى روبيرتو توتولّي من جهته أنّ استعمال كلمتَي «رسول» و«نبيّ» إفرادًا وجمعًا في القرآن بشكل متجاور تارة ومنفصل تارة أخرى، وكذلك إطلاق لقب النبيّ والرسول على بعض الشخصيّات بشكل مزدوج، يرى أنّه يُلمح إلى تفرّد كلّ منهما بمعنى خاصّ وإن كان المعنيان متكاملَين بشكل ما. فكلمة الرسول تصحّ على كلّ من بُعِث برسالة، فالرسول هو ممثّل الله في قومه، مع ما يستتبعه ذلك الدور من مسؤوليّة تجاه هؤلاء القوم الذين هو منهم في تبليغ رسالة السماء، على أنّ النبوّة، مرتبطة بمن بُعِثوا وأُوحِي إليهم بكتاب مقدّس. وينطلق توتولّي في رؤيته هذه من استعمال القرآن لهاتين الكلمتين عند الإشارة إلى النبيّ، فالأخير، يقول توتولّي، خوطِب في نصّ القرآن بصفة الرسول في مرحلة الوحي المكّيّة، وبالنبيّ في مرحلة لاحقة، فالكلمتان برأيه تعودان لمرحلتين مختلفتين من الدعوة. محمّد بذلك، يقول توتولّي، هو الرسول الذي حورِب في مكّة، وأصبح نبيًّا يرشد المسلمين على هدي القرآن في المدينة. أنظر:
Roberto Totolli, “Prophets and Messengers According to the Qur’ān,” in *Biblical Prophets in the Qur’ān and Muslim Literature* (Surrey: Curzon, 2002), 71–79.

٧٠ يمكن تصنيف المادّة القصصيّة في القرآن تصنيفًا مبسّطًا وموضوعيًّا – أي حسب موضوعاتها، إلى قصص الأنبياء والرسل، وقصص العقاب، التي تحوي بدورها أجزاءً كبرى من الصنف الأوّل، أي قصص الأنبياء والرسل، والقصص الأخرى، كقصّة أصحاب الكهف مثلاً، فهي غير مرتبطة بنبيّ، ولا تسرد حكاية عذاب أو عقاب. وحول هذه القصّة أنظر دراسة قيّمة لمحمّد أركون في:
Mohammed Arkoun, “Lecture de la sourate 18,” in *Lectures Du Coran* (Paris: Editions G.-P. Maisonneuve et Larouse, 1982), 69–86.

٧١ فمن الصيغ التي تُبدأ بها قصص مماثلة: ﴿لَقَدْ أَرْسَلْنَا نُوحًا إِلَى قَوْمِهِ﴾، الأعراف، **٥٩** وهود، **٢٥** والمؤمنون، **٢٣** والعنكبوت، ١٤؛ و﴿وَلَقَدْ أَرْسَلْنَا مُوسَى بِآيَاتِنَا﴾، هود، **٩٦** وإبراهيم، **٥** وغافر، **٢٣** والزخرف، ٤٧؛ وأيضًا ﴿هَلْ أَتَاكَ حَدِيثُ﴾، طه، **٩** والذاريات، **٢٤** والنازعات، **١٥**؛ وأيضًا ﴿وَاتْلُ عَلَيْهِمْ نَبَأَ﴾، المائدة، **٢٧** ويونس، ٧١ والشعراء، **٦٩**. راجع:
Claude Gilliot, “Narratives,” in *EQ* 3 (2003): 516–28.

على أنّ المقاطع التي تقدّم جوانب من حياة النبيّ تختلف نوعيًّا عن قصص هذا الصنف وعن كلّ القصص الباقية، إذ يفرق الاختلاف في العلاقة الزمنيّة مع القرآن مادّةَ قصّة النبيّ عن مادّة قصص الأنبياء الآخرين الذين انتهت قصّتهم قبل نزول هذا النصّ. لا يُدرج الوحي قصّة النبيّ في سياق الخطاب المباشر لمتلقٍّ يُروى له من خارج زمن القصّة كما هي الحال عندما تُقصّ عليه أخبار الآخرين من الأنبياء وغيرهم، – وفي متن القرآن صيغ صريحة دالّة على هذا الخطاب المباشر المؤطِّر لِما يقصّه الوحي على النبيّ،[٧٢] بل إنّ تعبيره عنها يشير إلى اتّصال تفاعليّ آنيّ بين آياته وبين أشخاص الرسالة المحمّديّة وأحداثها. وهذه المقاطع، وإن تناسبت مع هيكليّة قصص الأنبياء بخطوطها العريضة إذ تسرد عن دعوة النبيّ الموحى إليه وتسجِّل استجابة قومه لها بين مؤمن ومُكذِّب مبينّة مصير الفريقين، فإنّ لها هيئة خاصّة، لأنّها تُفصّل في مواقف محدَّدة على امتداد سنوات الدعوة على مستوى غير ملحوظ في القصص الأخرى، فهي موسومة بحركيّة التفاعل مع نصّ القرآن الذي واكبها وانبثق في ظلّها.[٧٣]

٧٢ ﴿نَحْنُ نَقُصُّ عَلَيْكَ أَحْسَنَ الْقَصَصِ﴾، يوسف، ٣. أنظر أيضًا الكهف، ١٣ والنساء، ١٦٤ والأعراف، ١٠١ وهود، ١٠٠ و١٢٠ وطه، ٩٩ والنحل، ١١٨ وغافر، ٧٨. ولعلّ وقوع لفظ «قَصَص» و«قصّ» في القرآن كان بحدّ ذاته عاملاً مؤثّرًا في تشكّل عبارة «قِصَص الأنبياء» التي عنْوَنت ما يمكن اعتباره صنفًا مستقلاًّ في إطار الكتابة التاريخيّة العربيّة. راجع:
Ján Pauliny, "Some Remarks on the Qiṣaṣ Al-Anbiyā' Works on Arabic Literature," in *The Qur'an: Formative Interpretation*, 317.

٧٣ يترجم هذه المواكبة توجّه الوحي بالخطاب المباشر إلى المؤمنين ليقصّ عليهم عن ماضيهم القريب ﴿يَا أَيُّهَا الَّذِينَ آمَنُوا اذْكُرُوا نِعْمَةَ اللهِ عَلَيْكُمْ إِذْ جَاءَتْكُمْ جُنُودٌ فَأَرْسَلْنَا عَلَيْهِمْ رِيحًا وَجُنُودًا لَمْ تَرَوْهَا وَكَانَ اللهُ بِمَا تَعْمَلُونَ بَصِيرًا﴾، الأحزاب، ٩، أو التوجّه بالأمر إلى النبيّ ﴿قُلْ﴾ ليقول لطائفة من معاصريه يخبر الوحي عنهم ﴿وَإِذْ قَالَتْ طَائِفَةٌ مِنْهُمْ يَا أَهْلَ يَثْرِبَ لَا مُقَامَ لَكُمْ فَارْجِعُوا وَيَسْتَأْذِنُ فَرِيقٌ مِنْهُمُ النَّبِيَّ يَقُولُونَ إِنَّ بُيُوتَنَا عَوْرَةٌ وَمَا هِيَ بِعَوْرَةٍ إِنْ يُرِيدُونَ إِلَّا فِرَارًا [...] قُلْ لَنْ يَنْفَعَكُمُ الْفِرَارُ إِنْ فَرَرْتُمْ مِنَ الْمَوْتِ أَوِ الْقَتْلِ وَإِذًا لَا تُمَتَّعُونَ إِلَّا قَلِيلًا﴾، السورة نفسها، ١٣ و١٦، أو مخاطبة النبيّ والمؤمنين في السياق الإخباريّ نفسه ﴿فَإِذَا جَاءَ الْخَوْفُ رَأَيْتَهُمْ يَنْظُرُونَ إِلَيْكَ تَدُورُ أَعْيُنُهُمْ كَالَّذِي يُغْشَى عَلَيْهِ مِنَ الْمَوْتِ فَإِذَا ذَهَبَ الْخَوْفُ سَلَقُوكُمْ بِأَلْسِنَةٍ حِدَادٍ أَشِحَّةً عَلَى الْخَيْرِ أُولَئِكَ لَمْ يُؤْمِنُوا فَأَحْبَطَ اللهُ أَعْمَالَهُمْ وَكَانَ ذَلِكَ عَلَى اللهِ يَسِيرًا﴾ في السورة نفسها، ١٩. وفي مقاربته لهذه المسألة يشبّه عبد الكريم سروش مجيء النبيّ إلى الساحة الاجتماعيّة بدخول المعلّم أو الأستاذ إلى الصفّ، فهو وإن كان يعلم إجمالاً ما سيقوله للطلّاب، لكنّه لا يعلم ماذا يمكن أن يحدث في الصفّ، وماذا سيطرح عليه الطلّاب من أسئلة، وعليه فعلاقة الأستاذ بالطلّاب ليست علاقة إلقاء من جانب واحد، بل هناك علاقة معاملة وحوار من جهتين دون أن ينسى هذا الأستاذ خطابه الأصليّ لهم. والنبيّ بحسب هذه الرؤية كان له مثل هذا الموقع في أمّته فقد انعكست ردّات فعل المعاصرين له على جوّ الآيات القرآنيّة وكلمات النبيّ، فلو أن النبيّ – بحسب سروش، استمرّ في حياته وكان له من العمر أكثر ممّا كان وواجه من الحوادث والتحدّيات أكثر ممّا وقع، فمن الطبيعيّ أن تزداد ممارساته ومواجهاته للحوادث. وهذا يعني أنّ القرآن كان بإمكانه أن يكون =

ومن هنا ننفذ إلى اللفظ القرآنيّ الوحيد الذي لعلّه يشير إلى خديجة، وهو لفظ «أهلك» في طه، **١٣٢** المكّيّة: ﴿وَأْمُرْ أَهْلَكَ بِالصَّلَاةِ﴾، سواء أُجمِلت بالتعيين مع باقي أفراد عائلة النبيّ إذا كان المقصود باللفظ كلّ العائلة، وهو ما يذهب إليه الخالدي فيترجمه (your family)،[٧٤] أم كانت الإشارة به إليها وحدها كما يرى وات، ففي ترجمته لهذا اللفظ يرجّح الأخير كون الإشارة به هي إلى زوج النبيّ لا إلى عائلته، وخديجة كانت زوجه الوحيدة بمكّة.[٧٥] واللفظ يحتمل هذا المعنى فأَهْل الرجل وأَهلته: زَوْجُه. وأَهَل الرجلُ يَأْهِلُ ويَأْهُل أَهْلاً وأُهُولاً، وتَأَهَّل: تَزَوَّج، وأَهل الرجل: أَخَصُّ الناس به، على ما يورد ابن منظور (ت. ١٣١١/٧١١) في **لسان العرب**.[٧٦] ويأخذ هشام جعيط بهذا المعنى إذ يعدّ ﴿وَأْمُرْ أَهْلَكَ بِالصَّلَاةِ﴾ شاهدًا قرآنيًّا على «كون الرسول متزوّجًا عندما قام بالدعوة أو بعدها».[٧٧] وترجيح كون الإشارة هي إلى زوج النبيّ مثير للاهتمام لأنّه يجعل لخديجة حضورًا مباشرًا في نصّ القرآن، وإن بكلمة واحدة. ولو إنّه ترجيح لم يذكره المفسّرون، فهم عمومًا لم يرَوا احتمال أن يكون المقصود بهذا اللفظ شخصًا واحدًا، بل أهله المناسبين له، أو من يضمّه المسكن، أو أقرباءه، أو قومه، أو جميع من آمن به (لأنّهم يحلّون بالطاعة له محلّ أهله). فلماذا لم تُعيَّن خديجة في كلّ التراث التفسيريّ الشخصَ المقصود بهذه الكلمة وإن على وجه الاحتمال؟

= أكبر في حجمه من هذا القرآن الموجود، ويخلص سروش إلى أنّ هذه الأمور هي من قبيل التحرّشات والمشاكسات التي يقوم بها أحيانًا بعض الطلّاب في الصفّ فيضطرّ الأستاذ حينئذٍ إلى تنبيه أحدهم أو توبيخ آخر، فيأتي هذا التنبيه أو التوبيخ في متن النصّ الدينيّ، وهذا يعني بشريّة الدين وتاريخيّته لا غير، واستجابته المتفاعلة مع حالات واقعيّة للنبيّ ومُعاصريه. راجع عبد الكريم سروش، «بسط التجربة النبويّة»، في **بسط التجربة النبويّة**، ترجمة أحمد القبانجي (بغداد وبيروت: منشورات الجمل، **٢٠٠٩**)، **٢٣–٢٧**. راجع المسألة أيضًا بالإنكليزيّة في:

Abdulkarim Soroush, "The Expansion of Prophetic Experience," in *The Expansion of Prophetic Experience: Essays on Historicity, Contingency and Plurality in Religion*, trans. Nilou Mobasser and ed. Forough Jahanbakhsh (Leiden: Brill, 2009), 14–17.

٧٤ *The Qur'an*, trans. Tarif Khalidi (2008), Ta'Ha': 132, 256.

٧٥ يقول وات:

"The world ahl is often translated family, but **it can also mean wife and should probably be so translated here**, even if it means family the primary reference is to the wife".

أنظر قوله هذا في:

Watt, *Muḥammad's Mecca: History in the Qur'ān* (Edinburgh: Edinburgh University Press, 1988), 50.

٧٦ راجع محمّد بن مكرم ابن منظور، «أهل»، في **لسان العرب** (دار صادر ودار بيروت: **١٩٥٦**)، **٢٩/١١–٣٠**.

٧٧ هشام جعيط، **في السيرة النبويّة ٢**، **١٥٠**.

ولأنّها توفّيت قبل الهجرة، لا تُجمَل خديجة بالتعيين مع باقي نساء النبيّ في أيّ من الآيات التي تتناولهنّ، فوحدها تبتعد عن سياق تلك الآيات، وكلّها مدنيّة[٧٨] يأتي معظمها في سورة الأحزاب في سياق تشريعيّ ينظّم سلوك نساء النبيّ وعلاقة النبيّ والمؤمنين بهنّ. فيها يُخاطَبنَ، ويُخاطَب النبيّ والمؤمنون بشأنهنّ بواسطة النداء وغيره،[٧٩] ويُشار إليهنّ بواسطة كلمة «أزواج» أو «نساء» مُضافة إلى كلمة «النبيّ» أو إلى ضمير يعود إليه،[٨٠] دون أن تُذكَر أيٌّ منهنّ بالاسم أبدًا.[٨١] على أنّه يتسرّع من

---

٧٨ أشهر الاصطلاحات في قِسمة المكّيّ والمدنيّ – يقول السيوطيّ، أنّ المكّيّ ما نزل قبل الهجرة والمدنيّ ما نزل بعدها، سواء نزل بمكّة أم بالمدينة. أنظر تفصيله الوافي لهذه المسألة في السيوطيّ، «في معرفة المكّي والمدنيّ»، في **الإتقان**، ٣١–٤٩. وكمثال على المطالعة المعاصرة لها راجع أبو زيد، «المكّي والمدنيّ»، في **مفهوم النصّ**، ٧٥–٩٥.

٧٩ الأحزاب، ٤، ٦، ٢٨–٣٤، ٣٦–٣٨، ٤٠، ٥٠–٥٥، ٥٩–٦١؛ والنور، ١١–٢٦؛ والتحريم، ١–٥. للوقوف على تفسير مختصر لجلّ هذه الآيات وأسباب نزولها وترتيبه أنظر استعراض ستووَسر والذي استنفدت فيه مصادر تفسير عديدة علاوة على تفسير الطبريّ في:

Barbara Stowasser, “The Mothers of the Believers in the Qur’an,” in *Women in the Qur’an*, 85–103.

ولاستعراض ما ترى فيه جيسينجر تفسيرات «جنوسيّة» ذكوريّة لعدد من هذه الآيات التي تتناولهنّ راجع:

Aisha Geissinger, “Gender, Authority and the Wives of Muḥammad,” in *Gender and Muslim Constructions of Exegetical Authority: A Rereading of the Classical Genre of Qur’an Commentary* (Leiden and Boston: Brill, 2015), 53–65.

٨٠ يمكن فهم تناول القرآن لهنّ ككلّ مجموع لأنّهنّ كُنَّ زوجات عديدات للنبيّ في وقت واحد، وبالتالي فمن الطبيعيّ أن يُشار إليهنّ مجتمعات حين يُخاطَب النبيّ أو المؤمنون بخصوصهنّ أو حين يُنادَيْن، وإلّا تُتناوَل كلّ واحدة منهنّ على حدة، كأن يكون النداء «يا عائشة ويا حفصة ويا زينب...» مثلاً أو الخطاب للنبيّ «قل لعائشة ولحفصة ولزينب...» أو للمؤمنين «ولا أن تنكحوا عائشة وحفصة وزينب...». وإن كان القرآن يستعمل عبارة «بعض أزواجه» حتّى لدى الإشارة إلى زوج واحدة، كما في التحريم، ٣: ﴿وَإِذْ أَسَرَّ النَّبِيُّ إِلَى بَعْضِ أَزْوَاجِهِ﴾ والمقصودة بها حفصة على قول ابن عبّاس وقَتادَة (ت. ١١٨/٧٣٦) وزيد بن أسلم (ت. ١٣٦/٧٥٣) وسواهم. أنظر الطبريّ، **جامع البيان**، ١٠٣/٢٨. وفي الآية الوحيدة التي تشذّ عن هذا التركيب والتي قيل إنّها نزلت في عائشة بنت أبي بكر بمعرض تبرئتها من حديث الإفك المشهور، يلجأ القرآن إلى صيغة الجمع أيضًا: ﴿إِنَّ الَّذِينَ يَرْمُونَ الْمُحْصَنَاتِ الْغَافِلَاتِ الْمُؤْمِنَاتِ﴾، النور، ٢٣ ولم يقل المحصنة مثلاً، فاللغة المستخدَمة وإن كان المقصود منها عائشة وحدها تستتبع تعميمًا جماعيًّا. وعليه يرجّح الطبريّ قول من قال نزلت الآية في شأن عائشة والحُكم بها عام في كلّ من كان بالصفة التي وصفها الله بها فيها، «لأنّ الله عمّ بقوله ﴿إِنَّ الَّذِينَ يَرْمُونَ الْمُحْصَنَاتِ الْغَافِلَاتِ الْمُؤْمِنَاتِ﴾ كلّ محصنة غافلة مؤمنة رماها رامٍ بالفاحشة من غير أن يخصّ بذلك بعضًا دون بعض». راجع المصدر نفسه، ٨٣/١٨.

٨١ يتراجع شخص الرسول في القصّة الدينيّة لصالح دوره الرساليّ، لكنّه لا ينفصل كلّيًّا عن واقعه الإنسانيّ وهو ما يُشير إليه القرآن مخاطبًا النبيّ: ﴿وَلَقَدْ أَرْسَلْنَا رُسُلًا مِنْ قَبْلِكَ وَجَعَلْنَا لَهُمْ أَزْوَاجًا وَذُرِّيَّةً وَمَا =

يركن إلى وفاتها المبكرة كسبب لغيابها مُطلقًا عن الآيات المدنيّة، لأنّ وفاتها ما كانت لتعترض ذكرها فيها على وجه الإخبار عنها مثلاً، عِوَضًا عن غيابها عن مجمل الآيات المكّيّة، المبكرة منها خصوصًا. ففي حين يُشار في سورة المسد مثلاً إلى امرأة أبي لهب عبد العزّى بن عبد المطّلب (ت. ٦٢٤/٢) عمّ النبيّ وعدوّه الشرس في تلك الفترة: ﴿وَامْرَأَتُهُ حَمَّالَةَ الْحَطَبِ﴾،[٨٢] لا نجد في أيّ من قصار السور المكّيّة المبكرة المشابهة أثرًا لخديجة امرأة النبيّ. ونحن لا يسَعُنا أن نبرّر، ولعلّه ليس مطلوبًا أن نبرّر ذلك بحدود معيّنة، لكنّ لنا أن نلاحظ أنّه يسدّ مسدّ هذا الغياب، ولو جزئيًّا، عدد لا بأس به من الروايات الواردة في التفسير، سيّما تلك المتعلّقة بأسباب نزول بعض السور المبكرة. ففي ظلّ احتجاب خديجة شبه التامّ عن نصّ القرآن، تغدو النصوص المفسّرة الملحَقة بهذا النصّ مقصد الباحث لاستبيان أيّ ارتباط ممكن بينها وبين أيّ من آياته. ويبين بالمطالعة فِعلاً أنّ التفسير يربط خديجة بعدد من الآيات بطرائق مختلفة.

الأدب وخديجة: إشارات وشذرات

يفشل كلّ تعريف للأدب في بناء موضوعه والإحاطة بهذا الموضوع بصفة مُقنِعة،[٨٣] إذ «لا موضوع له ينظر في إثبات عوارضه أو نفيها، وإنّما المقصود منه عند أهل اللسان

= كَانَ لِرَسُولٍ أَنْ يَأْتِيَ بِآيَةٍ إِلَّا بِإِذْنِ اللهِ لِكُلِّ أَجَلٍ كِتَابٌ﴾، الرعد، ٣٨. ومثله قوله ﴿وَمَا أَرْسَلْنَا مِنْ قَبْلِكَ مِنْ رَسُولٍ إِلَّا نُوحِي إِلَيْهِ أَنَّهُ لَا إِلَهَ إِلَّا أَنَا فَاعْبُدُونِ﴾، الأنبياء، ٢٥ وقوله ﴿وَلَقَدْ أَرْسَلْنَا رُسُلًا مِنْ قَبْلِكَ مِنْهُمْ مَنْ قَصَصْنَا عَلَيْكَ وَمِنْهُمْ مَنْ لَمْ نَقْصُصْ عَلَيْكَ وَمَا كَانَ لِرَسُولٍ أَنْ يَأْتِيَ بِآيَةٍ إِلَّا بِإِذْنِ اللهِ فَإِذَا جَاءَ أَمْرُ اللهِ قُضِيَ بِالْحَقِّ وَخَسِرَ هُنَالِكَ الْمُبْطِلُونَ﴾، غافر، ٧٨. فإلى جانب عملهم التبليغيّ، ينخرط الرسل بين قومهم في دورة الحياة كباقي الرجال، يعملون ويتزوّجون وينجبون. ونظرًا إلى محوريّة الرسول في القصّة، فإنّ الاتّصال به بعلاقة زواج أو بُنوّة أو أبوّة أو أمومة يضيف إلى هويّة الزوج أو الولد أو الأب أو الأمّ تعريفًا جديدًا يتقدّم على أسمائهم، وهو التعريف الذي يعتمده القرآن غالبًا، إذ يتحدّث مثلاً عن ابنَي آدم وامرأة نوح وامرأة لوط وأمّ موسى دون أن يسمّيهم (أنظر تواليًا المائدة، ٢٧، والتحريم، ١٠، والقصص، ٧). فانطلاقًا من هذا التعريف الخاص الذي يتواتر في القرآن عند الإخبار عن فرد أو أكثر من عائلة هذا النبيّ أو ذاك، وتماشيًا مع اختصار الإشارة إلى هؤلاء بصلة قرابتهم بالنبيّ المعنيّ، ربّما علينا ألّا نستغرب أنّه في كلّ موارد الإشارة إليهنّ، تُعرَّف زوجات النبيّ محمّد في القرآن برابط الزواج به فحسب.

٨٢ المسد، ٤. وهي أمّ جميل أروى بنت حرب بن أميّة بن عبد شمس أخت أبي سفيان صخر بن حرب (ت. ٦٥٢/٣٠).

٨٣ كيليطو، **الأدب والغرابة: دراسات بنيويّة في الأدب العربيّ**، ط. ٣ (الدار البيضاء: دار توبقال للنشر، ٢٠٠٦)، ٢٤. وقد قيل في حدّه إنّه «حفظ أشعار العرب وأخبارها والأخذ من كلّ علم بطرف». ابن خلدون، **مقدّمة**، ١١٣٩/٣. ويجدر بنا التنبّه على الدوام إلى «المدلول القديم للكلمة [كلمة الأدب] والتطوّرات التي مرّ بها». كيليطو، **الأدب والغرابة**، ٢٠، لأنّه يسهل أن تتسلّل تصوّراتنا المفهوميّة عن =

ثمرته وهي الإجادة في فنّي المنظوم والمنثور على أساليب العرب ومناحيهم، فيجمعون [أي المصنّفون/الأدباء] لذلك من كلام العرب ما عساه تحصل به المَلَكة من شعر عالي الطبقة، ومُسجَّع متساوٍ في الإجادة، ومسائل من اللغة والنحو مبثوثة أثناء ذلك مُتفرّقة [في كتبهم] يستقرئ منها الناظر في الغالب معظم قوانين العربيّة، مع ذكر بعضٍ من أيّام العرب يُفهَم به ما يقع في أشعارهم منها وكذلك ذكر المهمّ من الأنساب الشهيرة والأخبار العامّة».[٨٤] وإن نحن نظرنا إلى الأدب من خلال الأديب الساعي خلف الإجادة في منظوم الكلام ومنثوره، يمكن القول إذ ذاك إنّه المنهاج (١) السلوكيّ (٢) والتعليميّ الذي يُسَوّي هذا الأديب.[٨٥] والكتب بالطبع هي مدماك ذلك المنهاج،

= الأدب اليوم إلى ما نقرؤه في الأدب القروسطيّ من تعريفات ونصوص. لاستعراض عام ووافٍ لمحاولات تعريف «الأدب» وترسيم حدوده في عدد من الدراسات المعاصرة أنظر:

Peter Heath, "Al-Jāḥiẓ, *Adab*, and the Art of the Essay," in *Al-Jāḥiẓ: A Muslim Humanist*, 135–48.

ولشيء من التفصيل الدقيق أنظر:

I. M. Lapidus "Knowledge, Virtue, and Action: The Classical Muslim Conception of Adab and the Nature of Religious Fulfillment in Islam," in *Moral Conduct and Authority: The Place of Adab in South Asian Islam*, ed. B. D. Metcalf (Berkeley and Los Angeles: University of California Press, 1984), 30–61; Seeger Bonebakker, "Adab and the concept of belles-lettres," in *The Cambridge History of Arabic Literature: 'Abbāsid Belles-Lettres*, ed. Julia Ashtiany et al. (Cambridge: Cambridge University Press, 1990), 16–30; Grunebaum, *Medieval Islam*, 250–57.

ولمدخل إلى كتب وقضايا أدبيّة محدّدة أنظر:

Philip Kennedy, ed., *On Fiction and Adab in Medieval Arabic literature* (Wiesbaden: Harrassowitz, 2005).

٨٤ ابن خلدون، **مقدّمة**، ٣/١١٣٨–١١٣٩.

٨٥ أنظر هذا التعريف للأدب في سياق ما يبلوره الخالدي في تقديمه لفصله The Teacher of Manners: في "Muhammad in *Adab*"

Khalidi, *Images of Muhammad*, 104–06.

ولعلّ المصطلح المرادف الأنسب للأدب في سياقه الإسلاميّ القروسطيّ – يرى خالدي، هو تعبير (paideia) اليونانيّ الذي يُقصَد به التربية بالمعنى الشامل (comprehensive education)، سواء على المستوى النظريّ أم العمليّ، أي التي تشتمل على التدريب التربويّ والثقافيّ بمعناه الأوسع، والتي تتجاوز التعليم المدرسيّ أو أيّ شكل آخر من التعليم التقليديّ. راجع:

Tarif Khalidi, review of *Night and Horses and The Desert: An Anthology of Classical Arabic Literature*, ed. Robert Irwin. *Times Literary Supplement*, no. 5061 (MARCH 31, 2000); "Education, Greek and Roman," in *The Oxford Companion to Classical Civilization*, 2nd ed. (Oxford: Oxford University Press, 2014), accessed December 19, 2016, http://www.oxfordreference.com.ezproxy.aub.edu.lb/view/10.1093/acref/9780198706779.001.0001/acref-9780198706779-e-697?rskey=i5utBB&result=8 =

منها أربعة دواوين هي أصولُ الأدب وأركانه كما أسلفنا، على رأي ابن خلدون وهي: **أدب الكاتب** لابن قتيبة، وكتاب **الكامل** للمبرّد، وكتاب **البيان والتبيين** للجاحظ، وكتاب **النوادر** لأبي عليّ القالي البغداديّ. وهنا نُسجِّل ملاحظات عامّة تُؤطِّر حضور خديجة الأدبيّ:

١. ما خلا **الكامل** للمبرّد (ت. ٢٨٦/٩٠٠)، تغيب خديجة تمامًا عن أصول الأدب الثلاثة الأخرى التي يُعيِّنها ابن خلدون، وهذه الكتب جميعها وإن كانت لا تُفرِد فصولًا أو أبوابًا بعينها للنساء إلّا أنّها تحفظ كلامًا لهذه المرأة أو تلك، أو شعرًا قالته إحداهنّ، وغير ذلك من آثار لهنّ.[٨٦] وفي موارد ذِكرها الثلاثة في **الكامل** ليست خديجة هي من يتكلّم، ففي المورد الأوّل يُنقل كلام منسوب إلى ورقة عندما «ذُكِر» له إنّ النبيّ يخطب خديجة، وفي الثاني تُنقل خطبة أبي طالب بن عبد المطّلب في محفل تزويجها،[٨٧] وفي الثالث يُشار إليها في نصّ رسالة منسوبة إلى محمّد بن عبد الله بن الحسن (ت. ١٤٥/٧٦٢) بعث بها إلى الخليفة المنصور (ت. ١٥٨/٧٧٥). وتكشف هذه الموارد الثلاثة كيف وجدت أخبار خديجة طريقها إلى الأدب، فالجملة المنسوبة إلى ورقة تُستحضَر في معرض شرح قول للحجّاج (ت. ٩٥/٧١٤)، وشروح استطراديّة مماثلة لا تكاد تُعدّ في أبواب كتب الأدب المختلفة الزاخرة بالكلام المأثور والأمثال والنوادر وسوى ذلك ممّا يُحتاج معه إلى تفسير؛ فيما تقع خطبة أبي طالب في أوّل باب عنوانه «في اختصار الخطب والتحميد والمواعظ»،

= «[ف]الأدب أدبان: أدب خُلُق وأدب رواية، ولا تكمل أمور صاحب الأدب إلّا بهما ولا يجتمع له أسباب التمام إلّا من أجلهما». الجاحظ، «من رسالته في المودّة والخلطة إلى أبي الفرج»، في **رسائل الجاحظ**، ١٩٠/٤–١٩٦.

[٨٦] أنظر مثلًا أبو عليّ القالي، «أخبار عروة بن حزام مع ابنة عمّه عفراء وقصيدته النونيّة»، و«حديث الشجاء الخارجيّة مع زياد بن أبيه»، و«خبر الخليل بن أحمد وصديقه مع امرأة من فصحاء العرب وبناتها»، و«خبر غسان بن جهضم مع ابنة عمّه أم عقبة وما وقع لها بعد وفاته عنها»، في **كتاب ذيل الأمالي والنوادر** (القاهرة: الهيئة المصريّة العامّة للكتاب، ١٩٧٦)، ١٧٥–١٨١؛ و١٩٤–١٩٥؛ و٢٢٠–٢٢٢؛ و٢٢٣–٢٢٦.

[٨٧] أنظرها تواليًا في محمّد بن يزيد المبرّد، **الكامل**، عن طبعة بروكهاوس بتحقيق رايت، ١٨٧٤ (بيروت: دار صادر، د. ت.)، ٩٢/١؛ ٧٠٤؛ ٧٨٦. وقد نقل المبرّد خطبة أبي طالب أيضًا في كتابه **الفاضل**. أنظرها في المبرّد، **الفاضل**، تحقيق عبد العزيز الميمني (القاهرة: مطبعة دار الكتب المصريّة، ١٩٩٥)، ١٨؛ وفي منصور بن الحسين الآبي (ت. ٤٢١/١٠٣٠)، «الباب الخامس: فيه كلام جماعة من بني هاشم المتقدّمين منهم والمتأخّرين»، في **نثر الدرّ**، تحقيق محمّد عليّ قرنة ومراجعة حسين نصّار (القاهرة: الهيئة المصريّة العامّة للكتاب، ١٩٨٥)، ٣٩٦/١.

وكتب الأدب هي الجامعة للخطب والمواعظ بامتياز؛ أمّا في رسالة ابن الحسن العلويّ فينتسب إليها الأخير بفخر، وهو أمر ينسحب على غيرها من الرسائل والآثار المنقولة عن غير شخص نصادفها غالبًا في كتب الأدب سواء في أبواب مجموع تحتها نوع محدّد من النصوص كالرسائل مثلاً، أو أنواع متنوّعة تحت عنوان موضوعيّ واحد هو «المفاخرات».

٢. في الكتب والأبواب والفصول المخصّصة لـ«أدب النساء» يجبهنا غياب شبه تام لخديجة، فلا نكاد نجد لها مكانًا في سطورها المزدحمة بأسماء النساء وأخبارهنّ وأشعارهنّ ونوادرهنّ. وإن نحن استجمعنا في أذهاننا ما حُفِظ عن خديجة في الأخبار والأحاديث، فربّما يسهل علينا أن نبرّر غيابها عن الأبواب المخصّصة للنساء، أي وقوع أخبارها خارج مظلّة عنوان «النساء» العريض. فالمسجّل في الأحاديث والأخبار لا يحوي تفاصيل تقترب حقًّا من خديجة «المرأة» من بوابّة خصال جماليّة محدّدة مثلاً، أو علاقتها الحميمة بالنبيّ، اللهمّ سوى نعوت معدودة في نصوص تلك الأخبار والأحاديث، وبالأخصّ تلك المتّصلة بزواجها منه. فخديجة من وراء تلك النعوت، تظلّ متعالية نوعًا ما عن حيويّة التفاصيل الإنسانيّة، النسائيّة منها إن صحّ التعبير، وكأنّ ما نقرؤه عنها يحوم حول امرأة جذّابة جسدًا وروحًا، لكن دون أن يلامسها حقًّا، فالمحفوظ من النصوص لا يدور مباشرة في فلك الميزات المستحسَنة في النساء التي يُروَّج لها عمومًا في كتب الأدب مثلاً، كالحُسن والفصاحة والأدب وظرافة اللسان.[٨٨]

٣. تتفرّق موارد ذِكر خديجة في أبواب متباعدة في غير الأبواب التي تتناول النساء مباشرة، وليس لنا أن نستغرب كون هذه الموارد منثورة تحت عناوين مختلفة إذا

[٨٨] يكشف تصفّح سريع لـ«كتاب النساء» الذي يختم به ابن قتيبة **عيون الأخبار** جانبًا من الموضوعات المطروحة التي تتّصل بالمرأة في كتب الأدب عمومًا، وهي موضوعات ربّما يمكن أن ننعتها بالـ«دنيويّة» الاجتماعيّة، ففي الكتاب أبواب عدّة تتناول مزايا المرأة الجسمانيّة، مثل «باب الحُسن والجمال» وبعده «باب القبح والدمامة»، وأبواب أخرى تعالج معاشرة النساء منها عام، كـ«باب سياسة النساء ومعاشرتهنّ» و«محادثة النساء»، ومنها ما يتّصل بالنكاح كـ«باب المهور»، ومنها ما يتطرّق إلى تفاصيل العلاقة الحميمة بهنّ، مثل «باب النظر»، و«التقبيل»، و«الدخول بالنساء والجماع»، وسوى ذلك. وكأنّ الأبواب بمحملها دليل للقارئ الرجل تعرّفه بخصائص المرأة وبأصول التعامل معها بأدقّ التفاصيل وأكثرها حميميّة. وليس أدلّ على هذا المنحى من الباب الأوّل الذي يُفتتح به الكتاب وعنوانه: «في أخلاقهنّ وخُلقهنّ وما يُختار منهنّ وما يُكرَه». راجعها جميعها في ابن قتيبة، «كتاب النساء»، في **عيون الأخبار**، مصوّر عن طبعة دار الكتب المصريّة، **١٩٢٥** (بيروت: دار الكتاب العربيّ، د. ت.)، ١٠/١–١٤٥.

أخذنا بالاعتبار طبيعة كتب الأدب «التجميعيّة» عمومًا ودافع اقتباس الأخبار والأحاديث فيها خصوصًا،[٨٩] وبعض هذه الكتب غير مُرتَّبَة في فصول معنوَنة بالأصل وتعجّ بالاستطرادات ويُسترسَل فيها بالشروحات على ما جُمّع فيها من ضروب الكلام والأخبار؛[٩٠] ومنها أخبار خديجة التي نلتفتُ في القسم الثاني أدناه إلى تحليل نصوصها الواردة في مصنّفات الأنواع كافّة.

[٨٩] «لا بدّ للكاتب [الأديب] – يقول ابن قتيبة، من دراسة أخبار الناس وتحفّظ عيون الحديث ليدخلها في تضاعيف سطوره مُتمثّلًا إذا كتب ويصل بها كلامه إذا حاور». ابن قتيبة، **أدب الكاتب**، تحقيق عليّ فاعور (الرياض: وزارة الشوؤن الإسلاميّة والأوقاف، د. ت.)، ١٦.

[٩٠] يقول المعافى بن زكريّا (ت. ١٠٠٠/٣٩٠) في خطبة **الجليس الصالح**: «وأودعته [الكتاب] كثيرًا من فنون العلم والآداب على غير حصر بفصول وأبواب وضمّنته كثيرًا من محاسن الكلام وجواهره وملحه ونوادره وذكرتُ فيه أصولًا من العلم أتبعتها شرح ما يتشعّب منها ويتّصل بها بحسب ما يحضر في الحال ممّا يؤمَن معه الملال». أنظر المعافى بن زكريّا الجريريّ، **الجليس الصالح الكافي والأنيس الناصح الشافي**، تحقيق محمّد الخولي وإحسان عبّاس (بيروت: عالم الكتب، **١٩٩٣**)، ١٦٢/١. ونستعير هنا تعبير ابن قتيبة في مقدّمة **عيون الأخبار** يصف به كتابه: «وإنّما مَثَل هذا الكتاب مثل المائدة تختلف فيها مذاقات الطعوم لاختلاف شهوات الآكلين»، وتعريف المبرّد لكتابه **الكامل**: «هذا كتابٌ ألّفناه يجمع ضروبًا من الآداب ما بين كلام منثور وشعر مرصوف ومَثَل سائر وموعظة بالغة واختيار من خطبة شريفة ورسالة بليغة» لنعمّمها على مُجمَل كتب الأدب تمثيلًا على تنوّع مادّة تلك الكتب. أنظر ابن قتيبة، **عيون الأخبار**، ١/ (ل)، والمبرّد، **الكامل**، ٢.

القسم الثاني

لعبة السرد: ماذا تروي أخبار خديجة
وكيـف تُروى؟

الفصل الأوّل

الزواج من النبيّ

لعلّ استحضار تفرقة ماكس فايبر بين الكاريزما الشخصيّة (personal charisma) وكاريزما المنصب (official charisma)[1] يُعيننا هنا على تمثّل تأثير الزواج من النبيّ على شخصيّة خديجة الخارجة علينا في الأخبار. فهذا الرابط العقديّ الإنسانيّ الذي تخبر عنه المصادر بين خديجة ومحمّد قبل نبوّته ليس هو نفسه بعدها. بوّأ البُعد المقدّس الذي أُضيف إلى أحد طرفَيه، نعني محمّدًا بعد بعثته، الطرفَ الآخر، أي خديجة، منزلةً مستجدّة، أو قل «منصبًا»، عندما أصبحت زوج النبيّ. وقد غلبت كاريزما المنصب الجديد بلا شكّ على كاريزما تلك المرأة الشخصيّة، إذ صار يصعب مُذ ذاك فصل حضور خديجة الشخصيّ عن كونها زوج النبيّ، أقلّه على مستوى النصوص التي بين أيدينا. لكنّ خديجة لم تكن زوج النبيّ وحسب، بل كانت باتّفاق المصادر زوجه الأولى والوحيدة طوال فترة زواجهما (حتّى كلمة «الأولى» كأنّها تستحثّنا إلى زمن أوّل ماضٍ). فإن نحن قارنّا خديجة بالنساء اللاتي عشن واقع تعدّد الزوجات في بيت النبيّ بعدها،[2]

---

[1] يشير واتش إلى أنّ فايبر هو من أدخل مصطلح «الكاريزما» إلى لغة علم الاجتماع، ويستعرض مقاربته لذلك المصطلح تحت عنوان فرعيّ قصير، به استضأنا لتلمّس «كاريزما» خديجة. راجعه في: Wach, “Charisma and Leadership,” in *Sociology of Religion*, 337–41.

[2] عن أسماء نسائه وعددهنّ وأنسابهنّ وترتيب زواج النبيّ منهنّ أنظر، أبو عبيدة معمر بن المثنّى (ت. ٨٢٤/٢٠٩)، **تسمية أزواج النبيّ وأولاده**، تحقيق كمال الحوت (بيروت: مؤسسة الكتب الثقافيّة، ١٩٨٥)، ٥٣–٧٦؛ والزبير بن بكّار (ت. ٨٧٠/٢٥٦)، **المنتخب من كتاب أزواج النبيّ**، تحقيق سكينة الشهابي (بيروت: مؤسّسة الرسالة، ١٩٨٣)؛ ومحبّ الدين بن عبد الله الطبريّ (ت. ١٢٩٥/٦٩٤)، **السمط الثمين في مناقب أمّهات المؤمنين** (حلب: المطبعة العلميّة: ١٩٢٨)، ٤–٧؛ ومحمّد بن يوسف الصالحيّ الدمشقيّ (ت. ١٥٣٦/٩٤٢)، **أزواج النبيّ اللاتي دخل بهنّ أو عقد عليهنّ أو خطبهنّ وبعض فضائلهنّ**، تحقيق محمّد لفتيح (دمشق: دار ابن كثير، ١٩٩٢). وللوقوف على عدد من عناوين المخطوطات والمصادر المطبوعة والضائعة والدراسات المعاصرة التي تتناولهنّ راجع صلاح الدين المنجد، «أزواج الرسول أمّهات المؤمنين»، في **معجم ما أُلف عن رسول الله ﷺ** (بيروت: دار الكتاب الجديد، ١٩٨٢)، ٢١٩–٢٢٣.

مع ما ترتّب عليهنّ وما تهيّأ لهنّ إثر زواجهنّ من النبيّ في حياته وبعد وفاته، نجدها أقلّ نسائه خضوعًا لسطوة كاريزما منصب «زوج النبيّ». ليس في القرآن مثلًا أوامر سلوكيّة واضحة توجّه تصرّف المؤمنين مع خديجة، أو أوامر توجّه سلوك خديجة نفسها كونها زوج النبيّ – فكما لكاريزما المنصب سلطة على الآخرين فإنّ لها سلطة على من يتمتّع بها؛ فيما تقابل ذلك توجيهات تشريعيّة دقيقة وملزِمة تحكم تعامل المؤمنين مع نساء النبيّ وأخرى تضبط سلوك نسائه أنفسهنّ يصرّح بها القرآن في آيات مدنيّة عديدة، كقوله مخاطبًا المؤمنين: ﴿وَإِذَا سَأَلْتُمُوهُنَّ مَتَاعًا فَاسْأَلُوهُنَّ مِنْ وَرَاءِ حِجَابٍ﴾،[٣] وقوله لهنّ ﴿وَقَرْنَ فِي بُيُوتِكُنَّ وَلَا تَبَرَّجْنَ تَبَرُّجَ الْجَاهِلِيَّةِ الْأُولَى﴾.[٤] لا تحكي المصادر عن آثار عمليّة واضحة فاعِلة في حياة خديجة استوجبتها كاريزما زواجها من النبيّ، كتلك التي كانت لزيجاته من باقي نسائه، فهي عطفًا على الآيتَين أعلاه لم تُخاطب بالإملاءات الصريحة والمنظّمة التي «قونَنَت» سلوك نساء النبيّ. فإذا كانت الكاريزما هي تلك القوّة التي تستحضر سلطانًا ما وتفرض هيبة من نوع خاص على الآخرين، تبدو كاريزما منصب زوج النبيّ التي اكتسبتها خديجة مختلفة بلا شكّ عن الكاريزما التي مهدّها ذلك المنصب لنسائه الأخريات، وكأنّها تقترب من نوع الكاريزما الشخصيّة لأنّها غامضة بشكل ما، ومفتوحة، وتستعصي على الوصف، وتدغدغ المشاعر. فنحن يعسر علينا القبض على كُنه الهيبة التي كانت لزوج النبيّ الوحيدة في نفوس المسلمين الأوائل، لأنّها لا تترجمها سلوكيّات معيّنة معروفة لدينا تُخبر عنها نصوص. فلكأنّ الكاريزما النوعيّة التي ساقها إليها دورها الاستثنائيّ الذي يُسنَد إليها في المصادر، دور الزواج من النبيّ، تتمتّع بها وحدها حصرًا، وهي كاريزما لربّما يزيدها إبهامها جاذبيّة وسحرًا.

---

٣ الأحزاب، **٥٣**. «يقول: وإذا سألتم أزواج رسول الله ونساء المؤمنين اللواتي لسن لكم بأزواج متاعًا فاسألوهنّ من وراء حجاب يقول: من وراء ستر بينكم وبينهن، ولا تدخلوا عليهنّ بيوتهنّ ذلكم أطهر لقلوبكم وقلوبهنّ. يقول تعالى ذكره: سؤالكم إيّاهنّ المتاع إذا سألتموهنّ ذلك من وراء حجاب أطهر لقلوبكم وقلوبهنّ من عوارض العين فيها التي تعرض في صدور الرجال من أمر النساء، وفي صدور النساء من أمر الرجال، وأحرى من أن لا يكون للشيطان عليكم وعليهنّ سبيل». أنظر الطبريّ، **جامع البيان**، **٢٨/٢٢**. حول استعمال كلمة «الحجاب» في القرآن وتطوّر معانيها في اتّجاهات مختلفة انطلاقًا من استعمالها القرآنيّ راجع:
J. Chelhod, "Ḥidjāb," in *EI*² 3 (1979): 359–61.

٤ السورة نفسها، **٣٣**. لإضاءة موسّعة على هذه الآية أنظر «بين الجاهليّة والإسلام» في مفتتح فصل المبعث أدناه.

لحظة في عمر النبيّ تختصر كلّ شيء

يوحي العنوان الفرعيّ «حديث خديجة ابنة خويلد»[٥] الذي تُذكَر خديجة تحته للمرّة الأولى في **سيرة ابن إسحاق** بالشموليّة وبالحصر، وكأنّ للقارئ أن يتوّقع اشتماله على «كلّ» ما يمكن أن يُقال عن خديجة، عن خديجة على وجه التعيين، لكنّه في الحقيقة يشتمل على خبرَين حول زواجها من النبيّ، الأوّل تفصيليّ عن ملابسات عرضها التجارة ثمّ الزواج على النبيّ، والثاني قصير فيه أنّ النبيّ ذكر عرض الزواج لأعمامه «فخطبها إليه حمزة بن عبد المطّلب»، مع تعداد للأبناء الذين كانوا نِتاج ذلك الزواج. وفي الكتاب عنوان فرعيّ آخر متأخِّر مجموعة تحته أخبار عدّة تتناولها. ويمكن القول إنّ الخبر الأوّل في «حديث خديجة» يختصرها في العرضين اللذين قدّمتهما للنبيّ، فهي التي كانت «امرأة تاجرة ذات شرف ومال»[٦] **(١)** «عرضت عليه أن يخرج في مالها تاجرًا إلى الشام»[٧] لِما «بلغها من صدق حديثه وعظم أمانته وكرم أخلاقه»؛[٨] وهي التي كانت «امرأة حازمة شريفة لبيبة مع ما أراد الله عزّ وجلّ بها من كرامته»[٩] **(٢)** فـ«عرضت عليه نفسها»[١٠] «لمّا أخبرها خادمها ميسرة عمّا أخبرها به»[١١] ممّا سمعه وشاهده عنه في رحلة الشام مخاطبةً إيّاه: «يا بن عمّ، إنّي قد رغبت فيكَ لقرابتك منّي وشرفك في قومك وسِطَتك [أي شرفك. يُقال فلان من سِطَة قومه أي من أشرافهم][١٢] فيهم وأمانتك عندهم وحسن خلقك وصدق حديثك».[١٣] فكانت حصيلة قبول النبيّ العرض الأوّل أنّه لمّا قدِم مكّة عليها بمالها «باعت ما جاء به فأضعف أو قريبًا»،[١٤] وكانت ثمرة قبوله العرض الثاني أنّها «ولدت له قبل أن ينزل عليه الوحي وُلده

---

٥ ابن إسحاق، **سيرة ابن إسحاق** المسمّاة **بكتاب المبتدأ والمبعث والمغازي**، تحقيق محمّد حميد الله (الرباط: معهد الدراسات للأبحاث والتعريب، ١٩٧٦)، ٥٩/٢.

٦ المصدر نفسه والصفحة نفسها.

٧ المصدر نفسه والصفحة نفسها.

٨ المصدر نفسه والصفحة نفسها.

٩ المصدر نفسه، ٦٠/٢.

١٠ المصدر نفسه والصفحة نفسها.

١١ المصدر نفسه والصفحة نفسها.

١٢ أبو ذرّ مصعب بن أبي بكر الخشنيّ (ت. ١٢٠٨/٦٠٤)، **كتاب الإملاء المختصر في شرح غريب السيَر**، تحقيق عبد الكريم خليفة (عمّان: دار البشير، ١٩٩١)، ١٧٩/١.

١٣ ابن إسحاق، **سيرة**، ٦٠/٢.

١٤ المصدر نفسه والصفحة نفسها.

كلّهم»،[١٥] المعدّدين في الخبر الثاني، ومنهم الولد الذي به كان يُكنّى [وإن كان عدد من الباحثين مُخالفًا في تاريخ ولادات أبنائه، فاطمة خاصّة، التي تُجعَل في السنة الخامسة بعد البعثة لا قبلها].[١٦]

يشدّ عرض التجارة خديجة إلى صورة امرأة متماشية مع واقعها، فهي «تاجرة ذات شرف» في قريش الذين كانوا يمتهنون التجارة، ولو أنّ «التجّار في غالب أحوالهم – يقول ابن خلدون، إنّما يعانون البيع والشراء، ولا بدّ فيه من المكايسة ضرورة [...] وهي بعيدة عن المروءة التي تتخلّق بها الملوك والأشراف [...] وقد يوجد منهم من يسلم من هذا الخلق ويتحاماه لشرف نفسه وكرم خلاله، إلّا أنّه في النادر بين الوجود».[١٧] حتّى إنّه يمكن أن نستقرئ في بعض إشارات المصادر ترفيعًا لقريش كلّها عن بعض أخلاق التجّار المعروفة كالبخل مثلًا، ومن ذلك قول الجاحظ: «ومن العجب أنّ كسبهم لمّا قلّ من قِبَل تركهم الغزو ومالوا إلى الإيلاف والجهاد، لم يعترِهِم من بُخل التجّار قليل ولا كثير، والبخل خلقة في الطباع، فأعطوا الشعراء كما يعطى الملوك وقروا الأضياف ووصلوا الأرحام وقاموا بنوائب زوّار البيت [...]»،[١٨] كما ترد أسماء عدد من نسائهم اللاتي كُنّ يتعاطينها على ما يبدو، وإن لم يكنّ بالغالب من صاحبات الأموال، منهنّ مثلًا قيلة أمّ بني أنمار التي يُنقل عنها: «جلستُ إليه فقلتُ: يا رسول الله إنّي امرأة أبيع وأشتري فربّما أردتُ أن أشتري السلعة فأعطي بها أقلّ ممّا أريد أن آخذها به [...]»،[١٩] وأسماء بنت مخرّبة (أو مخرمة، فقد وقعنا على اسمها بألفاظ مختلفة في مصادر متعدّدة) «وكان ابنها عبد الله بن أبي ربيعة (ت. ٦٨٤/٦٤) يبعث إليها بعطر من اليمن وكانت تبيعه [...]».[٢٠] ومن جهة أخرى، يذبذب العرض الثاني، عرض الزواج، خديجة بين كونها امرأة ذكيّة وبين خضوعها لإرادة غيبيّة، فهي الحازمة اللبيبة التي أقدمت على هذا العرض، لكن «مع ما أراد الله بها من كرامته».[٢١] ويقدّمها التوصيف إنّها كانت

---

١٥ المصدر نفسه، ٦١/٢.

١٦ أنظر مثلًا جعفر مرتضى، **الصحيح من سيرة النبيّ الأعظم**، ط. ٢ (بيروت: دار الحديث للطباعة والنشر، ٢٠٠٧)، ٢٧٦/٢–٢٨٢.

١٧ ابن خلدون، «فصل في أنّ خلق التجّار نازلة عن خلق الأشراف والملوك»، في **مقدّمة**، ٨٥١/٢.

١٨ الجاحظ، «من كتابه في الأوطان والبلدان»، في **رسائل الجاحظ**، تحقيق عبد السلام هارون (بيروت: دار الجيل، ١٩٩١)، ١١٦/٤.

١٩ ابن سعد، **الطبقات**، ٣١١/٨، وفي **الاستيعاب** نقرأ في ترجمتها: «حديثها في البيوع». أنظر، ابن عبد البرّ، **الاستيعاب**، ١٩٠٦.

٢٠ ابن سعد، **الطبقات**، ٣٠٠/٨.

٢١ ابن إسحاق، **سيرة**، ٦٠/٢.

«يومئذ أوسط نساء قريش نسبًا وأعظمهنّ شرفًا وأكثرهنّ مالًا»[٢٢] على سائر نساء محيطها، ممهّدًا لصورة مثاليّة لها نستطيع أن نستقرئها في توصيف مشابه لأمّ النبيّ متقدّم في نصّ السيرة، فقد تزوّجها أبوه «وهي يومئذ أفضل امرأة في قريش نسبًا وموضعًا»،[٢٣] وهذه الصورة المثاليّة التي يعكسها التوصيفان لكِلتا المرأتين لا يمكن فصلها عن كون الأولى ستصبح أمّ النبيّ والثانية ستصير زوجه.

ويستدرجنا خبر تزويج عبد الله بن عبد المطّلب والد النبيّ إلى مقارنة خديجة بامرأة أخرى أيضًا مُسمّاة في إحدى تنويعاته هي أمّ قبال ابنة نوفل بن أسد «وكانت فيما ذكروا تسمع من أخيها ورقة بن نوفل يقول: إنّه لكائن في هذه الأمّة نبيّ»،[٢٤] وهي التي حين نظرت إلى وجه عبد الله عرضت عليه نفسها، لكنّه لم يلبّها ورافق أباه حتّى أتيا وهب بن عبد مناف فزوّجه ابنته آمنة قبل أن يعود ويأتي أمّ قبال لاحقًا ويسألها: «ما لكِ لا تعرضين عليّ اليوم مثل الذي عرضتِ عليّ أمس؟»،[٢٥] فتقول: «فارقك النور الذي كان فيك فليس لي بك اليوم حاجة».[٢٦] وكأنّ لعرض خديجة سابقة في عرض بنت عمّها الزواج على عبد الله حين نظرت في وجهه. وإذا قرنّا ما في الخبر عن أنّ أمّ قبال كانت تسمع من ورقة عن نبيّ قادم مع ما يورده ابن إسحاق في موضع آخر أنّ خديجة كانت ذكرت لورقة ما ذكر لها غلامها ميسرة عن النبيّ فاستبشر ورقة بكون محمّد هو النبيّ المنتظر،[٢٧] فإنّ ذلك يجعل عرض خديجة الزواج على النبيّ مدفوعًا ولو بجزء منه، مثل عرض بنت عمّها، بكلام ورقة، كما لو أنّها لم تُقدِم عليه من تلقاء نفسها بعد أن توسّمت فيه خيرًا. وهذا ربّما بديهي ونحن نقرأ في جزء السيرة السابق للمبعث المطعَّمة أخبار كثيرة فيه بفكرة «البشارة» بالنبوّة القادمة، والمبشِّر هنا هو ورقة.

---

[٢٢] المصدر نفسه والصفحة نفسها.

[٢٣] المصدر نفسه، ١/١٩.

[٢٤] المصدر نفسه، ١/٢٠.

[٢٥] المصدر نفسه والصفحة نفسها.

[٢٦] المصدر نفسه والصفحة نفسها. أنظر الخبر أيضًا في ابن هشام، «ذكر المرأة المتعرّضة لنكاح عبد الله بن عبد المطّلب»، في **السيرة**، ١/١٦٤–١٦٦، وفي الطبريّ، «ذكر نسب رسول الله ﷺ وذكر بعض أخبار آبائه وأجداده»، في **تاريخ**، ٢/٢٤٣–٢٤٤. راجع أيضًا ابن سعد، «ذكر المرأة التي عرضت نفسها على عبد الله بن عبد المطّلب»، في **الطبقات**، ١/٩٥–٩٦ وفيه تُسمّى قُتيلة بنت نوفل بن أسد بن عبد العزّى بن قصيّ.

[٢٧] انظره في ابن إسحاق، **سيرة**، ٢/٩٤.

وإذا كان عنوان «حديث خديجة ابنة خويلد» في **سيرة ابن إسحاق** يوجّه انتباه القارئ صوبها، وإن بظاهر لفظ العنوان فقط، فإنّ عنوان «حديث تزويج رسول الله ﷺ خديجة رضي الله عنها» في **السيرة النبويّة** لابن هشام يوجّه أكثر صوب حياة النبيّ، حيث يندرج عن خديجة الخبر نفسه منقولاً عن ابن إسحاق. ويعزّز ابن هشام ذلك بجُمَله التي بها يقدّم الخبر ويستقطعه. فهو يوطّئه بقوله: «فلمّا بلغ رسول الله ﷺ خمسًا وعشرين سنة تزوّج خديجة بنت خويلد»،[٢٨] ويستقطعه بقوله: «وأصدقها رسول الله ﷺ عشرين بَكْرة [أي عشرين من الإبل، والبَكر بالفتح الفتيّ من الإبل بمنزلة الغلام من الناس، والأنثى بَكْرة][٢٩] وكانت أوّل امرأة تزوّجها رسول الله ﷺ ولم يتزوّج عليها غيرها حتّى ماتت رضي الله عنها»،[٣٠] وبقوله: «أكبر بنيه القاسم ثمّ الطيّب ثمّ الطاهر وأكبر بناته رقيّة ثمّ زينب ثمّ أم كلثوم ثمّ فاطمة»،[٣١] كما ويذكر بعدُ مباشرة إبراهيم ابن النبيّ من ماريّة القبطيّة، ليعود ويُتبع ذلك بخبر ذكر خديجة لورقة كلام ميسرة الذي أشرنا إليه أعلاه، وإن كان الشعر المنسوب إلى ورقة في المقطوعة التي يُختَم بها الخبر عند ابن هشام هو غير الشعر المنسوب إليه عند ابن إسحاق. لكنّه وإن اختلفت ألفاظ المقطوعتين، فإنّهما تقدّمان ما يشبه المناجاة الشخصيّة التي يتوجّه بها ورقة المنتظِر إلى خديجة المخبِرة.[٣٢] ويمكن أن نرى في نداء «يا خير حُرَّةٍ» المعنيّة به خديجة في أحد الأبيات تأثيرَ الأسلوب الملحميّ الذي تتطبّع به مقطوعات الشعر في **السيرة** عمومًا، فإطلاق الخيريّة الذي يفيده والذي يجعلها خير الحرائر يوافق هذا النفَس الملحميّ، كما لو أنّ المبالغة التي يحملها هذا النداء ضروريّة ومطلوبة في هذا السياق.[٣٣]

وبالعودة إلى الأخبار المنثورة، تضع زيادات ابن هشام خديجة في لحظة معيّنة من عمر النبيّ، وتطلّ بالقارئ على حياته بعدها، فالقول إنّه «لم يتزوّج عليها غيرها حتّى

---

٢٨ ابن هشام، **السيرة**، ١٩٨/١.

٢٩ ابن منظور، «بكر»، في **لسان**، ٧٩/٤.

٣٠ المصدر نفسه، ٢٠١/١.

٣١ المصدر نفسه، ٢٠٢/١.

٣٢ قارن المقطوعتين في ابن إسحاق، **سيرة**، ٩٤/٢–٩٥ وابن هشام، **السيرة**، ٢٠٣/١–٢٠٤.

٣٣ لملاحظات مفيدة حول الشعر في **السيرة**، مضمونًا وأسلوبًا ووظيفة، سيّما منه شعر حسّان بن ثابت أنظر:
James T. Monroe, "The Poetry of the Sīrah Literature," in *Arabic Literature to the End of the Umayyad Period*, 368–73.
وحول الأقوال التي تشكّك بأصالة الشعر الوارد في **السيرة** وموثوقيّته منذ أيّام ابن إسحاق نفسه أنظر:
W. ʿArafat, "Early Critics of the Authenticity of the Poetry of the "Sīra," *Bulletin of the School of Oriental and African Studies* 21, no. 1/3 (1958): 453–63.

ماتت» يعني أنّه تزوّج غيرها بعدها، وتسمية إبراهيم ابنه من ماريّة تتمّم إحصاء كلّ أبنائه. حتّى تعداد أبنائه من خديجة بترتيب الأكبر فالأصغر يشتّت التركيز عنها، ويُبقي القارئ على الدوام مشدودًا إلى شخص النبيّ، فكلّ تفصيل يُقال يعني النبيّ بالدرجة الأولى، بما في ذلك ترتيب أبنائه، وكذا إثبات صداقها والعبارة: «وأصدقها رسول الله ﷺ عشرين بَكرة».[٣٤] ويعزّز ذلك أيضًا إيراد خبر حديثها مع ورقة إيّاه بعده مباشرة. ولئن بدت هذه الملاحظات حول اشتغال ابن هشام بالخبر المذكور توصيفيّة وربّما بديهيّة، لكنّ جهده التجميعيّ يفرق خبر زواج النبيّ بخديجة عن خبر الزواج نفسه كما يرد برواية يونس عن ابن إسحاق، فإذا كان الخبر الأخير يجعلنا نتصوّر خديجة التي تتزوّج النبيّ وتنجب له الأولاد، فإنّ تهذيب ابن هشام له يجعلنا نفكّر بالنبيّ أوّلًا ونستحضر مع خديجة غير زوج ومع أبنائها غير ابن.

أمّا الطبريّ من جهته، فعندما ينقل خبر الزواج عن ابن حُميد عن سلمة عن ابن إسحاق تحت عنوان «ذكر تزويج النبيّ ﷺ خديجة رضي الله عنها» يُسبِقه بخبر قصير عن «هشام بن محمّد: نكح رسول الله ﷺ خديجة وهو ابن خمس وعشرين سنة، وخديجة يومئذ ابنة أربعين سنة»،[٣٥] ويُتبِعه بروايات عديدة حول ملابسات الزواج مُقابِلًا واحدتها بالأخرى.[٣٦] يدفعنا تحديد العمر في هذا الخبر إلى أن نلحظ خديجة في صورة أكثر واقعيّة، خصوصًا إذا قارنّا التعبير فيه إنّها كانت «يومئذ ابنة أربعين سنة» بما يقابله في خبر ابن إسحاق: «وكانت خديجة يومئذ أوسط نساء قريش نسبًا وأعظمهنّ شرفًا وأكثرهنّ مالًا».[٣٧] فتحديد العمر يجذّر علاقتها بالوقت، كأنّه يوثّق الخبر. ويفرض الرقم أربعون على الخيال صورة المرأة المسنّة خصوصًا عند مقارنته بالرقم خمس وعشرين المحدَّد به عمر النبيّ يوم زواجها، والأربعون رقمٌ «سحريّ» ناقش عدد من الباحثين في صحّته و«معقوليّته» وقدّموا الحجج أحيانًا لتدعيم تشكيكهم به، على الرغم من رسوخه في الذاكرة الثقافيّة.[٣٨] وتخدم هذا النفَس التاريخيّ إشارة فريدة إلى منزل خديجة يختم بها الطبريّ هذا العنوان:

[٣٤] ابن هشام، **السيرة**، ٢٠١/١؛ و٢٩٣/٤.

[٣٥] الطبريّ، **تاريخ**، ٢٨٠/٢.

[٣٦] راجعها في المصدر نفسه، ٢٨٠/٢–٢٨٢.

[٣٧] المصدر نفسه، ٢٨١/٢.

[٣٨] راجع على سبيل المثال هشام جعيط، **في السيرة النبويّة ٢**، ١٥٠؛ سلوى العايب، **دثّريني**، ٦٠–٦١؛ طه عبد الباقي سرور، **خديجة زوجة الرسول** (القاهرة: دار الشرق الجديد، ١٩٥٧)، ٣٦–٣٧. أنظر أيضًا: Watt, *Muhammad at Mecca*, 38; Kecia Ali, *The Lives of Muhammad*, 119–20.

قال أبو جعفر: وكان منزل خديجة يومئذ المنزل الذي يُعرَف بها اليوم فيُقال: منزل خديجة، فاشتراه معاوية فيما ذُكِر فجعله مسجدًا يصلّي فيه الناس، وبناه على الذي هو عليه اليوم لم يُغيَّر. وأمّا الحجر الذي على باب البيت عن يسار من يدخل البيت فإنّ رسول الله ﷺ كان يجلس تحته يستتر به من الرمي إذا جاءه من دار أبي لهب ودار عديّ ابن حمراء الثقفيّ خلف دار ابن علقمة [طارق بن علقمة بن عديج بن جذيمة الكنانيّ]، والحجر ذراع وشبر في ذراع[٣٩]

تدلّ نسبة المنزل إلى خديجة في أيّام الطبريّ على اعتراف صريح بملكيّتها، وأنّه لم يكن هناك من حرج في إثبات أنّ النبيّ سكن منزل زوجه، وإن بعد قرون من حدَث السكن، فهو ظلّ معروفًا ببيت خديجة، ولم يُحوَّل إلى بيت النبيّ، أو بيت الوحي مثلاً. وعلى ما يبدو فإنّ هذا المنزل لم يُنسَب إلى النبيّ قطّ، ففي باب «ذكر بيوت رسول الله ﷺ وحُجَر أزواجه» في **الطبقات** مثلاً نجد الأخبار كلّها تتناول حصرًا بيوت أزواج النبيّ بالمدينة.[٤٠] ولافت أيضًا ما يُذكَر عن شراء معاوية للبيت. ويترجم تحويله إلى مسجد تصرّف السلطة بما استملكته، وهو ما يترجمه أيضًا ما يرد في مرويّات ابن سعد في الباب إيّاه أنّ عمر بن عبد العزيز هدم بيوت أزواج النبيّ، وأنّ الوليد بن عبد الملك بعث بكتاب إلى المدينة يأمر بإدخال حجر أزواج النبيّ ﷺ في مسجد رسول الله. على أنّ خديجة تختلف بمنزلها عن باقي أزواجه، لأنّ الظاهر ولعلّه الراجح أنّه كان بمساحته أكبر من حجرهنّ، فمنزلها حُوّل مسجدًا، فيما حُجَر أزواجه ضُمّت إلى مسجده. كما أنّ المذكور من وصف لهذه الحجر يدلّ على تواضع بنائها، وهو ما يصرّح به أيضًا قول على لسان سعيد بن المسيّب (ت. ٧١٣/٩٤): «والله لوددتُ أنّهم تركوها على حالها ينشأ ناشئ من أهل المدينة ويقدم القادم من الأفق فيرى ما اكتفى به رسول الله ﷺ في حياته، فيكون ذلك ممّا يزهّد الناس في التكاثر والتفاخر».[٤١] وهذا ما يُستبعَد أن يكون عليه منزل خديجة التاجرة الغنيّة.[٤٢] ومن المثير للاهتمام أنّه وفي رواية زواج النبيّ من خديجة عن ابن إسحاق في المصادر الثلاثة أعلاه لا تُذكَر زيجات خديجة السابقة، بل يؤخَّر الحديث عنها إلى مواضع لاحقة،[٤٣] ويمكن ردّ ذلك ربّما إلى سياق السيرة العام، فالتركيز يقع فيها أوّلاً على شخص النبيّ ومسار حياته الموازي لمسار الرسالة.

٣٩ الطبريّ، **تاريخ**، ٢٨٢/٢.

٤٠ راجعه في ابن سعد، **الطبقات**، ٤٩٩/١–٥٠١.

٤١ المصدر نفسه، ٤٩٩/١–٥٠٠.

٤٢ أنظر خوضنا في معالجة جانب من الأخبار المفصّلة عن بيت خديجة في فصل لاحق.

٤٣ ابن إسحاق، «وفاة خديجة بنت خويلد رضي الله عنها»، في **سيرة**، ٢٢٩/٥؛ وابن هشام، «ذكر أزواجه ﷺ أمّهات المؤمنين»، في **السيرة**، ٢٩٣/٤؛ والطبريّ، «ذكر الخبر عن أزواج رسول الله ﷺ»، في **تاريخ**، ١٦١/٣.

الزواج العنوان: البخاريّ تحت وطأة السيرة؟

في «باب تزويج النبيّ ﷺ خديجة وفضلها رضي الله تعالى عنها» يُثبِت البخاريّ سبعة أحاديث. يقع هذا الباب في جزء من **الصحيح** يبدو أنّ البخاريّ يواكب فيه المسار العريض للأحداث المتعاقِبة في حياة النبيّ، فهو يرتِّب أبوابه فيه ترتيبًا كأنّه تاريخيّ يوافق تسلسل تلك الأحداث. فباب «تزويج النبيّ خديجة» يأتي مثلًا بعد «باب قصّة زمزم»، ويأتي بعده على التوالي «باب ما لقي النبيّ ﷺ وأصحابه من المشركين بمكّة» و«باب هجرة الحبشة» و«باب حديث الإسراء» و«باب هجرة النبيّ ﷺ وأصحابه إلى المدينة». والجزء الأوّل من عنوان هذا الباب – باب تزويج النبيّ ﷺ خديجة، كأنّه استجابة لمحاولة الترتيب التاريخيّ هذا، فالأحاديث السبعة المدرجَة تحته لا يتطرّق أيٌّ منها لحدَث التزويج.

وعليه، وإن كان تجاور سبعة أحاديث تتناول خديجة في باب واحد يمنحها حضورًا مكثّفًا ومستقلًّا إلى حدٍّ ما، فإنّ عنوانه بجزئه الأوّل والذي يلحق به جزء ثانٍ – «وفضلها رضي الله عنها»، يؤطِّر ذلك الحضور بزواجها من النبيّ، حتّى إنّ التعبير المستعمَل في العنوان هو «تزويج النبيّ خديجة»، فالملاحقَة محطّات حياته/رسالته هو النبيّ، وتزويجه من خديجة إحدى تلك المحطّات؛ وذلك في مقابل عناوين أخرى تقتصر على كلمة مناقب/فضل مُضافة إلى اسم الصحابيّة المخصَّص لها الباب الذي تتصدّره تلك العناوين مثل «باب مناقب فاطمة عليها السلام» و«باب فضل عائشة رضي الله عنها». على أنّا لا يجدر بنا، وهذا مهمّ، أن ننظر إلى خديجة كواحدة من الصحابيّات اللاتي خصّهنّ البخاريّ بباب في كتابه فقط، لأنّ ذلك يتجاوز بطريقة أو بأخرى خطّة الكتاب الأصليّة التي موضَعَ على أساسها البخاريّ كلّ باب من تلك الأبواب في مكان معيّن. فئة النساء الصحابيّات اللاتي خُصّصت لهنّ أبواب في **الجامع الصحيح** هي فئة مُسقَطة على الكتاب من خارجه، وتصنيف أحاديثه تحت فئات مماثلة، وإن كانت فيه محاولة تشريحيّة لنقدها واستخراج المعارف منها، قد يحرف قراءتها إلى ما لا يستهدفه الكتاب بالضرورة. يقع باب «مناقب فاطمة عليها السلام» وباب «فضل عائشة رضي الله عنها في باب فضائل أصحاب النبيّ» حيث يحشد البخاريّ أسماء عدد كبير من الصحابة مُخصّصًا لكلٍّ منهم بابًا أو أكثر. وعلى أهمّيّة تناول أبواب الفضائل ككلّ في كتب الحديث، ومحاولة الوقوف على الدوافع والإرهاصات العقديّة والثقافيّة التي أسهمت في تشكّل هذه الأبواب، فإنّ ذلك يهدّد بتفويت خصوصيّة كلّ باب على حدة، ومن وراء ذلك بالطبع خصوصيّة الشخصيّة المتناوَلة فيه. في هذا الإطار، يذهب سكوت لوكاس مثلًا إلى أنّ واحدًا من

«حلول» قضيّة الخلافات بين الصحابة كان إدراج أبواب الفضائل في كتب الحديث في القرن الثالث الهجريّ، التي أُشيد فيها على الدوام بحسب لوكاس بسبعة عشر صحابيًّا من الرجال وبثلاثة نساء، كان لعدد كبير منهم مواقف متعارضة في هذه الخلافات. ويدعّم لوكاس رأيه بهامش يُحصي فيه أسماء ستّة عشر صحابيًّا وثلاث صحابيّات خُصّصت لهم أبواب في **الصحيحين** وفي **مصنّف ابن أبي شيبة** (ت. ٨٥٠/٢٣٥) وهم إلى خديجة فاطمة بنت رسول الله وعائشة بنت أبي بكر من النساء، ومن الرجال بالترتيب الأبجديّ ابن عبّاس، وابن عمر (ت. ٦٩٣/٧٣)، وابن مسعود (ت. ٦٥٣/٣٢)، وأبو بكر الصدّيق، وأبو عبيدة بن الجرّاح (ت. ٦٤٠/١٨)، وأسامة بن زيد (٦٧٤/٥٤)، وجرير بن عبد الله (ت. ٥١ أو ٦٧١/٥٤ أو ٦٧٤)، وجعفر بن أبي طالب (ت. ٦٢٩/٨)، والحسن بن عليّ، والحسين بن عليّ، والزبير بن العوّام، وسعد بن أبي وقّاص (ت. ٦٧٥/٥٥)، وسعد بن مُعاذ (ت. ٦٢٦/٥)، وطلحة بن عبيد الله، وعثمان بن عفّان، وعمر بن الخطّاب (يبدو أن لوكاس أسقط سهوًا اسم عليّ بن أبي طالب). لكنّ هذا الرأي على أهمّيّته، لا يمكن الاكتفاء به كما بيّنّا أعلاه للكشف عن كلّ أبعاد هذه الأبواب لأنّ ذلك يهدّد بتجاوز ترتيبها في الكتب التي وردت فيها، وخصوصيّة كلّ باب وكلّ شخصيّة كما أسلفنا. فخديجة مثلًا لم تكن جزءًا من الصراعات التي نشبت بين الصحابة – بشكل مباشر على الأقلّ وإن كانت ربّما أُقحمت فيها بطريقة أو بأخرى، وموقع الباب الذي يتناولها في كتاب البخاريّ يظهر أنّ البخاريّ لم يقصد أن يُلحِقها بأبواب فضائل الصحابة الآخرين، وهو ما يسقط في تعميم لوكاس.[٤٤]

إذا لاحظنا مثلًا عناوين الأبواب المحيطة بهذا الباب المنتظمة في ترتيب تاريخيّ على ما يبدو، نجد «باب ذكر هند بنت عتبة بن ربيعة [ت. ٦٣٥/١٤–٦٣٦] رضي الله عنها» بعد باب تزويج النبيّ خديجة وفضلها مباشرة تقريبًا، إذ يفصل بينهما «باب ذكر حذيفة بن اليمان العبسيّ [ت. ٦٥٦/٣٦] رضي الله عنه» وهو باب قصير جدًّا يحوي حديثًا واحدًا فقط.[٤٥] خديجة بهذا المعنى أقرب إلى هند فيه منها إلى فاطمة أو عائشة. فإذا كان هناك من طابع عام يسِم شخصيّة خديجة يمكن تمييزه من خلال موقع باب تزويجها وفضلها في سياق هذا الكتاب، فهو طابع تاريخيّ يقدّم الفترة المكّيّة، لأنّه يضع حدَث تزويجها بجوار أحداث مكّيّة أخرى، كما ويضعها هي بجوار شخصيّات مكّيّة أيضًا «فاعِلة» إذا صحّ التعبير في تلك الفترة من الرسالة.

---

٤٤ أنظر مقاربته في:
Lucas, *Constructive Critics*, 19.

٤٥ راجعه في البخاريّ، **صحيح**، ٢٣٢/٤.

ولدى التدقيق في مضمون هذا الباب يتكشّف لنا أنّ ما يُجليه عن تزويجها وفضلها يُستشفّ عن طريق الاستنتاج من كلام النبيّ بحقّها في ثلاثة أحاديث، ومن تصريحات عائشة التي تتناولها في أربعة أحاديث. وينبّه ابن حجر قُبَيل شرحه لأحاديث هذا الباب على هذه الحقيقة، وهو شرح سنعتمد على أجزاء منه فيما يلي للوقوف على أصداء هذه الأحاديث في تعليقات العلماء وشروحهم عليها على مدى قرون. فبعد أن يُترجم لخديجة في سطور يقول: «ذكر المصنّف [أي البخاريّ] في الباب أحاديث لا تصريح فيها بما في الترجمة [أي في عنوان الباب] إلّا أنّ ذلك يؤخَذ بطريق اللزوم من قول عائشة «ما غرت على امرأة» ومن قوله ﷺ «وكان لي منها ولد» وغير ذلك.»[٤٦] وهذا ربّما عائد إلى طريقة البخاريّ في التصنيف، «فمنهم من قال: كان المصنّف رحمه الله [أي البخاريّ] يكتب التراجم في المسوّدة ثمّ يكتب الأحاديث في كلّ ترجمة بحسب ما تيّسر له».[٤٧] لكن إذا كان البخاريّ لم يتيسّر له من الأحاديث ما يصرّح بما في ترجمة الباب، فلماذا لم يُدرجها تحت عنوان فضل/فضائل خديجة في باب فضائل الصحابة كغيرها؟ أما كان ذلك جنّبه هذا الانفكاك الواضح بين عنوان الباب ومضمونه؟ يتيح لنا «عدم التناسب» هذا بين العنوان والأحاديث أن نقف على الكتاب قيد التصنيف (Bukhārī at work إذا صحّ التعبير)، ففيه «كرّر [البخاريّ] الأحاديث يسوقها في كلّ باب بمعنى ذلك الباب الذي تضمّنه الحديث، فتكرّرت لذلك أحاديثه في الأبواب باختلاف معانيها».[٤٨] ويكشف هذا النسق التبويبيّ عمّا يُراد إبرازه في متون الأحاديث، لأنّ عناوين الأبواب – أو تراجمها، توجّه القارئ إلى «معنى» معيّن في الحديث، فهي بالتالي تضبط قراءته وتقيّدها، لأنّها تقدّم المادّة الحديثيّة في قالب ثابت مؤلَّف من وحدات نصّيّة مُدرَجة تحت عناوين فرعيّة حرّرها البخاريّ. على أنّا وبالمقابل، نلاحظ أنّ بعض العناوين الفرعيّة تُصدّر حديثًا واحدًا، فبقدر ما تحدّد العناوين الأحاديث، فالعناوين تحدّدها الأحاديث أحيانًا، سيّما تلك الأحاديث العصيّة على التصنيف التي كأنّها تجبر المصنّف بشكل ما على عنونتها من وحي متونها بما يبقيها متفرِّدة كلّيًا، إذ يوضع العنوان أحيانًا على قياس حديث واحد فقط. وقد «استصعب الناس شرحه واستغلقوا منحاه من أجل ما يحتاج إليه [من معارف شتّى منها] النظر في تراجمه لبيان المناسبة بين الترجمة والأحاديث التي في ضمنها، فقد وقع له

---

٤٦ ابن حجر، **فتح الباري**، ١٦٧/٧.

٤٧ ابن خلدون، **مقدّمة**، ٩٤٤/٣.

٤٨ المصدر نفسه، ٩٤١/٣.

في كثير من تراجمه خفاء المناسبة التي في ضمنها [أي المناسبة بين الترجمة وبين أحاديث الباب الذي تعنونه]».[٤٩]

وهذا يبرز الهوّة بين الإطار الذي كان البخاريّ يرى خديجة من خلاله، وهو إطار نستنتجه من موقع الباب وعنوانه، وبين ما قدّمته له الأخبار المتوفّرة بين يديه، والتي قصرت فعليًّا عن ملأ فراغ هذا الإطار. وإشكاليّة خفاء المناسبة بين عناوين الأبواب ومضامين الأحاديث المدرَجة تحتها هي عمومًا الإشكاليّة الجوهريّة المطلوب حلّها لاستيفاء فهم كتاب البخاريّ وشرحه، وهو ما قصرت عنه حتّى الآن محاولات الباحثين. يتناول غسّان عبد الجبّار مثلًا طريقة البخاريّ في التأليف مُشيرًا إلى أنّ تكراره للأحاديث و«تشذيبها» في أبواب شتّى لاستخراج معانٍ مختلفة منها كان غير مسبوق في عصره، لكنّ عبد الجبّار لا يتطرّق أبدًا إلى الإشكاليّة إيّاها.[٥٠]

من جانب آخر، ومقارنة بالذي يقدّمه مسلم في عنونته للباب عن خديجة في **صحيحه** نقرأ: «باب فضائل خديجة أمّ المؤمنين رضي الله عنها».[٥١] فاستعمال لقب أمّ المؤمنين في عنوان باب يُفرَد لفضائلها – بصيغة الجمع لا الإفراد كما في عنوان البخاريّ، وإدارج هذا الباب في «كتاب فضائل الصحابة رضي الله عنهم» بمعزل عن أيّ سياق تاريخيّ كالذي يضعها فيه البخاريّ بعنوان الباب وموقعه في كتابه، يجعل القارئ ينظر إليها من زاوية مختلفة تقرّبها أكثر إلى باقي الصحابة، سواء زوجات النبيّ، أمّهات المؤمنين الأخريات، أو باقي الصحابة المذكورين في كتاب الفضائل. ولا يمكن عدّ هذا الاختلاف بين «الإمامَين» أمرًا عابرًا أو ثانويًّا، لأنّ هذا الاختلاف في العنونة لا يترجمه اختلاف في مضمون البابَين، إذ تتقاطع الأحاديث التي أُثبتت في كلٍّ منهما وكأنّنا أمام باب واحد بعنوانَين مختلفين.

زواجها من النبيّ محطّةً في حياتها: هل يُنصف ابن سعد خديجة؟

تحت عنوان «ذكر خديجة بنت خويلد بن أسد بن عبد العزّى بن قصيّ ونسبها وتزوّج رسول الله ﷺ إيّاها وإسلامها» يحشد ابن سعد أخبار خديجة، وهو العنوان الأوّل

---

٤٩ المصدر نفسه، **٩٤٣/٣**. وهو كتاب قال كثيرٌ من العلماء إنّ شرحه «دَيْن على الأمّة، يعنون أنّ أحدًا من علمائها لم يوفِ ما يجب له من الشرح». المصدر نفسه، **٩٤٤/٣**.

٥٠ راجع:
Ghassan Abdul-Jabbar, "Understanding Texts: Chapter Titles in the Sahih," in *Bukhari* (London and New York: I.B. Tauris and Oxford University Press, 2007), 23–55.

٥١ مسلم، **الجامع**، ١٣٢/٧. ويضمّ الباب المذكور أحد عشر حديثًا. أنظرها في المصدر نفسه، ١٣٢/٧–١٣٤.

تحت عنوان أشمل ونصّه «تسمية النساء المسلمات والمهاجرات من قريش والأنصاريّات المبايعات وغرائب نساء العرب وغيرهم» الواقع في أوّل الجزء المخصّص للنساء في كتاب **الطبقات الكبرى** (المجلّد الثامن).[٥٢] ويثبت ابن سعد بنفسه ذلك في مفتتح «ذكر أزواج رسول الله ﷺ» لاحقًا في الجزء نفسه حيث يقول: «خديجة بنت خويلد بن أسد بن عبد العزّى بن قصيّ وهي أوّل امرأة تزوّجها رسول الله ﷺ وقد حكينا أمرها وكتبنا نسلها وخبرها وتزويج رسول الله ﷺ إيّاها قبل النبوّة وإسلامها وولدها ووفاتها في أوّل الكتاب»،[٥٣] كما وتُذكر خديجة في أوّل الجزء المخصّص لطبقات البدريّين من المهاجرين والأنصار (المجلّد الثالث) التي يبدؤه بـ«الطبقة الأولى على السابقة في الإسلام ممن شهد بدرًا»[٥٤] وأوّلهم «محمّد رسول الله ﷺ»، فبعد أن يذكر اسمه ونسبه واسم أمّه ونسبها مختصِرًا، يذكر أسماء أولاده ثمّ يقول: «وأمّهم كلّهم خديجة بنت خويلد بن أسد بن عبد العزّى بن قصيّ وهي أوّل امرأة تزوّجها رسول الله ﷺ، وإبراهيم ابن رسول الله ﷺ وأمّه مارية القبطيّة بعث بها إلى رسول الله ﷺ المقوقس صاحب الإسكندريّة».[٥٥]

بِذكرها أوّلًا تحت هذه العناوين الثلاثة تندفع إلى الواجهة وقائع ثلاث عن خديجة هي (١) أوّليّتها في الإسلام، (٢) وأوّليّتها في تزوّجها النبيّ، (٣) وإنجابها أولاده. وإذا كان إسلامها أوّلًا واقعة تشدّها إلى خانة تقديسيّة تحتلّها وحدها، وهي المُجمَع على أنّها «أوّل أهل القبلة الذي استجاب لرسول الله ﷺ» قبل أن يُختلَف فيمن أسلم بعدها،[٥٦] فإنّ تزوّجها من النبيّ ثمّ إنجابها أولاده يقرّبها من صورة «سيّدة أولى» من لحم ودم، فهي على حدّ قول منقول عن النبيّ «كانت أم العيال وربّة البيت»،[٥٧] وإن كان ذلك لا ينفض عن هاتين الواقعتين غبار التقديس تمامًا.

---

[٥٢] ابن سعد، **الطبقات**، ١٤/٨. حول النساء الصحابيّات في كتب الطبقات في تحليل يستند إلى **طبقات** ابن سعد **وطبقات** خليفة بن خيّاط (ت. ٢٤٠/٨٥٤) **والاستيعاب** لابن عبد البرّ **والإصابة** لابن حجر أنظر: Ruth Roded, "Companions of the Prophets," in *Women in Islamic biographical Collections*, 15–43.

[٥٣] المصدر نفسه، ٥٢/٨.

[٥٤] المصدر نفسه، ٦/٣.

[٥٥] المصدر نفسه، ٧/٣.

[٥٦] «ذكر إسلام عليّ وصلاته»: قال محمّد بن عمر: وأصحابنا مجمعون أنّ أوّل أهل القبلة الذي استجاب لرسول الله ﷺ خديجة بنت خويلد ثمّ اختُلف عندنا في ثلاثة نفر أيّهم أسلم أوّلًا في أبي بكر وعليّ وزيد بن حارثة، في ابن سعد، **الطبقات**، ٢١/٣–٢٢.

[٥٧] المصدر نفسه، ٥٧/٨.

لكنّ الأخبار التي يوردها ابن سعد تحت عنوان «ذكر خديجة»، وهي ستّة عشر خبرًا، يوافق ترتيبها عمومًا وقوع الأحداث في حياة خديجة وإن كانت تلك الأخبار تُغيّب فترات طويلة منها. هنا، وبخلاف **سيرة ابن إسحاق** و**السيرة** لابن هشام و**تاريخ** الطبريّ التي يُساق الحديث فيها عن زوجَين لخديجة قبل النبيّ وأولادها منهما متأخّرًا عن ذكر زواجها من النبيّ، نجد الكلام عن هذين الزوجين مُتقدّمًا على أخبار زواجها منه، فبعد ذِكر نسبها، ينقل ابن سعد مباشرة في الخبر الأوّل: «وكانت خديجة بنت خويلد قبل أن يتزوّجها أحد قد ذُكرت لورقة ابن نوفل بن أسد بن عبد العزّى فلم يُقضَ بينهما نكاح فتزوّجها أبو هالة [...] وكان أبوه[٥٨] ذا شرف في قومه ونزل مكّة وحالف بها بني عبد الدار بن قصيّ، وكانت قريش تزوّج حليفهم [...] ثمّ خلف عليها بعد أبي هالة عتيق بن عابد بن عبد الله بن عمر بن مخزوم [...]»[٥٩] مُعدّدًا فيه تواليًا أولادها منهما. وتحجز إشارة ابن سعد «وكانت قريش تزوّج حليفهم» لزواج خديجة الأوّل المذكور مكانًا في السياق المكّيّ، وكأنّه يتوافق وعادة لقريش آنذاك، وربّما تتضمّن تبريرًا لزواج السيّدة خديجة من أحد أبناء الحلفاء الذي كان «ذا شرف في قومه». وتتبع كنيتها «أمّ هند» المذكورة في الخبر الثاني ترتيب إنجابها أولادها المعدودين في الخبر الأوّل وفيه يرِد أوّلًا أنّها ولدت لأبي هالة «رجلًا يُقال له هند»، والأمّ عادة ما تُكنّى باسم أوّل أبنائها الذكور. وهذا كلّ شيء عن هذين الزوجَين. كلّ المكتوب عنهما اسمان يُنسَب بهما الأوّل إلى تميم حلفاء قريش والثاني إلى مخزوم. وكما يعتمد وجود خديجة النصيّ على أنّها كانت زوج النبيّ، بمعنى أنّ المكتوب عنها ما كان ليُكتَب لولا أنّها كانت ما كانت، فكذا الزوجان المذكوران. هل كُنّا لنسمع/نقرأ عنهما في نصوص التراث لولا أنّهما، كما تُخبر النصوص، كانا زوجَين لخديجة قبل النبيّ؟ في تعداده لبطون تميم وجماهيرها في كتابه **العقد** ينقل ابن عبد ربّه (ت. ٣٢٨/٩٤٠): «كان لتميم ثلاثةُ أولاد: زَيْدُ مَناة وعمرو والحارث بنو تميم. ومن عمرو بن تميم: أُسَيّد بن عمرو بن تَمِيم، ومنهم أكثم بن صَيْفي حَكِيم العَرَب، وأبو هالة زوج خديجة زوج النبيّ ﷺ».[٦٠] فنعت أبي هالة الذي به يُعرَّف أنّه «زوج خديجة زوج النبيّ».

أمّا في الأخبار التي يمكن أن ندرجها تحت عنوان زواجها من النبيّ والتي ألحقها ابن سعد بما نقله عن خديجة وزوجَيها وأبنائها، نستطيع أن نتلمّس محاولة واضحة لتتبع

---

٥٨ في نصّ الكتاب: «أبوها»، وهو خطأ.

٥٩ ابن سعد، **الطبقات**، ١٤/٨–١٥.

٦٠ أنظر أحمد بن محمّد بن عبد ربّه، **العقد الفريد**، تحقيق عبد المجيد الترحيني (بيروت: دار الكتب العلميّة، ١٩٨٣)، ٢٩٨/٣.

ترتيب زمنيّ معيّن، فقبل أن يثبت الخبر التفصيليّ عن هذا الزواج (الخبر الخامس)، ينقل ابن سعد خبرًا من نوع النبوءة يمهّد له وفيه أنّ نساء مكّة احتفلن في عيد كان لهنّ في رجب، فبينا هنّ عكوف عند وثن مثل لهنّ في هيئة رجل من «نادى بأعلى صوته: يا نساء تيماء إنّه سيكون في بلدكنّ نبيّ يقال له أحمد يبعث برسالة الله فأيّما امرأة استطاعت أن تكون له زوجًا فلتفعل فحصبته النساء وقبّحنه وأغلظن له وأغضت خديجة على قوله ولم تعرض له فيما عرض فيه النساء».[٦١] وفي خبر التزويج نفسه عن نفيسة بنت أميّة أخت يعلى بن أُميّة[٦٢] ينقل أنّ خديجة أرسلت إلى النبيّ «تسأله الخروج إلى الشأم [...] ففعل رسول الله [...] فباع سلعته التي أخرج واشترى بها غيرها وقدم بها فربحت ضعف ما كانت تربح فأضعفت لرسول الله [...] فأرسلتني دسيسًا أعرض عليه نكاحها ففعل فأرسلت إلى عمّها عمرو بن أسد بن عبد العزّى بن قصيّ فحضر ودخل رسول الله ﷺ في عمومته فزوّجه أحدهم [...] فتزوّجها رسول الله ﷺ مرجعه من الشأم [...] فولدت القاسم وعبد الله وهو الطاهر والطيّب سُمّي بذلك لأنّه ولد في الإسلام، وزينب ورقيّة وأم كلثوم وفاطمة وكانت سلمى مولاة عقبة تقبلها وكان بين كلّ ولدَين سنة وكانت تسترضع لهم وتعدّ ذلك قبل ولادها».[٦٣] وتتعدّد الروايات التي تتطرّق إلى أبنائها منه، وإن كانت تتّفق أنّ الذكور منهم ماتوا أطفالًا، وأنّ البنات ماتوا قبل النبيّ، وأنّ فاطمة وحدها من عاشت بعده وأعقبت فانحصرت بها ذرّيته.

وكذلك يبدو الحرص على موضعة حدَث الزواج «زمنيًّا» في الأخبار اللاحقة بخبر التزويج التي تحدّد عمر كلٍّ من خديجة والنبيّ حينها (الخبر السابع والثامن والتاسع). وبعد أخبار زواجها، تأتي أخبار إسلامها، حيث خبران عن إسلامها أوّلًا (الخبر العاشر والحادي عشر)،[٦٤] ومن بعدهما خبران عن صلاتها (الثاني عشر والثالث عشر) وهذا يوافق وقوع زواجها من النبيّ قبل النبوّة، قبل أن يختم ابن سعد مقالته

---

٦١ المصدر نفسه، ١٥/٨.

٦٢ أنظر تواليًا أيضًا صيغًا أخرى لخبر خروج النبيّ بتجارة خديجة وزواجه منها عن نفيسة بنت منية في «ذكر خروج رسول الله ﷺ إلى الشأم في المرّة الثانية»، و«ذكر تزويج رسول الله ﷺ خديجة بنت خويلد»، في المصدر نفسه، ١٢٩/١–١٣٣، ولاحقًا في «ذكر علامات النبوّة في رسول الله ﷺ قبل أن يوحى إليه»، في المصدر نفسه أيضًا، ١٥٥/١–١٥٧.

٦٣ ابن سعد، **الطبقات**، ١٦/٨. راجع تعداد أولاد النبيّ وأسماءهم وذكر قابلتهم سلمى في «ذكر أولاد رسول الله ﷺ وتسميتهم»، و«سلمى»، في المصدر نفسه، ١٣٣/١–١٣٤؛ و٢٢٧/٨.

٦٤ حول التعابير المختلفة المستعمَلة عند الحديث عن الأوّليّة (أوّل من آمن/أسلم، من الرجال/من النساء) استنادًا إلى ما جاء في عدد من كتب الطبقات راجع الهامش رقم ١٣٥ في:
Fu’ad Jabali, *The Companions of the Prophet*, 165–66.

عنها بثلاثة أخبار عن وفاتها فيها تحديد زمن الوفاة وعمرها حينها (الخبران الرابع عشر والخامس عشر والسادس عشر)، وتفصيل مقتضب لجنازتها ودفنها (الخبر السادس عشر).

لكن عدا عن محاولة ترتيب الأخبار في تسلسل زمنيّ لا يبدو أنّ ابن سعد قد بذل جهدًا لربط هذه الأخبار بالتعليق والتعقيب، ما خلا قولين ينقلهما عن الواقديّ: «قال محمّد بن عمر: وهذا المُجمَع عليه عند أصحابنا ليس بينهم فيه اختلاف» بذيل الخبر السادس وفيه أنّ عمّها عمرو بن أسد هو من زوّجها، و«قال محمّد بن عمر: ونحن نقول ومن عندنا من أهل العلم إنّ خديجة ولدت قبل الفيل [والعرب كان يؤرّخون بحوادث بارزة تُسمّى بها الأعوام][٦٥] بخمس عشرة سنة وإنّها كانت يوم تزوّجها رسول الله ﷺ بنت أربعين سنة» بعد الخبر الذي ينقله عن غيره أنّها كانت يوم تزوّجها ابنة ثمانٍ وعشرين سنة.

وإذا كانت هذه الأخبار توافق تسلسل وقوعها في حياة خديجة، فإنّ بعض تفصيلاتها تُظهر خديجة موافقة لأهل زمانها. فكما أسلفنا ينقل ابن سعد عن زواجها الأوّل: «وكانت قريش تزوّج حليفهم»، وفي خبر زواجها من النبيّ: «كانت خديجة ذات شرف ومال كثير وتجارة تبعث إلى الشأم فيكون عيرها كعامّة عير قريش»، وفيه أيضًا: «وكانت تسترضع لهم [لأولادها] وتُعدّ ذلك قبل ولادها»، وكذا تفصيل إرسالها إلى عمّها كي يزوّجها النبيّ الذي جاء خاطبًا مع أحد عمومته بعد أن عرضت عليه الزواج أوّلًا، فإنّه يظهّر نوعًا من الحرص على موافقة سنن الزواج السائدة، «وكانوا [في الجاهليّة] يخطبون المرأة إلى أبيها أو أخيها أو عمّها أو بعض بني عمّها»؛[٦٦] علاوة على الخبر-النبوءة الذي تشارك فيه نساء مكّة في احتفال العيد الذي «كان لهنّ»، وحتّى موافِقة لنساء النبيّ، «ومهرها اثنتي عشرة أوقيّة، وكذلك كانت مهور نسائه»،[٦٧] والاثنتي عشرة أوقيّة هي ثمانون وأربع مائة درهم (٤٨٠)، وهذا مخالف لِما ذكره ابن هشام بأنّ صداقها كان عشرين بَكْرَة. فإذا كان المهر أو الصداق عنوانًا لعقد النكاح،

---

٦٥ «تأريخ العرب الذي أرّخت عليه من عام التفرّق، ثمّ أرّخوا من عام الغدر وكان ذلك تاريخ قريش إلى عام الفيل يوم الأحد لثلاث عشرة ليلة بقيت من المحرّم. وأمّا الأعراب فإنّما يؤرّخون بما يكون في السنين من حرب أو عاهة وما أشبه ذلك» في ابن حبيب، «ذكر تاريخ العرب»، في **المحبّر**، ٥–٨.

٦٦ ابن حبيب، «السنن التي كانت الجاهليّة سنّتها فبقّى الإسلام بعضها وأسقط بعضها»، في المصدر نفسه، **٣١٠**.

٦٧ ابن سعد، **الطبقات**، ١٧/٨. وفي أخبار أخرى أنّ صداق النبيّ كان أكثر من ذلك (٥٠٠) أو أقلّ (٤٠٠). راجع «ذكر مهور نساء النبيّ ﷺ»، في المصدر نفسه، ١٦١/٨.

فإنّ مهر خديجة المختلف يضعها في خانة وحدها، أمّا مهرها المشابه لمهور باقي نساء النبيّ فكأنّه يجعل زيجاتهنّ متساوية من زاوية معيّنة.

زواج جاهليّ: سياق الحدَث من نافذة الأدب

تتقاطع كتب الأدب مع باقي المصادر التي تناولناها آنفًا بالصمت عن تفاصيل حياة خديجة قبل زواجها من النبيّ بالدرجة الأولى وثمّ بعد زواجها منه قبل المبعث، ما خلا معطيات محدودة. لكنّه يمكن ربّما من نافذة الأدب قراءة هذه المعطيات على ضوء ما كُتِب عن الأنساق والعادات التي كان العرب يحتكمون إليها في علاقاتهم آنذاك، وإن كان ما كُتِب مُقتضَبًا أو مجزوءًا أو واردًا في إطار المقارنة مع «حاضر» المصنّف الذي يكتب. في «كتاب القيان» للجاحظ نقرأ مثلًا: «فلم يزل الرجال يتحدّثون مع النساء في الجاهليّة والإسلام حتّى ضُرِب الحجاب على أزواج النبيّ ﷺ [...] ثمّ كانت الشرائف من النساء يقعدن للرجال للحديث، ولم يكن النظر من بعضهم إلى بعض عارًا في الجاهليّة، ولا حرامًا في الإسلام [...] وكذلك كانوا لا يرَوْن بأسًا أن تنتقل المرأة إلى عدّة أزواج لا ينقلها عن ذلك إلّا الموت ما دام الرجال يريدونها».[٦٨] لنا أن نتصوّر في ضوء هذه التوصيفات أنّ خديجة مثلًا كانت تتحدّث مع الرجال دونما حرَج، خصوصًا أنّها توفّيت قبل فرض الحجاب، وألّا نستغرب بكلام آخر عندما نقرأ في خبر زواجها من النبيّ أنّها كانت تتحدّث إليه أو إلى أجيرها ميسرة، أو عندما نقف على أخبار زواجها قبل النبيّ أو حتّى على مجرّد الإشارة إلى زوج لها قبله. تُعيننا توصيفات مماثلة، وإن كانت وليدة حاضر الجاحظ، وبصرف النظر عن هدفه هو من إثبات هذه التوصيفات، تُعيننا على تكوين الصورة عن الماضي، لأنّها تحدّد لنا مألوفًا/مقبولًا في إطار ذلك الماضي، وهو ربّما ليس مألوفًا في الحاضر الذي نقرأ فيه. ففي هذه التوصيفات تنبيه، وإن بصورة غير مباشرة، إلى اختلاف الماضي عن الحاضر. قد يبدو التركيز على هذا الاختلاف مبالغًا به، على أساس أنّ القارئ يعي تمامًا أنّ الماضي الذي يقرأ عنه لا بدّ «مختلف» عن الحاضر، لكنّ فعل القراءة المعقّد، قراءة مُطلق تراث نصّيّ، يُشوّش الحدود التي ترسم هذا الاختلاف. فبالقراءة ينفتح أفق حاضر القارئ على أفق الماضي، فينزلق هذا الانفتاح بنا أحيانًا إلى إسقاطات مفهوميّة نجعلها تتسلّل من حاضرنا إلى الماضي، وغالبًا دون أن نعي ذلك، فتتلاعب بصورة ذلك الماضي، لا بل تُعيد خلقه على قياس ما نألفه ونستسيغه.

٦٨ الجاحظ، «كتاب القيان»، في **رسائل الجاحظ**، ١٤٩/٢، ١٥٨.

تكمن أهمّيّة توصيفات الجاحظ إذًا في أنّها توحي بالتنبّه إلى اختلاف الماضي عن الحاضر وبأنّها تُعيد خلق الماضي ولو على الورق على هذا الأساس، فتُوجِّه بذلك تصوّراتنا، تعدّلها، بما يراعي هذا الاختلاف [وتلك خطوة، على صعوبتها والتباسها، ضروريّة في اتّجاه قراءة أكثر اتّزانًا للتراث المكتوب عمومًا]. فنحن عندما نقرأ أنّ العرب كانوا لا يعيبون على المرأة الانتقال من زوج إلى آخر ألن ننظر بعين المقبوليّة نوعًا ما إلى أخبار زواج خديجة قبل النبيّ؟ – وإن كانت صورة خديجة العذراء تدغدغ على الدوام خيال كثيرين، ممّن يقعون في شرك ميولهم [الارتياح لفكرة العروس العذراء هنا] فينتهي بهم المطاف يرسمون لخديجة وللماضي كلّه صورة لا تمتّ لذلك الماضي الذي تُخرجه المصادر بِصلة.

وهنا نورد إشارة للمعرّيّ (ت. **١٠٥٧/٤٤٩**) في **رسالة الغفران**:[٦٩] «وما زالت العرب [...] لا تكره مع الشرخ الكهلة. وقد تزوّج النبيّ ﷺ خديجة ابنة خويلد وهو شابّ وهي طاعنة في السن».[٧٠] فارق العمر المفترَض بين النبيّ وخديجة هو في كلام المعرّيّ شاهد مباشر على ما ينقله من عادة عند العرب في عدم كراهيّة زواج الشابّ بمن تكبره سنًّا. الاستشهاد بهذا التفصيل على أساس أنّه حدَث مُحقَّق – لاحِظ التعبير «وقد تزوّج النبيّ» يكرّس صورة خديجة الشائعة كمسنّة كانت تكبر النبيّ بسنوات. وكأنّ المعرّيّ يدفع عن القارئ استغرابًا مُتوَقّعًا لهذه العادة باستحضاره هذا التفصيل المعروف عن زواج النبيّ إذ ينبّه إلى كون فارق السنّ كان بين العرب «غير مكروه»، أي إنّه بكلام آخر، كان «مألوفًا».

ويُسجِّل الآبي من جهته في باب «ملتقطات من كلامهنّ»، مُدرَجة تحته جملٌ قصيرة وأخبار متفرّقة عن النساء في **نثر الدرّ**: «لمّا تزوّجت خديجة رضوان الله عليها برسول الله ﷺ كست أباها حلّة وخلّقته ونحرت جزورًا فلمّا أفاق الشيخ قال ما هذا الحبير وهذا العبير وهذا العقير؟ فقالت خديجة: زوّجتني محمّدًا وهو كساك هذا».[٧١] يتّصل الكلام المنسوب إلى خديجة بحدَث تزويجها من النبيّ، يعود ويحبسها في تلك اللحظة «الأهمّ» في حياتها. يُبديها الخبر بذاته غير بريئة من بعض كيد النساء، متلاعبة

---

٦٩ لمدخل تحليليّ قصير لكن ثاقب **لرسالة الغفران** أنظر عبد الفتّاح كيليطو، **أبو العلاء المعرّيّ أو متاهات القول** (الدار البيضاء: دار توبقال للنشر، **٢٠٠٠**)، **١٩–٢٨**.

٧٠ أبو العلاء المعرّيّ، **رسالة الغفران**، تحقيق عائشة عبد الرحمن، ط. **٩** (القاهرة: دار المعارف، د. ت.)، **٥٠٤**.

٧١ الآبي، **نثر الدرّ**، **٤٩/٤**.

بأبيها لإتمام التزويج. وعن حدَث التزويج هذا ينقل ابن حبيب خبرًا وحيدًا مشابهًا وفيه أنّها فعلت ما فعلت بعمّها عمرو بن أسد لا بأبيها، «وكان شيخًا كبيرًا لم يبقَ من صلب أسد يومئذ سواه [...ف]قال لخديجة خدعتني فقالت: يا هذا هو والله كفؤك فأتمم ذلك له ففعل».[٧٢] في حين أنّ خبر المكيدة هذا، وإن كان ابن سعد يورده في **الطبقات** لكنّه يغالطه:

> قال أخبرنا محمّد بن عمر بغير هذا الإسناد أنّ خديجة سقت أباها الخمر حتّى ثمل ونحرت بقرة وخلقته بخلوق وألبسته حلّة حبرة فلمّا صحا قال ما هذا العقير وما هذا العبير وما هذا الحبير قالت زوّجتني محمّدًا قال ما فعلت أنا أفعل هذا وقد خطبك أكابر قريش فلم أفعل. قال وقال محمّد بن عمر فهذا كلّه عندنا غلط ووهل والثبت عندنا المحفوظ عن أهل العلم أنّ أباها خويلد بن أسد مات قبل الفجار وأنّ عمّها عمرو بن أسد زوّجها رسول الله ﷺ[٧٣]

وهو ينقله مع جملة أخبار أخرى تروي التزويج. وكذا ينقل الطبريّ بعد سرده: «قال الواقديّ: وهذا غلط [...]» في سياق إيراده عددًا من أخبار التزويج ومقارنتها.[٧٤] قد يُعترَض على ذلك بالقول إنّ ما يغالطه الواقديّ هو كون من زوّجها أبوها لا عمّها، لكنّه وإن كان احتمالًا ممكنًا فإنّ ما يقوّي احتمال كون الاعتراض على الخبر جملة ما يسجّله ابن سعد عن حدث الزواج تحت عنوان «ذكر خديجة» وكأنّه يتبنّى فيه رواية واحدة، لأنّه ينقل عن الزواج الخبر المشهور عن نفيسة بنت أميّة فقط وفيه: «وأرسلت إلى عمّها عمرو بن أسد بن عبد العزّى بن قصيّ فحضر ودخل رسول الله ﷺ في عمومته فزوّجه أحدهم. وقال عمرو ابن أسد في هذا: البضع لا يقرع أنفه فتزوّجها رسول الله [...]».[٧٥]

وينقل ابن حنبل عن ابن عبّاس حديثًا مشابهًا وفيه تبدو خديجة امرأة ماكرة تضلّل أباها بعد أن تتعمّد إثماله لحمله على القبول بتزويجها من النبيّ. على أنّ ما يمكن أن نستشفّه من ذيل إسناده هو تقلقل نسبة هذا الحديث إلى ابن عبّاس: «[...] ثنا حمّاد بن سلمة [ت. ٧٨٣/١٦٧] عن عمّار بن أبي عمّار[٧٦] عن ابن عبّاس فيما يحسب حمّاد أنّ

---

[٧٢] ابن حبيب، **المحبّر**، ٧٨.
[٧٣] ابن سعد، **الطبقات**، ١٣٢/١–٣٣.
[٧٤] راجع الطبريّ، **تاريخ**، ٢٨٢/٢.
[٧٥] راجعه في ابن سعد، **الطبقات**، ١٦/٨.
[٧٦] مولى بني هاشم، مات في ولاية خالد بن عبد الله القسري (ت. ٧٤٣/١٢٦) على العراق (١٠٥–١٢٠هـ). أنظر ترجمته في ابن حبّان، **الثقات**، ٢٦٧/٥–٢٦٨.

رسول الله...».[٧٧] فكأنّ في العبارة إشكالًا على مضمون الحديث، وعليه نستطيع القول إنّ صورة خديجة الماكرة معزولة في هذا السياق بشكل ما، ففي العبارة المذكورة ما يشبه الدعوة المستترة إلى إهمالها أو رفضها. في حين أنّ خبر المكيدة كما يرد في **نثر الدرّ** وفي **المحبّر** يوحي بأنّه رواية حدث الزواج الوحيدة والأكيدة. فهل هي عناصر الحكاية التشويقيّة البعيدة عن التقديس فيه هي ما مهّد لهذا التبنّي الأدبيّ، رغم مغالطته في عدد من مصادر السيرة والحديث والتاريخ؟ وربّما ينفرد المحدّثون الشيعة في تبنّي صورة خديجة عروسًا جريئة بادرت عمّها ورقة بالقول: «يا عمّاه إنّك وإن كنت أولى بنفسي منّي في الشهود فلستَ أولى بي من نفسي، قد زوّجتك يا محمّد نفسي، والمهر عليَّ في مالي فأمر عمّك فلينحر ناقة فليولم بها وادخل على أهلك» حين جاء أبو طالب يطلبها منه.[٧٨]

وإنّه قد استوقفتنا جملة منسوبة إلى هند بنت عتبة يختم بها الآبي عنوان «هند بنت عتبة» الذي يورده في باب «كلام للنساء الشرائف» الذي يسبق باب «ملتقطات من كلامهنّ» إيّاه في **نثر الدرّ**: «وكانت هند تقول: النساء أغلال فليختر الرجل غُلًّا ليده. وكانوا يشبّهون عائشة أمّ المؤمنين بهند في عقلها»،[٧٩] وهو عنوان يبدؤه بخبر طويل عن حوار لهند مع أبيها في خُطّابها تُنسَب إليها فيه أقوال جزيلة.[٨٠] فمن المثير للاهتمام أن يُسمَع «صوت» هند زوج أبي سفيان تتكلّم «أدبًا»، وأن تُشبَّه بها عائشة في عقلها دونًا عن خديجة. وعنوان «هند» هو واحد من اثني عشر عنوانًا يحمل كلّ منها اسم سيّدة ينقل الآبي كلامها في الباب المذكور، ومنهنّ مثلًا عائشة وزينب بنت عليّ وأروى بنت الحارث وعائشة بنت عثمان – وما حُفِظ من آثار عن لسان النساء غير قليل في التراث الأدبيّ.[٨١]

---

٧٧ ابن حنبل، **مسند**، ٦٩٠/٢–٦٩١.

٧٨ محمّد بن يعقوب الكلينيّ، «باب خطب النكاح»، في **الكافي**، تصحيح عليّ أكبر الغفاري، ط. ٥ (طهران: دار الكتب الإسلاميّة، ١٩٨٤)، ٣٧٤/٥–٣٧٥. أنظر أيضًا الصدوق، «باب الوليّ والشهود والخطبة والصداق»، في **من لا يحضره الفقيه**، تصحيح عليّ أكبر الغفاري، ط. ٢ (قم: مؤسّسة النشر الإسلاميّ، د. ت.)، ٣٩٧/٣–٣٩٨.

٧٩ الآبي، **نثر الدرّ**، ٤٢/٤. وتحت عنوان «كلام في الأدب» في **البيان والتبيين**: «وقالت هند بنت عتبة المرأة غُلّ، ولا بدّ للعنق منه فأنظر من تضعه في عنقك». راجع الجاحظ، **البيان والتبيين**، تحقيق عبد السلام هارون، ط. ٧ (القاهرة: مكتبة الخانجي، ١٩٩٨)، ٢٦٧/٣؛ وفي «باب» في **الكامل**: «وقالت هند بنت عتبة: إنّما النساء أغلال فليختر الرجل غلًّا ليده». راجع المبرّد، **الكامل**، ١٧١/١.

٨٠ راجعه كلّه في الآبي، **نثر الدرّ**، ٤٠/٤–٤١.

٨١ للوقوف على جانب منه أنظر مثلًا ما جمعه صلاح الدين المنجد في كتابه **أمثال المرأة عند العرب: ما قالته المرأة العربيّة وما قيل فيها** (بيروت: دار الكتاب الجديد، ١٩٨١).

وفي التفاصيل المحفوظة عن خطبة النبيّ على خديجة، ينقل المعافى بن زكريّا في **الجليس الصالح** أنّه بعد أن فاتح النبيّ عمّه بعرض خديجة قال له أبو طالب: «يا محمّد إنّ خديجة أيّم قريش وأكثرهم مالًا وأنت يتيم قريش ولا مال لك [...] فمضى معه أبو طالب وحمزة والعبّاس [ت. **٦٥٣/٣٢**] ومن حضر من عمومته حتّى أتى أباها فتكلّم [أبوها] فقال إن محمّدًا لا يُقرع أنفه ثمّ تكلّم أبو طالب فخطب [...] فزوّجه ودخل بها من الغد».[٨٢] يُلحِق ابن زكريّا الخبر بشرح لقول أبي طالب «إنّ خديجة أيّم قريش» ولقول خويلد «إنّ محمّدًا الفحل لا يُقرَع أنفه»،[٨٣] وهو شرح كأنّه يمنح كلامهما حيّزًا أكبر، من زاوية أدبيّة، خصوصًا إذا استذكرنا أنّ خطبة أبي طالب يوردها ابن قتيبة في **عيون الأخبار** ويقول عنها «وهذه الخطبة من أقصد خطب الجاهليّة»[٨٤] وأنّ ما نُسب في خبر ابن زكريّا إلى أبي خديجة ينقله ابن عبد ربّه تحت عنوان «خطبته ﷺ لخديجة» تحت العنوان الأشمل «قولهم في المناكح» في «كتاب المرجانة الثانية» في **العقد** لكن على لسان ورقة ابن عمّها: «ولمّا خطب رسول الله ﷺ خديجة بنت خويلد بن عبد العزّى ذكرت ذلك لورقة بن نوفل وهو ابن عمّها، فقال: هو الفحل لا يقدع أنفه، تزوّجيه».[٨٥] فتكرار أقوال الرجال المعنيّين بدوره يجعل من تلك الأقوال لازمة شبه موحّدة تدور في جلّ الأخبار التي تُفصّل حدَث الزواج. وكأنّها تختصر المستفاد منه أدبيًّا في هذا الحدَث بما يُقصي خديجة بطريقة ما. وفي شأن متّصل، نقع في **الأغاني** على شعر منسوب إلى ورقة غنّاه ابن محرز، وكذا على شعر «قاله» عندما رأى بلال بن رباح يُعذَّب برمضاء مكّة، أمّا خديجة فلا «قول» لها فيه.[٨٦]

ويستوقفنا هنا تعبير «أيّم قريش» الذي يُخبَر به عن خديجة، و«الأيّم في كلام العرب من لا زوج له من رجل أو امرأة»،[٨٧] فهل يُقصَد من هذا التعبير توصيف لوضع خديجة المترمّلة/المُطلّقة قبل زواجها من النبيّ أم ربّما تقديم رواية جديدة بخصوص

---

٨٢ المعافى بن زكريّا، **الجليس الصالح**، **٣٢/٤–٣٣**.

٨٣ المصدر نفسه، **٣٤/٤–٣٧**.

٨٤ المبرّد، **الكامل**، **٧٠٤/١**.

٨٥ ابن عبد ربّه، **العقد**، **٩٦/٧**.

٨٦ راجع ما نُسِب إلى ورقة في الأصفهانيّ (ت. **٩٦٧/٣٥٦**)، «ذِكر ورقة بن نوفل ونسبه»، في **الأغاني** (بيروت: دار إحياء التراث العربيّ، **١٩٩٤**)، **٨٤/٣–٨٥**.

٨٧ المعافى بن زكريّا، **الجليس الصالح**، **٣٤/٤**. ويرد تعبير «أيّم قريش» في خبر آخر مشابه عن حدَث الزواج في أبو هلال الحسن بن عبد الله العسكريّ (ت. بعد **١٠٠٤/٣٩٥**)، **الأوائل**، تحقيق محمّد المصري ووليد قصّاب (دمشق: منشورات وزارة الثقافة والإرشاد القوميّ، **١٩٧٥**)، **١٦٠/١**.

ماضيها؟ أي القول إنّها لم تتزوّج أبدًا قبل النبيّ خصوصًا أنّ «الأيّم في الأصل التي لا زوج لها بِكرًا كانت أو ثيّبًا، مطلّقة كانت أو متوفّى عنها»؟[٨٨] وتُلمِح إضافة لفظ أيّم في التعبير إلى قريش إلى نوع من الشهرة أو المنزلة، كما لو أنّ تأيّم خديجة كان معروفًا، بما يرشّحها لتكون عروسًا منشودة في قريش كلّها. وهذا مثير للاهتمام، لأنّ كونها لا زوج لها لا يبدو أنّه قد حُمّل أيّ مدلول سلبيّ ينتقص من قدرها، وإن كان ذلك واردًا أحيانًا وعلى ذلك يدلّ قول الشاعر الذي يستشهد به ابن منظور في مدخل «أيم»:

«لا تَنْكِحَنَّ الدهرَ ما عشتَ أيِّمًا مُجرّبةً قد مُلَّ منها ومَلَّتِ».[٨٩]

وكذا فإنّ مقابلة خديجة كأيّم قريش بمحمّد يتيم قريش تنحو بها باتّجاه تشريفيّ ترفيعيّ. وربّما يعزّز هذا الرأي ما ينقله ابن سعد في **الطبقات** في خبر جواب زينب بنت جحش للنبيّ حين خطبها على زيد: «يا رسول الله لا أرضاه لنفسي وأنا أيّم قريش. قال: فإنّي رضيته لكِ فتزوّجها زيد بن حارثة».[٩٠] ولن نسترسل هنا في الكلام عن كون التعبير قد ورد لنعت خديجة في خبر وزينب في خبر آخر، فتلك قضيّة أخرى، بل نشير فقط إلى المدلول الإيجابيّ الذي يوحي به التعبير في الحالتين، ففي الأولى تُقابَل خديجة الأيّم بمحمّد اليتيم، وفي الثانية زينب الأيّم بزيد الذي كان قبل أن يتبنّاه النبيّ عبدًا مُشترى.

وعن زواج النبيّ من خديجة أيضًا نقف أخيرًا على ما يقوله الجاحظ في رسالة **البلاغة والإيجاز**، فهذا الزواج بحسب هذا القول هو جزءٌ لا يتجزّأ من ملَكَة فصاحته التي يختصّ الله بها المبعوثين من أنبيائه، كأنّه من آلة نبوّته، لأنّ زواجه في بني أسد بن عبد العزّى هو ممّا يجعله يُعدّ بحسب الجاحظ «من جماهير العرب»، وكونه منهم كان سببًا لتقدّمه في الفصاحة والبيان ومخارج الكلام وفوائد المعاني:

واعلم أنّ الله تعالى لم يرسل رسولًا ولا بعث نبيًّا إلّا من كان فضله في كلامه وبيانه كفضله على المبعوث إليه، فكان النبيّ ﷺ أفصح العرب لسانًا، وأحسنهم بيانًا، وأسهلهم مخارج للكلام وأكثرهم فوائد من المعاني لأنّه كان من جماهير العرب، مولده في بني هاشم، وأخواله من بني زهرة، ورضاعه في بني سعد بن بكر، ومنشؤه في قريش، ومتزوّجه في

---

[٨٨] ابن منظور، «أيم»، في **لسان**، ٤٠/١٢.

[٨٩] المصدر نفسه والصفحة نفسها.

[٩٠] ابن سعد، **الطبقات**، ١٠١/٨.

بني أسد بن عبد العزّى، ومهاجره إلى بني عمرو، وهم الأوس والخزرج من الأنصار. وقد قال النبيّ ﷺ: أنا أفصح العرب بيد أنّي من قريش، ونشأتُ في بني سعد بن بكر[٩١]

كما يمنح تقرير الجاحظ هذا الزواج شيئًا من الخصوصيّة، فكلامه يوحي بأنّه كان زواج النبيّ الوحيد، أو واحدًا من الوقائع المشهورة المتّفَق عليها التي ترسم الخطوط العريضة لحياته، بما يجعل زيجاته اللاحقة الأخرى تنكفئ تلقائيًّا، وكأنّها كانت أقلّ أهمّيّة.

٩١ الجاحظ، «من رسالته في تفضيل النطق على الصمت»، في **رسائل الجاحظ**، ٤/٢٣٧–٢٣٨.

الفصل الثاني

الأمومة

«أمّ المؤمنين» التي لم تأتِ المدينة

لعلّه لقبها الأشهر، فكم من مورد يُسبَق فيه اسم خديجة بكنية «أمّ المؤمنين». ومن المعلوم أنّ هذه الكنية كانت أُطلِقت على نساء النبيّ تيمّنًا بالآية القرآنيّة المدنيّة ﴿وَأَزْوَاجُهُ أُمَّهَاتُهُمْ﴾،[1] والآية بمثابة حُكم تشريعيّ مباشر،[2] لكنّ الكنية حادت تدريجيًّا عن سياق موردها القرآنيّ التشريعيّ البحت، وصار يُقصَد باستعمالها التشريف والتوقير إذ غدت كَنيةً لقبًا، والكُنى الألقاب تقوم مقام لقب و«تأتي على الأغلب من وحي الظروف [...] ويميّز كلٌّ منها شخصًا بالذات».[3] وقد انبثقت كنية «أمّ المؤمنين» من الظرف المدنيّ، وميّزت كلّ نساء النبيّ. فلماذا تُكنّى خديجة بها إذًا؟ وهي المتوفّاة قبل الهجرة والمنفصلة تمامًا عن ذلك الظرف. إذا كانت هذه الكنية، عندما تُطلق على باقي نساء النبيّ غير خديجة، قد اتّخذت في مرحلة معيّنة طابعًا تشريفيًّا طغى على

---

[1] الأحزاب، ٦.

[2] «وحرمة أزواجه حرمة أمّهاتهم عليهم، في أنهنّ يحرم عليهم نكاحهنّ من بعد وفاته، كما يحرم عليهم نكاح أمّهاتهم». الطبريّ، **جامع البيان**، ٧٧/٢١.

[3] جاكلين سوبليه، **حصن الاسم**، **قراءات في الأسماء العربيّة**، ترجمة سليم بركات (دمشق: المعهد الفرنسيّ للدراسات العربيّة، **١٩٩٩**)، **٤٥**. تحصر سوبليه أشكال الكنية في ثلاث مجموعات: كنى تعبّر عن الصلة النسبيّة يأخذها الوالدان، عند ولادة ولدهما الأوّل وإطلاق اسم عليه (محمّد مثلًا فتصبح هي أمّ محمّد ويصبح هو أبو محمّد)، وكنى تكون صدى لاسم الرجل نفسه مثل اسم عليّ الذي تُشتقّ منه كنية أبي العلاء، وكنى التعظيم وفيها فئة الكنى الألقاب ككنية أبي تراب المعروف بها عليّ بن أبي طالب. فكنية «أمّ المؤمنين» بمدلولها التشريعيّ كأنّها كنية صلة نسبيّة، فكأنّ المؤمنين كلّهم أولاد أزواج النبيّ بالنسب، وعليه اكتسبت كلّ واحدة منهنّ كنية «أم المؤمنين». للتوّسع حول أشكال الكنى أنظر المرجع نفسه، **٣٩–٤٧**. وقد اعتمدت سوبليه في دراستها هذه حول الاسم العربيّ على الموسوعات التاريخيّة والتراجميّة في العهد المملوكيّ ابتداءً من النصف الثاني من القرن السادس الهجريّ لتحلّل عناصر الاسم العربيّ في تلك الفترة المؤلَّف من اسم العلم والكنية واللقب والنسبة، وفي الدراسة محاولة لتقديم نظريّة شاملة لاسم العلم العربيّ كما يبدو في فصلها الأخير.

مدلولها التشريعيّ الأصليّ، فإنّها عندما تُطلَق على خديجة تشريفيّة خالصة، يرُاد منها إلحاقها بركب زوجات النبيّ اللاتي عاصرن مرحلة إسلاميّة أكثر تطوّرًا وأشدّ وضوحًا من تلك التي واكبتها هي، ربّما لإكسابها شيئًا من «الكاريزما» التي حظين هنّ بها من بعدها، كاريزما إسلاميّة بمفعول رجعيّ. حتّى لقد يأتي اسم خديجة مسبوقًا بهذه الكنية على رأس قوائم مُختصَرة بأسماء أزواج النبيّ جميعهنّ وأنسابهنّ في تفسير الأحزاب، **٥٠**،[٤] أو في أوّل قائمة أكثر تفصيلًا تُعدّد أسماءهنّ في تفسير الأحزاب، **٢٨–٢٩**،[٥] أو أخرى تسمّي أولاد النبيّ منها، صبيانًا وبناتًا، تعقيبًا على الأحزاب، **٤٠**،[٦] أو الأحزاب، **٥٩**،[٧] وكلّها آيات تتّصل بمناسبات من حياة النبيّ ونسائه في المدينة حيث لم تكن خديجة واحدة من هؤلاء النساء، واستحضار اسمها (وكنيتها) هنا استطراديّ محض. ويبدو إدراجه للوهلة الأولى مجرّد تتميم للوائح إحصائيّة تستهدف بيان ما قد يهمّ القارئ الاطّلاع عليه من أسماء زوجات النبيّ وأنسابهنّ وترتيب زواج النبيّ منهنّ، وهذا صحيح مبدئيًّا، وإن كانت خديجة تبرز من بين الزوجات في هذه القوائم المملّ طولها أحيانًا لأسباب ثلاثة مُصرّح بها في القوائم نفسها فهي أولى الزوجات؛ وهي التي لم يتزوّج النبيّ غيرها في حياتها؛ وهي الأمّ التي انحدر منها نسله.

أُمّ أئمّة آل البيت... الكبرى

تتقاطع أمومة خديجة للمؤمنين مع أمومتها لذرّيّة النبيّ في رواية يوردها الصدوق في **من لا يحضره الفقيه** في «باب معرفة الكبائر التي أوعد الله عزّ وجلّ عليها النار»:

> روى عليّ بن حسّان الواسطيّ عن عمّه عبد الرحمن بن كثير عن أبي عبد الله [الصادق (ت. ١٤٨/٧٦٥)] عليه السلام قال: إنّ الكبائر سبع فينا أُنزلت ومنّا استُحلّت فأوّلها الشرك بالله العظيم، وقتل النفس التي حرّم الله عزّ وجلّ، وأكل مال اليتيم، وعقوق

---

[٤] نصر بن محمّد السمرقنديّ (ت. ٣٧٥/٩٨٥)، **تفسير السمرقنديّ** المسمّى **بحر العلوم**، تحقيق علي معوّض وعادل عبد الموجود وزكريّا النوتي (بيروت: دار الكتب العلميّة، ١٩٩٣)، ٥٦/٣؛ ومحمّد بن عبد الله ابن العربيّ (ت. ٥٤٣/١١٤٨)، **أحكام القرآن**، تحقيق محمّد عبد القادر عطا (بيروت: دار الكتب العلميّة، د. ت.)، ٥٨٩/٣؛ وابن كثير، **تفسير ابن كثير** (مصر: مطبعة المنار، ١٩٢٨)، ٥٧٨/٦؛ والسيوطيّ، **الدرّ المنثور في التفسير بالمأثور**، تحقيق عبد الله التركيّ (القاهرة: مركز هجر للبحوث والدراسات، ٢٠٠٣)، ٨٦/١٢.

[٥] القرطبيّ، **الجامع**، ١٦٤/١٤–١٦٩.

[٦] ابن كثير، **تفسير**، ٥٦٤/٦.

[٧] القرطبيّ، **الجامع**، ٢٤١/١٤–٢٤٣.

الوالدين، وقذف المحصنة، والفرار من الزحف، وإنكار حقّنا فأمّا الشرك بالله عظيم[٨] فقد أنزل الله فينا ما أنزل وقال رسول الله صلّى الله عليه وآله فينا ما قال، فكذبوا الله وكذبوا رسوله فأشركوا بالله، وأمّا قتل النفس التي حرّم الله فقد قتلوا الحسين بن عليّ عليهما السلام وأصحابه، وأمّا أكل مال اليتيم فقد ذهبوا بفيئنا الذي جعله الله عز وجل لنا فأعطوه غيرنا، وأمّا عقوق الوالدين فقد أنزل الله تبارك وتعالى ذلك في كتابه فقال عزّ وجلّ ﴿النَّبِيُّ أَوْلَى بِالْمُؤْمِنِينَ مِنْ أَنْفُسِهِمْ وَأَزْوَاجُهُ أُمَّهَاتُهُمْ﴾ فعقّوا رسول الله صلّى الله عليه وآله في ذرّيّته وعقّوا أمّهم خديجة في ذرّيّتها، وأمّا قذف المحصنة فقد قذفوا فاطمة عليها السلام على منابرهم، وأمّا الفرار من الزحف فقد أعطوا أمير المؤمنين عليه السلام بيعتهم طائعين غير مكرهين ففرّوا عنه وخذلوه، وأمّا إنكار حقّنا فهذا ممّا لا يتنازعون فيه[٩]

يحوّل هذا الحديث الشيعيّ عن النظر إلى أثر أمومة المؤمنين على خديجة نفسها، تشريعًا أو تشريفًا أو سوى ذلك، بل يجعل من تلك الأمومة سببًا لتحميل عموم المسلمين واحدة من الكبائر، كبيرة عقّ أمّهم خديجة في ذرّيّتها، أيّ ذرّيّة النبيّ. لكنْ أيّ عقوق هو المقصود؟ ليس في متن الحديث تحديد لفعل عقوق مخصوص، فالتقرير عن هذه الفكرة عام وفضفاض، وإن كانت الإشارات الأخرى الأكثر تحديدًا المحيطة بها في الحديث كافية لاستيفائها بشكل ما.

وينتظم اسم خديجة في عقد آل البيت بخصوصيّته الشيعيّة، وإن كانت، بخلاف الرسول وفاطمة والأئمّة ليست معصومة، فهي أمّ فاطمة التي هي أمّ الأئمّة،، وأمومتها لهؤلاء هي أمومةُ نسب صريح وهي أمومة نجدها متصدّرة في نصوص زيارات الأئمّة والصلاة عليهم. ينقل الطوسيّ مثلاً في **مصباح المتهجّد** نصّ صلاة «على السيّدة فاطمة عليها السلام» وفيه: «[...] وكما جعلتها أمّ أئمّة الهدى وحليلة صاحب اللواء والكريمةَ عند الملأ الأعلى فصلِّ عليها وعلى أمِّها خديجة الكبرى صلاة تكرم بها وجه أبيها محمّد صلّى الله عليه وآله وسلم وتقرّ بها أعين ذرّيتها، وأبلغهم عنّي في هذه الساعة أفضل التحيّة والسلام».[١٠] وبذي الأمومة تنفتح خديجة على مظلوميّة آل النبيّ التي عنوانها المأساة الحسينيّة، ففي نصّ زيارة مشهورة للحسين ينقلها الطوسيّ في **مصباح المتهجّد** نقرأ أيضًا: «السلام عليك يا ابن محمّد المصطفى، السلام عليك يا ابن عليّ المرتضى،

---

٨ كذا في الأصل ولعلّها «العظيم».

٩ الصدوق، **من لا يحضره الفقيه**، ٥٦١/٣–٥٦٢.

١٠ الطوسيّ، **مصباح المتهجّد** (بيروت: مؤسّسة فقه الشيعة، ١٩٩١)، ٤٠١.

السلام عليك يا ابن فاطمة الزهراء، السلام عليك يا ابن خديجة الكبرى [...]»،[١١] وكذا في نصّ زيارة عليّ بن الحسين ابنه البكر المقتول معه بكربلاء، التي ينقلها الكلينيّ في **الكافي** في «باب زيارة قبر أبي عبد الله الحسين بن عليّ عليهما السلام» مثلاً، وإن كان صاحب الزيارة ليس من الأئمّة: «ثمّ تقوم فتأتي ابنه عليًّا عليه السلام وهو عند رجليه فتقول: السلام عليك يا ابن رسول الله، السلام عليك يا ابن عليّ أمير المؤمنين، السلام عليك يا ابن الحسن والحسين، السلام عليك يا ابن خديجة وفاطمة صلّى الله عليك لعن الله من قتلك [...]».[١٢] يعظّم التسليم تواليًا على الحسين وعلى ولده عليّ بنسبتهما إلى النبيّ وعليّ وفاطمة وخديجة مصيبة مقتلهما على اعتبار جلالة الأشخاص الذين يُنسبان إليهم، ومنهم خديجة جدّتهما، وكأنّ أمومة خديجة تتحوّل إلى حقيقة ملوّعة تجعل مقتل الحسين ابن ابنتها وولده عليّ أدهى وأشدّ. ويبدو أنّ التسليم عليها في صدر زيارات الأئمّة صار لازمة مكرورة، ففي نصّ «زيارة القائم [محمّد بن الحسن] عليه السلام» ينقلها الحلّيّ (ت. ١٣٢٥/٧٢٦) نقرأ: «تُسلِّم على رسول الله صلّى الله عليه وآله وسلّم وعلى أمير المؤمنين عليه السلام بعده وعلى خديجة الكبرى وعلى فاطمة الزهراء وعلى الحسن والحسين وعلى الأئمة عليهم السلام واحدًا واحدًا إلى صاحب الزمان [...]».[١٣] وينسحب ذلك أيضًا على زيارة أبواب الأئمّة، وهم رجال مقرّبون منهم، يبدو أنّهم سُمّيوا في مرحلة ما «أبوابًا»، مع ما تشتمل عليه هذه التسمية من بُعد عقديّ، كما لو أنّهم باب علم الأئمّة الذي كان علم هؤلاء يخرج منه إلى الناس.[١٤] ففي نصّ ينقله الطوسيّ في «زيارة الأبواب»، في **تهذيب الأحكام**:

> تسلّم على رسول الله صلّى الله عليه وآله وعلى أمير المؤمنين عليه السلام بعده وعلى خديجة الكبرى وعلى فاطمة الزهراء وعلى الحسن والحسين عليهم السلام ثمّ تسوق الأئمّة عليهم السلام إلى صاحب الزمان عليه السلام ثمّ تقول: السلام عليك يا فلان بن فلان أشهد أنك باب المولى أدّيت عنه وأدّيت إليه [...] ثمّ ترجع فتبتدئ بالسلام على رسول الله صلّى

---

١١ المصدر نفسه، ٧٢٠.

١٢ الكلينيّ، **الكافي**، ٥٧٥/٤–٥٧٧. راجع أيضًا الصدوق، **من لا يحضره الفقيه**، ٥٩٤/٢–٥٩٦؛ والطوسيّ، **تهذيب الأحكام**، تحقيق حسن الموسويّ، ط. ٣ (طهران: دار الكتب الإسلاميّة، ١٩٨٥)، ٥٤/٦–٥٦.

١٣ الحسن بن يوسف بن المطهّر الحلّي، **منتهى الطلب في تحقيق المذهب**، ط. ٢ (مشهد: مجمع البحوث الإسلاميّة، ٢٠٠٨)، ٣١٩/١٣.

١٤ يقول المسعوديّ (ت. ٩٥٧/٣٤٦) في **مروج الذهب ومعادن الجوهر**، تحقيق شارل بلّا (بيروت: منشورات الجامعة اللبنانيّة، ١٩٧٣)، ٦٢/٤: «ولأهل الإمامة من فِرَق الشيعة في هذا الوقت – وهو سنة اثنتين وثلاثين وثلثمائة – كلام كثير في الغيبة واستعمال التقيّة وما يذكرونه من أبواب الأئمّة والأوصياء لا يسعنا إيراده في هذا الكتاب [...]».

الله عليه وآله إلى صاحب الزمان عليه السلام وتقول بعد ذلك: جئتك مخلصًا بتوحيد الله وموالاة أوليائك والبراءة من أعدائهم ومن الذين خالفوك يا حجّة المولى وبك إليهم توجّهي وبهم إلى الله توسّلي ثمّ تدعو وتسأل الله ما تحبّ تُجَبْ إليه إن شاء الله[١٥]

ويستوقف في نصوص الزيارات المقتبَسة أعلاه استعمال اسم «الكبرى» مؤنّث الأكبر بعد اسم خديجة، وهو يُستعمَل للمقارنة أو الإطلاق، فلا تقول هذا رجل أَكبر حتى تصله بمن أَو تُدخِل عليه الألف واللام، ويقال هذه الجارية من كُبْرَى بناتِ فلان، أي من كبارهنّ.[١٦] وخديجة، كما هو مُتفَّق في المصادر، هي بنت أبيها الوحيدة، وولْد خويلد بن أسد بن عبد العزّى، غير خديجة، هم العوّام وحزام ونوفل.[١٧] فهل كانت تسميتها بالكبرى قد تعني أنّها أكبر أولاده مطلقًا، ذكورًا وإناثًا، أو أكبر بناته باعتبارها أولاهنّ لو أنّه قُدّر له أن يُرزق غيرها؟ وللزبير بن العوّام، ابن أخ خديجة، بنت اسمها خديجة الكبرى، وهو الذي كان له من الإناث تسع، وهي أكبرهنّ، وأمّها أسماء بنت أبي بكر، وله أيضًا خديجة الصغرى وأمّها الحلال بنت قيس بن نوفل من بني أسد. وعليه، فإنّ اسم التفضيل الملحق باسمها لا يمتّ بصلة لاسم التفضيل نفسه الملحَق باسم خديجة بنت خويلد عمّة أبيها كما هو ظاهر بل يفرق بينها وبين أختها. ولعليّ بن أبي طالب بنت اسمها خديجة، وزوج خديجة هذه هو عبد الرحمن بن عقيل بن أبي طالب الذي قُتِل مع الحسين بكربلاء، وولدت له خديجة سعيدًا. وُيعدّها ابن سعد من بين بنات لعليّ «هنّ لأمّهات أولاد شتّى» فهل يُراد من إطلاق كبر خديجة بنت خويلد مقارنتها بخديجة بنت عليّ مثلاً؟ أم إنّ له دلالة رمزيّة أخرى تتخطّى أيّ مقارنة مباشرة مع خديجة «صغرى»؟[١٨]

ويبين بمطالعة مجاميع كتب الحديث الشيعيّة الأربعة المعتبَرة أنّه ليس فيها حديث واحد مُسنَدٌ إلى عائشة يتناول خديجة، وهذا يفرقها بشدّة عن كتب الحديث السنّيّة الجامعة التي تُسنَد فيها معظم الأحاديث التي تذكر خديجة إلى عائشة، ومعلوم أنّ شخصيّة عائشة غير مُعتدّ برواياتها عمومًا لنقل أحداث الماضي في التراث الشيعيّ. لا يُخضَع فِعل تذكّرها لتلوين أو تشكيل مُعيّن، بل يُجَبّ فعلها هذا كلّيًّا كأنّه لم يكن، عند استحضار خديجة على الأقلّ، ممّا يمهّد حضورًا مختلفًا لخديجة في هذه الكتب. وهنا

١٥ الطوسيّ، **تهذيب الأحكام**، ١١٨/٦.

١٦ حول اسم التفضيل «أكبر» أنظر ابن منظور، «كبر»، في **لسان**، **١٢٥/٥–١٣١**.

١٧ لتعداد مفصّل لأبناء خويلد راجع ابن سعد، **الطبقات**، **١٠٠/٣–١٠١**.

١٨ المصدر نفسه، **٢٠/٣**. لتعداد أبناء الزبير راجع المصدر نفسه، **١٠٠/٣–١٠١**.

نذكر أنّ راوند عثمان تُخصِّص في كتاب لها صفحتين لاستعراض الأخبار التي تظهر فيها خديجة في الحديث الشيعيّ، لكنّها وإن استقت من الكتب الأربعة فهي تسوق أخبارًا أخرى عنها من مصادر شيعيّة غير حديثيّة **كتفسير فرات الكوفيّ** (ت. ٣٥٢/٩٦٣) **وتفسير العيّاشيّ** (ت. ٩٣٢/٣٢٠)، ومن مصادر غير شيعيّة **كتاريخ** الطبريّ **وطبقات** ابن سعد **وأسباب النزول** للواحديّ وغيرها، وهذا ما نراه مُخلًّا بما تقول الكاتبة إنّها تقدّمه، سيّما وأنّها تسرد الأخبار بعضها وراء بعض بأسلوب تقريريّ تجميعيّ. فالقارئ الذي يضرب صفحًا عن الهوامش قد يتوهّم أنّ كلّ ما ورد في الصفحتين المذكورتين مستقى حصرًا من مصادر الحديث الشيعيّة، وهذا غير صحيح.[19]

وعطفًا على ذِكر خديجة في كتب الحديث الشيعيّ عمومًا يُشفَّع اسم خديجة بعبارة «عليها السلام» في مفتتح «باب مولد النبيّ صلّى الله عليه وآله ووفاته» في **الكافي** للكلينيّ. وهو تعبير وإن عسُرَ تحديد تاريخ استعماله وتتبّعه، يُلحَق عادة بأسماء أئمّة أهل البيت في المصادر الشيعيّة. ولمّا كانت خديجة أمّ فاطمة جدّة الأئمّة، فالتسليم عليها يشملها بهذا التخصيص المقصود، وإن كان غير مطّرِد، أي إنّ عبارة التسليم تُسقَط بعد اسمها في موارد كثيرة، في حين أنّها تُضاف على الدوام بعد أسماء فاطمة والأئمّة، ولعلّ في ذلك صدى لكونهم معصومين بخلافها هي، والعصمة مفهوم عقديّ أساسيّ عند الإماميّة تبلور وترسّخ بدءًا من النصف الأوّل من القرن الثاني الهجري/الثامن الميلاديّ، ومفاده بكثير من التبسيط والتعميم (الذي ربّما يكون مُخِلًّا) أنّ الإمام المعيّن بأمر إلهيّ والذي يرشد الأمّة ويقودها يجب أن يكون معصومًا، أي متحصّنًا من الوقوع في الإثم والخطأ أو حتّى السهو، فالمفهوم ليس جامدًا، وقد توسّع ونضج تدريجيًّا ما طوّر تعريفه ودلالاته.[20] لكن، ومن جهة أخرى، ليس التسليم على أهل بيت النبيّ تعبيرًا مُضافًا «شيعيًّا» حصرًا، وإن صار بتقادم القرون بمثابة شِعار يميّزهم، ففي **صحيحه** يخصّ البخاريّ فاطمة بنت النبيّ وحدها بعبارة التسليم،[21] دون زوجاته مثلاً، ربّما لانفرادها بالانتساب إليه بطبيعة

[19] أنظر الفقرة والهوامش الملحقة بها في:
Rawand Osman, "Khadīja al-Kubrā," in *Female Personalities in the Qur'an and Sunna: Examining the Major Sources of Imami Shi'i Islam* (London and New York: Routledge, 2015), 107–08; 138–39.

[20] لمدخل إليه وإلى تأريخه عند الإماميّة وسواهم من الفِرَق أنظر:
W. Madelung and E. Tyan, "'Iṣma," in *EI*^{2} 4 (1978): 182–84.

[21] البخاريّ، **صحيح**، ٢٢٩/٣؛ ٤٢/٤، ٤٧، ٤٨، ٧١، ٢٠٨، ٢٠٩؛ ١٦/٥، ٢٥، ٣٨، ٨٢، ٨٥، ١٣٨، ١٤٤؛ ١٠١/٦، ١٩٢، ١٩٣؛ ١٩/٧، ٩٢، ١١٤، ١٤٠، ١٤١، ١٤٩؛ ١٥٥/٨.

الحال. ومع أنّ خديجة يُنقَل إليها السلام من الله على لسان جبريل بحسب حديث يثبته البخاريّ نفسه («أقرئها منّي السلام»/«يقرئها من ربّها السلام»)،[٢٢] لكنّ ذلك على ما يبدو لم يكن كافيًا ليشفّع اسمها بالتسليم تيمّنًا بهذا الحديث مثلاً، لأنّها لم تربطها بالنبيّ قرابة دم. فالتسليم على الأئمّة عند الشيعة، بصرف النظر عن الدلالة العقديّة التي يمكن أن يحملها، يجوز أن نعدّه توسعة على قرابة الدم هذه، إذ يُسحب التسليم على وِلد فاطمة بشكل أساسيّ، ويتعدّاهم أحيانًا إلى أمّها خديجة.

ويقابل هذه النصوص التي كأنّها ترسم لخديجة خيال الأمّ المقدّسة الأصل لسلالة الأئمّة في كتب الحديث الأربعة المذكورة نصوص أخرى ينعكس فيها تركيز شيعيّ من نوع خاص على أمومة خديجة لأولاد النبيّ، ربّما في مقارنة مبطّنة بباقي نسائه، وعلى رأسهنّ عائشة، اللاتي لم يلدن له. ففي مفتتح «باب مولد النبيّ صلّى الله عليه وآله ووفاته» يورِد الكلينيّ في **الكافي** أنّ النبيّ «تزوّج خديجة وهو ابن بضع وعشرين سنة، فولد له منها قبل مبعثه عليه السلام القاسم، ورقيّة، وزينب، وأمّ كلثوم، وولد له بعد المبعث الطيّب والطاهر وفاطمة عليها السلام وروي أيضًا أنّه لم يولد بعد المبعث إلّا فاطمة عليها السلام وأنّ الطيّب والطاهر ولدا قبل مبعثه»،[٢٣] فلا نراه يقف مثلاً عند تفصيل عمر خديجة حين زواجها من النبيّ، بل يُقدِّمها أمًّا لأولاد سبعة ولدتهم له، وبعد سنوات، أمًّا باكية على فقد ولدها الرضيع، القاسم أو الطاهر، أفاضت دمعتها «دريرة» درّت له.[٢٤] كذا يمكن استبيان شيء من المقارنة الصامتة مع باقي نسائه، بما يجعلها تنماز عنهنّ في تقريره المقتضب عنها: «رسول الله صلّى الله عليه وآله لم يتزوّج على خديجة»،[٢٥] فهي الزوجة الوحيدة التي كانت زوجًا له وحدها.

أمّ أولاد النبيّ: الأمومة عبورًا إلى الكمال

تُضمّ أسماء نساء بارزاتٍ في تاريخ الإسلام، فيهنّ خديجة، إلى أسماء نساء معروفات في تاريخ الديانات السابقة في تنويعات أحاديث متكرّرة مُدرَجَة في تفسير عدد من الآيات القرآنيّة. ينقل القرطبيّ بذيل الآيتين ١١-١٢ من سورة التحريم «عن مُعاذ بن جبل [ت. ٦٣٩/١٨] أنّ النبيّ قال لخديجة وهي تجود بنفسها: أتكرهين ما قد نزل بك

٢٢ أنظر أدناه «فتح الباري بشرح صحيح البخاريّ».

٢٣ الكلينيّ، **الكافي**، ١/٢٣٩-٢٤٠. أنظر أيضًا «حديث إسلام عليّ»، في المصدر نفسه، ٨/٣٣٨.

٢٤ في حديث هو القاسم وفي حديث آخر هو الطاهر في المصدر نفسه، «باب المصيبة بالولد»، ٣/٢١٨-٢١٩.

٢٥ المصدر نفسه، «باب ما أُحلّ للنبيّ صلّى الله عليه وآله من النساء»، في المصدر نفسه، ٥/٣٩١.

ولقد جعل الله في الكره خيرًا؟ فإذا قدمتِ على ضرّاتك فأقرئيهنّ منّي السلام مريم بنت عمران وآسية بنت مزاحم [امرأة فرعون] وكليمة – أو قال حكيمة بنت عمران أخت موسى بن عمران. فقالت: بالرفاه والبنين يا رسول الله».[٢٦] وكذا في تفسير آل عمران، ٤٢، تُنقَل أحاديث تجمع بين مريم وآسية وخديجة وفاطمة، تُلحَق عائشة ببعضها أحيانًا، بتنويعات مختلفة في عدد المذكورات وترتيبهنّ وتفضيل إحداهنّ على الأخرى. لعلّ أشهرها حديث الكمال: «كمل من الرجال كثير ولم يكمل من النساء إلّا مريم وآسية امرأة فرعون وخديجة بنت خويلد وفاطمة بنت محمّد»،[٢٧] وحديث خير النساء: «خير نساء العالمين أربع مريم بنت عمران وآسية بنت مزاحم امرأة فرعون وخديجة بنت خويلد وفاطمة بنت محمّد.»[٢٨] كما وتتكرّر أسماء هؤلاء النسوة في أحاديث مشابهة تنتقل بهنّ

---

٢٦ القرطبيّ، **الجامع**، ٢٠٤/١٨؛ وفي تفسير التحريم، ١٢ في الفضل بن الحسن الطبرسيّ (ت. ١١٥٣/٥٤٨)، **مجمع البيان** (بيروت: مؤسّسة الأعلمي، ١٩٩٥)، ٦٥/١٠، وفي أحمد بن محمّد الثعلبيّ، **الكشف والبيان**، تحقيق أبو محمّد بن عاشور (بيروت: دار إحياء التراث العربي، ٢٠٠٢)، ٣٥٢/٩؛ وفي تفسير التحريم، ٥، في ابن كثير، **تفسير**، ٤١٤/٨. وينقل القرطبيّ الخبر نفسه لكن دون تفصيل أنّ الحديث جرى وخديجة على فراش الموت في تفسير القَصَص، ١١. أنظر القرطبيّ، **الجامع**، ٢٥٦/١٣، وينقله السيوطيّ بدوره في تفسير الآية نفسها. أنظر السيوطيّ، **الدرّ المنثور**، ٤٣٣/١١.

٢٧ الطبريّ، **جامع البيان**، ١٨٠/٣. ويُروى الحديث نفسه بصيغة يُسقَط فيها اسم فاطمة في ابن كثير، **تفسير**، ١٣٩/٢، و٤٢١/٨، وفي صيغة أخرى يُسقط فيها اسمَي خديجة وفاطمة معًا في الحسين بن مسعود البغويّ، (ت. ١١١٧/٥١٦)، **معالم التنزيل** (بيروت: دار ابن حزم، ٢٠٠٢)، ٢٠٥؛ والقرطبيّ، **الجامع**، ٨٢/٤–٨٣؛ وابن كثير، **تفسير**، ١٣٩/٢؛ والسيوطيّ، **الدرّ المنثور**، ٥٣٩/٣. أمّا في بعض الأحاديث التي تُلحِق عائشة بهنّ فينقل مقاتل بن سليمان (ت. ٧٦٧/١٥٠) مثلًا «عن النبيّ ﷺ قال: حسبكم من نساء العالمين أربعًا [كذا في الأصل ولعلّها «أربعٌ»] مريم بنت عمران وائنسة [كذا في الأصل] امرأة فرعون وخديجة بنت خويلد وفاطمة بنت محمّد. فقال رجل من الأنصار: ي[ا] رسول الله فما بال عائشة؟ فقال النبيّ ﷺ: فضل عائشة على سائر نساء أهل الجنّة بعد هؤلاء الأربع كفضل الخبز واللحم على سائر الطعام». في مقاتل بن سليمان، «تفسير من قذف الطاهرات من الدنس الصدّيقات أزواج النبيّ وما أدّب المؤمنين ووعظهم»، في **تفسير الخمس مائة آية من القرآن**، تحقيق يشعياهو غولدفيلد (شفاعمرو: مطبعة دار المشرق، ١٩٨٠)، ٢٢٤–٢٢٥. أنظر أيضًا «كمل من الرجال كثير، ولم يكمل من النساء إلّا أربع: آسية بنت مزاحم امرأة فرعون ومريم ابنة عمران وخديجة بنت خويلد وفاطمة بنت محمّد وفضل عائشة على النساء كفضل الثريد على سائر الطعام» في تفسير التحريم، ١٢ في محمود بن عمر الزمخشريّ، **الكشّاف عن حقائق غوامض التنزيل**، تحقيق عادل عبد الموجود وعلي معوّض (الرياض، مكتبة العبيكان، ١٩٩٨)، ١٦٦/٦؛ والثعلبيّ، **الكشف**، ٣٥٣/٩.

٢٨ الطبريّ، **جامع البيان**، ١٨٠/٣؛ وابن عطيّة الأندلسيّ، **المحرّر الوجيز**، ٤٣٤/١؛ والقرطبيّ، **الجامع**، ٨٣/٤؛ وأبو حيّان الأندلسيّ، **البحر المحيط**، ٤٧٧/٢؛ وابن كثير، **تفسير**، ١٣٩/٢؛ و«حسبك بمريم بنت عمران وامرأة فرعون وخديجة بنت خويلد وفاطمة بنت محمّد من نساء العالمين» في الطبريّ، **جامع البيان**، ١٨٠/٣؛ و«حسبك من نساء العالمين مريم بنت عمران وخديجة بنت خويلد وفاطمة بنت محمّد =

من عالمهنّ الأرضيّ إلى الجنّة: «أفضل نساء أهل الجنّة خديجة بنت خويلد، وفاطمة بنت محمّد، ومريم بنت عمران، وآسية بنت مزاحم امرأة فرعون».[٢٩] فيما تحصر بعضها أمر الأفضليّة في مريم وخديجة، فتُفضَّل كلٌّ منهما على باقي النساء في حيّز مستقلّ، كلٌّ في عالمها: «فُضّلت خديجة على نساء أمّتي كما فُضّلت مريم على نساء العالمين.»[٣٠]

وتُصرِّح بعض هذه الأحاديث بنوع من التفاضل بين النسوة الأربع بألفاظ مباشرة،[٣١] حتّى إنّ ترتيب أسمائهنّ نفسه في التنويعات المختلفة يُدلِّل على أنّ قضيّة الأفضليّة المطلقة لواحدة منهنّ كانت تؤرِّق المحدّثين والمفسّرين. فظاهر القرآن والأحاديث يقتضي، على قول القرطبيّ «أنّ مريم أفضل من جميع نساء العالم من حوّاء إلى آخر امرأة تقوم عليها الساعة؛ فإنّ الملائكة قد بلّغتها الوحي عن الله عزّ وجلّ بالتكليف والإخبار والبشارة كما بلّغت سائر الأنبياء؛ فهي إذًا نبيّة والنبيّ أفضل من الوليّ فهي أفضل من كلّ النساء: الأوّلين والآخرين مُطلقًا، ثمّ بعدها في الفضيلة فاطمة ثمّ خديجة ثمّ آسية.»[٣٢] أمّا ابن عطيّة فينقل: «أسند الطبريّ أنّ النبيّ عليه السلام قال

= وآسية امرأة فرعون» في البغويّ، **معالم التنزيل**، ٢٠٥؛ وابن كثير، **تفسير**، ١٣٨/٢–١٣٩؛ والسيوطيّ، **الدرّ المنثور**، ٥٣٩/٣، و«إنّ الله اصطفى على نساء العالمين أربعة: آسية بنت مزاحم ومريم بنت عمران وخديجة بنت خويلد وفاطمة بنت محمّد» و«أفضل نساء العالمين خديجة بنت خويلد وفاطمة ومريم وآسية امرأة فرعون» في المصدر نفسه والصفحة نفسها، و«حسبك من نساء العالمين أربع مريم بنت عمران وآسية امرأة فرعون وخديجة بنت خويلد وفاطمة بنت محمّد» في عبد الرزّاق بن همّام الصنعانيّ (ت. ٢١١/٨٢٦)، **تفسير القرآن**، تحقيق مصطفى محمّد (الرياض: مكتبة الرشد، ١٩٨٩)، ١٢١/١؛ والطوسيّ، **التبيان**، ٤٥٦/٢، وفي تفسير التحريم، ١٢ في القرطبيّ، **الجامع**، ٢٠٤/١٨.

٢٩ القرطبيّ، **الجامع**، ٨٣/٤، وفي تفسير التحريم، ١١ في ابن كثير، **تفسير**، ٤٢١/٨؛ والسيوطيّ، **الدرّ المنثور**، ٥٩٧/١٤، أو «سيّدة نساء أهل الجنة مريم بنت عمران ثمّ فاطمة ثمّ خديجة ثمّ آسية بنت مزاحم» في المصدر نفسه، ٥٤٠/٣.

٣٠ الطبريّ، **جامع البيان**، ١٨١/٣؛ وابن عطيّة الأندلسيّ، **المحرّر الوجيز**، ٤٣٤/١؛ والطبرسيّ، **مجمع البيان**، ٢٩٠/٢؛ وأبو حيّان الأندلسيّ، **البحر المحيط**، ٤٧٧/٢؛ والسيوطيّ، **الدرّ المنثور**، ٥٤٠/٣، أو «خير نساء الجنّة مريم بنت عمران وخير نساء الجنّة خديجة بنت خويلد» في الطبريّ، **جامع البيان**، ١٨٠/٣، أو «خير نسائها مريم بنت عمران وخير نسائها خديجة بنت خويلد، ويعني بقوله خير نسائها خير نساء أهل الجنّة» في المصدر نفسه والصفحة نفسها. أنظر أيضًا البغويّ، **معالم التنزيل**، ٢٠٥؛ وابن كثير، **تفسير**، ١٣٨/٢؛ والسيوطيّ، **الدرّ المنثور**، ٥٣٨/٣.

٣١ «أربع نسوة سادات عالَمِهنّ مريم بنت عمران وآسية بنت مزاحم وخديجة بنت خويلد وفاطمة بنت محمّد وأفضلهنّ عالمًا فاطمة» أو «فاطمة سيّدة نساء العالمين بعد مريم ابنة عمران وآسية امرأة فرعون وخديجة ابنة خويلد» في السيوطيّ، **الدرّ المنثور**، ٥٤٠/٣، و«سيّدة نساء العالمين مريم ثمّ فاطمة ثمّ خديجة ثمّ آسية» في القرطبيّ، **الجامع**، ٨٣/٤.

٣٢ القرطبيّ، **الجامع**، ٨٣/٤.

لفاطمة بنته: أنتِ سيّدة نساء أهل الجنة إلّا مريم بنت عمران البتول».[٣٣] ويورد أبو حيّان الأندلسيّ من جهته «قال بعض شيوخنا: والذي رأيت ممّن اجتمعت عليه من العلماء أنّهم ينقلون عن أشياخهم أنّ فاطمة أفضل النساء المتقدّمات والمتأخّرات لأنّها بضعة من رسول الله»؛[٣٤] أمّا ابن كثير في تفسيره للآية **٣٢** من سورة الدخان المكّيّة فيأرجحها بين مريم وخديجة وآسية، ثمّ يُتبع ذلك بعبارة الحديث المشهورة التي تُبيّن منزلة عائشة، ممّا قد يوحي في هذا السياق أنّ عائشة أفضلهنّ: «وقوله جلّ جلاله ﴿وَلَقَدِ اخْتَرْنَاهُمْ عَلَى عِلْمٍ عَلَى الْعَالَمِينَ﴾ [...] كقوله عزّ وجلّ لمريم عليها السلام ﴿وَاصْطَفَاكِ عَلَى نِسَاءِ الْعَالَمِينَ﴾ أي في زمنها فإنّ خديجة رضي الله عنها إمّا أفضل منها أو مساوية لها في الفضل وكذا آسية بنت مزاحم امرأة فرعون وفضل عائشة رضي الله عنها على النساء كفضل الثريد على سائر الطعام.»[٣٥]

من جهتها، تُفرِد باربرا ستووَسر مساحة لا بأس بها للتعليق على عدد من هذه الأحاديث التفسيريّة التي تراها تتجاوز التوكيدَ القرآنيّ على أنّ الإسلام يفسّر كلّ الكتب المقدّسة قبله أو يجبّها، بل إنّها تخلق صورة نموذجيّة عليا (archetype)[٣٦] للمرأة

---

٣٣ ابن عطيّة الأندلسيّ، **المحرّر الوجيز**، ٤٣٤/١. راجع القول المذكور في الطبريّ، **جامع البيان**، ١٨٠/٣–١٨١.

٣٤ أبو حيّان الأندلسيّ، **البحر المحيط**، ٤٧٧/٢.

٣٥ ابن كثير، **تفسير**، ٤٣٠/٧.

٣٦ على أنّ ستووَسر إذ تستعمل مصطلح (archetype) الذي قدّمه يونغ لا تحدّد له تعريفًا دقيقًا في سياق بحثها، وهو مصطلح معقّد يحمل دلالات أسطوريّة ونفسيّة عميقة في السياق الذي وضعه فيه يونغ، دلالات قد يُحمّله أو لا يُحمّله إيّاها استعمالها هي له. والـ(archetype) أو النموذج الأعلى هو بتعريف مبسّط نمط من السلوك أو الفعل، أو نوع من الشخصيّات، أو شكل من أشكال القصّ، أو صورة، أو رمز، في الأدب والأساطير، وكذلك في الأحلام، ويعكس أنماطًا أو أشكالًا بدائيّة وعالميّة تجد استجابة لدى القارئ. أنظر الرويلي والبازعي، **دليل الناقد الأدبيّ**، ٣٣٧. وللوقوف على دلالات ذلك المصطلح وموقعه في فكر يونغ عمومًا أنظر:

C. G. Jung, *The Archetypes and the Collective Unconscious*, trans. R. F. C. Hull, 2nd ed. (Princeton: Princeton University Press, 1969).

وقد أرسى نورثرب فراي دعائم النقد الأدبيّ الموظِّف لمفهوم النموذج الأعلى في كتابه الشهير **تشريح النقد** الآنف الذكر. أنظر تفصيل رؤيته النقديّة المفصّلة في فراي، «المحاولة الثالثة: النقد النموذجيّ: نظريّة الأساطير»، في **تشريح النقد**، ١٦٣–٣١٠. أنظر أيضًا خلاصة هذه الرؤية في:

Northrop Frye, "The Archetypes of Literature," *The Kenyon Review* 13, no. 1 (1951): 92–110.

ولِلَمحة موجزة حول تاريخ استخدام هذا المصطلح في النقد الأدبيّ أنظر:

Lauriat Lane, "The Literary Archetype: Some Reconsiderations," *The Journal of Aesthetics and Art Criticism* 13, no. 2 (1954): 226–32; Carol Schreier Rupprecht, "Archetypal Theory =

الصالحة والمستقيمة. وجوهر هذه الصورة النموذجيّة انصياع المرأة للأوامر الإلهيّة مع ما يتّصل بذلك من ميّزات كالعذريّة والطهارة من الحيض، كمريم وفاطمة، ثمّ الأمومة، فآسية أمّ موسى بالتبنّي، ومريم أمّ عيسى بقوّة روح الله، وخديجة أمّ النسل النبويّ، وفاطمة أمّ الحسن والحسين.[٣٧]

لكنّ هذه الأحاديث التي تكاد تقتصر على تعداد أسماء هؤلاء النساء وضمّها في صيغة خبريّة محدّدة (كمل من النساء.../أربع نسوة سيّدات عالمهنّ.../خير نساء العالمين...) هي أحاديث فضفاضة تقدّم «حقيقة» مُطلقة وعامّة دون أيّ تحديد تفصيليّ، سوى تحديد أسماء النساء ربّما، فهي بالتالي، عندما نقرؤها، يمكن أن تُذكّرنا بتفاصيل أو مميّزات كثيرة تخصّ هؤلاء النساء غير الأمومة والطهارة والعذريّة وسواها. ثمّ ألا يجدر بنا أن نتنبّه هنا إلى حقيقة الارتباط أو ربّما الربط المقصود بين هذه التفاصيل والمميّزات وبين صلاحهنّ أو كمالهنّ؟ إنّ قلّة «التفاصيل» المتوفّرة عن هؤلاء السيّدات، وتفاوتها بينهنّ، يجعلنا أحيانًا نقفز إلى ربط مُحتمَل مماثل قد لا يكون ضروريًّا. كلّ ما نعرفه عن آسية في نصّ القرآن هو أنّها ضُرِبت مثلًا للمؤمنين في التحريم، ١١، والآية تُثبت دعاءً منقولًا عن لسانها؛ وأنّها نصحت فرعون بالإبقاء على موسى لاتّخاذه ولدًا في القصص، ٩،[٣٨] والقرآن مثلًا لا يصرِّح بأنّ تبنّيها لموسى متّصل مباشرة بجدارتها الشخصيّة التي أهّلتها لكي تصبح مضرب مثل فيه، فكأنّ الربط بين صلاحها وأمومتها هو نتيجة مزاوجة من نوع ما في مرحلة معيّنة بين هذين الموردَين، غير المترابطَين صراحة في نصّ القرآن.[٣٩] وهذا ما لا تشير إليه ستووَسر، وإن كانت تبرهن في مورد آخر من كتابها على أنّها متنبّهة لربط مشابه حيث تشير إلى أنّ القرآن لا يذكر كيف ماتت امرأة نوح مثلًا، لكنّ المفسّرين يجعلون لها ميتة شنعاء كميتة امرأة لوط، وكأنّ الإدانة المزدوجة لهاتين المرأتين في القرآن (التحريم، ١٠) تُبسَط في التفسير لتشمل تقاطعات في مصيرهما. بمعنى آخر، فإنّ النموذج الأعلى المستقى من هذه الأحاديث التفسيريّة، إن كان هناك من نموذج، كأنّه تقيّده التفاصيل المحدودة عن النسوة المعنيّات، وهو ما

---

and Criticism," in *The Johns Hopkins Guide to Literary Theory and Criticism*, ed. Michael Groden, Martin Kreiswirth, and Imre Szeman, 2nd ed. (Baltimore and London: Johns Hopkins University Press, 2005), 62–67. =

٣٧ للوقوف على تنويعات الأحاديث التي تتكّئ عليها ستووَسر راجع تفصيل مقاربتها في المرجع نفسه، ٦٠.

٣٨ ﴿وَضَرَبَ اللَّهُ مَثَلًا لِلَّذِينَ آمَنُوا امْرَأَةَ فِرْعَوْنَ إِذْ قَالَتْ رَبِّ ابْنِ لِي عِنْدَكَ بَيْتًا فِي الْجَنَّةِ وَنَجِّنِي مِنْ فِرْعَوْنَ وَعَمَلِهِ وَنَجِّنِي مِنَ الْقَوْمِ الظَّالِمِينَ﴾؛ و﴿وَقَالَتِ امْرَأَةُ فِرْعَوْنَ قُرَّةُ عَيْنٍ لِي وَلَكَ لَا تَقْتُلُوهُ عَسَى أَنْ يَنْفَعَنَا أَوْ نَتَّخِذَهُ وَلَدًا وَهُمْ لَا يَشْعُرُونَ﴾.

٣٩ Stowasser, *Women*, 41.

يخلق نوعًا من التفاضل بينهنّ على قدر التفاصيل المعروفة عن كلٍّ منهنّ، حتّى لو لم يكن هناك من تفاضل بالحقيقة.

في الإطار نفسه، لماذا نذكر «ميزة» أمومة خديجة، وهي ميزة غير مذكورة في القرآن أصلاً، في تحديدنا لِما يتّصل بنموذج المرأة الكاملة، الصالحة، المستقيمة؟ لأنّنا ببساطة لا نكاد نعرف شيئًا عن صلاح تلك المرأة. فالمرويّات لا تنقل لنا تفاصيل أخرى يمكن لصورتها كامرأة صالحة أن تقوم عليها، كالتعبّد، أو حُسن الخلق ربّما، أو سوى ذلك مثلاً. وعليه، طغت على هذه الصورة صورتها أمًّا لأنّ الأمومة لها حيّز الصدارة في الأخبار الواردة عنها، وهو ما أضفى عليها طابعًا تقديسيًّا «نموذجيًّا»، وقد عزّز هذا الطابع كون الأولاد أبناء النبيّ. فهذه الأحاديث إن كانت تؤسِّس فعلاً لنموذج نسويّ أعلى للصلاح والكمال، فهي لا تفصح عن جوهر هذا النموذج، كما تقصر الميّزات التي نعرفها عن السيّدات المسمّيات فيها عن الإحاطة به أو قُل عن التعبير عنه تمامًا. وهنا تطفو مجدَّدًا المفاضلة بين خديجة وابنتها فاطمة التي تُظهِرها بعض الروايات مُتقدّمة على أمّها، وفي حين قد لا يُعدّ ذلك بحدّ ذاته مؤثّرًا على صورة خديجة الرفيعة، المرأة الصالحة والكاملة، فنحن لا نستطيع أن نُهمِل تمامًا فرق القرابة من النبيّ بين المرأتين، الذي قدّم البنت على أمّها بسبب اتّصالها بالدم به، وهو ما يُعبّر عنه القول أعلاه الذي ينقله أبو حيّان عن بعض شيوخه، وكذا سبق فاطمة أمّها بشكل ما لكونها «أمّ الأئمّة» المتصدِّرة في السياق الشيعيّ. ولا تتطرّق ستووَسر في قراءتها والحال كذلك إلى فرق القرابة هذا، فهي تلفت إلى عنصر الأمومة المشترك بين المرأتين الذي يتّصل بالصورة النموذجيّة للمرأة الصالحة (خديجة أمّ أولاد النبيّ وفاطمة أمّ الحسن والحسين) على حدّ تعبيرها، لكنّها تُغفِل تأثير كون خديجة أمّ فاطمة على صورة كلٍّ منهما.

ومن المثير للاهتمام ما يقرّره القرطبيّ من أفضليّة مريم القطعيّة على باقي النساء من «الأوّلين والآخرين»، وفيهنّ خديجة، فهو يخرج برأيه هذا عن ميل قد يُتوقَّع رصده لدى المصنّفين المسلمين عمومًا إلى تقديم أخبار وانطباعات تُؤْثِر الشخصيّات الإسلاميّة البارزة على شخصيّات الديانات السابقة الأخرى مهما علا شأنها. ويقترب القرطبيّ في موقفه هذا من أندلسيّ آخر هو ابن حزم (ت. ١٠٦٤/٤٥٦) الذي يتعرّض إلى قضيّة نبوّة مريم في فصل «نبوّة النساء» في كتاب **الفصل**، حيث يستشهد «بقول رسول الله ﷺ: كمل من الرجال كثير ولم يكمل من النساء إلّا مريم بنت عمران وآسية بنت مزاحم» [لاحِظ إيراده حديث الكمال محذوفًا منه اسمَي خديجة وفاطمة] مُحاجِجًا في

نبوّة مريم وآسية انطلاقًا من هذا الحديث النبويّ،[٤٠] وهو الحديث الذي يذكره القرطبيّ بدوره في تفسيره مُعقّبًا:

> إنّ الكمال المطلق هو لله تعالى خاصّة، ولا شكّ أنّ أكمل نوع الإنسان هم الأنبياء ثمّ يليهم الأولياء من الصدّيقين والشهداء والصالحين. وإذا تقرّر هذا فقد قيل إنّ الكمال المذكور في الحديث يعني به النبوّة، وعليه فيلزم أن تكون مريم نبيّة لأنّ الله أوحى إليها بواسطة الملك كما أوحى إلى سائر النبيّين والصحيح أنّ مريم عليها السلام وآسية نبيّتان، وقد قيل بذلك[٤١]

ولعلّ حِرْص ابن حزم والقرطبيّ على الدفاع عن نبوّة هاتين المرأتين، مع إقرار القرطبيّ بأنّه «لم يرد ما يدلّ على نبوّتها [أي آسية] دلالة واضحة بل على صدّيقيّتها وفضلها»،[٤٢] هو استجابة لجدال عقديّ دار في محيطهما الثقافيّ، وإلى ذلك يُشير ابن حزم صراحة حين يقول: «هذا فصلٌ لا نعلمه حدَثَ التنازع العظيم فيه إلّا عندنا في قرطبة وفي زماننا فإنّ طائفة ذهبت إلى إبطال كون النبوّة في النساء جملة».[٤٣] لكنّ القول بأفضليّة مريم أو غيرها لأنّها نبيّة يجدر ألّا يُستقرأ فيه حطٌّ من قدر نساء الإسلام البارزات، ففي رسالة في المفاضلة بين الصحابة يجزم ابن حزم بعد محاججة ومناقشة شيّقة أنّ نساء النبيّ «أعلى درجة في الصحبة من جميع الصحابة»، لِما «لهنّ من الاختصاص في الصحبة ووكيد الملازمة له ولطف المنزلة معه والحظوة لديه ما ليس لأحد من الصحابة»،[٤٤] وفيها يقرّر أنّه «لا شكّ عند كلّ مسلم في أنّ صواحبه [أي النبيّ] من نسائه وبناته كخديجة وعائشة وفاطمة وأمّ سلمة (ت. ٦٧٩/٥٩ أو ٦٨٠/٦٠) أفضل دينًا ومنزلة عند الله تعالى من كلّ من أتى بعدهنّ ومن كلّ رجل يأتي في هذه الأمّة إلى يوم القيامة».[٤٥]

---

٤٠ أنظر ابن حزم الأندلسيّ، **كتاب الفصل في الملل والأهواء والنحل** (القاهرة: مطبعة الموسوعات، ١٩٠٣)، ١٧/٥–١٩.

٤١ القرطبيّ، **الجامع**، ٨٣/٤.

٤٢ المصدر نفسه والصفحة نفسها.

٤٣ ابن حزم، **الفصل**، ١٧/٥. راجع في هذا الإطار أيضًا مناقشة حُسن عبّود لآراء كلّ من القرطبيّ وابن حزم حول مسألة نبوّة مريم في حُسن عبّود، **السيّدة مريم في القرآن الكريم: قراءة أدبيّة** (بيروت: دار الساقي، ٢٠١٠)، ٢١٧–٢٢٤. وحول إشكاليّة مكانة مريم بالمقارنة مع أبرز نساء الإسلام سيّما خديجة وفاطمة وعائشة راجع:
Barbara Stowasser, *Women*, 79–80.

٤٤ ابن حزم، **رسالة في المفاضلة بين الصحابة**، تحقيق سعيد الأفغاني (دمشق: المطبعة الهاشميّة، ١٩٤٠)، ١٨٦.

٤٥ المصدر نفسه، ٢٢٢.

أمّ أولادها من غير النبيّ: أمومة قِدَم الجاهليّة

في **الطبقات** يورد ابن سعد في معرض حديثه عن زواج خديجة الثاني: «[...] ثمّ خلف عليها بعد أبي هالة عتيق بن عابد بن عبد الله بن عمر بن مخزوم فولدت له جارية يقال لها هند فتزوّجها صيفي بن أميّة بن عابد بن عبد الله بن عمر بن مخزوم، وهو ابن عمّها، فولدت له محمّدًا. ويُقال لبني محمّد هذا بنو الطاهرة لمكان خديجة، وكان له بقيّة بالمدينة وعقب فانقرضوا»،[٤٦] وفي **نسب قريش** لمصعب بن عبد الله (ت. ٢٣٦/٨٥٠): «كان يُقال لمحمّد بن صيفيّ ابن الطاهرة، يعنون خديجة بنت خويلد»، «وأمّ محمّد هند بنت عتيق، وأمّ هند خديجة».[٤٧] وإن كان أبو هلال العسكريّ يذهب في **الأوائل** إلى أنّ الطاهرة هي هند نفسها: «أوّل امرأة تزوّجها ﷺ خديجة بنت خويلد بن أسد بن عبد العزّى بن قصي بن كلاب وكانت قبله عند أبي هالة فولدت له هندًا وهالة [...] ثمّ خلف عليها عتيق بن عائذ بن عبد الله المخزوميّ فولدت له جارية اسمها هند وهي الطاهرة [...] وكانت عند صيفي بن عائذ فولدت محمّد بن صيفي».[٤٨]

وتُظهِر مقارنة سريعة بين المصادر المبكرة التي بين أيدينا كم إنّ المحفوظ عن زوجَي خديجة وأولادها منهما مشوّش ومُربِك كما أشرنا سابقًا في فصل «الزواج من النبيّ»، فالمصادر تكاد تتّفق فقط على أنّها تزوجّت قبل النبيّ من رجلَين اثنَين وأنجبت منهما، لكنّها تختلف في (١) اسمَي الزوجين، (٢) وترتيب زواجها منهما، (٣) وأسماء الأولاد، (٤) وعددهم، (٥) وترتيبهم، (٦) وعدد الذكور منهم والإناث.[٤٩] وليعقوب قسطر مقال فيه استعراض عامّ مفيد للروايات المعنيّة يغطّي مصادر مبكرة ومتأخّرة،[٥٠] ينوّه فيه بإبهام الروايات التي تتناول زواجَي خديجة المفترَضين قبل النبيّ وإرباكها وتناقضها أحيانًا لجهة أسماء الزوجين والأولاد وحيواتهم ومصائرهم وغيره، لكنّه لا يأتي فيه على ذكر من يشكّك بهما، وبالتالي بنسبة أولادها منهما إليها؛ وإن

---

٤٦ ابن سعد، **الطبقات**، ١٥/٨.

٤٧ راجع مصعب بن عبد الله الزبيريّ، **نسب قريش**، تحقيق إ. ليفي بروفنسال، ط. ٣ (القاهرة: دار المعارف، ١٩٥٣)، ٣٣٤.

٤٨ أبو هلال العسكريّ، **الأوائل**، ١٧٢/١.

٤٩ قارن ما أورده ابن سعد مثلًا بابن إسحاق، **سيرة**، ٢٢٩/٥؛ وابن هشام، **السيرة**، ٢٩٣/٤؛ والبلاذريّ، **أنساب**، ٤٠٦/١–٤٠٧؛ وابن حبيب، **المحبّر**، ٨٧ و٤٥٢، ولابن حبيب أيضًا **المنمّق في أخبار قريش**، تحقيق خورشيد أحمد فارق (حيدر آباد: دائرة المعارف العثمانيّة، ١٩٦٤)، ٣٩٩.

٥٠ M. J. Kister, "The Sons of Khadīja," 59–66.

كان التشكيك بهذين الزواجين محفوظًا في بعض المصادر الشيعيّة خاصّة، يُقال فيها إنّه كانت لخديجة أخت اسمها هالة هي من تزوّجت من الرجلين المذكورَين، والأولاد كلّهم لها، لكنّهم تربّوا عند خديجة والنبيّ، إذ إنّ هالة كانت فقيرة وكانت خديجة قد ضمّتها مع أولادها إلى بيتها وكفلتهم جميعًا، فنُسبوا بذلك إليها.[٥١] لكنّ التشويش يحيط حتّى بالأخبار عن عدد أبنائها من النبيّ وهويّات هؤلاء الأبناء، وهو تشويش زادته التلونّات الدينيّة-السياسيّة للفِرَق المختلفة كما يُشير قسطر في مقال له آخر، مُحيلًا مثلًا على كتاب **مناقب آل أبي طالب** لابن شهراشوب (ت. ١١٩٢/٥٨٨)، وفيه خبر «شيعيّ» بأنّ رقيّة وزينب كانتا ابنتَي هالة أخت خديجة، أي أنّهما ربيبتاها والنبيّ لا بنتاهما، وهو ما كان بحسب قسطر بمثابة حجّة قويّة ضدّ عثمان الذي قيل إنّه لُقّب بـ«ذي النورَين» لزواجه من ابنتَي النبيّ رقيّة وأمّ كلثوم.[٥٢]

وهنا نتوقّف عند خبر مثير للاهتمام وقعنا عليه في **الأوائل** لأبي هلال العسكريّ:

> أوّل قتيل في الإسلام الحارث بن أبي هالة، وكانت أمّه خديجة ولدت الحارث وهندًا ابنَي أبي هالة، وذلك أنّ رسول الله ﷺ لمّا أُمِر أن يصدع بما يؤمر قام في المسجد الحرام فقال: قولوا لا إله إلّا الله تُفلحوا، فوثبت عليه قريش، فأتى الصريخ أهله، فكان أوّل من أتاه الحارث بن أبي هالة فضرب في القوم ففرّقهم عنه ثمّ عطفوا عليه فضربوه حتّى قتلوه[٥٣]

فالحارث ليس اسمًا مألوفًا لأحد أبناء خديجة، لأنّ أكثر ما يتكرّر في المصادر اسمَا هند وهالة. كما إنّ الخبر يتنافر بموضوعه مع الخبر المشهور الذي يليه وفيه أنّ «أوّل من استشهد في الإسلام سميّة أمّ عمّار، طعنها أبو جهل [عمرو بن هشام بن المغيرة (ت. ٦٢٤/٢)] في فرجها فقتلها حين أظهرت الإسلام».[٥٤] لكنّه وبصرف النظر عن ذلك، فإنّه يضع ابن خديجة المذكور في خانة «أهل» النبيّ، ويخلق الانطباع بأنّ شعورًا من الودّ كان يكنّه الابن للنبيّ بما يجعله يتجشّم الخطر ليفديه ويُحامي عنه. وهذا يُعيدنا إلى القضيّة نفسها التي أثرناها قبلُ، أي المنظور الذي يُقدّم به نصّ السيرة للشخصيّات، وخضوع الأخيرة إلى حضور النبيّ الطاغي في هذا النصّ. فإذا كان ابن خديجة من

---

٥١ أنظر تفصيل هذا التشكيك والحجج المقدّمة لتدعيمه في عليّ بن أحمد الكوفيّ (ت. ٩٦٣/٣٥٢)، **الاستغاثة في بِدَع الثلاثة** (طهران: مؤسّسة الأعلمي، د. ت.)، ١٠٧–١١٥.

٥٢ Kister, "The Sīrah Literature," in *The Cambridge History of Arabic Literature, I*, 363–64.

٥٣ العسكريّ، **الأوائل**، ٣٠٢/١.

٥٤ المصدر نفسه والصفحة نفسها.

أبي هالة يُذكّر بزواجها قبل النبيّ، وربّما يوحي بثبات اجتماعيّ كانت خديجة تتمتّع به جعلها تحتضن مع النبيّ ولدًا من زواج سابق. فإنّ ما يُبقيه النصّ من أثر لذلك الزواج السابق لا يتعدّى ربّما ذكر اسم الزوج واسم الابن. يركّز الخبر على الحاضر الذي فيه النبيّ لا على الماضي الذي لم يكن فيه، فنحن ننظر من خلاله إلى الحارث ابن زوج النبيّ الذي أنجده ومات شهيدًا في سبيل الدفاع عنه، لا إلى الحارث بن أبي هالة. ولعلّنا نستطيع أن نستقرئ ذلك بشكل أوضح في ما يرد في **أخبار المدينة** لابن شبّة (ت. ٨٧٨/٢٦٢) عن قبر لابن لخديجة غير مُسمّى تحت عنوان «قبر ابن خديجة رضي الله عنها»:

> قال عبد العزيز [بن عمران الزهريّ (ت. ١٩٧/٨١٢–٨١٣)]: وكان ابن خديجة في حجر رسول الله ﷺ بعد أمّه فلمّا توفّي حفر له على قارعة الطريق التي بين زقاق عبد الدار التي باب دارهم فيها وبين بقيع الغرقد الذي يتدافن فيه بنو هاشم اليوم، وكفّنه رسول الله ﷺ ونزل في قبره ولم ينزل في قبر أحد قطّ إلّا في خمسة قبور: منها قبور ثلاث نسوة وقبرا رجلين، منها قبر بمكّة وأربعة بالمدينة: قبر خديجة زوجته، وقبر عبد الله المزنيّ الذي يقال له عبد الله ذو البجادين [ت. ٨/٦٣٠] وقبر أمّ رومان [ت. ٦/٦٢٨] أمّ عائشة بنت أبي بكر، وقبر فاطمة بنت أسد بن هاشم [ت. ٤/٦٢٦] أمّ عليّ [سوى قبر ابن خديجة المذكور][٥٥]

الابن المعنيّ غير مُسمّى، وكذا أبوه. يُعرِّفه الخبر بكونه ابن خديجة، ويسرد ما يُشعِر بحنوّ النبيّ عليه بعد موت خديجة إذ أبقاه في حجره وحفر له قبره ودفنه وكفّنه ونزل في ذلك القبر. ينفتح الخبر على العاطفة النبويّة الدافئة، كما لو أنّ حنان خديجة الأمّ لم ينقطع عن ولدها بعد موتها، بل ظلّ متّصلًا مصبوبًا في قلب النبيّ. ويناقض ذلك ما رُوي أنّها حين سألت خديجة النبيّ عن ولدَين ماتا لها في الجاهليّة قال «هما في النار»، فلمّا سألته عن أولادها منه قال «في الجنّة» وقرأ ﴿وَالَّذِينَ آمَنُوا وَاتَّبَعَتْهُمْ ذُرِّيَّتُهُمْ بِإِيمَانٍ أَلْحَقْنَا بِهِمْ ذُرِّيَّتَهُمْ﴾،[٥٦] وهذا خبر مُشكّك في إسناده، ربّما سيق في إطار المحاججة بمسألة مصير الأولاد الذين قضوا في الجاهليّة من أبناء الكفّار والمشركين، وفيها مذاهب.[٥٧] وكأنّها تظهّر بسؤالها – وإن كان الخبر لا يقصد التركيز على موقفها الحَرِج، وجهين متناقضين لكونها مسلمة، فالسؤال عن ولدَيها اللّذين قضيا في الجاهليّة

---

٥٥ عمر بن شبّة، «ذكر مواضع قبور ولد الرسول وغيرهم من أصحابه وأسلاف المسلمين»، في **تاريخ المدينة المنوّرة**، تحقيق فهيم محمّد شلتوت (بيروت: دار التراث، ١٩٩٠)، ١٢١/١.

٥٦ البغويّ، **معالم التنزيل**، ١٢٣٩؛ وابن كثير، **تفسير**، ٨٣/٨؛ والقرطبيّ، **الجامع**، ٦٧/١٧.

٥٧ راجع مثلًا ابن كثير، **تفسير**، ١٦٥/٥ وما بعدها، إذ يبدو ذلك ممّا يورده من أخبار وأحاديث كثيرة حولها.

يقدّمها بصورة منشطرة بين التسليم بالواقع الإيمانيّ الجديد ومنظومته وأحكامه وبين المُسائِلة الفعّالة لذلك الواقع ومستتبعاته لأنّها الأمّ الحنون التي يؤرِّقها مصير طفلَيها اللّذين هلكا قبله.[٥٨]

---

٥٨ نستعير هنا تعبير ستووَسر الذي قصدت به هاجر أمّ إسماعيل عندما بقيت في الصحراء لكنْ سعت لإنقاذ ولدها:

"This woman is image of both the submitting and also the active aspects of being Muslim."

انظره في:

Stowasser, *Women*, 49.

الفصل الثالث

المبعث

بين الجاهليّة والإسلام

كلّ تغيّر في التاريخ تغيّر نسبيّ،[1] أي إنّنا في تناولنا أيّ انتقال بين حقبتَين، نستطيع أن نُبرِز الاختلافات أو أن نلقي الضوء على عناصر الاستمراريّة بينهما. ولعلّ الفترة التي تشهد مخاض الانتقال من حقبة إلى أخرى هي أكثر الفترات إشكاليّة إذا قاربناها من هذه الزاوية، ففيها لا خطوط الاختلاف ولا خيوط الاستمراريّة تكون قد تبيّنت بعد، وكذا هي فترة النبوّة التي عاصرتها خديجة بين الجاهليّة والإسلام، كما يتبدّى في المصادر. ليس مردّ تشويش تلك الفترة بهذا المعنى قلّة المعطيات التاريخيّة المتوفّرة عنها وحسب، بل هو سِمَة كلّ انتقال في مرحلته الأولى، وإن كانت قلّة المعطيات تغشيها بدورها تشويشًا فوق تشويش، خصوصًا وأنّنا لا «نعرف» ما يكفينا عن العرب والجزيرة العربيّة عشيّة ظهور الإسلام، ما يكفينا لنقارب بدقّة النسيج المادّيّ والإنسانيّ الذي انبثق منه الإسلام آنذاك، إذ لا تُقارَب القضايا والأحداث على مسطرة تفصيليّة، ففي حين قد تضعنا المصادر أمام فجوات هائلة في المعلومات عن مدينة مكّة في القرن السادس مثلاً، قد تزوّدنا بمعلومات وفيرة عن اليمن في تلك الفترة.[2]

---

١ ملاحظة تنقلها ماري كارّوثرز عن المؤرّخ لاورنس ستون (Lawrence Stone) في:
Mary J. Carruthers, *The Book of Memory: A Study of Memory in Medieval Culture*, 4th ed. (Cambridge: Cambridge University Press, 1994), 13.

٢ راجع مقدّمة بيتيرز القيّمة التي يستعرض فيها عددًا من أهمّ الإشكاليّات المتّصلة بالموضوع مع لائحة البيبلوغرافيا الملحَقة بها في:
F. E. Peters, ed., introduction to *The Arabs and Arabia on the Eve of Islam* (Aldershots: Ashgate, 1999), xi–lxix.
ولمقاربة أوفى أنظر الفصول الخمسة الأولى من كتابه:
Muhammad and the Origins of Islam (Albany: State University of New York Press, 1994).
وما كُتِب بالإنكليزيّة في العقود الأخيرة في هذا الموضوع يصعب حصره فِعلاً، أنظر على سبيل المثال:
Marshall G.S. Hodgson, "The World before Islam" and "Muḥammad's Challenge, 570–624," in *The Venture of Islam: Conscience and History in a World Civilization* (Chicago =

ويكاد يطمس إرباكَ تلك الفترة، إرباك الانتقال، الفصلُ القاطع بين الجاهليّة والإسلام الذي تروّج له السرديّة الإسلاميّة، وهو فصل يتأثّر به أيضًا عدد من الباحثين الغربيّين اليوم، فتراه يتسلّل إلى كتاباتهم ويسطو على مقارباتهم وإن من حيث لا يشعرون؛[٣] ويهدف كلّ سرد تاريخيّ بشكل صريح أو موارب إلى تلوين الأحداث التي يعالجها بصبغة أخلاقيّة، إلى إكسابها معنًى لا يمكن استشفافه منها بمجرّد كونها أحداثًا متسلسلة.[٤] وليس أدلّ من مصطلح «الجاهليّة» على التصوّر القِيَميّ الأخلاقيّ الذي يظلّل تلك الحقبة في نصوص المصادر. والجاهليّة مصطلح يصعب القبض على معناه بدقّة، سواء في القرآن أو في المصادر عمومًا، وهو يُستعمَل في كلّ موارده تقريبًا، كضدّ لكلمة الإسلام في إشارة إلى أحوال الجزيرة قبل الرسالة، أو إلى الوثنيّة، أو إلى حقبة ما قبل الإسلام أو حتّى لتوصيف الناس في تلك الحقبة، وفيه ما يدلّ ضمنًا على نوع من الازدراء والاستهجان لأوضاع العالم قبل الإسلام. ولعلّه من أكثر المصطلحات تعبيرًا عن رؤية السرديّة الإسلاميّة لتاريخ البشريّة، وهو تاريخ لا تلحظ فيه هذه السرديّة سوى التطوّر الدينيّ، تطوّر ينزع حتمًا باتّجاه التوحيد والإسلام في نهاية المطاف. نبوّة محمّد في هذا الإطار هي الحدَث الفصل بين زمنين: زمن الجاهليّة، وزمن الإسلام. وقد قُسّمت الجاهليّة بدورها إلى زمنين: جاهليّة أولى قديمة (من آدم إلى نوح أو إلى إبراهيم أو إلى إدريس) وجاهليّة ثانية أو آخرة جديدة (من المسيح إلى محمّد). تتّكئ هذه القِسمة

= and London: University of Chicago Press, 1974), 103–86; Robert Hoyland, *Arabia and the Arabs from the Bronze Age to the Coming of Islam* (London: Routledge, 2001).

وللائحة قراءات موجّهة أنظر:

Fred Donner, "The Near East on the Eve of Islam," in *Muhammad and the Believers at the Origins of Islam* (Cambridge: Belknap Press of Harvard University Press, 2010), 238–42.

ولمدخل قصير لكن مفيد حول الأحوال الاقتصاديّة والسياسيّة والاجتماعيّة والأخلاقيّة والدينيّة في الجزيرة عمومًا وفي الحجاز ونجد خصوصًا أنظر:

W. Montgomery Watt, "The Arabian Background," in *Muhammad at Mecca*, 3rd ed. (London: Oxford University Press, 1965), 1–29.

ولعلّ موسوعة **المفصّل** لجواد عليّ من أحسن ما كُتِب بالعربيّة عن أحوال العرب قبل الإسلام. راجع على وجه الخصوص جواد عليّ، «مكّة المكرّمة»، في **المفصّل في تاريخ العرب قبل الإسلام**، ط. ٢ (بيروت: دار العلم للملايين، ١٩٧٦)، ٤/٥–١٢٦، وطالِع المجلّد السادس لاستعراض تفصيليّ لمختلف الديانات والطقوس والعادات والتيّارات السائدة بينهم آنذاك. راجع أيضًا صالح العلي، **محاضرات في تاريخ العرب** (بغداد: مطبعة المعارف، ١٩٥٩)؛ وحسين مؤنس، «قريش قبل الإسلام»، في **تاريخ قريش** (جدّة: الدار السعوديّة، ١٩٨٨)، ١١–٢٣٢.

٣ Donner, *Narratives*, 294.

٤ Hayden White, *The Content of the Form*, 14.

شديدة الإبهام على فهم مغلوط، بحسب جولدسيهر، للآية ﴿وَقَرْنَ فِي بُيُوتِكُنَّ وَلَا تَبَرَّجْنَ تَبَرُّجَ الْجَاهِلِيَّةِ الْأُولَىٰ وَأَقِمْنَ الصَّلَاةَ وَآتِينَ الزَّكَاةَ وَأَطِعْنَ اللَّهَ وَرَسُولَهُ إِنَّمَا يُرِيدُ اللَّهُ لِيُذْهِبَ عَنكُمُ الرِّجْسَ أَهْلَ الْبَيْتِ وَيُطَهِّرَكُمْ تَطْهِيرًا﴾ (الأحزاب، **٣٣**) – وهو فهم تروج له مقالة "Djāhiliyya" في **الموسوعة الإسلاميّة** –،[٥] فهذه القِسمة لا تُستشفّ من الآية بل تعبّر عن فهم تفسيريّ ملصَق بها، فعلى أساس هذه الآية أيضًا اجترح المفسّرون قِسمة أخرى الجاهليّة الأولى فيها هي كلّ فترة ما قبل الإسلام، أمّا الجاهليّة الثانية ففيه. وتبيّن هذه التفسيرات على «غلطها»، انهماكَ المفسّرين برسم خطوط تاريخ شامل للعالم وموضعة الإسلام فيه. ومن جهته، ترجم جولدسيهر الجاهليّة بالبربريّة لأنّ الإسلام الذي بشّر به محمّد، يريد فحسب القطيعة عن هذه البربريّة تحديدًا؛ وهي ترجمة يتبعه عليها الخالدي في ترجمته للقرآن في تحديده لعبارة «الجاهليّة الأولى» بـthe earlier Age of Barbarism. ولعلّ العبارة تفيد معاني البدئيّة والقدم، فالجاهليّة الأولى كأنّها بدئيّة، لا تستلزم بالضرورة أن تُتبَع بجاهليّة آخرة.[٦] لكنّ ما يثبت تشويش تلك الفترة وإرباكها بشكل ما، ويبرهن أنّ ذلك الفصل بين الجاهليّة والإسلام لم يكن قد تبلور بعدُ في مكّة وخديجةُ على قيد الحياة، هو تاريخ استعمال مصطلح الجاهليّة نفسه، فقد ورد في القرآن أربع مرّات في السوَر المدنيّة دون المكّيّة،[٧] ما يُرجّح أنّه ظهر وأُطلِق واستُعمِل بعد الهجرة وشاع مُذ ذاك.[٨] ولعلّ الحديث الذي ينقله الفاكهيّ (ت. **٢٧٢–٢٧٩/٨٨٥–٨٩٣**)[٩] في

---

[٥] يكتب محرّرو **الموسوعة** مؤلّفو المقالة:

"On the basis of Ḳur'ān, XXXIII, 33, where the expression *al-djāhiliyya al-'ūlā* "the first djāhiliyya" appears, one is inclined to distinguish two periods, the first djāhiliyya extending from Adam to Noah (or to other prophets), and the second corresponding to the "Interval" between Jesus and Muḥammad".

راجع الاقتباس في:

P. Bearman et al., eds., "Djāhiliyya," in EI^2 2 (1983): 383–84.

[٦] راجع الطبريّ، **جامع البيان**، **٢٢/٣–٥**؛ وجواد عليّ، **المفصّل في تاريخ العرب قبل الإسلام**، **١/٣٧–٤٢**؛ ومحمّد الينبعيّ، **مفهوم الجهل والجاهليّة في القرآن الكريم والسنّة النبويّة: دراسة مصطلحيّة وتفسير موضوعيّ**، بالأصل رسالة دكتوراه (القاهرة: دار السلام، **٢٠١٣**)، **١٤٩–١٥٩**. راجع أيضًا:

The Qur'an, trans. Tarif Khalidi (2008), The Confederate Troops, 33, 341; G.-H. Bousquet, trans., "Études islamologiques d'Ignaz Goldziher: Traduction analytique (III)," *Arabica* 7, no. 3 (1960): 246–49.

[٧] آل عمران، **١٥٤**؛ والمائدة، **٥٠**؛ والأحزاب، **٣٣**؛ والفتح، **٢٦**.

[٨] جواد عليّ، **المفصّل**، **١/٣٨**.

[٩] الفاكهيّ من علماء القرن الثالث الهجريّ، أهملت المصادر ترجمته إذ ليس فيها تحديد دقيق لسنة وفاته، لكنّ محقّق كتابه هذا يحصرها بين هاتين السنتين. راجع محمّد بن إسحاق الفاكهيّ، **أخبار مكّة في قديم** =

مفتتح فصل «ذكر فضل الركن الأسود» في كتابه **أخبار مكّة** يعكس بدقّة المشهديّة الأخلاقيّة-الدينيّة المؤطِّرة بها حقبة الجاهليّة، وفيه وصف تعميميّ كأنّه يجعل خلاصة الجاهليّة في اللون الأسود لركن الكعبة:

> حدّثنا الحسن بن عليّ الحلوانيّ [ت. ٨٥٦/٢٤٢] قال ثنا غوث بن غيلان بن منبّه الصنعانيّ[١٠] قال أنا عبد الله بن صفوان [ت. ٦٩٢/٧٣] عن إدريس بن بنت وهب بن منبّه[١١] عن طاوس الجنديّ [ت. ٧٢٠/١٠١ أو ٧٢٥/١٠٦] عن عبد الله بن عبّاس قال إنّ النبيّ ﷺ قال: لولا ما طبع الله الركن من أنجاس الجاهليّة وأرجاسها، وأيدي الظَلَمَة والأَثَمَة، لاستُشفي به من كلّ عاهة، ولأُلفِيَ اليوم كهيئته يوم خلقه الله تعالى، وإنّما غيّره الله عزّ وجلّ بالسواد [وإنّه] لياقوتة بيضاء من ياقوت الجنّة، وضعه حين أنزله لآدم في موضع الكعبة قبل أن تكون الكعبة والأرض يومئذٍ طاهرة لم يُعمَل فيها بشيء من المعاصي، وليس لها أهل ينجّسونها[١٢]

يُلبّس هذا الوصف المجال الدينيّ بالأخلاقيّ، وهو ما يبين في المصطلحات المتجاوِرة (أنجاس/أرجاس، ظلمة/أثمة)، ويبين أكثر في مصطلحات يتقاطع عندها المجالان – كالطهارة مثلاً، وكلّها مصطلحات عامّة بعيدة عن أيّ تحديد دقيق في المجالَين، فأيّ معاصٍ كان يرتكبها أهل الجاهليّة؟ وما الرجس وما الطهارة؟ وما حدّ الظلم، أو الإثم؟ ويعكس هذا اللبس برأينا تسخيرًا للتحديدات الأخلاقيّة لتعويض القصور عن تقديم مشهديّة دينيّة تفصيليّة باستعمال مفردات «إسلاميّة» لتوصيف حقبة الجاهليّة من جهة، وتوظيفًا لتلك التحديدات في سبيل إضفاء نوع من المصداقيّة على المشهديّة المقدَّمة من جهة أخرى، لأنّ مفردات «الأخلاق» كأنّها تدفع القارئ إلى أن يتقبّل أكثر استعمال مفرادت الدين «الإسلاميّة» – على إبهامها وعموميّتها، لتوصيف تلك الحقبة. المزاوجة بين الدين والأخلاق مقصودة هنا لتمريرِ أسلس للإسقاطات على الماضي. وبالمعنى نفسه نقرأ في **مسند أحمد بن حنبل** «[...] عن ابن عبّاس عن النبيّ ﷺ قال: الحجر الأسود من الجنّة وكان أشدّ بياضًا من الثلج حتّى سوّدته خطايا أهل الشرك».[١٣]

= **الدهر وحديثه**، تحقيق عبد الملك بن عبد الله بن دهيش، ط. ٢ (مكّة: مكتبة ومطبعة النهضة الحديثة، ١٩٩٤)، ٩/١-٣٢. أنظر أيضًا:

F. Rosenthal, "al- Fākihī," in *EI*² 2 (1983): 757.

١٠ لم نقع له على تاريخ وفاة. أنظر ترجمته في ابن حبّان، **كتاب الثقات**، ٣١٣/٧.

١١ لم نقع له على تاريخ وفاة. أنظر ترجمته في المصدر نفسه، ٧٧/٦.

١٢ الفاكهيّ، **أخبار مكّة**، ٨١/١-٨٢.

١٣ أحمد بن حنبل (ت. ٨٥٥/٢٤١)، **مسند أحمد بن حنبل**، تحقيق أحمد معبد عبد الكريم (جدّة: جمعيّة المكنز الإسلاميّ، ٢٠٠٨)، حديث ٣٦٠٧، ٨٢٢/٢.

لكن ماذا عن شخص كخديجة في ظلّ تصوّر قاتم مماثل لزمن الجاهليّة؟

في **الروض الأنف** للسهيليّ (ت. ١١٨٥/٥٨١) نقرأ: «وخديجة بنت خويلد تُسمّى الطاهرة في الجاهليّة والإسلام»،[١٤] وفي **البداية والنهاية** لابن كثير: «وقال الزبير بن بكّار: كانت خديجة تُدعى في الجاهليّة الطاهرة بنت خويلد»،[١٥] وفي **السيرة الشاميّة** للصالحيّ الدمشقيّ: «وكانت رضي الله تعالى عنها تُدعى في الجاهليّة الطاهرة».[١٦]

يفتح هذا النعت ذهن القارئ على كلّ أنواع الفضائل، فهو خصب الدلالة، يستوعب كلّ معاني النقاء والصفاء والرَوْق. وعلاوة على كثافته المعنويّة، فهو نعتٌ غير مضبوط تمامًا لأنّ ظروف إطلاقه على خديجة مجهولة لدينا، وكذا صفاتها الفريدة التي من المفترض أنّ هذا النعت–اللقب يؤكّدها. نحن لا نعرف مثلًا مِمَّ استُشِفّ هذا اللقب، من مظهر خديجة الخارجيّ أم من آداب سلوكيّة أم من ممارسات عباديّة أم من كلّ ذلك معًا، أم من غيره؟ كما إنّ هذه الإشارة لا يمكن أن نستنتج منها متى أُطلِق هذا اللقب على خديجة بالضبط، في حياتها أم بعد مماتها، وإن كان أُطلِق عليها في حياتها، هل كان ذلك قبل الإسلام أم بعده؟ لكأنّنا أمام ترفيع تشريفيّ خلاصته كلمة واحدة (الطاهرة) معلّقة في فضاء الفراغ توالى اقترانها باسم خديجة في المصادر.

يقتضي التحديد الزمنيّ «في الجاهليّة» أنّ التقييم الأخلاقيّ التشريفيّ كان صدَرَ عن أهل الجاهليّة، فكأنّهم «على علّاتهم» كانوا قد ميزّوا طهر خديجة، وقدّروه إذ أشاعوه

---

١٤ عبد الرحمن بن عبد الله السهيليّ، **الروض الأنف في تفسير السيرة النبويّة لابن هشام**، تحقيق طه عبد الرؤوف سعد (القاهرة: مكتبة الكلّيّات الأزهريّة، ١٩٧١)، ٢١٥/١.

١٥ إسماعيل بن عمر بن كثير، **البداية والنهاية** (بيروت: مكتبة المعارف، ١٩٦٦)، ٣٠٧/٥. لم نقع في القسم الذي حقّقه محمود شاكر من كتاب **جمهرة نسب قريش وأخبارها** للزبير بن بكّار على هذا الخبر، والأصل الكامل للكتاب مقسّم في ثلاثة وعشرين جزءًا، فالذي وصلنا الجزء الثالث عشر إلى الجزء الثالث والعشرين (أحدَ عشر جزءًا)، ويغطّي هذا القسم المحقَّق بني أسد بن عبد العزّى وولد عبد الله بن الزبير (الأجزاء ١٣–١٧). فلعلّه يرِد في جزء من الأجزاء التي لم نجدها بعدُ، خصوصًا وأنّ مصعب بن عبد الله صاحب كتاب **نسب قريش** الذي اقتبسنا منه أعلاه هو عمّ الزبير بن بكّار وشيخه، وقد تعاصرا وتقاربت أيّامهما. والزبير في كتابه يسوق النسب على نحو ما فعل عمّه المصعب في كتابه، لكنّه، بحسب شاكر، يتخلّل النسب بأخبار كثيرة للرجال والنساء، تربو على أخبار عمّه بثروة ظاهرة. راجع محمود محمّد شاكر، مقدّمة لـ **جمهرة نسب قريش وأخبارها** للزبير بن بكّار (القاهرة: مكتبة دار العروبة، ١٩٦١)، ٣/١–٥٣.

١٦ الصالحيّ الدمشقيّ، «في بعض فضائل خديجة»، في **سبل الهدى والرشاد في سيرة خير العباد** المعروف **بالسيرة الشاميّة**، تحقيق عادل عبد الموجود وعلي معوّض (بيروت: دار الكتب العلميّة، ١٩٩٤)، ١٥٦/١١. وفي باب «في وفاة السيّدة خديجة»: «وكانت تُدعى في الجاهليّة الطاهرة» في المصدر نفسه، ٤٣٤/٢.

لها لقبًا، تمامًا كتقديرهم أمانة محمّد الذي كانوا قد لقّبوه بالأمين: «[...] وكانت قريش تسمّي رسول الله ﷺ قبل أن ينزل عليه الوحي: الأمين».[١٧] ليست فرادة خديجة بهذا المعنى ارتجاعيّة، أي تُسقِط مفهوم طهر «إسلاميّ» على الماضي الجاهليّ، بل هي استثنائيّة معترَف بها في ذلك الماضي -أو قل هذا ما يريدنا هذا الخبر أن نذهب إليه، وكأنّ «طهرها» لازمة مسبَقة هيّأت لها ما كانته في الإسلام. يقول ابن كثير في معرض حديثه عن النبوّة: «[...] وأدركها ورقة بن نوفل وكان يتوسّمها في رسول الله [...] بما كانت خديجة تنعته له وتصفه له، وما هو منطوٍ عليه من الصفات الطاهرة الجميلة وما ظهر عليه من الدلائل والآيات».[١٨] فلعلّ في استعماله نعت «الطاهرة» إضاءة توضيحيّة مباشرة على المعاني «البدئيّة» الأخلاقيّة التي يُحمَّلُها هذا اللفظ والتي تلمح إلى «استعداديّة» معيّنة لنبوّة محمّد الإسلاميّة، وهي استعداديّة نرى أنّ لقب الطاهرة يوجّه نحوها في حالة زوجه خديجة أيضًا، تمهيدًا لدورها في الإسلام، وإن كان لا يجوز لنا أن نستبعد كلّيًا أيضًا احتمال أن يكون استعمال اللفظ في هذا المورد محض تزيّد إنشائيّ، أو تصحيف، فربّما أبدل فيه لفظ «الظاهرة» مثلًا - تماشيًا مع الفعل «ظهر» اللاحق في الجملة.

وكما أمّها، فقد حملت فاطمة لقب الطاهرة نفسه، لكنّ لفظ اللقب المشترك بين الأمّ وابنتها يخبّئ خلفه اختلافًا غير بسيط في معنى ذلك اللقب ودلالته. فطهارة خديجة - يمكن القول، بدئيّة ومبهمة وحمّالة أوجه تتناسب مع المرحلة التي عاصرتها - أو مع ما يعرفه/يقدّمه المصنّفون عن تلك المرحلة، أمّا طهارة فاطمة فأكثر تعقيدًا وتحديدًا، نسبيًّا طبعًا، ينعكس فيها تبلور أكثر دقّة لفكرة الطهارة في المبنى الفقهيّ الإسلاميّ، فهي التي إنّما سُمّيت الطاهرة «لطهارتها من كلّ دنس، وطهارتها من كلّ رفث، وما رأت قطّ يومًا حمرة ولا نفاسًا».[١٩] ولعلّ لقب الطاهرة حين يُطلَق على فاطمة يُحمّل دلالات

---

[١٧] ابن هشام، **السيرة**، ٢١٠/١. انظره أيضًا باللفظ نفسه في الطبريّ، **تاريخ**، ٢٩٠/٢، و«[...] ما اسمه في قومه إلّا «الأمين» لِما جمع الله عزّ وجلّ فيه من الأمور الصالحة» في ابن إسحاق، **سيرة**، ٥٧/١.

[١٨] ابن كثير، **البداية والنهاية**، ٨/٣.

[١٩] محمّد باقر المجلسيّ (ت. ١١١١/١٦٩٩)، **بحار الأنوار الجامعة لدرر أخبار الأئمّة الأطهار** (بيروت: دار التعارف للمطبوعات، ٢٠٠١)، ٢٠/١٨. حول تبلور صورة فاطمة «الأسطوريّة» في الأدبيّات الشيعيّة راجع:
Verena Klemm, "Image Formation of an Islamic Legend: Fāṭima, The Daughter of the Prophet Muḥammad," in *Ideas, Images, and Methods of Portrayal*, ed. Sebastian Günther, 195–206.

مُضافة إذا وضعناه على خلفيّة شيعيّة تنطلق من التطهير ﴿إِنَّمَا يُرِيدُ اللهُ لِيُذْهِبَ عَنْكُم الرِّجْسَ أَهْلَ الْبَيْتِ وَيُطَهِّرَكُمْ تَطْهِيرًا﴾ في الأحزاب، **٣٣**، لتفتح لفظ الطهر ومشتقّاته على استعمالات ومعانٍ عقديّة واسعة.[٢٠]

في ظلّ المبعث: سطوة فِعل المساعدة

معلومٌ أنّ لحظة المبعث التي معها بدأ الزمن النبويّ تحتلّ المساحة الأكثر خصوصيّة ورسوخًا في الذاكرة الثقافيّة الإسلاميّة، وهي لربّما أكثر اللحظات التي تُستعاد من عمر النبيّ والرسالة. وهي لحظة مقدّسة يخرجها البُعد الدينيّ من الزمن الطبيعيّ المعيش. وما المرويّات عنها – في جانب منها على الأقلّ، إلّا محاولة لتجميدها في صورة معيّنة يمكن لنا أن نتذكّرها من خلالها. وتقع أفعال خديجة فيها، تحت تأثير تلك اللحظة المقدّسة ومحاولة استرجاعها والإيحاء قدر المستطاع بالقبض على كلّ تفاصيلها. كلّ فعل مرويّ كأنّه مُجمَّد، وحدَث مرّة واحدة فقط، تمامًا كحدَث المبعث، ولا يمكن أن يتكرّر في حياة الشخص الذي اضطلع به.[٢١]

فإذا نظرنا مثلًا إلى عبارة: «ثمّ قامت [خديجة] فجمعت ثيابها عليها ثمّ انطلقت إلى ورقة بن نوفل» في **السيرة**، قد نجد أنّ جملة «جمعت ثيابها عليها» ليست حقًّا جزءًا حيويًّا في سلسلة الأحداث بل هي ربّما أقرب إلى التزيّد الذي يوحي بأنّ الراوي يحصي أدقّ سكنات الشخصيّات في تلك اللحظة المقدّسة، وكأنّ العبارة جمّدت حركة خديجة إذ ذاك في فضاء الذاكرة. وكذا قولها: «[...] ما كان الله عزّ وجلّ ليفعل بك

٢٠ نشير هنا على سبيل المثال إلى حديث آخر ينقله المجلسيّ ممّا «رُوي أيضًا في بعض الأخبار أنّ ملكًا دخل إلى رسول الله ونشر أجنحته بين يديه وقال: [...] اعلم يا محمّد أنّ رجلًا من أمّتك اسمه يزيد زاده الله لعنًا في الدنيا وعذابًا في الآخرة يقتل فرخك الطاهر ابن الطاهرة...»، وإلى ما يورده الطبرسيّ صاحب تفسير **مجمع البيان** «إنّ حميدة أمّ موسى بن جعفر عليهما السلام لمّا اشترت نجمة رأت في المنام رسول الله صلّى الله عليه وآله وسلّم يقول لها: «يا حميدة، هبي نجمة لابنك موسى [بن جعفر (ت. ٧٩٩/١٨٣)]، فإنّه سيَلِدُ منها خير أهل الأرض» فوهبتها له، فلمّا ولدت له [عليّ] الرضا [ت. ٨١٨/٢٠٣] سمّاها الطاهرة». راجع المجلسيّ، **بحار الأنوار**، ٧٢٦/١٨؛ والفضل بن الحسن الطبرسيّ، **إعلام الورى بأعلام الهدى** (النجف: المكتبة الحيدريّة، ١٩٧٠)، **٣١٤**. راجع الخبر نفسه أيضًا عن أمّ الرضا وأخبار أخرى مشابهة في الصدوق، «باب ما جاء في أمّ الرضا عليّ بن موسى الرضا عليهما السلام واسمها»، في **عيون أخبار الرضا**، تحقيق مهدي الحسينيّ اللاجورديّ (قم: محمّد رضا المشهديّ، ١٩٥٨)، ١٤/١–١٨.

٢١ أنظر خبر المبعث كاملًا في ابن إسحاق، **سيرة**، ١٠٠/٢–١٠٣، وفي ابن هشام، «مبعث النبيّ صلّى الله عليه وآله وسلّم تسليما»، في **السيرة**، ٢٥٢/١–٢٥٤، وفي الطبريّ، **تاريخ**، ٣٠٠/٢–٣٠٢.

ذلك مع ما أعلم من صدق حديثك وعظم أمانتك وحسن خلقك وصلة رحمك»،[٢٢] فهو أشبه ما يكون باللازمة المقدّسة التي تقفز أوّلًا إلى الذهن عند محاولة استرجاع أقوالها عمومًا، وهي تُكرَّر على لسانها في عدد كبير من أخبار أوّل الوحي التفسيريّة، وإن اختلفت صِيَغُها. ففي تفسير العلق، ١–٥ ينقل الطبريّ في **جامع البيان** عن أوّل نزول الوحي[٢٣] عن ابن شهاب الزهريّ (ت. ٧٤٢/١٢٤) عن عروة [ابن الزبير (ت. ٧١٣/٩٤)] عن عائشة أنّ النبيّ رجع إلى بيت خديجة مرتجفًا بعد أن فجأه جبريل، فكانت أوّل من أخبرها خبره، وأنّها قالت له: «أبشر فوالله لا يخزيك الله أبدًا ووالله إنّك لتصل الرحم وتصدق الحديث وتؤدّي الأمانة وتحمل الكلّ وتقري الضيف وتُعين على نوائب الحقّ».[٢٤] يترجم هذا القول ردّة فعلها الممتازة على الحدَث، فلكَأنّها عدّلت بها اضطرابه. تُشرع هذه الكلمات ذهننا إلى مزايا فريدة، وإن هائمة وغير محدَّدة، في شخص خديجة. فكلمات مماثلة في موقف خطير مماثل ليست منطوقًا عاديًّا يُتوقَّع صدوره عن أيّ كان، وهي تهدف كما قول آخر يُجرى على لسانها إلى طمأنة النبيّ المثقل بوطأة المبعث إذ تخاطبه بعد أن سمعت منه: «فوالذي تحلف به إنّي لأرجو أن تكون نبيّ هذه الأمّة »، ومثله أيضًا قول ورقة الذي يبادره بقوله بعد أن يسمع منه

٢٢ ابن إسحاق، **سيرة**، ١٠٢/٢. انظره أيضًا في الطبريّ، **تاريخ**، ٣٠٢/٢.

٢٣ اختُلف في أوّل ما نزل من القرآن، فقيل ﴿اقْرَأْ﴾ وقيل ﴿يَا أَيُّهَا الْمُدَّثِّرُ﴾ وقيل الفاتحة. أنظر أبو بكر محمّد بن الطيّب الباقلّاني (ت. ١٠١٣/٤٠٣)، **إعجاز القرآن**، تحقيق السيّد أحمد صقر (القاهرة: دار المعارف، د. ت.)، ٤٤٤؛ وعليّ بن أحمد الواحديّ (ت. ١٠٧٦/٤٦٨)، «القول في أوّل ما نزل من القرآن»، في **أسباب النزول** (القاهرة: مؤسّسة الحلبيّ، ١٩٦٨)، ٥–٨؛ والزركشيّ، «معرفة أوّل ما نزل من القرآن وآخر ما نزل» في **البرهان**، ٢٠٦/١–٢٠٨؛ والسيوطيّ، «معرفة أوّل ما نزل» في **الإتقان**، ٦١–٦٥. وممّا يمكن عدّه محاولة توفيقيّة لفضّ هذا الاختلاف التمييز بين آيات دالّة على أوّل النبوّة وأخرى على أوّل الرسالة، «فإنّ العلماء قالوا: قوله تعالى ﴿اقْرَأْ بِاسْمِ رَبِّكَ﴾ دالٌّ على نبوّة محمّد ﷺ، لأنّ النبوّة عبارة عن الوحي إلى الشخص على لسان الملك بتكليف خاص، وقوله تعالى ﴿يَا أَيُّهَا الْمُدَّثِّرُ* قُمْ فَأَنْذِرْ﴾ دليل على رسالته ﷺ، لأنّها عبارة عن الوحي إلى الشخص على لسان الملك بتكليف عام». راجع الزركشيّ، **البرهان**، ٢٠٨/١.

٢٤ راجع نصّ الخبر الحرفيّ كاملًا في الطبريّ، **جامع البيان**، ١٦١/٣٠–١٦٢. وانظره بصيغ وأسانيد متفاوتة الطول في السمرقنديّ، **تفسير**، ٤٩٣/٣؛ والثعلبيّ، **الكشف والبيان**، ٢٤٢/١٠–٢٤٣؛ والواحديّ، **أسباب النزول**، ٥–٦؛ ومنصور بن محمّد السمعانيّ (ت. ١٠٩٦/٤٨٩)، **تفسير القرآن**، تحقيق ياسر بن إبراهيم (الرياض: دار الوطن، ١٩٩٧)، ٢٥٥/٦–٢٥٦؛ والبغويّ، **معالم التنزيل**، ١٤٢٠–٢١؛ وابن العربيّ، **أحكام القرآن**، ٤١٨/٤–٤١٩؛ وابن عطيّة الأندلسيّ (ت. ١١٥١/٥٤٦)، **المحرّر الوجيز في تفسير الكتاب العزيز**، تحقيق عبد السلام محمّد (بيروت: دار الكتب العلميّة، ٢٠٠١)، ٥٠١/٥؛ والقرطبيّ، **الجامع**، ١١٨/٢٠؛ وابن كثير، **تفسير**، ٢٤٤/٩–٤٥؛ والسيوطيّ، **الدرّ المنثور**، ٥٢٠/١٥–٥٢١.

بدوره: «والذي نفس ورقة بيده إنّه ليأتيك الناموس الأكبر الذي كان يأتي موسى عليه السلام وإنّك لنبيّ هذه الأمّة».[٢٥] يترجم القولان الأخيران دورَ مساعدة النبيّ المعنويّة المسنَد إلى كلٍّ من خديجة وورقة، لكن مع الحرص على نوع من التدرّج في تخفيف اضطراب النبيّ وهمّه، فخديجة «ترجو أن يكون النبيّ» فيما ورقة يؤكّد «إنّ[ه] لنبيّ»، وهو ما يجعل خديجة متأخِّرة بعلمها عن ورقة، العلم الذي حصّله من اتّباعه الكتب.[٢٦] ويبين أثرُ هذه المساعدة المزدوجة في تعبير: «فسهّل ذلك عليه بعض ما هو فيه من الهمّ بما جاءه» المتبع به نقل خديجة كلام ورقة للنبيّ بعد أن رجعت من عنده، وفي تعبير: «زاده الله عزّ وجلّ من قول ورقة ثباتًا وخفّف عنه بعض ما كان فيه من الهمّ» الذي يُختَم به لقاء النبيّ بنفسه ورقة قرب الكعبة. وكذا في **الطبقات**، وفي كلّ الأخبار التي يوردها ابن سعد تحت عنوان «ذكر نزول الوحي على رسول الله ﷺ» تُذكَر خديجة التي تزوّد النبيّ، وتتلقّاه وتُهدِّئه وتذكر أمره عند ورقة.[٢٧]

وتعمّم السيرة دور المساعدة المعنويّة الذي اشتركت به خديجة مع ابن عمّها في لحظة المبعث الحرجة على كلّ حياتها الباقية مع النبيّ بعد المبعث حتّى وفاتها: «نا أحمد [بن عبد الجبّار العطارديّ] نا يونس عن ابن إسحاق قال: كانت خديجة أوّل من آمن بالله ورسوله وصدّق بما جاء به فخفّف الله بذلك عن رسول الله ﷺ لا يسمع شيئًا يكرهه من ردّ عليه وتكذيب له فيحزنه ذلك إلّا فرّج الله عنه بها إذا رجع إليها تثبّته وتخفّف عنه وتصدّقه وتهوّن عليه أمر الناس رحمها الله».[٢٨] يبدأ هذا الخبر التقريريّ القصير بتعيين خديجة كأوّل من آمن بالنبيّ، وينتهي بعبارة الترحّم عليها، وفيه تبدو أفعالها مترجمة لأفعال الله، فبتصديقها خفّف الله عن رسوله، وبها فرّج عنه إذ تخفّف عنه تكذيب الناس وتهوّن عليه أمرهم. وكأنّه لم يكن مع النبيّ إذ ذاك غير الله وخديجة. وترجّع عبارة الترحّم صدى الذاكرة، ذاكرة الراوي الذي يشفّع ذكر خديجة بها، وكأنّه رأى أنّها تستحقّها على خلفيّة إيمانها أوّلًا ومؤازرتها الاستثنائيّة للنبيّ. يجمّد الخبر خديجة في صورة المساعِدة المصدّقة الأولى التي هيّأها الله لنبيّه في الزمن الصعب، وهذا الخبر التقريريّ

---

٢٥ ابن إسحاق، **سيرة**، ١٠٢/٢. أنظر أيضًا ابن هشام، **السيرة**، ٢٥٤/١؛ والطبريّ، **تاريخ**، ٣٠٢/٢.

٢٦ «فأمّا ورقة بن نوفل فتنصّر فاستحكم في النصرانيّة واتبع الكتب من أهلها حتّى علم علمًا كثيرًا من أهل الكتاب» في ابن إسحاق، **سيرة**، ٩٥/٢.

٢٧ ابن سعد، **الطبقات**، ١٩٤/١–١٩٥.

٢٨ ابن إسحاق، **سيرة**، ١١٢/٣. أنظر أيضًا ابن هشام، **السيرة**، ٢٥٧/١؛ وفي الطبريّ، **تاريخ**، ٣٠٦/٢–٣٠٧: «فجعل رسول الله ﷺ يذكر ما أنعم الله عليه وعلى العباد به من النبوّة سرًّا إلى من يطمئنّ إليه من أهله فكان أوّل من صدّقه وآمن به واتّبعه من خلق الله فيما ذُكِر زوجته خديجة رحمها الله».

التعميميّ تدور في فلكه معظم الأخبار السيريّة التي تظهر فيها خديجة، لأنّ جُلّ الأفعال والأقوال التي تُسنَد إليها في هذه الأخبار يمكن أن تُدرَج تحت عنوان مساندة النبيّ بعد التصديق به أوّلًا. يلمح خبر في «باب ما نال أصحاب رسول الله ﷺ من البلاء والجهد» مثلًا إلى أنّ خديجة كانت سببًا وغطاءً لمساعدة مادّيّة أراد حكيم ابن حزام ابن أخيها إدخالها إلى بني هاشم أثناء حصارهم في الشعب:

> نا أحمد نا يونس عن ابن إسحاق: فأقامت قريش على ذلك من أمرهم في بني هاشم وبني المطّلب سنتين أو ثلاثًا حتّى جهد القوم جهدًا شديدًا لا يصل إليهم شيء إلّا سرًّا أو مستخفى به ممّن أراد صلتهم من قريش فبلغني أنّ حكيم بن حزام خرج يومًا ومعه إنسان يحمل طعامًا إلى عمّته خديجة ابنة خويلد وهي تحت رسول الله ﷺ ومعه في الشعب إذ لقيه أبو جهل فقال: تذهب بالطعام إلى بني هاشم؟ والله لا تبرح أنت وطعامك حتّى أفضحك عند قريش. فقال له أبو البختري بن هاشم بن الحارث بن أسد [ت. ٦٢٤/٢]: تمنعه أن يرسل إلى عمّته بطعام كان لها عنده؟ [...][٢٩]

حتّى لقد نجد في خبر وفاتها أثرًا لصورة المساعدة المعنويّة: «[...] فتتابعت على رسول الله ﷺ المصائب بهلاك خديجة وأبي طالب وكانت خديجة وزيرة صدق على الإسلام كان يسكن إليها».[٣٠] وتستحقّ عبارة «وزيرة صدق على الإسلام» بعض التأمّل، «[ف]الوزير في اللغة اشتقاقه من الوِزَر، والوَزَر الجبل الذي يُعتَصم به ليُنجي من الهلاك» و«الوزير: حَبَأ الملك الذي يحمل ثقله ويُعينه برأيه»،[٣١] فهي تضع على كاهل خديجة شيئًا كثيرًا من عبء النبوّة، وتوكّد على أنّها كانت ركنًا للنبيّ ومفزعًا. وبدورها، تُنحّي هذه العبارة حياة خديجة مع النبيّ قبل الإسلام، فوزارتها له «على الإسلام» كأنّها واكبت بها همّه الثقيل المستجدّ، بما لا يُقيم وزنًا لأيّ همّ سابق، حتّى وإن كانت وازرته في بعض شؤونه من قبلُ. ولا يبدو أنّ أحدًا يتفوّق على خديجة في مساعدة النبيّ بُعيد إرهاصات الوحي الأولى، فكما في المرويّ في تفسير ﴿اقْرَأْ﴾، تتلقّى خديجة زوجها الذي يختبر مشاهدات خارقة مُستجدّة بحسب الأخبار التفسيريّة الملحَقة بمطلع سورة المدّثر. وعن النبيّ: «فجئثتُ منه [من جبريل]، ولقيتُ

---

٢٩ ابن إسحاق، **سيرة**، ١٤١/٣–١٤٢. أنظر أيضًا ابن هشام، **السيرة**، ٣٧٩/١–٣٨٠.

٣٠ ابن إسحاق، **سيرة**، ٢٢٧/٥. «وكانت له وزير صدق على الإسلام يشكو إليها» في ابن هشام، **السيرة**، ٥٧/٢.

٣١ ابن منظور، «وزر»، في **لسان**، ٢٨٣/٥.

خديجة، فقلتُ «دثّروني» فدثّروني،[٣٢] وصبّوا عليّ ماءً فأنزل الله عليّ ﴿يَا أَيُّهَا الْمُدَّثِّرُ* قُمْ فَأَنْذِرْ﴾».[٣٣] فأكثر الروايات تُعيّنها بالاسم الشخصَ الذي توجّه النبيّ إليه بأمر التدثير/

٣٢ يُنوَّع التعبير على لسان النبيّ: «زمّلوني» أو «دثّروني»، والفِعلان متقاربان معنويًّا وهو ما يُحيلنا بالطبع على نداءَي «يا أيّها المدّثر»، و«يا أيّها المزمّل»، في أوّل سورتَي المدّثّر والمزّمّل، ويعكس هذا التنويع تقاطعات أخبار أوّل الوحي المُربِكة والمعقدّة في تشابكها اللفظيّ والمعنويّ والتي يحتاج فضّها إلى بحث مُقارن مدقّق بين أسانيدها من جهة ومتونها من جهة أخرى، من غير أن يُفضي ذلك بالضرورة إلى نتائج قاطعة. استعمال هذه المعابير غير محصور بتفسير السوره المشترِكه والخبر بالتعبير، كأن تكون الأخبار التي فيها تعبير «دثّروني» ترد في تفسير المدّثّر فقط، فتعبير «زمّلوني» يرد في الخبر المنقول عن عائشة المُثبَت في تفسير سورة العلق مثلاً، أو ربّما يرد التعبيران في خبر واحد. والواضح أنّه كانت للمصنّفين آراء توفيقيّة في أوّليّة نزول سوَر العلق والمدّثّر والمزّمّل، إذ قرن بعض المفسّرين مثلاً بين مناسبتَي نزول مطلع المدّثّر والمزّمّل فقالوا: «لمّا جاءه الملك وهو في غار حراء في ابتداء الوحي رجع ﷺ إلى خديجة ترعد فرائصه فقال: «زمّلوني زمّلوني» فنزلت ﴿يَا أَيُّهَا الْمُدَّثِّرُ﴾ وعلى هذا نزلت ﴿يَا أَيُّهَا الْمُزَّمِّلُ﴾ فالمزّمّل على هذا تزمّله من أجل الرعب الذي أصابه أوّل ما جاءه جبريل» في ابن جزَي، **التسهيل لعلوم التنزيل**، ٢/٥٠٠. أنظر الخبر أيضًا «عن جمهور المفسّرين» في ابن عطيّة الأندلسيّ، **المحرّر الوجيز**، ٥/٣٨٦؛ و«عن الجمهور» في أبو حيّان الأندلسيّ، **البحر المحيط**، ٨/٣٥٢. أنظر أيضًا توالي استعمال الفِعلين في خبر واحد في عبد الرزّاق الصنعانيّ، **تفسير القرآن**، ٢/٣٢٧، وفيه: «فرجعتُ إلى خديجة، فقلت «زمّلوني زمّلوني». قالت خديجة «فدثّرناه» فأنزل الله تعالى عليه ﴿يَا أَيُّهَا الْمُدَّثِّرُ* قُمْ فَأَنْذِرْ* وَرَبَّكَ فَكَبِّرْ* وَثِيَابَكَ فَطَهِّرْ﴾». أنظر الخبر نفسه في الطبريّ، **جامع البيان**، ٢٩/٩٠، وفيه «وجئت أهلي» بدل «فرجعت إلى خديجة»؛ وفي السمرقنديّ، **بحر العلوم**، ٣/٤٢٠، وفيه «فرجعت إلى أهلي» بدل «فرجعت إلى خديجة»؛ وفي الواحديّ، **أسباب النزول**، ٧، وفيه «فرجعت» بدل «فرجعت إلى خديجة»؛ وفي البغويّ، **معالم التنزيل**، ١٣٦٠، وفيه «فجئت أهلي» بدل «فرجعت إلى خديجة»؛ وفي الثعلبيّ، **الكشف**، ١٠/٢٤٣، وفيه «فرجعت» بدل «فرجعت إلى خديجة»؛ ونفسه في ابن العربيّ، **أحكام القرآن**، ٤/٤١٩؛ وبصيغة أطول في مقاتل بن سليمان، **تفسير مقاتل بن سليمان**، تحقيق عبد الله شحاته عن طبعة الهيئة المصريّة العامّة للكتاب، **١٩٧٩** (بيروت: مؤسّسة التاريخ العربيّ، **٢٠٠٢**)، **٤/٤٨٩–٤٩٠**. حتّى إنّ الخبر بصيغة يوردها أبو حيّان الأندلسيّ تقرن بين الفعلين على لسان النبيّ: «قال الجمهور: لمّا فزع من رؤية جبريل على كرسيّ بين السماء والأرض ورعب منه رجع إلى خديجة، فقال: «زمّلوني دثّروني» نزلت ﴿يَا أَيُّهَا الْمُدَّثِّرُ﴾»، راجع أبو حيّان الأندلسيّ، **البحر المحيط**، ٨/٣٦٢.

٣٣ الطبريّ، **جامع البيان**، **٢٩/٩٠**. أنظر الخبر في مجاهد بن جبر، **تفسير مجاهد**، **٢/٧٠٣**؛ والثعلبيّ، **الكشف**، ١٠/٦٧–٦٨؛ والطوسيّ، **التبيان**، ١٠/١٧١؛ والواحديّ، **أسباب النزول**، ٧ و**٢٩٥**؛ والبغويّ، **معالم التنزيل**، **١٣٥٩**؛ وابن العربيّ، **أحكام القرآن**، **٤/٣٣٨**؛ وابن الجوزيّ، **زاد المسير**، **٨/٣٩٩**؛ وفخر الدين الرازيّ، **التفسير الكبير**، طبعة عبد الرحمن محمّد (القاهرة: المطبعة البهيّة المصريّة، **١٩٣٨**)، **٣٠/١٨٩**؛ والقرطبيّ، **الجامع**، **١٩/٦٠**؛ وعبد الله بن عمر البيضاويّ (ت. **٦٩١/١٢٩٢**)، **أنوار التنزيل وأسرار التأويل**، تحقيق محمّد المرعشلي (بيروت: دار إحياء التراث العربيّ ومؤسّسة التاريخ العربيّ، د. ت.)، **٥/٢٥٩**؛ وعبد الله بن أحمد النسَفيّ (ت. **٧١٠/١٣١٠**)، **مدارك التنزيل وحقائق التأويل**، تحقيق يوسف بديوي (بيروت: دار الكلم الطيّب، **١٩٩٨**)، **٣/٥٦١**؛ وابن كثير، **تفسير**، **٩/٣٩**. ويورد السيوطيّ الخبر في **الدرّ المنثور**، **١٥/٦١–٦٢**، ولكن يُسقَط فيه ذكر خديجة بالاسم =

التزميل. كما أنّ اعتماد لفظة «أهله» بدل اسم «خديجة» في بعضها وإن كان فيه تبهيت ممكن لحضورها بمجرّد تغييب اسمها، فهو محدود، لأنّ اللفظ كما أسلفنا يحتمل معنى الزوج، وهو حينئذٍ لم يكن له زوج غيرها، فاللفظة على الأرجح تعنيها هي وحدها. وربّما كانت ستوجّه إلى الشخص المساعِد الذي دثّر/زمّل النبيّ بشكل أكبر قراءة ﴿المدَّثِّرُ﴾ المدَثَّرُ و﴿المزَّمّلُ﴾ المزَمَّلُ، فقراءة مماثلة تجعل الإشارة إلى ذلك الشخص، أي إلى خديجة – لو وافقنا الأخبار على أنّها هي من دثّرته وزمّلته، أكثر مباشرة. وعلاوة على الأخبار التفسيريّة المسنَدة التي تُظهِّر خديجة بصورة المساعِدة فإنّ في التفاسير المكتوبة مرويّاتٍ غير مُسنَدة أقرب إلى حكايا القُصّاص تقدّمها بالدور نفسه. ينقل فخر الدين الرازيّ:

> رُوي أنّ أبا جهل اتّخذ ضيافة لقوم [...] ثمّ قال قوموا حتّى نذهب إلى محمّد وأصارعه وأجعله ذليلًا حقيرًا، فلمّا وصلوا إلى دار خديجة وتوافقوا على ذلك أخرجت خديجة بساطًا فلمّا تصارعا جعل أبو جهل يجتهد في أن يصرعه، وبقي النبيّ عليه الصلاة والسلام واقفًا كالجبل ثمّ بعد ذلك رماه النبيّ ﷺ على أقبح وجه. فلمّا رجع أخذه باليد اليسرى، لأنّ اليسرى للاستنجاء فكان نجسًا فصرعه على الأرض مرّة أخرى ووضع قدمه على صدره فذكر بعض القُصّاص أنّ المراد من قوله ﴿إِنَّ شَانِئَكَ هُوَ الْأَبْتَرُ﴾ هذه الواقعة.[٣٤]

ومن ميزات الحكاية عمومًا أنّها تندرج في سياق محدّد تاريخيًّا وتستعير منه سِمات محدّدة تُحيل على محيط معروف، علاوة على سِمات فرديّة ذات طابع سيكولوجيّ أو عاطفيّ تعبّر عنها تمامًا المفردات المستعمَلة في نصّها.[٣٥] وهو ما يمكن تمييزه بسهولة في الرواية التي ينقلها الرازيّ، ففي خلفيّتها المحيط الذي يعيش فيه النبيّ وخديجة وأبو جهل وضيوفه، وممّا يدلّ على ذاك المحيط مثلًا «دار خديجة»، وهو مكان محدّد ومعروف، ويُعبِّر عن الشحن العاطفيّ العدائيّ بين النبيّ وأبي جهل على سبيل المثال الكلمات المستخدَمة فيها،

= حيث العبارة: «فرجعتُ فقلتُ دثِّروني فدثَّروني» وكذلك يورد الثعلبيّ تنويعتين للخبر تُغيِّبان خديجة: «فأمرتهم فدثّروني» و«فجئتُ إلى أهلي فقلتُ زمّلوني» في الثعلبيّ، **الكشف**، ١٠/٦٧–٦٨.

٣٤ الرازيّ، **التفسير**، ٣٢/١٣٣. و«تنصّ الأخبار أنّ هذه الآية نزلت ردًّا على قول للعاص بن وائل [أحد أعداء النبيّ] بعد موت عبد الله ابن النبيّ من خديجة» في القرطبيّ، **الجامع**، ٢٠/٢٢٢. أنظر أيضًا الثعلبيّ، **الكشف**، ١٠/٣٠٧؛ والواحديّ، **أسباب النزول**، ٣٠٦–٣٠٧؛ والبغويّ، **معالم التنزيل**، ١٤٣٩؛ والرازيّ، **التفسير**، ٣٢/١٣٢.

٣٥ جمال الدين بن الشيخ، **ألف ليلة وليلة أو القول الأسير**، ترجمة محمّد برادة وعثماني الميلود ويوسف الأنطكي (القاهرة: المجلس الأعلى للثقافة والمركز الفرنسيّ للثقافة والتعاون، ١٩٩٨)، ٧٦.

فأبو جهل يريد «أن يصارع» وأن يجعل النبيّ «ذليلًا حقيرًا»، والنبيّ يرميه «على أقبح وجه» ويبقى واقفًا كالجبل «واضعًا قدمه على صدره»، فيما خديجة المساعِدة تفرش أمام بيتها البساط الذي عليه يتصارعان، و«لعلّ سورة الكوثر من أقدم السور التي تهدف أساسًا إلى مناهضة أحد الخصوم»،[٣٦] وهذا ما يجعل الرواية أعلاه وأشباهها مُتوقَّعة ربّما، كتوسِعة تفسيريّة حكائيّة شيّقة على الخصام الشرس الذي تُلمِح إليه هذه السورة.

خديجة أم أبو بكر؟: فِعل مساعَدة تُزاحَم عليه

على خلفيّة ما أُولي للحظة الوحي الأولى من أهمّيّة، لعلّه لن يفجؤ القارئَ إسنادُ فِعل اصطحاب خديجة النبيّ عند ورقة إلى غيرها، كما في خبر عن عمرو بن شرحبيل (ت. ٦٨٢/٦٣) الذي يحوّله إلى أبي بكر مقدِّمًا إيّاه عليها، مُقحمًا الخليفة الأوّل في مشهد أوّل الوحي. ينقل القرطبيّ في تفسير سورة الفاتحة: «وذكر البيهقيّ [ت. ١٠٦٦/٤٥٨] في **دلائل النبوّة** عن أبي ميسرة عمرو بن شرحبيل أنّ رسول الله ﷺ قال لخديجة إنّي إذا خلوت وحدي سمعتُ نداء وقد والله خشيت أن يكون هذا أمرًا قالت: معاذ الله! ما كان الله ليفعل بك، فوالله إنّك لتؤدّي الأمانة، وتصل الرحم، وتصدق الحديث فلمّا دخل أبو بكر – وليس رسول الله ﷺ ثَمّ، ذكرت خديجة حديثه له، قالت: يا عتيق، اذهب مع محمّد إلى ورقة بن نوفل فلمّا دخل رسول الله ﷺ أخذ أبو بكر بيده، فقال: انطلق بنا إلى ورقة فقال: ومن أخبرك. قال: خديجة فانطلقا إليه [...]»،[٣٧] وينقل الرازيّ هذا الخبر عن رواية الثعلبيّ بإسناده عن عمرو بن شرحبيل لكنّه يُسقط ذكر أبي بكر، وفيه يذهب النبيّ بنفسه إلى ورقة ويسأله عن الواقعة بعد أن يُسِرَّ بها إلى خديجة.[٣٨]

وتجتذب شخصيّة أبي بكر شيئًا من الفانتازيا التاريخيّة عن لحظة الوحي الفريدة بانتزاع منطوق خديجة منها هذه المرّة. ففي حديث أوّل الوحي المشهور المنقول عن الزهريّ عن عروة عن عائشة، – وقد أشرنا إليه أعلاه في سياق تفسير آيات سورة

---

٣٦ تيودور نولدكه، **تاريخ القرآن**، تعديل فريدريش شفالي؛ نقله إلى العربيّة جورج تامر. بيروت: مؤسّسة كونراد، ٢٠٠٤، ٨٢.

٣٧ القرطبيّ، **الجامع**، ١١٥/١. أنظر الخبر في الثعلبيّ، **الكشف**، ٢٤٤/١٠، وبصيغة أقصر في المصدر نفسه، ٨٩/١.

٣٨ أنظر الرازيّ، **التفسير**، ١٧٧/١. انظره أيضًا في الشهرستانيّ، تفسير **الشهرستانيّ** المسمّى **مفاتيح الأسرار ومصابيح الأبرار**، تحقيق محمّد عليّ آذرشب (طهران: مركز البحوث والدراسات بالتعاون مع مؤسّسة الدراسات الإسماعيليّة وجامعة طهران، ٢٠٠٨)، ٧٢/١.

العلق الأولى، يجري على لسان خديجة عبارة: «كلّا والله ما يخزيك الله أبدًا، إنّك لتصل الرحم، وتحمل الكلّ، وتكسب المعدوم وتقري الضيف، وتعين على نوائب الحقّ». ويورد البخاريّ هذا الحديث بمفتتح **صحيحه** في باب «كيف كان بدء الوحي إلى رسول الله ﷺ»،[٣٩] لكنّه يعود وينقل عبارة خديجة فيه بحرفيّتها، مع تعديل بسيط في ترتيب الجمل، على لسان ابن الدَّغِنَة سيّد الأحباش بحقّ أبي بكر في سياق حديث آخر ينتهي إسناده بدوره إلى الزهريّ عن عروة عن عائشة في «باب جوار أبي بكر في عهد النبيّ ﷺ وعقده»:

> قالت لم أعقل أبويَّ قطّ إلّا وهما يدينان الدين [...] فلمّا ابتُلي المسلمون خرج أبو بكر مهاجرًا قِبَل الحبشة حتّى إذا بلغ برك الغماد لقيه ابن الدغنة وهو سيّد القارّة فقال: أين تريد يا أبا بكر فقال أبو بكر: أخرجني قومي فأنا أريد أن أسيح في الأرض فأعبد ربّي قال ابن الدغنة: إنّ مثلك لا يخرج ولا يخرج فإنّك تكسب المعدوم، وتصل الرحم، وتحمل الكلّ، وتقري الضيف، وتعين على نوائب الحق [...][٤٠]

وفي مقال قصير يحاول فيه شرح الجملة المبهمة الأخيرة «وتعين على نوائب الحقّ» من عبارة خديجة يشير يعقوب قِسطر إلى أنّ هذه الجملة هي تعبير جاهليّ مُعتمَد لمدح أشراف القبائل تُبُنّي لاحقًا في الإسلام، وانطلاقًا من وجهة النظر هذه، لعلّه يمكن القول إنّ إثبات هذه الصيغة في شكل حديث هو من أكثر الطرق صراحة في تبنّيها إسلاميًّا، ممّا يجبّ أصلها الجاهليّ. يخلص قسطر إلى أنّ التقاطع اللفظيّ بين مدح النبيّ على لسان خديجة ومدح أبي بكر على لسان ابن الدغنة (وفيه جملة «نوائب الحقّ»)، يُلمح إلى أنّ هذا النوع من الخطاب كان صيغة مدحيّة رائجة في ذلك الوقت.[٤١] لكنّ القول الموضوع في فم كلّ من خديجة وابن الدغنة طويل نسبيًّا، فهو وإن كان يستدعي

---

٣٩ البخاريّ، **صحيح**، ٣/١–٤. أنظر أيضًا «باب ﴿وَقَالَ رَجُلٌ مُؤْمِنٌ مِنْ آلِ فِرْعَوْنَ يَكْتُمُ إِيمَانَهُ﴾ إلى ﴿مَنْ هُوَ مُسْرِفٌ كَذَّابٌ﴾»، و«سورة ﴿اقْرَأْ بِاسْمِ رَبِّكَ﴾»، و«باب التعبير وأوّل ما بُدئ به رسول الله ﷺ من الوحي الرؤيا الصالحة»، في المصدر نفسه، ١٢٤/٤؛ و٨٧/٦–٨٩؛ و٦٧/٨–٦٨. والحديث هو الوحيد في الباب الأخير. أنظر أيضًا الحديث المشهور «عن أبي سلمة [بن عبد الرحمن بن عوف (ت. ٧١٢/٩٤–٧١٣ أو ٧٢٢/١٠٤–٧٢٣)] عن جابر» في أمر أوّل الوحي في «سورة المدّثر»، في المصدر نفسه، ٧٤/٦–٧٥.

٤٠ البخاريّ، **صحيح**، ٥٨/٣.

٤١ أي في زمن النبيّ لا في زمن البخاريّ، لأنّه في المقال نفسه يُشير إلى استعمال جرير (ت. ٧٢٨/١١٠) هذه الصيغة «لاحقًا» لمدح مولى لبني تميم. أنظر:
M. J. Kister, "God Will Never Disgrace Thee," *Journal of the Royal Asiatic Society of Great Britain and Ireland* 97, no. 1 (1965): 31–32.

خصالًا شائعًا حمدها آنذاك، فذلك لعلّه لا يستتبع بالضرورة أن يغدو القول كلّه «صيغة مدحيّة» رائجة بحرفيّته. إنّ رواية هذا القول على لسان خديجة، وإن كان بعضه أو كلّه في الأصل تعبيرًا جاهليًا، هو لحظة استثنائيّة في عمره الثقافيّ، لأنّه إذ ذاك يعبر إلى ثقافة جديدة، ولأنّه في حاضنة هذه الثقافة الجديدة «الإسلاميّة» مُستحضَر في لحظة الفصل الحرِجة بينها وبين الثقافة التي سبقتها لتوصيف النبيّ الجديد، الذي أُوحِي إليه للتوّ. صاحب الوحي هو الرجل الأوّل المكرَّس في الثقافة الدينيّة الجديدة. أن يُجرى على لسان زوجه خطاب مدحيّ مماثل بحقّه بعد حدَث الوحي كأنّه يمنح محمّدًا عصارة الزمن الماضي، فجانب من إرث الجاهليّة الأخلاقيّ صار بجريانه على لسان خديجة المخاطِبة للنبيّ جزءًا من البناء الأخلاقيّ الإسلاميّ، والنبيّ في هذا البناء هو القامة العليا التي على المسلمين التمثّل بها. على هذه الخلفيّة، ليس في التشابه الحرفيّ بين خطابَي خديجة وابن الدغنة ترديد لصيغة مدحيّة شائعة فقط، إن كانت شاعت حقًّا صيغة مدحيّة معيّنة، بل ترديد يبدو مقصودًا لمواصفات أخلاقيّة صارت محمّديّة الآن لتقريب شخص أبي بكر من شخص النبيّ لِما في ذلك من تشريف يخدم تفضيل أبي بكر على غيره من الصحابة معنويًّا وأخلاقيًّا وسياسيًّا. ويوافق إدراج هذا القول تحت لافتة «الإسلاميّ» اقتباسه ونعته بذلك في كتاب بيرتون الشهير في الحديث.[٤٢]

يُفقد تسجيل فضل أبي بكر من بوّابة الكلمات نفسها المنقولة عن خديجة بحقّ النبيّ «قولها» هذا شيئًا من الخصوصيّة، فهو صار بروايته على لسان ابن الدغنة صيغة محفوظة عن غير شخص. على أنّ ما يستبقي لخديجة خصوصيّة نسبيّة هو شهرة حديث أوّل الوحي قياسًا على حديث جوار أبي بكر، فحديث الوحي مرتبط في جلّ التراث التفسيريّ بآيات القرآن الأولى، وهذا ما يجعله مُمعنًا في الخصوصيّة والفرادة حتّى كأنّه لا يكاد يضاهيه شهرة أيّ حديث آخر. ويصدّق على ذلك افتتاح البخاريّ **صحيحه** به، فهو الحديث الأوّل الذي يروي عن لحظة الرسالة الأولى الأقدس على الإطلاق.

---

٤٢ يقول بيرتون مقتبسًا قول خديجة هذا تحت العنوان الفرعيّ «Assorted Ethical Statements» في فصل «The Theological Dimension of the Ḥadīth»:

"A brief general statement of Islamic virtues is summarised in the words used by Khadīja when Muḥammad was dejected at not knowing whether his informant was angelic or demonic] … [Precisely the same words are addressed to Abū Bakr by the Arab chieftain to whom he had applied for protection".

راجع الاقتباس كاملًا في:

Burton, *Introduction to the Ḥadīth*, 100.

مساعِدة أم مشكِّكة؟ تعلم أم لا تعلم؟

في سبب نزول سورة الضحى التي هي بمثابة «تعزية النبيّ عن وضعه الراهن [بمكّة حين نزولها]»[٤٣] يقول الطبريّ: «وذُكر أنّ هذه السورة نزلت على رسول الله تكذيبًا من الله قريشًا في قيلهم لرسول الله لمّا أبطأ عليه الوحي: قد ودّع محمّدًا ربّه وقلاه.»[٤٤] ثمّ يذكر أخبارًا مختلفة يُنسَب هذا القول فيها إلى غير شخص أو جماعة من قريش، إلى «ناس»، وإلى «المشركين» وإلى «امرأة من أهله» أو «من قومه» وإلى «امرأة» مجهولة،[٤٥] ومنها خبران بإسنادَين مختلفَين يُجرِيان القول على لسان خديجة،[٤٦] وهو ما يهزّ صورة خديجة المساعِدة قليلًا، خصوصًا وأنّ كلّ من يُنسَب إليهم مقول القول سوى خديجة، على اختلاف صِيَغه الحرفيّة، هم أعداء النبيّ، ممّا يوجّه أكثر إلى معنى سلبيّ تشكيكيّ تيئيسيّ من أمر الوحي قد يُستفاد منه. وإذ ينقل القمّيّ (ت. نحو ٩٤١/٣٢٩) بدوره خبرًا يرد فيه قول مُشابه على لسان خديجة في تفسير الآية نفسها، فإنّ تصدير قولها بحرف «لعلّ» فيه (فقالت خديجة لعلّ ربّك قد تركك)[٤٧] يُحمّله

٤٣ المرجع نفسه، ٨٤.

٤٤ الطبريّ، **جامع البيان**، ١٤٨/٣٠.

٤٥ راجع الروايات المختلفة في المصدر نفسه والصفحة نفسها.

٤٦ ينتهي الأوّل إلى ابن شدّاد (ت. ٧٠٢/٨٣): «حدّثنا ابن أبي الشوارب [محمّد بن عبد الملك (ت. ٨٥٨/٢٤٤)] قال: ثنا عبد الواحد بن زياد [ت. ٧٩٢/١٧٦] قال: ثنا سليمان الشيباني [ت. ١٣٨–٧٥٥/١٤١–٧٥٨] عن عبد الله بن شدّاد أنّ خديجة قالت للنبيّ ﷺ: ما أرى ربّك إلّا قد قلاك، فأنزل الله ﴿وَالضُّحَى* وَاللَّيْلِ إِذَا سَجَى* مَا وَدَّعَكَ رَبُّكَ وَمَا قَلَى﴾» في المصدر نفسه والصفحة نفسها. ويورده الطبريّ بالإسناد نفسه لكن بصيغة أكثر تفصيلًا متّصلة بخبر أوّل الوحي وحمل خديجة محمّدًا النبيّ إلى ورقة في تفسير الآية الأولى من سورة العلق في المصدر نفسه، ١٦٢/٣٠. انظره أيضًا في السيوطيّ، **الدرّ المنثور**، ٤٨١/١٥. أمّا الثاني فينتهي إلى «[...] هشام بن عروة [ت. ٧٦٢/١٤٥] عن أبيه قال: أبطأ جبريل على النبيّ ﷺ، فجزع جزعًا شديدًا، وقالت خديجة: أرى ربّك قد قلاك، ممّا نرى من جزعك، قال: فنزلت ﴿وَالضُّحَى* وَاللَّيْلِ إِذَا سَجَى * مَا وَدَّعَكَ رَبُّكَ وَمَا قَلَى﴾... إلى آخرها» في الطبريّ، **جامع البيان**، ١٤٨/٣٠. انظره في السمرقنديّ، **بحر العلوم**، ٤٨٦/٣؛ وابن عطيّة الأندلسيّ، **المحرّر الوجيز**، ٤٩٣/٥؛ والرازيّ، **التفسير**، ٢١٠/٣١؛ والسيوطيّ، **الدرّ المنثور**، ٤٨١/١٥–٤٨٢.

٤٧ «وفي رواية أبي الجارود [زياد بن المنذر] عن أبي جعفر [محمّد الباقر (ت. ٧٣٢/١١٤)] عليه السلام في قوله ﴿مَا وَدَّعَكَ رَبُّكَ وَمَا قَلَى﴾ وذلك أنّ جبرئيل أبطأ عن رسول الله صلّى الله عليه وآله وأنّه كانت أوّل سورة نزلت ﴿اقْرَأْ بِاسْمِ رَبّكَ الَّذِي خَلَقَ﴾ ثمّ أبطأ عليه، فقالت خديجة لعلّ ربّك قد تركك فلا يرسل إليك فأنزل الله تبارك وتعالى ﴿مَا وَدَّعَكَ رَبُّكَ وَمَا قَلَى﴾» في عليّ بن إبراهيم القمّيّ، **تفسير القمّيّ**، تحقيق طيّب الجزائري (قم: مؤسّسة دار الكتاب، ١٩٨٤)، ٤٢٨/٢.

معنى الإشفاق[٤٨] فكأنّها بذلك متعاطفة مع النبيّ، ما يخفّف من التشكيك الذي قد يُفهَم منه. وفي الإطار نفسه، وفي محاولة لحرف ذهن القارئ عن أيّ مدلول سلبيّ للقول إيّاه حاول ابن كثير إسقاط أحد الخبرَين اللذين ينقلهما الطبريّ بإشارته إلى كونه خبرًا مُرسَلًا، وبترجّي أن يكون ذكر خديجة فيه غير محفوظ، أو أن تكون قالت ما قالته «على وجه التأسّف والتحزّن».[٤٩]

وفي خبر يورده السيوطيّ في تفسير مريم، ٦٤ يلي نزولَ ﴿مَا وَدَّعَكَ رَبُّكَ وَمَا قَلَى﴾ بسبب قول خديجة نزولُ ﴿وَمَا نَتَنَزَّلُ إِلَّا بِأَمْرِ رَبِّكَ﴾، كما لو أنّ كلامها بَذَر سوء الظنّ لدى النبيّ ما استلزم ردًّا إلهيًّا بواسطة جبريل: «أخرج ابن أبي حاتم عن [إسماعيل بن عبد الرحمن] السدّيّ [ت. ٧٤٥/١٢٨] قال احتبس جبريل عن رسول الله ﷺ بمكّة حتّى حزن واشتدّ عليه، فشكا ذلك إلى خديجة، فقالت خديجة: لعلّ ربكّ قد ودّعك أو قلاك. فنزل جبريل بهذه الآية: ﴿مَا وَدَّعَكَ رَبُّكَ وَمَا قَلَى﴾. قال: «يا جبريل، احتبستَ عنّي حتّى ساء ظنّي». فقال جبريل ﴿وَمَا نَتَنَزَّلُ إِلَّا بِأَمْرِ رَبِّكَ﴾».[٥٠]

وتُظهر تنويعات أخرى لهذا الخبر محاولة نفي سوء الظنّ هذا عن شخص النبيّ بدرجات متفاوتة، فتصبح الجملة على لسانه: «لقد أبطأت عليَّ حتّى ظننتُ أنّ بربّي عليَّ موجدة»، أو «ما يمنعك أن تزورنا أكثر ممّا تزورنا؟»، أو «ما نزلتَ حتّى اشتقتُ إليك».[٥١] ويُسوّغ الحرصَ على تبرئة ساحة النبيّ من ظنّ مماثل على أساس «أصوليّ» القولُ الذي يُذيّل به فخر الدين الرازيّ خبرًا يُجري الكلام «التشكيكيّ» على لسان الرسول نفسه، فيما يكون جواب خديجة مطمئنًا وواثقًا: «أبطأ على الرسول ﷺ الوحي فقال لخديجة إنّ ربي ودّعني وقلاني، يشكو إليها، فقالت كلّا والذي بعثك بالحقّ ما ابتدأك الله بهذه الكرامة إلّا وهو يريد أن يتمّها لك، فنزل ﴿مَا وَدَّعَكَ رَبُّكَ وَمَا قَلَى﴾»، وفيه:

---

[٤٨] معنى «لعلّ» الترجّي والإشفاق، والفرق بين الترجّي والإشفاق أنّ الترجّي يكون في المحبوب والإشفاق في المكروه. راجع عبد الله بن عبد الرحمن ابن عقيل (ت. ١٣٦٧/٧٦٩)، **شرح ابن عقيل على ألفيّة ابن مالك**، تحقيق رمزي بعلبكي (بيروت: دار العلم للملايين، ١٩٩٢)، ١٥٦.

[٤٩] يقول ابن كثير: «فأمّا ما رواه ابن جرير [الطبريّ] [...] عن عبد الله بن شدّاد أنّ خديجة قالت للنبيّ ما أرى ربّك إلّا قد قلاك [...] فإنّه حديث مُرسَل من هذين الوجهين ولعلّ ذكر خديجة ليس محفوظًا أو قالته على وجه التأسّف والتحزّن والله أعلم». ابن كثير، **تفسير**، ٢٢٩/٩.

[٥٠] السيوطيّ، **الدرّ المنثور**، ١٠٥/١٠.

[٥١] راجع تنويعات الخبر في المصدر نفسه، ١٠٤/١٠–١٠٦. ينقل الثعلبيّ تنويعة مماثلة في أسباب نزول سورة الضحى، وفيها «ما جئتَ حتّى اشتقتُ إليك» بدل «ما نزلتَ حتّى اشتقتُ إليك». أنظر الثعلبيّ، **الكشف**، ٢٢٣/١٠.

وطعن الأصوليّون في هذه الرواية وقالوا إنّه لا يليق بالرسول ﷺ أن يظنّ أنّ الله تعالى ودّعه وقلاه، بل يعلم أنّ عزل النبيّ عن النبوّة غير جائز في حكمة الله تعالى ويعلم أنّ نزول الوحي يكون بحسب المصلحة، وربّما كان الصلاح تأخيره، وربّما كان خلاف ذلك فثبت أنّ هذا الكلام غير لائق بالرسول عليه الصلاة والسلام، ثمّ إن صحّ ذلك يُحمل على أنّه كان مقصوده عليه الصلاة والسلام أن يجرّبها [أي يجرّب خديجة] ليعرف قدر علمها، أو ليعرف الناس قدر علمها[٥٢]

فمن باب العلم يقوّض طعن الأصوليّين في الخبر صورة خديجة المساعِدة تمامًا فالنبيّ لأنّه لا بدّ «يعلم» لا يليق به أن يشكو إليها لتطمئنه استنادًا على علمها هي؛ وحتّى احتمال صحّة الخبر تُستبعَد معه حاجة النبيّ إلى علم زوجه، لأنّه إن احتُمِلت صحّته، يُحمَل على نيّة تجريب النبيّ علمها أو إظهاره للناس، لا بقصد طلب المعونة المعنويّة منها مثلاً. وفي معرض تعريفه لمفهوم صحبة النبيّ واجتهادات العلماء فيه، يرجّح فؤاد جبلي أنّ المعنيّين بلفظ «الأصوليّون» في المصادر ليسوا المشتغلين بأصول الفقه، أو أصول الدين، بل هم العلماء الذين عارضوا بأفكارهم آراء أهل الحديث (the traditionists)، أي علماء المعتزلة، وهم على قوله الذين لم يعتنِ أهل الحديث بتسميتهم أو بتعريفهم بقدر ما اعتنوا بآرائهم التي نقلوها في كتبهم بشكل واسع لمعارضتها ونقضها.[٥٣] لكن هل نستطيع استنادًا على هذا الترجيح القطع بأنّ الأصوليّين الذين يشير إليهم الرازيّ هم علماء معتزلة؟ فترجيح جبلي فيه شيء من التعميم الذي قد يكون مُخِلًّا إذا بسطناه على كلّ إشارة إلى الأصوليّين في كلّ المصادر وفي كلّ العصور. وأيًّا يكن من أمر، فإنّ عدم تحديد المعنيّين باللفظ لا يُقوّض مقصدنا في تبيان أثر رأي مماثل على تصوّر شخصيّة خديجة في ذهن القارئ، وإن كان التحديد يُعين بلا شكّ على فهمٍ دقيق لهذا الرأي، لأنّ العلم مفهوم عريض اختلف العلماء في تحديده، وإذا كان لنا أن نعتمد على ترجيح جبلي علينا أن نقرأ ما ينقله الرازيّ عن الأصوليّين المعنيّين وفي خلفيّة قراءتنا حدّ العلم على رأي المعتزلة وإن كان ذلك لا يمنع من قراءة أكثر شموليّة لا يحدّها تعريف معيّن، «والحقّ أنّ ماهيّة العلم مُتصوَّرة تصوّرًا بديهيًّا جليًّا، فلا حاجة في معرفته إلى مُعرِّف» على رأي الرازيّ.[٥٤] ويُحوّلنا اعتراض الأصوليّين على فكرة أخذ النبيّ العلم

---

٥٢ الرازيّ، **التفسير**، ٢١٠/٣١–٢١١.

٥٣ راجع:
Fu'ad Jabali, *The Companions of the Prophet*, 55–6.

٥٤ وهو رأي يختم به استعراضه لتعريفاتٍ ذكرها عدد من العلماء لهذا المفهوم «يثبت» الرازيّ باعتراضاته عليها أنّها باطلة ومنها ما «قالت المعتزلة: العلم هو الاعتقاد المقتضي سكون النفس وربّما قالوا العلم =

عن خديجة في تفسير الضحى، ٣ إلى ما يورده الرازيّ في وجوه المراد بـ«ما» في الآية ﴿فَأَوْحَى إِلَى عَبْدِهِ مَا أَوْحَى﴾ (النجم، ١٠) إذ يقول:

> [...] وفيه وجه غريب من حيث العربيّة [...] ولنبيّن ذلك في معرض الجواب عن سؤال وهو أن يُقال: بمَ عرف محمّد أنّ جبريل ملك من عند الله وليس أحدًا من الجنّ؟ والذي يُقال إنّ خديجة كشفت عن رأسها امتحانًا في غاية الضعف إن ادّعى ذلك القائل أنّ المعرفة حصلت بأمثال ذلك، وهذا إن أراد القصّة والحكاية وأنّ خديجة فعلت هذا لأنّ فعل خديجة غير مُنكَر وإنّما المنكَر دعوى حصول المعرفة بفعلها وأمثالها. وذلك لأنّ الشيطان ربّما تستّر عند كشف رأسها أصلاً فكان يشتبه بالملائكة فيحصل اللبس والإبهام والجواب الصحيح من وجهين أحدهما أنّ الله أظهر على يد جبريل معجزة عرفه النبيّ ﷺ بها كما أظهر على يد محمّد معجزات عرفناه به وثانيهما أنّ الله تعالى خلق في محمّد علمًا ضروريًّا بأنّ جبريل من عند الله ملك لا جنيّ ولا شيطان كما أنّ الله تعالى خلق في جبريل علمًا ضروريًّا أنّ المتكلّم معه هو الله تعالى وأنّ المرسِل له ربّه لا غيره [...] فعلى هذا يمكن أن يُقال ما مصدريّة تقديره فأوحى إلى محمّد ﷺ الإيحاء أي العلم بالإيحاء، ليفرق بين الملك والجنّ[٥٥]

فلا يمكن من هذا المنطلق أيضًا أن يعلم محمّد بواسطة فكرة تنفذّها زوجه أنّ الذي يأتيه ملك لا شيطان، وكأنّ أيّ فعل أو عنصر مبادرة يوحي بنوع من التفوّق على علم النبيّ هو أمر مرفوض، وعليه يُؤطَّر فِعل خديجة بالحكاية والقصّة. و«القصّة» كما ترد في **السيرة** أنّها قالت

> لرسول الله ﷺ فيما تثبّته به فيما أكرمه الله به من نبوّته: يا بن عم، هل تستطيع أن تخبرني بصاحبك هذا الذي يأتيك إذا جاءك؟ قال: نعم. فقالت: إذا جاءك فأخبرني. فبينا رسول الله ﷺ عندها يومًا إذ جاءه جبريل فرآه رسول الله ﷺ فقال: يا خديجة، هذا جبريل قد جاءني فقالت: أتراه الآن؟ فقال: نعم. قالت: فاجلس إلى شقّي الأيسر.

= ما يقتضي سكون النفس». راجع «المسألة السابعة في حدّ العلم» التي يطرحها الرازيّ في تفسير قوله تعالى ﴿وَعَلَّمَ آدَمَ الْأَسْمَاءَ كُلَّهَا﴾ في الرازيّ، **التفسير**، ٢٠١/٢–٢٠٣. وحدّ العلم حرفيًّا على قول المعتزلة «ما يقتضي سكون النفس وطمأنينة القلب». انظره في القاضي عبد الجبّار (ت. ١٠٢٥/٤١٥)، «باب في حقيقة العلم»، في **كتاب المجموع في المحيط بالتكليف**، من جَمْع الحسن بن أحمد بن متّويه (ت. ١٠٧٦/٤٦٩)، تحقيق يان بترس (بيروت: دار المشرق، ١٩٩٩)، ٢٠٥/٣. ولمدخل قصير إلى آراء الرازيّ في عدد من القضايا الكلاميّة راجع:

Yasin Ceylan, *Theology and Tafsīr in the Major Works of Fakhr al-Dīn al-Rāzī* (Kuala Lumpur: International institute of Islamic Thought and Civilization, 1996).

٥٥ الرازيّ، **التفسير**، ٢٨٨/٢٨.

فجلس. فقالت: هل تراه الآن؟ قال: نعم. قالت: فاجلس إلى شقّي الأيمن. فتحوّل فجلس. فقالت: هل تراه الآن؟ قال: نعم. قالت: فتحوّل فاجلس إلى حجري. فتحوّل رسول الله ﷺ فجلس، فقالت: هل تراه الآن؟ قال: نعم. فتحسّرت[٥٦] فألقت خمارها ورسول الله ﷺ جالس في حجرها فقالت: هل تراه الآن؟ قال: لا. قالت: ما هذا الشيطان إنّ هذا الملك يا ابن عم فاثبت وأبشر ثمّ آمنت به وشهدت أنّ الذي جاء به الحقّ [و] نا أحمد نا يونس عن ابن إسحاق قال: فحدّثت عبد الله بن الحسن [ت. ٧٦٢/١٤٣] هذا الحديث فقال: قد سمعت فاطمة بنت الحسين [ت. ٧٢٨/١١٠ وهي أمّ عبد الله] تحدّث بهذا الحديث عن خديجة إلّا إنّي سمعتها تقول: أدخلت رسول الله ﷺ بينها وبين درعها[٥٧] فذهب عند ذلك جبريل عليه السلام[٥٨]

ويبدو أنّ الرازيّ يتبنّى هذه الفكرة مطلقًا، خصوصًا أنّه مثلًا لا ينقل خبر أوّل الوحي المشهور المنقول عن عائشة في تفسير العلق، ١، ويكتفي بالقول: «زعم المفسّرون أنّ هذه السورة أوّل ما نزل من القرآن»[٥٩] والمستفاد من ذلك الخبر كما بيّنا آنفًا أنّ خديجة هي من طمأنت وهدّأت النبيّ بحديثها وفِعلها، وكأنّها كانت أوثق منه بأنّ ما اختبره هو وحي لا مسّ جنّ أو شيطان، وهذا يتعارض مع تفوّق النبيّ المفترض بالعلم وغيره على كلّ من سواه من الناس.

وهنا نسأل: هل ينسجم رفض تعلّم النبيّ من خديجة والآية القرآنيّة ﴿وَلَقَدْ نَعْلَمُ أَنَّهُمْ يَقُولُونَ إِنَّمَا يُعَلِّمُهُ بَشَرٌ لِسَانُ الَّذِي يُلْحِدُونَ إِلَيْهِ أَعْجَمِيٌّ وَهَذَا لِسَانٌ عَرَبِيٌّ مُبِينٌ﴾[٦٠] مثلًا؟ خصوصًا أنّه يورَد في تفسيرها: «أنّ خديجة كانت تختلف إلى غلام [عامر] ابن الحضرمي [ت. ٦٢٤/٢]. وكان نصرانيًّا وكان صاحب كتب يقال له جبر وكانت قريش تقول إنّ عبد ابن الحضرمي يُعلّم خديجة وخديجة تُعلّم محمّدًا فنزل ﴿وَلَقَدْ نَعْلَمُ أَنَّهُمْ يَقُولُونَ إِنَّمَا يُعَلِّمُهُ بَشَرٌ﴾».[٦١] وكأنّ قريش من أشاع صورة خديجة المساعِدة النبيّ بالعلم، وذلك بجعلها واسطة بين النبيّ وعبد ابن الحضرميّ. ويبدو أنّ

---

٥٦ الحسر كشطك الشيء عن الشيء، وامرأة حاسر بغير هاء إذا حسرت عنها ثيابها، ابن سيده: امرأة حاسر حسرت عنها درعها، وكلّ مكشوفة الرأس والذراعين حاسر. ابن منظور، «حسر»، في **لسان**، ١٨٧/٤–١٨٨.

٥٧ درع المرأة: قميصها. ابن منظور، «درع»، في **لسان**، ٨٢/٨.

٥٨ ابن إسحاق، **سيرة**، ١١٣/٣–١١٤. أنظر أيضًا ابن هشام، **السيرة**، ٢٥٤/١–٢٥٥؛ والطبريّ، **تاريخ**، ٣٠٢/٢–٣٠٣.

٥٩ الرازيّ، **التفسير**، ١٣/٣٢.

٦٠ النحل، ١٠٣.

٦١ السمرقنديّ، **بحر العلوم**، ٢٥١/٢. أنظر أيضًا الثعلبيّ، **الكشف**، ٤٣/٦، وفيه «خير» بدل «جبر».

التركيز على زيف هذه الصورة في هذا الخبر تحديدًا جعل المصنّفين يهملون جزأه الأوّل الذي يمهّد في مخيّلتنا صورة فريدة لخديجة الحريصة على لقاءات دوريّة مع «عبد» يقرأ لغة أجنبيّة. واختلاف الألسنة لا بدّ كان قويًّا في المدن التجاريّة آنذاك، لكثرة سكّانها الأخلاط، كما في مكّة مثلًا، كما يُرجّح يوهان فِك، ويقول في معرض ذلك إنّ الآية ١٠٣ من سورة النحل في الطور المكّيّ الثالث الآنفة الذكر، تحتوي على إشارة عابرة إلى اللغة الأجنبيّة: «لِسَانُ الَّذِي يُلْحِدُونَ إِلَيْهِ أَعْجَمِيٌّ» أي الرجل الذي توهّمه أعداء محمّد معلّمًا له.[٦٢] وفي هذا الإطار يقول الرازيّ:

> اعلم أنّ المراد من هذه الآية حكاية شبهة أخرى من شبهات مُنكري نبوّة محمّد ﷺ، وذلك لأنّهم كانوا يقولون إنّ محمّدًا إنّما يذكر هذه القصص وهذه الكلمات لأنّه يستفيدها من إنسان آخر ويتعلّمها منه. واختلفوا في هذا البشر الذي نسب المشركون النبيّ ﷺ إلى التعلّم منه. قيل هو عبد لبني عامر بن لؤي يقال له يعيش، وكان يقرأ الكتب، وقيل: عداس غلام عتبة بن ربيعة [ت. ٦٢٤/٢] وقيل عبد لبني الحضرمي صاحب كتب وكان اسمه جبرا. وكانت قريش تقول عبد بني الحضرمي يعلّم خديجة وخديجة تعلّم محمّدًا [...] وبالجملة فلا فائدة في تعديد هذه الأسماء والحاصل أنّ القوم اتّهموه بأنّه يتعلّم هذه الكلمات من غيره ثمّ إنّه يُظهرها من نفسه ويزعم أنّه إنّما عرفها بالوحي وهو كاذب فيه[٦٣]

قبل المبعث وبعده

أخبارٌ شحيحة تطلّ على حياة خديجة والنبيّ قبل نزول الوحي، ربّما ما كانت لتُروى لولا ما تفيده من مقابلة بين ما قبل لحظة المبعث وما بعدها أو لمجرّد ارتباطها بتلك اللحظة، منها ما يُروى في **السيرة** أنّه «كان رسول الله ﷺ تصيبه العين بمكّة فتسرع إليه قبل أن ينزل عليه الوحي فكانت خديجة ابنة خويلد تبعث إلى عجوز بمكّة ترقيه فلمّا نزل عليه القرآن فأصابه من العين نحو ممّا كان يصيبه فقالت له خديجة: يا رسول الله ألا أبعث إلى تلك العجوز ترقيك؟ فقال: أمّا الآن فلا»،[٦٤] وكأنّه صار للنبيّ بالوحي قوّة تُبطِل «إصابة العين» فاستغنى عن رقية العجوز التي كانت خديجة تبعث إليها لتحميه منها، وإن كنّا نقرأ في **الطبقات** ما يوحي بأنّ النبيّ ما برح مصدِّقًا بالرقية في وقت لاحق بعد البعثة: «[...] دخل رسول الله ﷺ على حفصة وعندها امرأة

٦٢ أنظر فِك، **العربيّة**، ١٢.

٦٣ الرازيّ، **التفسير**، ١١٧/٢٠.

٦٤ ابن إسحاق، **سيرة**، ١٠٤/٢.

يقال لها الشفّاء [بنت عبد الله العدويّة (ت. نحو ٢٠/٦٤٠)] ترقي من النملة فقال: علّميها حفصة».[٦٥] تحمل الرقية شيئًا من السحر الوقائي ضدّ العين الشريرة، وكما باقي الممارسات والطقوس والمعتقدات المتّصلة بهذا العالم فإنّ الوقوف على حقيقتها في تلك الفترة المبكرة، أي قبل المبعث وبُعيده بقليل - تبعًا للخبر، صعب ولا يخرج عن دائرة الفرضيّات.[٦٦] لكنْ منه تطلع خديجة التي كانت تؤمن بالرقية لتدفع عن زوجها شرّ العين.

ويُسجِّل حديث قصير آخر ذو طابع سِيَريّ أيضًا حوارًا بين النبيّ وخديجة، يرويه ابن حنبل مرّتين بالإسناد نفسه لكن تحت عنوانَين فرعيّين مختلفَين: «حديث جارٍ لخديجة رضي الله عنها» و«حديث رجال من أصحاب النبيّ ﷺ في مسنده»، ونصّه: «[...] ثنا أبو أسامة حمّاد بن أسامة [ت. ٢٠١/٨١٦-٨١٧] ثنا هشام يعنى ابن عروة عن أبيه قال حدّثني جارٌ لخديجة بنت خويلد أنّه سمع النبيّ ﷺ وهو يقول لخديجة: «أي خديجة والله لا أعبد اللات والعزّى والله لا أعبد أبدًا» قال فتقول خديجة: «خلّ اللات خلّ العزّى» قال كانت صنمهم التي كانوا يعبدون ثمّ يضطجعون.»[٦٧] في هذين العنوانيين الفرعيين إبهام نسبيّ قياسًا على العناوين الفرعيّة الأخرى في الكتاب، فالحديث غير مُسنَد إلى صحابيّ مُسمّى بل إلى جار لخديجة، ويبدو من إدراج الحديث تحت العنوان الفرعيّ الثاني أنّه عُدَّ رجلًا من أصحاب النبيّ - ربّما في محاولة لإخضاع الحديث لقواعد الكتاب حفاظًا على توازي العناوين، إذ كلّ عنوان هو مُسنَد إلى صحابيّ.

إنّ عدم تسمية هذا الرجل، على فَرَض أنّ الحديث صحيح وأنّ عروة التقى فِعلًا جارًا لخديجة، هو أمر قلّما يتكرّر في منظومة الإسناد عمومًا، فتسمية رجال السند لا يمكن فصلها كلّيًا عن هالة الحقيقة العابرة للأجيال التي يُراد للإسناد أن يُحيط الحديث بها. وممّا يزيد من تقلقل هويّة راوي هذا الحديث الأوّل روايته في **فضائل الصحابة** لابن حنبل بالإسناد نفسه عن «خادم خديجة بنت خويلد» لا عن جارٍ لها، وبذلك يكون الراوي قد سمع ما سمعه من داخل البيت لا من خارجه.[٦٨] فهل يجعل

---

٦٥ ابن سعد، **الطبقات**، ٨/٨٤.

٦٦ لمدخل مفيد حول الموضوع مع بيبلوغرافيا موجّهة راجع:
Emilie Savage-Smith, ed., introduction to *Magic and Divination in Early Islam* (Aldershot: Ashgate, 2004), xii–li.

٦٧ ابن حنبل، **مسند**، ٧/٤٠٥٦-٤٠٥٧.

٦٨ أنظر الحديث في ابن حنبل، **كتاب فضائل الصحابة**، تحقيق وصيّ الله بن محمّد عبّاس (مكّة المكرّمة: جامعة أمّ القرى، ١٩٨٣)، ٢/٨٥١.

إسناده إلى الخادم سماعه حوارهما أكثر معقوليّة؟ إذ يسهل على الخادم أن يتمكّن من سماع حوار مماثل وأن يراهما أو يحسّهما يضطجعان، فيما قد يصعب ذلك على الجار مثلاً؟

وعلى أيّ حال، فعبارة «خلّ اللات، خلّ العزّى»، أي اترك، قد تعني دعها، أي دع عبادتها تقريرًا للنبيّ على ما قال، وهو ما ذهب إليه السنديّ (ت. ١١٣٨/١٧٢٦) في **حاشيته**،[٦٩] وقد اعتمد السنديّ المتوفّى بعد حوالي تسعمائة سنة من ابن حنبل المعنى الذي يظهّر صورة خديجة التابعة لزوجها في إيمانه حتّى قبل البعثة، لأنّه يرجّح أن يكون قوله هذا قبل النبوّة، وإن كان لا ينفي احتمال أن يكون بعدها.[٧٠] وتتولّد من هذه الصورة، وإن بشكل غير مباشر، صورة خديجة المؤمنة، المختلفة، منذ ما قبل البعثة.

---

[٦٩] محمّد بن عبد الهادي السنديّ، **حاشية مسند الإمام أحمد بن حنبل**، تحقيق نور الدين طالب، إصدارات وزارة الأوقاف والشؤون الإسلاميّة بدولة قطر (دمشق وبيروت: دار النوادر، ٢٠٠٨)، ٤٣١/١٠. وفي تنويعة أخرى «حلّ العزّى» في ابن حنبل، **مسند**، ٥٤٧١/١٠–٥٧٢. «أي صفها لي، من التحلية وهي الوصف» كما يثبت محقّق الكتاب، لكنّه يفضّل قول السنديّ بعد مقابلته لنسخ مخطوطات الكتاب ومراجعته الحواشي عليه ملاحقًا هذه الكلمة (خلّ/حلّ) إذ يقرّر: «وما قاله السنديّ أنسب للسياق وأليق بحال السيّدة خديجة رضي الله عنها». راجع قوله في ابن حنبل، **مسند**، ٤٠٥٧/٧. ولعلّ كلمة «حلّ» تصحيف من النسّاخ فالوصف كأنّه يخلّ بمعنى الحديث، إذ ليس منقولاً فيه مثلاً جواب للنبيّ على طلبها ذلك مثلاً، بل تليه مباشرة عبارة «ثمّ يضطجعون».

[٧٠] السنديّ، **حاشية**، ٤٣١/١٠.

الفصل الرابع
في زحام شخصيّات «الصفّ الأوّل»

أوّل المسلمين أم أوّل النساء إسلامًا؟

يرتّب ابن الصلاح كتابه الشهير في علوم الحديث على الأنواع، مُحاكيًا ترتيب كتاب **معرفة علوم الحديث** للحاكم النيسابوريّ، ومُقتبسًا منه حرفيًّا أحيانًا.[1] ويُفيد شيء من السيطرة «الذكوريّة» على تعلّم علم الحديث ما يفصّله ابن الصلاح في مستهلّ نوع «معرفة كيفيّة سماع الحديث وتحمّله وصفة ضبطه». ففي معرض ما يقدّمه من شواهد على صحّة تحمّل العلم قبل وجود الأهليّة، كرواية من سمع قبل البلوغ وروى بعده، ينقل مثلاً عن ابن حنبل أنّه سُئل: متى يجوز سماع الصبيّ للحديث؟ فقال: إذا عقل وضبط؛ كما ويُشير إلى أنّ التحديد بخمس سنوات كحدّ أدنى للسماع هو الذي استقرّ عليه عمل أهل الحديث المتأخّرين، فيكتبون لابن خمس فصاعدًا: سمع، ولمن لم يبلغ خمسًا: حضر، أو أُحضِر.[2] فالإشارة هي إلى إحضار الصبيّ عمومًا، لا البنت مثلاً، إلى مجلس الحديث. إنّ غلَبَة الرجال على النساء – عدديًّا على الأقلّ، في ساحة تعليم الحديث وتعلّمه مسألة هامّة تتطرّق إليها الباحثون المعاصرون، ومنهم أسما السيّد في دراسة لها موسّعة تقارب فيها قضيّة رواية النساء للحديث بدءًا من القرون الإسلاميّة الأولى وانتهاءً بالقرن العاشر الهجريّ. ولعلّ الخلاصة البحثيّة الأهمّ التي تروّج لها دراستها هي تأثّر حركة هذه الرواية، من خلال عدد النساء الراويات

[1] تضمّ **مقدّمة ابن الصلاح** خمسة وستّين نوعًا، ستّة وثلاثون منها مأخوذة حرفيًّا عن **معرفة علوم الحديث** للحاكم النيسابوريّ. لسرد موجز لهذه الأنواع ومقابلتها بالأنواع الموازية لها في كتاب الحاكم مع شرح أوّليّ لها في مداخل هامشيّة واضحة راجع:
Lucas, *Constructive Critics*, 29–33.
ولمدخل أكثر تفضيلاً حول الكتاب وكاتبه أنظر مقدّمة تحقيقه بقلم عائشة عبد الرحمن في ابن الصلاح، **مقدّمة**، ١١–٦٢.

[2] ابن الصلاح، **مقدّمة**، ٣١٤. راجع في ذلك الصفحات ٣١٢–٣١٥.

ونوعيّة النظرة إليهنّ ومكانتهنّ ومستوى تعليمهنّ، بمتغيّرات المحيط الإسلاميّ فكريًّا وسياسيًّا واجتماعيًّا، وليس بمتغيّرات خارجيّة طرأت على ذلك المحيط نتيجة تأثّره بأبعاد ذكوريّة تبنّاها تدريجيًّا من ثقافات أخرى غير إسلاميّة. ففي مرحلة من مراحل هذه الحركة (نهاية القرن الأوّل حتّى منتصف القرن الرابع) تقول السيّد مثلاً إنّ النساء عجزن عن المنافسة في وسط علميّ كان آخذًا بالتبلور، كانت تُرسَّخ فيه معايير صارمة لقبول الرواية من أيّ راوٍ، كالتبصّر في الفقه، والدربة اللغويّة، والأخذ المباشر عن الأستاذ (اللقاء وجهًا لوجه)، والقدرة على القيام برحلات طويلة وشاقّة لتحصيل حديث واحد فقط أحيانًا، وهي كلّها شروط كان يصعب على المرأة آنذاك أن تحقّقها، وعليه تراجعت رواية النساء في تلك الفترة بشكل ملحوظ. وعليه، فالنظر إلى هذه الحركة بشموليّة مطلقة، بالاتّكاء على نماذج من جيل الصحابة حصرًا، أمثال عائشة وغيرها للتدليل على أهمّيّة الدور النسويّ في رواية الحديث عمومًا، يقصر عن ملاحظة تطوّر هذا الدور، في تراجعه أو ازدهاره على مدى القرون.[٣] لكنّ هذه الغلَبة من جانب علماء الحديث الرجال في القرون الإسلاميّة الأولى أسّست على ما يبدو لرؤية حديثيّة يُستشعَر فيها على الدوام انحياز إلى رجال الحديث، صارت كأنّها تطفو على سطح ما يكتبونه. في نوع «معرفة الصحابة رضي الله عنهم أجمعين» يكتب ابن الصلاح:

> اختلف السلف في أوّلهم إسلامًا، فقيل: أبو بكر الصدّيق. رُوِي ذلك عن ابن عبّاس وحسّان بن ثابت [ت. ٦٥٩/٤٠ أو ٦٦٩/٥٠ أو ٦٧٣/٥٤] وإبراهيم النخعيّ [ت. ٧١٤/٩٦] وغيرهم. وقيل عليّ أوّل من أسلم. رُوِي ذلك عن زيد بن أرقم [ت. ٦٦–٦٨٥/٦٨–٦٨٧] وأبي ذرّ [جندب بن جنادة (ت. ٦٥٢/٣٢)] والمقداد [بن عمرو (ت. ٦٥٣/٣٣–٦٥٤)] وغيرهم. وقال الحاكم أبو عبد الله: لا أعلم خلافًا بين أصحاب التواريخ أنّ عليّ بن أبي طالب أوّلهم إسلامًا. واستُنكِر ذلك على الحاكم. وقيل

---

٣ للوقوف تفصيليًّا على هذا التطوّر الذي تؤطِره السيّد في كرونولوجيا تاريخيّة متسلسلة راجع:

Asma Sayeed, *Women and the Transmission of Religious Knowledge in Islam* (New York: Cambridge University Press, 2013).

أنظر أيضًا:

Ruth Roded, "Transmitters of Knowledge, Learned Women, and Scholars," in *Women in Islamic biographical Collections: from Ibn Sad to Who's who* (Boulder and London: Lynne Rienner, 1994), 63–89.

أنظر أيضًا دراسة محمّد أكرم الندوي سيّما فصلها الثاني:

M. A. Nadwi, "Women as Seekers and Students of Ḥadīth," in *Al-Muḥaddithāt: The Women Scholars in Islam* (Oxford and London: Interface Publications, 2007), 35–57.

ومحمّد سعد الدين، «مكانة المرأة العالِمة المسلمة»، في **العلماء عند المسلمين**، **٢١١–٢٢٩**.

أوّل من أسلم زيد بن حارثة وذكر معمر [بن راشد (ت. ١٥٣/٧٧٠)] نحو ذلك عن الزهريّ. وقيل أوّل من أسلم خديجة أمّ المؤمنين. رُوِي ذلك من وجوه عن الزهريّ، وهو قول قتادة [بن دعامة] ومحمّد بن إسحاق بن يسار وجماعة، ورُوِي أيضًا عن ابن عبّاس. وادّعى الثعلبيّ المفسّر – فيما رويناه أو بلغنا عنه، اتّفاق العلماء على أنّ أوّل من أسلم خديجة وأنّ اختلافهم إنّما هو في أوّل من أسلم بعدها. والأورع أن يُقال: أوّل من أسلم من الرجال الأحرار أبو بكر، ومن الصبيان أو الأحداث عليّ ومن النساء خديجة ومن الموالي زيد ومن العبيد بلال والله أعلم[٤]

ليس ترتيب الروايات التي يسوقها ابن الصلاح اعتباطيًّا، خصوصًا إذا قرنّاه بتعليقه الأخير عليها «والأورع أن يُقال». يتجاوز هذا التعليق اختلاف السلف على شخص أوّل من أسلم، فهو يُدرِج الشخصيّات المختلَف عليها في نَسَق جديد يجعل كلًّا منها على رأس فئة معيّنة منتقلاً بذلك من تنافس الشخصيّات، بشكل متساوٍ إذا صحّ التعبير، على موقع واحد هو أوليّة الإسلام مُطلقًا –إذ كُلٌّ تنسب إليه هذه الأوّليّة روايةٌ أو أكثر، إلى نَسَق يضرب هذا التساوي، لأنّه يُعيد ترتيب مواقع هذه الشخصيّات بشكل يحوّل عن الإشكاليّة الأصليّة (سؤال من الأوّل؟) عندما يقدّم ابن الصلاح بتعليقه الحلّ «الأورع» لها، مروّجًا لرأي جَسور يزواج بين «الوَرَع» وبين التوزيع الفئويّ الذي يطرحه. وبدوره، فليس ترتيب الفئات في هذا التوزيع مُجرَّدًا من المفاضلة المبطَّنة بين الشخصيّات. وربّما علينا أن نبحث عن معنى «الورَع» الذي يقصده ابن الصلاح، الورع الذي يحصر أوّليّة خديجة في فئة النساء ويجعلها تأتي بعد الرجال والصبيان– هل يريد بالأورع الأحوط والأبعد عن الخطأ مثلاً؟ فابن الصلاح يدعو صراحة في مورد آخر من كتابه إلى تبنّي هذا الترتيب (رجال، صبيان، نساء) عندما يفصّل في اختلاف ترتيب الصحابة في المسانيد إذ يقول: «ولمن اختار ذلك [أي التصنيف على المسانيد] أن يرتّبهم على حروف المعجم في أسمائهم، وله أن يرتّبهم على القبائل [...] وله أن يرتّب على سوابق الصحابة، فيبدأ بالعشرة، ثمّ بأهل بدر، ثمّ أهل الحديبيّة، ثمّ بمن أسلم وهاجر بين الحديبيّة وفتح مكّة، ويختم بأصاغر الصحابة كأبي الطفيل ونظرائه، ثمّ بالنساء، وهذا **أحسن**».[٥] يعكس هذا الترتيب «الأحسن» – ونحن بحاجة لتحديد معيار الحُسْن هنا أيضًا، مفاضلة بين الصحابة على أساس رؤية دينيّة معيّنة بالطبع، وهم الذين «اختُلِف في عدد طبقاتهم وأصنافهم، والنظر في

---

[٤] ابن الصلاح، **مقدّمة**، ٤٩٧–٤٩٨.

[٥] المصدر نفسه، ٤٣٤.

ذلك إلى السبق بالإسلام والهجرة وشهود المشاهد الفاضلة مع رسول الله ﷺ»،[٦] لكنّها مفاضلة تشتمل أيضًا على تدرّج بينهم بحسب السنّ، إذ إنّ أبا الطفيل الذي يضربه ابن الصلاح مثلًا على فئة أصاغر الصحابة هو آخرهم موتًا على الإطلاق، مات سنة مائة من الهجرة،[٧] وفي ذلك دليل على صغر سنّه قياسًا على سنّ غيره من أكابر الصحابة. وهذا عمومًا بديهيّ، لأنّ من التحق بالإسلام منهم شيخًا أو شابًّا في حياة النبيّ تسنّى له الاشتراك الفاعل بأحداثه، فهو «كبير» بالعمر والمنزلة، بخلاف من أدرك النبيّ طفلًا مثلًا، فصار يُعدّ «صغيرًا» بالسنّ وبالمرتبة. وحتّى إن نحن أهملنا فارق السنّ بين الصحابة على اعتبار أنّ لفظتَي «أكابر» و«أصاغر» تدلّلان حصرًا على فارق في المنزلة والرفعة تظلّ خديجة – وكذا كلّ امرأة صحابيّة، مؤخَّرة عن كلّ الصحابة الرجال. فالترتيب «الأحسن» كأنّه يوافق التدريج الذي يقضي بالبدء بالرجال، ثمّ بالصبيان، ثمّ بالنساء. ولعلّه تدريج يوافق حجم نصوص الأحاديث (ووزنها؟) المنقول عن كلّ فئة، وكأنّنا ننظر إلى الأشخاص بعين ترى النصوص التي رويت عنهم بالدرجة الأولى. لا تُقاس كمّيّة الأحاديث التي رواها الرجال من الصحابة بما روته النساء مثلًا، فتأخيرهنّ من هذه الزاوية منتظَر ومتوقّع.

وفي «معرفة الصحابة رضي الله عنهم»[٨] في **التقريب والتيسير لمعرفة سُنَن البشير النذير في أصول الحديث** يلتزم النوويّ (ت. ١٢٧٧/٦٧٦) ترتيب ابن الصلاح في سَوْق الروايات المختلفة عن أوّل الصحابة إسلامًا، شاطبًا أسماء رواتها، لكن مُثبتًا وَسْم رأي الثعلبيّ بالادّعاء، ومُتبنّيًا الرأي «الأورع» لابن الصلاح: «قيل أوّلهم إسلامًا أبو بكر، وقيل عليّ، وقيل زيد، وقيل خديجة. وهو الصواب عند جماعة من المحقّقين، وادّعى الثعلبيّ فيه الإجماع وأنّ الخلاف فيمن بعدها، والأورع أن يُقال: من الرجال الأحرار أبو بكر، ومن الصبيان عليّ ومن النساء خديجة، ومن الموالي زيد، ومن العبيد بلال».[٩] لعلّ اختصار أسماء الرواة يترجم ميلًا للإيجاز في هذا المصنّف المتأخّر نسبيًّا، لكنّه يخدم الرأي المتبنّى أخيرًا، لأنّه يوحي بطريقة ما بأنّ هذا الرأي الورع يجمع الأسماء المبعثرة في الأقوال المفردة المختلفة (قيل فلان، وقيل فلان، وقيل فلان) في قول واحد

---

[٦] المصدر نفسه، ٤٩٥.

[٧] المصدر نفسه، ٤٩٨.

[٨] وهو النوع التاسع والثلاثون في كتابه. انظره في محيي الدين بن شرف النوويّ، **التقريب والتيسير لمعرفة سنن البشير النذير**، تحقيق محمّد الخُشْت (بيروت: دار الكتاب العربيّ، ١٩٨٥)، ٩٢–٩٤.

[٩] المصدر نفسه، ٩٣–٩٤.

جامع يشتمل عليها كلّها (الأورع أن يُقال فلان وفلان وفلان). وكذا فإنّ وضع رأي الثعلبيّ في خانة الادّعاء يجعله هزيلًا إذا ما قورن بهذا الرأي الجامع، وفي ذلك تثبيت لأوّليّة إسلام خديجة على النساء حصرًا. أمّا ابن كثير في «معرفة الصحابة رضي الله عنهم»[١٠] في **اختصار علوم الحديث** فيعتمد رأي ابن الصلاح الجامع، لكن دون أن ينقل عبارة «والأورع أن يُقال»، مُدخِلًا فيه روايات الآراء التي تقول بأوّليّة شخصيّة واحدة مطلقًا:

> وأوّل من أسلم من الرجال الأحرار أبو بكر الصدّيق، وقيل إنّه أوّل من أسلم مطلقًا، ومن الوِلدان عليّ وقيل إنّه أوّل من أسلم مطلقًا، ولا دليل عليه من وجه يصحّ، ومن الموالي زيد ابن حارثة، ومن الأرقّاء بلال. ومن النساء خديجة، وقيل إنّها أوّل من أسلم مطلقًا، وهو ظاهر السياقات في أوّل البعثة، وهو محكيّ عن ابن عبّاس والزهريّ وقتادة ومحمّد بن إسحق بن يسار صاحب المغازي وجماعة. وادّعى الثعلبيّ المفسّر على ذلك الإجماع. قال: وإنّما الخلاف فيمن أسلم بعدها[١١]

تعكس هذه الصيغة تحويل توصية ابن الصلاح «والأورع أن يُقال...» إلى حقيقة تقريريّة كأنّها ثابتة يبدو أنّها كانت رُسِّخت ونالت شهرة واسعة حين تصنيف هذا الكتاب، وإن اعترضتها أقوال أخرى تُقدّم هذا الشخص أو ذاك على أنّه أوّل من أسلم مطلقًا. لكنّ ابن كثير يبين ميّالًا إلى ترجيح أوّليّة خديجة، خلافًا للمتوقّع ربّما، فكأنّه يركن إلى «ظاهر السياقات في أوّل البعثة» ويُشفِّع ذلك بإثبات أسماء ابن عبّاس والزهريّ وقتادة وابن إسحاق المحكية عنهم هذه الأوّليّة، كما عن «جماعة»، بما يدلّ ربّما على شهرة الرأي القائل بأوّليّة خديجة المطلقة.

وتُستثار قضيّة أوّل من أسلم في السياق التفسيريّ، تُستجرّ فيها الأقوال المختلفة إيّاها، في تفسير الآية التي أوّلها ﴿وَالسَّابِقُونَ الْأَوَّلُونَ﴾، بين الجزم بأنّها كانت أوّل من آمن،[١٢] وبين قِسمة الأوّلية بين أبي بكر، وعليّ، وخديجة وزيد...[١٣] حتّى لقد ذهب بعض المفسّرين إلى تفسير لفظ السابقين القرآنيّ بواحد من هؤلاء.[١٤] ألا يُكسِب

---

١٠ وهو أيضًا النوع التاسع والثلاثون في كتابه. أنظر أحمد شاكر، **الباعث الحثيث**، ١٧٤–١٨٦.

١١ المصدر نفسه، ١٨٤.

١٢ أنظر مثلًا الثعلبيّ، **الكشف والبيان**، ٨٣/٥، والبغويّ، **معالم التنزيل**، ٥٧٨.

١٣ أنظر مثلًا القرطبيّ، **الجامع**، ٢٣٦/٨–٢٣٧.

١٤ وهو ما يعارضه أبو حيّان الأندلسيّ مثلًا بقوله: «من فسّر السابقين بواحد، كأبي بكر أو عليّ أو زيد بن حارثة أو خديجة بنت خويلد فقوله بذلك بعيد من لفظ الجمع، وإنّما يُناسب ذلك في أوّل من أسلم». أبو حيّان الأندلسيّ، **البحر المحيط**، ٩٦/٥.

الاتّصال بلحظات الوحي الأولى المقدّسة في القصّة الدينيّة رِفعة استثنائية؟ إنّ إسناد دور من أيّ نوع لهذه الشخصيّة أو تلك في فترة بداية الوحي هو محاولة لتوكيد فضلها. وهذا يفسّر بشكل ما تضارب الأقوال في شخص أوّل من أسلم مثلاً، وهو أمر قد يُتوَّقع أن يكون سهل الحسم نسبيًّا. صحيح أنّه لا يمكن أن ننكر أنّ الأقوال الواردة في المصادر لعلّه كان يكمن خلفها جهد صادق من جانب المصنّفين والمحدّثين لتحديد أوّل المسلمين فعلاً، لكنّ ربط مسألة السبق والمجد بهذه الأوّليّة بيِّن مُعلَن، وعليه لا يمكن أن نُسقط شبهة التحيّز إلى أيّ من الشخصيّات المسمّاة عن كثير من الأخبار.[١٥] فمن هذه الزاوية، يُوزَّع الفضل على أكبر عدد ممكن من الأشخاص، ومنهم خديجة. فلا نستغربَن أن تشوّش على صورة خديجة الأولى بإسلامها تسمية شخصيّات «أولى» أخرى، ولا نبالغ إن قلنا إنّ صورتها تلك تكاد تضيع أحيانًا على خلفيّة الآراء التي تأخذ طابع المغالبة بين من يقدّم عليًّا ومن يريد تفضيل أبي بكر. يقول الرازيّ، وهو «مِنْ ذريّة أبي بكر»:[١٦]

> واتّفق أهل الحديث على أنّ أوّل من أسلم من الرجال أبو بكر ومن النساء خديجة ومن الصبيان عليّ ومن الموالي زيد [...و]قد بيّنا أنّ السبق في الإيمان إنّما أوجب الفضل العظيم من حيث أنّه يتقوّى به قلب الرسول عليه السلام، ويصير هو قدوة لغيره، وهذا المعنى في حقّ أبي بكر أكمل، وذلك لأنّه حين أسلم كان رجلاً كبير السنّ مشهورًا فيما بين الناس، واقتدى به جماعة من أكابر الصحابة [...] فظهر أنّه دخل بسبب دخوله في الإسلام قوّة في الإسلام وصار هذا قدوة لغيره، وهذه المعاني ما حصلت في عليّ رضي الله عنه، لأنّه في ذلك الوقت كان صغير السنّ، وكان جاريًا مجرى الصبيّ في داخل البيت، فما كان يحصل بإسلامه في ذلك الوقت مزيد قوّة للإسلام، وما صار قدوة في ذلك الوقت لغيره، فثبت أنّ الرأس والرئيس في قوله ﴿وَالسَّابِقُونَ الْأَوَّلُونَ مِنَ المهَاجِرِينَ﴾ ليس إلّا أبا بكر[١٧]

فيما ينقل الطبرسيّ،

> واختُلِف في أوّل من أسلم من المهاجرين، فقيل: إنّ أوّل من آمن خديجة بنت خويلد ثمّ عليّ بن أبي طالب عليه السلام [...] قال أنس: بُعث النبيّ صلّى الله عليه وآله وسلّم يوم الإثنين، وصلّى عليّ عليه السلام وأسلم يوم الثلاثاء. وقال مجاهد وابن إسحاق: إنّه

---

١٥ حول ما ورد في المصادر عن ثيمة «الأوائل» عمومًا أنظر:
Noth and Conrad, *The Early Arabic Historical Tradition*, 106.

١٦ السيوطيّ، **طبقات المفسّرين**، ١١٥.

١٧ الرازيّ، **التفسير**، ١٦/١٧٠.

أسلم وهو ابن عشر سنين، وكان مع رسول الله صلّى الله عليه وآله وسلّم، أخذه من أبي طالب، وضمّه إلى نفسه يربّيه في حجره، وكان معه حتّى بُعث نبيًّا [...و] عن النبيّ صلّى الله عليه وآله وسلّم قال: صلّت الملائكة عليّ، وعلى عليّ، سبع سنين، وذلك أنّه لم يصلّ فيها أحد غيري وغيره. وقيل: إنّ أوّل من أسلم بعد خديجة أبو بكر، عن إبراهيم النخعيّ. وقيل: أوّل من أسلم بعدها زيد بن حارثة، عن الزهريّ وسليمان بن يسار وعروة بن الزبير. وروى الحاكم أبو القاسم الحسكانيّ [ت. بعد ١٠٩٦/٤٩٠] بإسناده مرفوعًا إلى عبد الرحمن بن عوف [ت. ٣٢/٦٥٢–٦٥٣] في قوله سبحانه ﴿وَالسَّابِقُونَ الْأَوَّلُونَ﴾ قال: هم عشرة من قريش، أوّلهم إسلامًا عليّ بن أبي طالب عليه السلام[١٨]

يُهمل الرازيّ إسلام خديجة تمامًا، وهي التي تجتمع لها مثلًا المعاني التي كرّست برأيه أكمليّة سبق أبي بكر على حساب عليّ، فلأحدهم أن يرى أنّها بدورها، كما أبي بكر، كانت كبيرة السنّ مشهورة بين الناس، وحصل بإسلامها في ذلك الوقت مزيد قوّة للإسلام، بالمال مثلًا، وأنّه بإسلامها تقوّى قلب الرسول. أمّا الطبرسيّ، فلئن بدا أنّه يحفظ لخديجة أوّليّتها المطلقة، فإنّه ينصرف إلى الاستشهاد بالأقوال التي تصبّ في صالح أوّليّة عليّ بعدها مُستعينًا بما رُوي عن صلاته سرًّا مع النبيّ وعن صغر سنّه حين إسلامه، في مقابل قول واحد لصالح أبي بكر ممّا يوجّه اهتمام القارئ إلى شخص عليّ بالطبع، على الرغم من التسليم الصريح والمتّفَق عليه، كما يوحي كلام الطبرسيّ، بأنّ خديجة هي أوّل من أسلم مُطلقًا. ويبدو أنّ ذلك ينطبق على تفاسير شيعيّة أخرى، فلئن أوحت بعض الروايات بإنصاف ضمنيّ لخديجة تحفظ أوّليّتها بين الناس، فإنّها، أي هذه الأوّليّة، تتحوّل أحيانًا في سياق الراويات المحتفية بعليّ إلى تفصيل أو معلومة تخدم هذا السياق.[١٩] وعليه يمكن القول إنّ الانشغال بالجدل المستعِر لتقديم فلان على فلان من رجال الصفّ الأوّل بعد وفاة النبيّ قد أدّى، وإن بشكل غير مباشر، إلى تهميش صورة خديجة كأوّل الناس إسلامًا على الإطلاق، وكأنّ الصورة الأكثر تداولًا التي حُفِظت لها هي أوّليّتها بين النساء، لا أوّليّتها بين الناس. حتّى لقد أُسقط ذِكرها تمامًا ببحث سؤال أوّل من أسلم في عدد من المصادر التي انشغل مصنِّفوها بمنازلة الأسبقيّة بين أبي بكر وعليّ. وكان الجدل حول الرئاسة والقيادة المرتكز على

[١٨] الطبرسيّ، **مجمع البيان**، ٥/١١٢–١١٣.

[١٩] راجع مثلًا رواية عن لسان ابن عبّاس تنقل بعض المواقف التي قدّم فيها النبيّ عليًّا وفيها ما نصّه: «وكان أوّل من أسلم من الناس بعد خديجة» في تفسير الأحزاب، ٣٣ والفتح، ١٨ في فرات بن إبراهيم الكوفيّ، **تفسير فرات الكوفيّ**، تحقيق محمّد الكاظم (طهران: مؤسّسة الطبع والنشر، ١٩٩٠)، ٣٤١–٣٤٢؛ و٤٢٠–٤٢١.

النموذج القرآنيّ (paradigm) للسبق والفضل الأخلاقيّ قد تبلور بوضوح قبل القرن الثالث/التاسع منذ **عثمانية** الجاحظ،[٢٠] ولم يخبُ طوال قرون تلت، فترى أبا هلال العسكريّ في **الأوائل** يسوق الروايات فوق الروايات التي تؤيّد أنّ أوّل من أسلم كان عليّ، أو أبا بكر؛[٢١] وابن أبي الحديد مثلاً يُحاجج مفصّلاً في **شرح نهج البلاغة** في «فصل فيما قيل من سبق عليّ إلى الإسلام»: «المسألة السادسة: أن يُقال: كيف قال وسبقتُ إلى الإيمان وقد قال قوم من الناس إنّ أبا بكر سبقه وقال قوم إنّ زيد بن حارثة سبقه؟ والجواب [...]».[٢٢] إنّه الجدل الذي طمس أوّلية خديجة وأسقطها من الذاكرة تمامًا أو كاد.

أوّل من صلّى؟

في «مسند بني هاشم»، ينقل ابن حنبل في «حديث العبّاس بن عبد المطّلب» عن «يحيى بن أبي الأشعث عن إسماعيل بن إياس بن عفيف الكنديّ عن أبيه [إياس] عن جدّه [عفيف]»[٢٣] معاينته النبيّ وخديجة وعليّ يصلّون في منى وهو الذي سأل العبّاس بحسب الحديث: «من هذا يا عبّاس؟ قال هذا محمّد...» قبل أن يسأله: «فما هذا الذي يصنع؟ قال يصلّي وهو يزعم أنّه نبيّ ولم يتبعه على أمره إلّا امرأته وابن عمّه هذا الفتى [...] فكان عفيف يقول وأسلم بعد ذلك فحسن إسلامه لو كان الله رزقني الإسلام يومئذ فأكون ثالثًا مع عليّ بن أبي طالب رضي الله عنه.»[٢٤] وبالنظر إلى طول هذا الحديث، وتفصيل تصويره للحَدَث المرويّ في فضاء مكّة، فهو أقرب إلى السيرة النبويّة منه إلى الحديث، وهو يدور في فلك صورة خديجة السيريّة كأوّل من صلّى

٢٠ أنظر:
Asma Afsaruddin, *The First Muslims*, 22.
وللتوسّع راجع أيضًا:
Asma Afsaruddin, "Lessons from the Past: Piety, Leadership, and Good Governance in the *Risālat al-'Uthmāniyya*," in *Al-Jāḥiẓ: A Muslim Humanist for our Time, ed. Arnim Heinemann et al. (Beirut: Orient-Institut, 2009)*, 175–95.

٢١ «اختلفت الرواية في ذلك فروي أنّ أوّل من أسلم عليّ بن أبي طالب عليه السلام [...] وقالوا أوّل من أسلم أبو بكر رضي الله عنه» في أبو هلال العسكريّ، «أوّل من أسلم»، في **الأوائل**، ١/١٩٤–٢١١.

٢٢ ابن أبي الحديد، **شرح نهج البلاغة**، ٤/١١٦–١٢٥.

٢٣ لم نقع للثلاثة على تاريخ وفاة، وفي **الثقات** كتب ابن حبّان: «عفيف الكنديّ والد اياس الكنديّ بن عفيف، له صحبة». راجع ابن حبّان، **الثقات**، ٣/٣١١.

٢٤ ابن حنبل، **مسند**، ١/٤٥٧.

مع النبيّ، إذ نقرأ «كان هو [النبيّ] وخديجة يصلّيان سرًّا».[٢٥] لكنّ التعليق الملحَق بالحديث على لسان عفيف يُهمّش حضور خديجة فيه، فكأنّه قد قصد به أن يكون ثالثًا مع النبيّ وعليّ، أي ثالث الرجال. على أنّ احتمال أنّ تكون خديجة الطرف الثالث غير المسمّى في كلامه وارد أيضًا، بعكس عليّ الذي يسمّيه، ليكونوا ثلاثة في الصلاة خلف النبيّ. هنا يكون تهميش خديجة واقعًا أيضًا بالسكوت عن اسمها. وفي هذا الإطار قد تُعَدّ طريقة التأليف التي اعتمدها ابن حنبل في تقديم الأحاديث في **المسند**، أي ترتيبها حسب اسم الصحابيّ الذي تُسنَد إليه، أكثر تجرّدًا من غيرها من الطرق في نقل ما وصلنا من أحاديث تتناول خديجة إلى جانب شخصيّات أخرى، كحديث الصلاة أعلاه، من حيث طريقة الترتيب. فبينما يؤدّي إدراج حديث مماثل في باب أو كتاب مُفرَد لمناقب عليّ إلى توجيه اهتمام القارئ إلى شخص عليّ دون أيّ شخص آخر، يكبح إيراده في كتاب **كالمسند** حيث تتفرّق الأحاديث عنه في مسانيد الصحابة المعنيّين التأثيرَ الذي تُخلّفه الأحاديث حين تُساق مجتمعة، فهي إذ ذاك تخلق سياقًا غلاّبًا يصبّ كلّه في توكيد فضل عليّ، أمّا حين ترِد متفرّقة، فهي تنعزل عن سياق مماثل. وعليه، يمكن القول إنّ الحديث الذي يرويه ابن حنبل في «مسند عبد الله بن عبّاس» أنّ «أوّل من صلّى مع النبيّ ﷺ بعد خديجة عليّ، وقال مرّة أسلم»[٢٦] كأنّه يحفظ بدوره لخديجة أكثر ألَق أوّليّتها في الصلاة أو الإسلام لأنّه منفصل عن أحاديث أخرى في فضل عليّ. لا يمكن على ذلك إغفال تأثير جمعيّ آخر قد يهيمن على الأحاديث من خلال طريقة التصنيف هذه أيضًا، لأنّها تجمع الأحاديث المسندة إلى كلّ صحابيّ على حدة، وعليه، فإن كان عدد من هذه الأحاديث يتناول شخصًا معيّنًا، كشخص خديجة مثلاً، فلا بدّ من التنبّه إلى علاقة خديجة بالصحابيّ الذي يروي الأحاديث حولها عندما ننظر إلى هذه الأحاديث ككلّ مجموع مُسند إلى هذا الصحابيّ، لأنّ ذلك قد يوصلنا إلى نتائج مهمّة، وهذا ما سيظهر جليًّا في الأحاديث المرويّة في «حديث السيّدة عائشة» في **المسند** التي تتناول خديجة والتي سنفصّل فيها لاحقًا.

في السياق التفسيريّ يثِبُ إلى الواجهة أيضًا عنصر الأوّليّة في تعلّم خديجة الصلاة من النبيّ، فكون خديجة أوّل من أقام الفريضة مع النبيّ يمنحها امتيازًا. ففي عدد من الأخبار

---

٢٥ ابن إسحاق، **سيرة**، ١١٧/٣. أنظر أيضًا، ابن هشام، «ابتداء فرض الصلاة»، في **السيرة**، ٢٦٠/١–٢٦١؛ والطبريّ، **تاريخ**، ٣٠٧/٢.

٢٦ ابن حنبل، **مسند**، ٨٢٣/٢، وفي مسند ابن عبّاس أيضًا: «كان [عليّ] أوّل من أسلم من الناس بعد خديجة» في المصدر نفسه، ٧٣٤/٢–٧٣٥.

بهامش سورة الإسراء تحضر خديجة في فضاء حدث الإسراء الذي يقترب بشحنته الدينيّة المكثّفة من الوحي، وهو يُقرَن عادة بحَدَث المعراج،[٢٧] وبالإسراء على الأشهر يُؤرَّخ فرض الصلاة.[٢٨] وخديجة هي التي – على أقوال، أُسري به من بيتها[٢٩] وهي التي كانت أوّل من تعلّم الصلاة من النبيّ بعد رجوعه فحينها «أخذ بيد خديجة ثمّ أتى بها العين فتوضّأ كما توضّأ جبريل ثمّ ركع ركعتين وأربع سجدات هو وخديجة ثمّ كان هو وخديجة يصلّيان سواء».[٣٠] وربّما نرى تبهيتًا لهذا الامتياز في ما يثبته القرطبيّ عن الزهريّ عن عروة عن عائشة قالت: توفّيت خديجة قبل أن تُفرَض الصلاة،[٣١] في معرض ما يعدّده من أقوال تبيّن اختلاف العلماء في تحديد تاريخ الإسراء. فإيراد هذا الخبر في هذا السياق يوجّه إلى أنّ المقصود بالصلاة في هذا الحديث عن عائشة صلاة الفريضة التي فُرِضَت في الإسراء، وهذا يقتضي أنّ خديجة لم تُصلِّ تلك الصلاة، لكن هل يمكن الجزم بأنّ الصلاة المقصودة هي صلاة الفريضة؟ خصوصًا أنّ هذا الخبر نفسه يورده ابن سعد في **الطبقات** وبعده خبر آخر وفيه عن لسان حكيم بن حزام مُتحدّثًا عن دفن خديجة: «[...] فخرجنا بها من منزلها حتّى دفنّاها بالحجون [والحجون جبل بأعلى مكّة عنده مدافن أهلها][٣٢] [...] ولم تكن يومئذ سنّة الجنازة الصلاة عليها».[٣٣] أليس من المحتمَل بذلك أن يكون المقصود بالصلاة في الحديث عن عائشة الصلاة على الميت لا صلاة الفريضة؟

---

٢٧ احتلّت أخبار الإسراء والمعراج حيّزًا كبيرًا في دراسات المعاصرين. أنظر على سبيل المثال لا الحصر: Josef Van Ess, "Theology and the Koran: The Mi'rāj and the Debate on Anthropomorphism," in *The Flowering of Muslim Theology*, trans. Jane Marie Todd (Canbridge and London: Harvard University Press, 2006), 45–77; Uri Rubin, "Muḥammad's Night Journey (Isrā') to al-Masjid al-Aqṣā: Aspects of the Earliest Origins of the Islamic Sanctity of Jerusalem," *Al-Qanṭara* 29, no. 1 (2008): 147–164; Ron Buckley, *The Night Journey and Ascension in Islam: The Reception of Religious Narrative in Sunni, Shi'i and Western Culture* (London: I. B. Tauris, 2012); Frederick Colby, *Narrating Muhammad's Night Journey: Tracing the Development of the Ibn 'Abbās Ascension Discourse* (Albany: SUNY Press, 2008).

٢٨ «فلا خلاف بين أهل العلم وجماعة أهل السير أنّ الصلاة إنّما فُرِضت بمكّة ليلة الإسراء حين عُرج به إلى السماء، وذلك منصوص في **الصحيح** وغيره»، في القرطبيّ، **الجامع**، ٢١٠/١٠.

٢٩ يقول الرازيّ في معرض تفسيره للبقرة، ١١٤: «...وإنّما أُسري به من بيت خديجة». أنظر الرازيّ، **التفسير**، ١٨/٤–١٩.

٣٠ القرطبيّ، **الجامع**، ٢١١/١٠.

٣١ المصدر نفسه والصفحة نفسها.

٣٢ ياقوت بن عبد الله الحمويّ (ت. ١٢٢٩/٦٢٦)، **معجم البلدان** (بيروت: دار صادر، ١٩٧٧)، ٢٢٥/٢.

٣٣ ابن سعد، **الطبقات**، ١٨/٨.

لكنْ على أيّ حال هل يهزّ الحديث عن موتها قبل فرض الصلاة صورتها حقًّا؟ ينقل البلاذريّ في **أنساب الأشراف**: «قالوا: وجاء رسول الله ﷺ بفرض الصلوات الخمس ركعتين ركعتين وإنّما كانت الصلاة قبل ذلك بالعشيّ ثمّ صارت بالغداة والعشيّ ركعتين ركعتين ثمّ صارت الصلوات خمسًا ركعتين ركعتين، ثمّ أُتمّت صلاة المقيم أربعًا وبقيت صلاة المسافر على حالها وذلك بعد قدوم رسول الله ﷺ المدينة بشهر».[٣٤] على ظاهر الحديث، فالصلاة منسك له تاريخ، تطوّر وقتًا وهيئة [سوى تحويل القبلة].[٣٥] تحمل الصلوات الأولى المفترضة تلك التي كان المسلمون يصلّونها قبل الفريضة شيئًا من جاذبيّة القِدَم وغموض المرحلة التأسيسيّة و«بدئيّتها» حيث يصعب بحال التمييز القطعيّ بين النظريّة والتطبيق، بين الشرع والأخلاق، وتلك سِمَة الحقبات التأسيسيّة التي يقدّم فيها أصحاب الأديان العِظام رؤيتهم الجديدة للعالَم.[٣٦] كانت رسالة النبيّ قبل الهجرة إلى المدينة – يرى وائل حلّاق، دينيّة وأخلاقيّة، تدعو إلى التواضع والكرم والاعتقاد بإله واحد لا شريك له ولا أب ولا ولد. لم يكن همّ النبيّ في تلك الفترة تأسيس شريعة أو نظام تشريعيّ جديد بل كان منشغلًا بترسيخ الإيمان والأخلاق وصفاء الوجود الإنسانيّ.[٣٧] فاختلاف الصلوات الأولى عن الفرائض المرسّخة تشريعيًّا في مرحلة لاحقة لا يخدشها بقدر ما يمنحها فرادة معيّنة، لأنّه وإن كانت غير مكتملة تشريعيًّا بعدُ، فهي لا يمكن فصلها عن الاستثنائيّة الأخلاقيّة الصافية التي تحملها أوّليّتها في تلك الفترة «القديمة» من عمر الرسالة، والتي يُفترَض أنّ خديجة صلّت خلالها في مكّة.

وإن نحن ضربنا صفحًا عن كلّ نصوص الأحاديث والأخبار التي تتناول الصلاة وتاريخ فرضها وهيئتها وتطوّرها، سيّما منها الأخبار التي ترسم المشاهد السرياليّة التي تتعلّم فيها خديجة من النبيّ كيفيّة صلاة تعلّمها هو للتوّ من جبريل، يظلّ لخديجة على الراجح رابطة لا تُنافَس عليها مع الصلاة الإسلاميّة. نستحضر هنا من طه، **١٣٢** المكّيّة: ﴿وَأْمُرْ أَهْلَكَ بِالصَّلَاةِ﴾، وقد أسلفنا القول في أنّ المعنيّة بلفظ «أهلك» فيها

---

٣٤ البلاذريّ، «باب في قصّة المعراج»، في **أنساب الأشراف**، ٢٥٧/١.

٣٥ عن تحويل القبلة في المدينة أنظر ما ينقله الواحديّ في قوله ﴿سَيَقُولُ السُّفَهَاءُ مِنَ النَّاسِ﴾ [البقرة، ١٤٢] في الواحديّ، **أسباب النزول**، ٢٦. ولشيء من التفصيل حول تطوّر الصلاة راجع جواد علي، **تاريخ الصلاة في الإسلام** (بغداد: مكتبة ضياء، د. ت.).

٣٦ Wach, *Sociology of Religion*, 25.

٣٧ Wael Hallaq, *The Origins and Evolution of Islamic Law* (Cambridge: Cambridge University Press, 2005), 19–20.

لعلّها خديجة، فبذلك تكون الإشارة القرآنيّة الوحيدة إلى زوج النبيّ في مكّة تربطها بالأمر بالصلاة، أيّا كانت تلك الصلاة التي لا نكاد «نعرف» عن هيئتها شيئًا. ويستتبع هذا أنّها كانت أوّل من أجاب النبيّ إليه، وذاك توجيه قرآنيّ قاطع [غير مشوب بتقلقل الأحاديث والأخبار ومرهقاتها ومسرحيّتها أحيانًا] إلى أنّ خديجة، لا أحد غيرها، هي أوّل من صلّى بعد النبيّ.

ويُمَوْضِع خديجة في مرحلة الوحي التأسيسيّة البدئيّة، والتي تبلورت فيها حياة المجموعة الدينيّة الجديدة بطقوس وشعائر دينيّة بسيطة مماثلة تُعيد تأويل ما أُخِذ من الممارسات العباديّة السابقة على أساس التجربة الجديدة التي كانت في طَور التشكّل،[٣٨] حديثٌ ينقله السيوطيّ في تفسير الحجّ، **٢٩**: «أخرج ابن أبي الدنيا [أبو بكر عبد الله بن محمّد (ت. ٨٩٤/٢٨١)] والبيهقيّ في **شُعَب الإيمان** عن عبد الأعلى التيميّ قال: قالت خديجة بنت خويلد: يا رسول الله، ما أقول وأنا أطوف بالبيت؟ قال: قولي: اللّهم اغفر لي ذنوبي، وخطاياي وعمدي، وإسرافي في أمري، إنّك إلّا تغفر لي تهلكني.»[٣٩] على أنّ تناقل هذا القول على ألسنة المؤمنين أثناء الطواف مثلاً لا يعني بالضرورة استحضار شخص خديجة كأوّل من سأل النبيّ عن ذِكْر مماثل، وهو يرِد في فصل «فضيلة الحجر الأسود والمقام والاستلام والطواف بالبيت والسعي بين الصفا والمروة» في **شُعَب الإيمان**،[٤٠] وكأنّه يُنقَل كي يكرِّره المؤمنون في الطواف لأنّه قول ورد عن النبيّ. لا يُصار إلى التركيز مثلاً على فعل طواف خديجة نفسه لحظة سؤالها المفترض. فإذا نحن استبدلنا شخص خديجة بشخص آخر من المسلمين الأوائل سيظلّ سياق الخبر كما هو، سؤالًا وجوابًا، ولن يتغيّر فيه سوى اسم المستفهِم، وهو اسم يبدو أنّه ليس بأهمّيّة جواب النبيّ المنصوص. بكلام آخر، لا يمكن القول إنّ خديجة تحضر في وعي الحُجّاج المسلمين كمبتدئة لهذا الذكْر أثناء الطواف كما تحضر هاجر أثناء منسك السعي مثلاً.[٤١]

---

٣٨ Wach, *Sociology of Religion*, 137.

ربّما يعبّر عن الانتقال بالطقوس من مرحلة إلى أخرى قبل الإسلام وبعده ما يورده الواحديّ في تفسير قوله ﴿يَا بَنِي آدَمَ خُذُوا زِينَتَكُمْ عِنْدَ كُلِّ مَسْجِدٍ﴾ وفيه أنّه كان ناس من الأعراب يطوفون بالبيت عراة [...] فأنزل الله ﴿يَا بَنِي آدَمَ...﴾ فأُمِروا بلبس الثياب. أنظر الواحديّ، **أسباب النزول**، ١٥١.

٣٩ السيوطيّ، **الدرّ المنثور**، ٤٨٥/١٠.

٤٠ أحمد بن الحسين البيهقيّ، **شُعَب الإيمان**، تحقيق محمّد بن بسيوني زغلول (بيروت: دار الكتب العلميّة، ١٩٩٠)، ٤٥٣/٣.

٤١ الاحتفاء بهاجر في منسك السعي يجعل منها، بتعبير ستووَسر، أحد ركائز الوعي الإسلاميّ. أنظر: Stowasser, *Women*, 47.

النبيّ متزمّلًا في مرطها أم في مرط عائشة؟

في الأخبار المحوِّمة حول أوّل الوحي يرِد في تفسير ﴿يَا أَيُّهَا المزَّمّلُ﴾ «أنّه كان متزمّلًا في مِرْط (أو مَرَط، والمرط كساء من خزّ أو صوف أو كتّان وقيل هو الثوب الأخضر وجمعه مروط)[٤٢] لخديجة مستأنسًا فقيل له ﴿يَا أَيُّهَا المزَّمّلُ * قُمِ اللَّيْلَ﴾ كأنّه قيل اترك نصيب النفس واشتغل بالعبوديّة.»[٤٣] وهذا يتّفق والرأي الأشهر بأنّ سورة المزّمّل مكّيّة، وأنّها نزلت في فترة الوحي الأولى والنبيّ بِبَيت خديجة، لكنّ هذا القول يقابله قول آخر. ينقل الزمخشريّ:

> وقيل كان متزمّلًا في مرط لعائشة يصلّي فهو على هذا [...] ثناءٌ عليه وتحسينٌ لحاله التي كان عليها، وأمرٌ بأن يدوم على ذلك ويواظب عليه. وعن عائشة رضي الله عنها أنّها سُئلت ما كان تزميله؟ قالت كان مرطًا طوله أربع عشرة ذراعًا نصفه عليّ وأنا نائمة ونصفه عليه وهو يصلّي فسُئلتْ ما كان؟ قالت والله ما كان خزًّا ولا قزًّا ولا مرعزى ولا إبريسمًا ولا صوفًا كان سداه شعرًا ولحمته وبرًا[٤٤]

يُستبدَل مرط خديجة بمرط عائشة، ويُردَف هذا الاستبدال بشرح لماهيّة هذا المرط على لسان عائشة، والصيغة الواردة في الخبر التي تُسأل فيها عائشة لتُجيب عن أمر يخصّ النبيّ، مكرورة ومألوفة في كثير من المرويّات عنها. وفي ذلك يقول أبو حيّان: «وما رووا أنّ عائشة رضي الله عنها سُئلت ما كان تزميله، قالت كان مرطًا طوله أربع عشرة ذراعًا نصفه عليّ وأنا نائمة ونصفه عليه إلى آخر الرواية كذب صراح، لأنّ نزول ﴿يَا أَيُّهَا المزَّمّلُ﴾ بمكّة في أوائل مبعثه وتزويجه عائشة كان بالمدينة»،[٤٥] أمّا القرطبيّ فبعد أن ينقل القول عن عائشة يضيف: «[...] قلتُ: وهذا القول من عائشة يدلّ على أنّ السورة مدنيّة، فإنّ النبيّ ﷺ لم يبنِ بها إلّا في المدينة. وما ذُكر من أنّها مكّيّة لا يصحّ والله أعلم.»[٤٦] فكأنّ أبو حيّان يحفظ لخديجة تزمّل النبيّ عندها، فيما القرطبيّ إذ أخذ بالرواية عن عائشة، يسلبها ذلك. ومن جهته ينقل مسلم عن عائشة في **صحيحه**:

---

٤٢ راجع ابن منظور، «مرط»، في **لسان**، ٤٠١/٧.

٤٣ الرازيّ، **التفسير**، ١٧١/٣٠.

٤٤ الزمخشريّ، **الكشّاف**، ٢٣٩/٦–٢٤٠. ويتابع الزمخشريّ: «قيل دخل على خديجة [...] أوّل ما أتاه جبريل وبوادره ترعد، فقال: زمّلوني زمّلوني، وحَسِب أنّه عُرِض له فبينا هو على ذلك إذ ناداه جبريل: ﴿يَا أَيُّهَا المزَّمّلُ﴾» في المصدر نفسه والصفحة نفسها.

٤٥ أبو حيّان الأندلسيّ، **البحر المحيط**، ٣٥٢/٨.

٤٦ القرطبيّ، **الجامع**، ٣٢/١٩.

«كان النبيّ ﷺ يصلّي من الليل وأنا إلى جنبه وأنا حائض وعليّ مرط وعليه بعضه إلى جنبه».[٤٧] كما يلفت ابن منظور في **لسان العرب** إلى نسبة هذا الكساء إلى غير واحدة من نساء النبيّ: «وفي الحديث أنّه ﷺ كان يصلّي في مروط نسائه أي أكسيتهنّ، الواحد مرط. يكون من صوف وربّما كان من خزّ أو غيره يؤتزَر به».[٤٨]

فهذه المروط على ما يبدو هي غير المرط المشار إليه في تفسير الآية الأولى من سورة المزّمّل الذي تُنسب ملكيّته في القول الذي ينقله الرازيّ إلى خديجة وفي قول الزمخشريّ إلى عائشة. ولعلّ الوصف التفصيليّ للمرط على لسان عائشة يُقصَد فيه مرطها في فترة زواجها من النبيّ الذي يُروى في الحديث أنّه كان يصلّي وعليه بعضه. يوفّر وصف عائشة تفاصيل دقيقة لا مجال لإنكار جاذبيّتها، والتي قد تدفع بعض المصنّفين إلى نسبتها إلى المرط الذي كان النبيّ متزمّلًا فيه عند نزول الآية المذكورة نظرًا للتعطّش المتوَقَّع لتفاصيل مماثلة، مع ندرة المعطيات المتوفّرة عن حوادث تلك الفترة بشكل عام. فليس مثل هذا الإسقاط، أي إسقاط التفاصيل على حوادث الفترة المكّيّة بمُستغرَب. ولا يمكن من جهة أخرى إغفال احتمال كون الأمر التبس على بعض المصنّفين، فلم يكن إسقاطهم لوصف عائشة على المرط الذي يُنقَل أنّ النبيّ كان مُلتحفًا به عند نزول ﴿يَا أَيُّهَا الْمُزَّمِّلُ﴾ مُتعمَّدًا تحيّزًا لجانبها، بل ربّما خطأ سبّبه تداخل الأحاديث والأقوال.

ويبدو القول الذي ينقله الرازيّ متناسبًا أكثر مع سياق الآيتين. فالنبيّ بحسب ذلك القول كان ملتحفًا مرط خديجة «مستأنسًا» بها فقيل له قم الليل، أي دع «نصيب النفس» وتفرّغ للعبوديّة. يتّصل مرط خديجة إذًا براحة النبيّ «الدنيويّة»، التي يُؤمَر بالانصراف عنها للقيام بواجب الصلاة المستجدّ. أمّا القول الذي ينقله الزمخشريّ فيوافق ما يُنقل في الحديث عن صلاة النبيّ في مروط نسائه أكثر، لأنّه وفقًا له كان متزمّلًا يصلّي في مرط عائشة، فأُمِر «بأن يدوم على ذلك ويواظب عليه». فعلى القول الأوّل يُطلب منه أن يتخفّف من المرط ليقوم ليله، وعلى الثاني أن يدوام على الصلاة في المرط.

الصدّيقة؟

وفي إطار المقارنة بين عائشة وخديجة نتوقّف هنا عند لقب «الصدّيقة الكبرى» الذي حازته خديجة. فبشأن ورقة بن نوفل قبيل المبعث ينقل عبد القادر البغداديّ (ت. ١٠٩٣/ ١٦٨٢) في **خزانة الأدب** عن برهان الدين البقاعي (ت. ١٤٨٠/٨٨٥) في كتابه **بذل**

٤٧ مسلم، «باب الصلاة في ثوب واحد وصفة لبسه»، في **الجامع**، ٦١/٢.

٤٨ ابن منظور، «مرط»، في **لسان**، ٤٠١/٧.

النصح والشفقة: «فلمّا أخبرته ابنة عمّه الصدّيقة الكبرى خديجة رضوان الله عليها بما رأت وأُخبرَت به في شأن النبيّ ﷺ من المخايل بإظلال الغمام ونحوها ترجّى أن يكون هو المبشَّر به [...]».[٤٩] وتلقيبها بـ«الصدّيقة الكبرى» على ما يبدو متأخّر نسبيًّا، وقد أورده علاوة على البغداديّ في **خزانة الأدب** ابن قيّم الجوزيّة في **إعلام الموقّعين**: «وكذلك استدلال الصدّيقة الكبرى أمّ المؤمنين خديجة بما عرفته من حكمة الربّ تعالى وكمال أسمائه وصفاته ورحمته أنّه لا يخزي محمّدًا ﷺ [...]»،[٥٠] بخلاف تلقيب عائشة مثلًا بالصدّيقة ووالدها بالصدّيق مبكرًا واللقب وارد لفظه في **طبقات** ابن سعد: «[...] عن مسروق [بن الأجدع (ت. ٦٢/٦٨٢ أو ٦٨٣/٦٣)] أنّه كان إذا حدّث عن عائشة قال: حدّثتني الصدّيقة بنت الصدّيق حبيبة حبيب الله المبرّأة»،[٥١] أو تلقيب فاطمة بالصدّيقة/الصدّيقة الكبرى في موارد كثيرة في المصادر الشيعيّة،[٥٢] أو عليّ بالصدّيق الأكبر، فعنه: «[...] وأنا الصدّيق الأكبر، لا يقولها بعدي إلّا كذّاب مفترٍ».[٥٣] وفي مدخل «صدق» في **لسان العرب**:

> الصدّيق: الدائم التصديق ويكون الذي يصدّق قوله بالعمل، [...] وفي التنزيل ﴿وَأُمُّهُ صِدِّيقَةٌ﴾ أي مبالغة في الصدق والتصديق. وقوله تعالى ﴿وَالَّذِي جَاءَ بِالصِّدْقِ وَصَدَّقَ بِهِ﴾. رُوي عن عليّ بن أبي طالب رضوان الله عليه أنّه قال: الذي جاء بالصدق محمّد ﷺ والذي صدّق به أبو بكر رضي الله عنه، وقيل جبريل ومحمّد عليهما الصلاة والسلام. وقيل: الذي جاء بالصدق محمّد ﷺ وصدّق به المؤمنون. الليث: [...و] كلّ من صدّق بكلّ أمر الله لا يتخالجه في شيء منه شكّ وصدّق النبيّ ﷺ فهو صدّيق[٥٤]

فعليه، يمكن أن «نبرّر» تلقيب خديجة بالصدّيقة في نصّ البغداديّ على الأقلّ بداعي التشديد على أنّها مُبالِغة في الصدق، ولا تخبر كذبًا، كون اللقب يأتي في سياق إخبارها ورقة عن علامات النبوّة غير المألوفة. لكنّ اللقب في حالة خديجة يحتمل معنى مبالغة

---

[٤٩] عبد القادر بن عمر البغداديّ، **خزانة الأدب ولبّ لباب لسان العرب**، تحقيق عبد السلام هارون (القاهرة: دار الكاتب العربيّ، د. ت.)، ٣٩٤/٨.

[٥٠] ابن قيّم الجوزيّة، **إعلام الموقّعين عن ربّ العالمين**، تحقيق مشهور بن حسن آل سلمان (الرياض: دار ابن الجوزيّ، ٢٠٠٢)، ٣٨٦/٢.

[٥١] ابن سعد، **الطبقات**، ٦٦/٨.

[٥٢] أنظر على سبيل المثال لا الحصر تكرار هذا اللقب في أخبار كثيرة ينقلها المجلسيّ من مصادر شتّى في المجلسيّ، **بحار**، ٣/٢؛ ٢٢٤/٧؛ ٣١٥/٢١؛ ٩٢/٣٨؛ ١٦/٤٣، ١٠٥، ٢٢٦.

[٥٣] الطبرسيّ، **مجمع البيان**، ١١٣/٥.

[٥٤] ابن منظور، **لسان**، ١٩٣/١٠–١٩٤.

التصديق أيضًا، وهي التي كانت أوّل السابقين إلى التصديق بالنبيّ. فلماذا لم تشتهر به؟ لماذا لا نصدفه إلّا في موارد محدودة في مصادر متأخّرة؟ هل ضاعت خديجة «الصدّيقة» مرّة أخرى في المماحكة ربّما بين أبي بكر الصدّيق وعليّ الصدّيق الأكبر، بين عائشة الصدّيقة وفاطمة الصدّيقة الكبرى؟ أم هل يعكس لقب الصدّيقة الكبرى مقارنة مباشرة بين خديجة وعائشة الصدّيقة هي الأخرى، للفرق بين الصدّيقتَين؟ ويحيلنا هذا على لفظ الكبرى الملحَق به عادةً اسم خديجة، فهل فيه أثر للقب الصدّيقة الكبرى «الكامل»؟

خديجة في حديث عائشة

إن نحن قرأنا أحاديث عائشة التي تتناول فيها خديجة مسلّمين بالمعطى الأوّليّ في المرويّات الإسلاميّة فقط، من أنّهما كانتا زوجتين للنبيّ في فترتين مختلفتين، سنلمس بسهولة تطبّع هذه الأحاديث بأثَر هذه العلاقة الإنسانيّة الشائكة التي جمعتهما. إنّ ما يميّز أحاديث عائشة، على خلفيّة هذه العلاقة، هو كون صوت عائشة فيها مُسنَد إلى امرأة معنيّة شخصيًّا بما ترويه، لا إلى مجرّد شاهد ينقل الحدَث من خارجه، بل شاهد طرف رازح تحت وطأة الحدَث المعيش. ولعلّ إثبات أحاديث مماثلة واحد من معالم التراث الإسلاميّ الرهيفة، إذ تتسلّل إلى نصوص كتب الحديث وغيرها تلوّنات شخصيّة لطيفة يُخيّل للقارئ معها أنّه يقترب من الشخصيّات الفارعة في تاريخ الإسلام، وذاك جزء من سطوة الأحاديث – وما أدراك ما سطوة الأحاديث.

يضمّ «حديث السيّدة عائشة» أكبر عدد من الأحاديث عن خديجة في كتاب **مسند أحمد** كلّه، وإن كان متأخِّرًا عن كلّ العناوين الفرعيّة الأخرى التي يروى فيها ما يتناول خديجة. وعادة ما نجد الفصول أو العناوين الفرعيّة التي تنقل الأحاديث عن النساء في آخر كتب الحديث. على أنّ أحاديث عائشة وإن كانت متأخّرة عن أحاديث الرجال من الصحابة، فإنّها أوّل ما يُروى من أحاديث النساء فيه، وعائشة هي بلا شكّ أشهر امرأة روي عنها الحديث. ولأحاديث عائشة بُعد شخصيّ آخر يرتكز إلى رواية عروة ابن أختها. فنحن إذا نظرنا في الأحاديث المسندة إلى عروة عن خالته عائشة، وعددها عشرة أحاديث من أصل أربعة عشر حديثًا مُدرجَة تحت عنوان «حديث السيّدة عائشة» مع التنبّه إليهما كطرَفي الحكي (عائشة تحكي لعروة)، فربّما نعيد تركيب فضاء ذلك البوح بين خالة وابن اختها الذي يجعل من صوت عائشة حادًّا منطلقًا في تقريرها وفي صراحتها عن ضرّتها المتوفاة، بصرف النظر عن صحّة هذه الأحاديث. وفي هذه

الأقوال ثيمات مكرورة، تُساق كلٌّ منها في حديث منفرد تارة، وتتجاور في أحاديث طويلة تارة أخرى، وهي: (١) الغيرة، و(٢) التبشير ببيت في الجنّة، و(٣) تاريخ موت خديجة، و(٤) صِلة النبيّ صديقات خديجة بعد موتها:

(١) يُعبَّر عن الغيرة تصريح بصيغة المتكلّم على لسان عائشة: «ما غرتُ على امرأة ما غرتُ على خديجة»،[٥٥] ويُردَف ذلك التصريح بما يبرِّره: «لِما كنتُ أسمعه [أي أسمع النبيّ] يذكرها/ لِما كنتُ أسمع من ذكره إيّاها».[٥٦] ويُتوَسّع في ثيمة الغيرة في حديث حواريّ عن موسى بن طلحة (ت. ٧٢١/١٠٣–٧٢٢) عن عائشة «قالت ذكر رسول الله ﷺ يومًا خديجة فأطنب في الثناء عليها فأدركني ما يدرك النساء من الغيرة فقلت لقد أعقبك الله يا رسول الله من عجوز من عجائز قريش حمراء الشدقين [«أي ساقطة الأسنان فإنّ الأسنان إذا سقطت ظهرت الحمرة في الفم»][٥٧] قالت فتغيّر وجه رسول الله ﷺ تغيُّرًا لم أره تغيّر عند شيء قطّ إلّا عند نزول الوحي أو عند المخيلة حتّى يعلم رحمة أو عذاب»،[٥٨] وفي صيغة أخرى «[...] عن مسروق عن عائشة [...] قالت فغرتُ يومًا فقلتُ ما أكثر ما تذكرها حمراء الشدق قد أبدلك الله عزّ وجلّ بها خيرًا منها قال ما أبدلني الله عزّ وجلّ خيرًا منها قد آمنت بي إذ كفر بي الناس وصدّقتني إذ كذّبني الناس وواستني بمالها إذ حرمني الناس ورزقني الله عزّ وجلّ ولدها إذ حرمني أولاد النساء».[٥٩]

تواجِه عائشة إذًا ذِكْر خديجة، والذاكر هو النبيّ. ينفتح الفعل «ذَكَر» في سياقه هذا على معاني مشتّقات أخرى من نفس جذره، فـ«الذِّكر» لا يبتعد كثيرًا عن «الذاكرة» و«الذكرى»، لأنّ النبيّ بذِكره خديجة يتذكّرها. وتدلّ عبارة «لِما كنتُ أسمعه يذكرها» في الحديث الأوّل إلى تكرار هذا الذكر، وهو ما يؤسّس لصورة خديجة المتخيَّلة المستحضَرة في وجدان النبيّ على الدوام. فالذكر المتكرِّر قولًا يترجم هذا الاستحضار الحنينيّ القلبيّ. نصّيًا، يأتلق ذِكر النبيّ زوجَه العزيزة خديجة بعد موتها بهذا الوهج لأنّه اصطدم بغيرة زوجه عائشة المتعضة. فالشحنة «السلبيّة» التي وجّهتها مشاعر الغيرة المفترَضة من جانب عائشة صوب خديجة ألقت ضوءًا على مشاعر الحنين

[٥٥] ابن حنبل، **مسند**، ٥٨٧٦/١١، ٦١٨٣؛ ٦٣٦٩/١٢.

[٥٦] المصدر نفسه والصفحات نفسها.

[٥٧] السنديّ، **حاشية**، ٣٢٧/١٤.

[٥٨] ابن حنبل، **مسند**، ٦٠٨٤/١١. أنظر أيضًا المصدر نفسه، ٦٠٧٥/١١.

[٥٩] المصدر نفسه، ٦٠٠٣/١١–٦٠٠٤.

المحمَّلة بشحنة «إيجابيّة» من جانب النبيّ. وبصوت عائشة يجبّ ذكرَ النبيّ خديجة بحنين مستمرّ قذفُها بتوصيفات جسديّة تحطّ من جاذبيّتها وجمالها، فهي «عجوز من عجائز قريش، حمراء الشدقين/الشدق». فإن كان الحديث يضيء على ذكرى خديجة الجميلة، فإنّه بالمقابل يرسم صورة خديجة الهرِمة على ذمّة عائشة، كأنّها أرادت بذلك التخفيف من جاذبيّة ذكراها، والإلماح بأنّها لا تستحقّ كلّ هذا الذكر. كما تدلّ عبارة «قد أبدلك/أعقبك الله عزّ وجلّ بها خيرًا منها» على معارضة مقصودة بين عائشة وخديجة، يُدفَع بها القارئ دفعًا لاستنتاج أنّ عائشة كانت شابّة حسناء. هرَم خديجة المفترَض هنا ديناميكيّ وفاعِل في تعزيز جمال عائشة المقابِل، الذي يبدو في هذه المقابلة الحادّة واقعًا فارِضًا نفسه بقوّة، فالجمال يعوز في تجلّيه التعبيريّ ظهور القبح، لأنّهما بتناقضهما يتكاملان.[٦٠] لكنْ يتزعزع توصيف عائشة المغتاظة بما يُسجِّل من ردّة فعل النبيّ عليه، فعلى وقعه «تغيَّر وجهه تغيُّرًا لم أرَه تغيّر عند شيء قطّ...». وعلاوة على اعتراض النبيّ التعبيريّ العنيف هذا، نقرأ عن لسانه «ما أبدلني الله عزّ وجلّ خيرًا منها قد آمنت بي إذ كفر بي الناس وصدّقتني إذ كذّبني الناس وواستني بمالها إذ حرمني الناس ورزقني الله عزّ وجلّ ولدها إذ حرمني أولاد النساء» – لاحِظْ الفعل «أبدل» نفسه بصيغة النفي، وإن كان ليس في نصّ الجواب تعرّض لوصف خديجة إثباتًا لجمالها مثلًا لدفع مقولة عائشة. وكأنّ ذلك تفصيل ثانويّ أمام كونها أمّ نسل النبيّ التي ولدت له، بخلاف عائشة التي لم تفعل، لكنْ ألا نتوقّف هنا عند صدق عائشة الذي يفيده الحديث في رواية غضب النبيّ لضرّتها؟.

(٢) يُخبَر عن أمر الله بتبشير خديجة ببيت في الجنّة عن عائشة عن النبيّ بضمير المتكلّم: «أمرني ربّي أن أبشِّر...» مرّة وبضمير الغائب مرّتين: «ولقد أمره ربّه عزّ وجلّ أن يبشِّرها ببيت من قصب في الجنّة».[٦١] ويبين بذلك صوت عائشة الإخباريّ، فحديثها، إذ تُعيد فيه ألفاظ النبيّ (أمرني ربّي/أمره ربّه)، يوحي بنوع من الثقة التي تكاد تطغى على الخبر فيه، ثقة من قدرت على تعقّب أقوال النبيّ، والإخبار عن زوج له متوفّاة بصوتها هي. فكأنّه يصبح لتبشير خديجة بالجنّة بذلك معنى جديد من خلال هذا الصوت، لأنّه صوت ضرّتها الغيور.

---

٦٠ لإضاءة نظريّة حول هذه العلاقة التنافريّة التكامليّة في آن بينهما راجع:
Theodor W. Adorno, “Du Laid, Du Beau et de la Technique,” in *Théorie Esthétique*. Trans. Marc Jimenez (Paris: Klincksieck, 1974), 67–87.

٦١ ابن حنبل، **مسند**، ٦٣٦٨/١٢؛ ٥٨٧٦/١١، ٦١٨٣.

(٣) تحدّد عائشة تاريخ زواجها بالنبيّ بقولها: «تزوّجني رسول الله ﷺ متوفّى خديجة قبل مخرجه إلى المدينة بسنتين أو ثلاث»،[٦٢] وفي تنويعة أخرى تحدّد عمرها إذ ذاك: «تزوّجني رسول الله ﷺ وأنا ابنة ستّ سنين بمكّة متوفّى خديجة ودخل بي وأنا ابنة تسع سنين بالمدينة»،[٦٣] فيما تعلن في حديث ثالث: «ولقد هلكتْ [أي خديجة] قبل أن يتزوّجني بثلاث سنين»[٦٤] تلامس هذه الأحاديث ثنائيّة الموت والحياة، ويضع تحديدُ السنين فيها المرأتين على طرفَي نقيض زمنيّ، فعهد انقضى وعهد بدأ. ويتحكّم به صوت عائشة فهي تتكلّم عن نفسها. لا تُقدَّم هنا صورة خديجة المسنّة، بل صورة خديجة الميتة المتوفّاة عن النبيّ، في مقابل عائشة الطفلة التي تبدأ توًّا حياتها معه. وهنا نورد ما يقوله السيوطيّ في تفسير النور، **٢٦**: «﴿وَالطَّيِّبَاتُ لِلطَّيِّبِينَ﴾[٦٥] عائشة طيّبها الله للرسول، أتى بها جبريل في سرقة من حرير قبل أن تُصوَّر في رحم أمّها، فقال له: عائشة بنت أبي بكر زوجتك في الدنيا، وزوجتك في الجنّة عوضًا من خديجة، وذلك عند موتها، فسُرّ بها رسول الله ﷺ وقرّ بها عينًا.»[٦٦] تتراجع في هذا الخبر خديجة «الميتة» لصالح عائشة التي ستُصوَّر وستولد، والتي بُشِّر بها النبيّ على لسان جبريل. ويُقدّم الموت بذلك صورة مُعتِمة لخديجة، لأنّه يغيّبها عن حياة النبيّ، سيّما أنّ النبيّ الأرمل عُوِّض بغيرها. وإذا قارنّا هذه الصورة بصورتها كسَنَد مفقود التي يروّج لها حديث ينقله العيّاشيّ عن سعيد بن المسيّب عن عليّ بن الحسين في تفسير النساء، **٧٥** يجعل من وفاة كلٍّ من أبي طالب وخديجة سببًا مباشرًا لهجرة النبيّ إلى المدينة، – وهو ما يثبته الكلينيّ بدوره في **الكافي**،[٦٧] نلاحظ كيف ينبثق من الموت صورتان متناقضتان [غنيّ عن القول إنّ ما يُنقَل عن الأئمة، يُعدّ بحسب المعتقد الشيعيّ حديثًا يقترب بمنزلته من الحديث النبويّ، ويُشكّل امتدادًا له]. وفي الحديث: «فلمّا فقدهما رسول الله سئِم المقام بمكّة ودخله حزن شديد وأشفق على نفسه من كفّار قريش فشكى إلى جبرئيل ذلك فأوحى الله أن يا محمّد اُخرج من القرية الظالم أهلها وهاجِر إلى المدينة

---

٦٢ المصدر نفسه، **١٢/٦٣٧٠–٦٧١**.

٦٣ المصدر نفسه، **١١/٦٠٠٤**.

٦٤ المصدر نفسه، **١١/٥٨٧٦**.

٦٥ النور، **٢٦**. يرجّح الطبريّ أنّه عنى بالطيّبات الطيّبات من القول وذلك حسنه وجميله للطيّبين من الناس، أنظر الطبريّ، **جامع البيان**، ١٨/٨٦. والآية ذات طابع عموميّ لا يحدّد نولدكه زمنًا دقيقًا مُحتمَلًا لنزولها، كما الآيات **١–١٠** و**٢١–٢٥** من السورة المدنيّة نفسها. راجع نولدكه، **تاريخ القرآن**، **١٨٩**.

٦٦ السيوطيّ، **الدرّ المنثور**، **١٠/٦٨٥–٦٨٦**.

٦٧ الكلينيّ، **الكافي**، ١/٢٣٩–٢٤٠. أنظر أيضًا «حديث إسلام عليّ»، في المصدر نفسه، **٨/٣٣٨–٣٤١**.

فليس لك اليوم بمكّة ناصر».[٦٨] فللموت في حديث العيّاشيّ قيمة مُضافة تجعله دافعًا لأهم حركة انتقال في حياة النبيّ من مكّة إلى المدينة وتُشبِع صورة خديجة بشحنة عاطفيّة محرِّكة، كما إنّ النظر إلى الهجرة كردّ فعل على فقد هذين الشخصين يجعل من خديجة جزءًا من غصّة يؤكّد عليها الموروث الشيعيّ رافقت النبيّ طوال حياته، فهو بحسب هذا الموروث لم ينعم بانتصاراته بقدر ما تألّم لِما كُشِف له من مآل أهل بيته من بعده. ويبدو أنّ حسرة فقده خديجة تجعل هذا الألم المخيّم على قلب النبيّ الذي يُبرزه هذا الموروث مزدوجًا: ألم على من رحلوا عنه، ومنهم خديجة، وألم على من سيرحل هو عنهم، أي فاطمة وبنيها. خديجة بحسب هذه الرؤية عزيزة ضائعة أورثه موتها حزنًا عظيمًا وانتقل به من مدينة إلى مدينة. أمّا موت خديجة في خبر السيوطيّ فيبدو حقيقة مسطّحة تجاوزها النبيّ الأرمل ببشارة الزوجة الجديدة، وخديجة فيه هي المرأة المعدومة، وعائشة ليست مجرّد عِوَض دنيويّ كان لا بدّ منه لأنّ خديجة فارقت الحياة، بل هي أيضًا بدل آخرويّ عنها.

(٤) وعن لسان عائشة أيضًا بالعودة إلى **مسند أحمد**: «كُنّا لنذبح الشاة فيبعث رسول الله ﷺ بأعضائها إلى صدائق خديجة»،[٦٩] أو «وإن كان ليذبح الشاة ثمّ يُهدي في خلّتها/خلائلها منها».[٧٠] ونجد لهما صدى فيما تنقله **السيرة** أنّه «أُهديَ لرسول الله ﷺ جزور أو لحم فأخذ عظمًا منها فتناوله الرسول بيده فقال له: إذهب به إلى فلانة. فقالت عائشة: لَمَ غمرت يدك؟ فقال رسول الله ﷺ: إنّ خديجة أوصتني بها [...]».[٧١] ولعلّه من المفيد أن نستقرئ هذين الحديثين تحديدًا على خلفيّة فِعل الذاكرة الإنسانيّة المعقّد، فهما بظاهر نصّيهما يسجّلان ما تتذكّره عائشة عن حادثة من واقع البيت النبويّ. صوتها بذلك يأتينا من الداخل. وإن نحن ماشينا ظاهر النصوص آخذين بأنّ المسجّل هو فعلًا ذكريات عائشة سننفذ إلى إشكاليّة تحوّل الذكريّات المسجَّلة والملوّنة بمزاج فردٍ واحد، والمحكومة بظروفه وبمشاعره وبكيفيّة اختباره للحدَث المستعاد، إلى تاريخ جمعيّ.

---

٦٨ محمّد بن مسعود العيّاشيّ، **تفسير العيّاشيّ**، تحقيق هاشم المحلاّتي (طهران: المكتبة العلمية الإسلاميّة، د. ت.)، ٢٥٧/١. وقد نُسِج الحديث على الأرجح حول عبارة «الْقَرْيَةِ الظَّالِمِ أَهْلُهَا» الواردة في الآية، ونحن «نعلم أنّها نُزّلت في المدينة بعد هزيمة المسلمين الكبرى في أُحُد بوقت قصير». أنظر نولدكه، **تاريخ القرآن**، ١٨١.

٦٩ المصدر نفسه، ٦٣٦٨/١٢.

٧٠ المصدر نفسه، ٥٨٧٦/١١؛ ٦١٨٣.

٧١ ابن إسحاق، سيرة، ٢٢٨/٥.

إنّ أنظمة ذاكرتنا مبنيّة لنتمكّن على الأرجح من تذكّر الأشياء الأكثر أهمّيّة بالنسبة إلينا،[٧٢] وذكرياتنا هي تسجيلات لكيفيّة اختبارنا للأحداث وليست نسخة طبق الأصل عن الأحداث نفسها.[٧٣] كلّ ما نستشفّه عن خديجة من هذه الأحاديث، يعتمد على ما تحفظه ذاكرة عائشة، وذكرياتها هي نِتاج عمليّة تركيبيّة شخصيّة. خذ مثلاً بَعْثَ النبيّ اللّحمَ لصدائق خديجة وقل إنّه بعثه وإنّ عائشة شهدته، هل كانت لتتذكّره لو لم يترك أثرًا في نفسها؟ هل كانت لتحكيه فيترسّخ فِعله هذا في التراث المكتوب شاهدًا على حضور ذكرى خديجة لديه؟

من هنا نخلص أخيرًا إلى أنّ طريقة تصنيف **مسند أحمد** على مسانيد الصحابة تُنبّه أكثر إلى هذه القضيّة، لأنّ إيراد كلّ الأحاديث التي تتناول خديجة المرويّة عن عائشة تحت عنوان «حديث السيّدة عائشة» يجعلنا نلتفت أكثر إلى تأثّر هذه الأحاديث بصوت روايتها – أي صوت عائشة، وإن كانت متفرِّقة تحت هذا العنوان أي غير واردة كلّها في موضع واحد منه، بصرف النظر عن صحّة الأحاديث التاريخيّة وأثر عمليّات النقل المتوالية عليها.[٧٤] كما ويقودنا إلى استنتاج أعمّ هو هيمنة صوت عائشة على مجمل الأحاديث التي تتناول خديجة، لأنّ مسندها يضم أكبر عدد من هذه الأحاديث في كتاب **مسند أحمد** كلّه.

---

٧٢ Daniel Schacter, *Searching for Memory*, 46.

٧٣ المرجع نفسه، ٦.

٧٤ للتوسّع حول هذه الإشكاليّة وسوى ذلك من متعلّقات برواية عائشة للحديث راجع:
D. A. Spellberg, “Memory and Example: ‘Aisha as a Source of Hadith,” in *Politics, Gender*, 51–58.

الفصل الخامس

المال

«فأغنى: أي فأغناك بخديجة»

في تفسير الضحى، ٨ قال عدد من المفسّرين: «أغنى أي أغناك بمال خديجة»،[١] وقال آخرون «أغناك بمال خديجة، ثمّ بالغنائم»، وهو قول كأنّه يختصر غنى النبيّ في مكّة بمال خديجة وبما أفاء الله عليه من الغنائم في المدينة،[٢] وقد يُفصَّل الإغناء أكثر على امتداد مراحل حياته: «في كيفيّة الإغناء وجوه الأوّل: أنّ الله تعالى أغناه بتربية أبي طالب، ولمّا اختلّت أحوال أبي طالب أغناه الله بمال خديجة، ولمّا اختلّ ذلك أغناه الله بمال أبي بكر، ولمّا اختلّ ذلك أمره بالهجرة وأغناه بإعانة الأنصار، ثمّ أمره بالجهاد، وأغناه بالغنائم».[٣] حتّى إنّ البعض جعل الإغناء بشخص خديجة نفسها: «فأغنى: أي فأغناك بخديجة»،[٤] وهي التي، كما ينصّ خبر يُثبته الرازيّ في تفسير الآية نفسها، دعت قريشًا مرّة إلى مجلس وفيهم أبو بكر الذي يُنقَل عنه قوله: فأخرجَتْ دنانير وصبّتها حتّى بلغت مبلغًا لم يقع بصري على من كان جالسًا قدّامي لكثرة المال، ثمّ قالت: اشهدوا أنّ هذا المال ماله [أي مال النبيّ] إن شاء فرّقه، وإن شاء أمسكه.[٥]

هو تفصيل لصيق بحياتها أنّها كانت امرأة غنيّة، وإن كان أصل مالها أو قُلْ كيفيّة جمعها للثروة وربّما حصولها عليها إرثًا مُغمضًا جدًّا.[٦] ويخدم عدد غير قليل من الأخبار

---

١ السمرقنديّ، **بحر العلوم**، ٤٨٧/٣؛ والسمعانيّ، **تفسير القرآن**، ٥٢٦/٣ و٢٤٥/٦؛ وابن الجوزيّ، **زاد المسير**، ١٦٠/٩؛ والنسفيّ، **مدارك التنزيل**، ٦٥٥/٣؛ والفيروزآباديّ، **تنوير المقباس**، ٦٥١.

٢ أنظر الثعلبيّ، **الكشف**، ٢٢٩/١٠؛ والبغويّ، **معالم التنزيل**، ١٤١٦؛ والنسفيّ، **مدارك التنزيل**، ٦٥٥/٣.

٣ الرازيّ، **التفسير**، ٢١٩/٣١.

٤ القرطبيّ، **الجامع**، ٩٩/٢٠. ومن جهته لا يسمّي الطبريّ أحدًا في الروايات التي ينقلها في تفسير هذه الآية والآيتين اللتين تسبقانها، لكنّه ينقل قول بعض المفسّرين إنّها تختصر «منازل» النبيّ المتوالية قبل البعثة. راجع الطبريّ، **جامع البيان**، ١٤٩/٣٠.

٥ الرازيّ، **التفسير**، ٢١٩/٣١.

٦ يلحظ هشام جعيط هذه القضيّة في **السيرة النبويّة ٢**، ٧٢.

فكرة إفادة النبيّ من ذلك المال إفادة عظيمة قبل المعبث وبعده، لكنْ دون أن يُجلي ذلك تمامًا نمط أو أنماط استفادة النبيّ منه عبر السنوات. يشير أبو جعفر الإسكافيّ (ت. ٨٥٤/٢٤٠) مثلاً إلى تبعيّة النبيّ إلى خديجة في معيشته حين مبعثه. يقول الإسكافيّ في معرض مناقضاته، وهي مناقضات ينقلها ابن أبي الحديد في **شرح نهج البلاغة**، لبعض ما أورده الجاحظ في **العثمانيّة**:

> وإنّما يُعرف حسن رفق الرجل وتأتّيه بأن يصلح أوّلًا أمر بيته وأهله، ثمّ يدعو الأقرب فالأقرب، فإنّ رسول الله صلّى الله عليه وآله لمّا بُعث كان أوّل من دعا زوجته خديجة ثمّ مكفوله وابن عمّه عليًّا عليه السلام ثمّ مولاه زيدًا ثمّ أمّ أيمن خادمته، فهل رأيتم أحدًا ممن كان يأوي إلى رسول الله صلّى الله عليه وآله لم يسارع؟ وهل التاث عليه أحد من هؤلاء؟ فهكذا يكون حسن التأتّي والرفق في الدعاء، هذا ورسول الله مُقلّ، وهو من جملة عيال خديجة حين بعثه الله تعالى، وأبو بكر عندكم كان موسرًا، وكان أبوه مقترًا، وكذلك ابنه وامرأته أم عبد الله [قتيلة بنت عبد العزّى]، والموسر في فطرة العقول أولى أن يُتبع من المقتر [...] وأمّا من لم يسلم ابنه ولا امرأته ولا أبوه ولا أخته بدعائه فهيهات أن يوصف ويُذكر بالرفق في الدعاء وحسن التأتّي والأناة[٧]

تُقدَّم صورة النبيّ المقلّ لمقابلتها بصورة أبي بكر الموسر، لكنّ ذلك يؤكّد على صورة خديجة الغنيّة، المعيلة لجملة من الأشخاص، وبينهم النبيّ. وفي ما يعني خديجة أيضًا، توجِّه إشارة الإسكافيّ إلى مقابلة تبعيّة النبيّ المادّيّة لخديجة بتبعيّتها هي له الدينيّة بعد المبعث، وهي التي قبلت دعوته وصدّقته.

وفي **السيرة** نقرأ أيضًا «تفاخر رعاء الإبل ورعاء الغنم عند رسول الله ﷺ فأوطاهم رعاء الإبل غلبة فقالوا: ما أنتم يا رعاء الغنم؟ وهل تحمون أو تصيدون؟ ورسول الله ﷺ جالس فتكلّم فقال: بُعث موسى عليه السلام وهو راعي غنم وبُعث داود وهو راعي غنم وبُعثتُ أنا وأنا راعي غنم أهلي بأجياد[٨] فغلبهم رسول الله ﷺ».[٩] في الخبر

---

٧ ابن أبي الحديد، **شرح**، ٢٧٢/١٣–٢٧٣.

٨ «كأنّه جمع جِيد، وهو العنق. وأجياد أيضًا جمع جواد من الخيل. وقد قيل في اسم هذا الموضع جياد أيضًا [...] واختُلف في سبب تسميته بهذا الاسم فقيل: سُمّي بذلك لأنّ تبّعًا لمّا قدم مكّة ربط خيله فيه، فسُمّي بذلك وهما أجيادان: أجياد الكبير وأجياد الصغير [وقيل] أجياد موضع بمكّة يلي الصفا [... أو] هو الموضع الذي كانت به الخيل التي سخّرها الله لإسماعيل عليه السلام». راجع ياقوت الحمويّ، «أجياد»، في **معجم البلدان**، ١٠٤/١–١٠٥. ولا يذكر ياقوت في مدخله خبر رعي النبيّ الغنم في هذا الموضع.

٩ ابن إسحاق، **سيرة**، ١٠٤/٢–١٠٥.

قول على لسان النبيّ أنّه بُعِث، أي جاءه الوحي، وهو راعي غنم أهله، أي غنم خديجة، إذا اعتبرنا أنّ المراد بأهل النبيّ زوجه، ومنه نستطيع أن نتصوّر خديجة المتموّلة صاحبة الغنم، لأنّ الخبر يوحي بأنّ أموالها يدخل فيها الغنم، وأنّ عمل النبيّ معها لم يقتصر على القيام على قافلة تجارتها، بل أنّه كان رعى غنمها بنفسه بمكّة أيضًا. وفي خبر شبيه يلاحظ الجاحظ في كتاب **الحيوان** أحد أهمّ كتبه وأشملها، وفي مورد ذِكر خديجة الوحيد فيه تحت عنوان «أخبار ونصوص في الغنم»: «كان من الأنبياء عليهم السلام من رعى الغنم، ولم يرعَ أحد منهم الإبل. وكان منهم شعيب وداود وموسى ومحمّد عليهم السلام. قال الله عزّ وجلّ: ﴿وَمَا تِلْكَ بِيَمِينِكَ يَا مُوسَى* قَالَ هِيَ عَصَايَ أَتَوَكَّأُ عَلَيْهَا وَأَهُشُّ بِهَا عَلَى غَنَمِي وَلِيَ فِيهَا مَآرِبُ أُخْرَى﴾[10] وكان النبيّ ﷺ يرعى غُنَيمات خديجة [...] ورِعاء الغنم وأربابها أرقّ قلوبًا وأبعد من الفظاظة والغلظة».[11] وما يميّز ملاحظة الجاحظ على ضوء المقارنة بين النصّين أنّه يحدّد كون خديجة هي صاحبة الغنم التي كان النبيّ يرعاها، ويوجّه بذلك إلى كونها هي المعنية بلفظة «أهلي» في نصّ السيرة.

فهل كانت خديجة تُعيل النبيّ بلا مقابل، متكفِّلة به، أم إنّه كان يدير لها شيئًا من أموالها لقاء أجر كما يرد في معرض خبر زواجها منه في **السيرة**؟ هل كان أجيرًا لها قبل زواجها وصارت معيلة له بعده؟ لكنّ القول إنّه كان «من عيالها» يتجاوز «المألوف» بأن يكون الرجل هو المعيل، لا العكس. ويبدو أنّ هذه الحال لم يُشكِل عليها العلماء المسلمون عمومًا، فيما اعترض عدد منهم على أحوال أخرى النبيّ وخديجة طرفان فيها، كقضيّة علمه من خلالها مثلاً كما أسلفنا، ربّما لأنّهم لم يروا إعالتها له تمسّ بمكانة النبيّ من منظور عِقديّ معيّن.

لكنّ الراجح بصرف النظر عن كيفيّة استفادة النبيّ من مالها أنّها كانت واسعة الثروة، وربّما يحسن أن ننقل هنا ما يُسجَّل في الرسالة الشهيرة المنسوبة إلى عبد المسيح الكنديّ التي وجّهها إلى عبد الله بن إسماعيل الهاشميّ يدعوه فيها إلى النصرانيّة ردًّا على رسالة أولى من الأخير يدعوه بها إلى الإسلام، فمال خديجة فيها هو عنصر القوّة الذي استند إليه النبيّ بعد زواجه منها، ووسيلته كي «يدّعي» المُلك والترؤس ثمّ النبوّة:

> ألستَ تعلم، أكرمكَ الله، ونحن معك أنّ هذا الرجل كان يتيمًا في حجر عمّه [...] إلى أن كان ما كان من أمره وأمر خديجة وتزوّجه إيّاها للسبب الذي تعرفه. فلمّا قوّته بمالها نازعته نفسه إلى أن يدّعي الملك والترؤّس على عشيرته وأهل بلده فرأى ذلك غير منتظم

---

[10] طه، ١٧ و١٨.

[11] الجاحظ، **الحيوان**، ٥/٥٠٩.

له ولم يتبعه عليه إلّا قليل من الناس بعد المواربة المجحفة وأنت، أكرمك الله، عالمٌ بمرارة أنفس قريش وشدّة إبائها لمثل هذا وشبهه من الضيم، فعندما أيس ممّا سوّلت له نفسه ادّعى النبوّة وأنّه رسول مبعوث من ربّ العالمين[١٢]

في هذا السياق الجدليّ يُتحوَّل عن «الإيجابيّة» التي يُنظَر بها عادة في المصادر الإسلاميّة إلى غنى خديجة كمصدر دعم للنبيّ وللرسالة، ففي الرسالة يُقدّم مال خديجة كأصل مادّيّ يستقوي به النبيّ طمعًا منه بالرئاسة والسلطة. لكنّ الثابت هو سعة حالها ووفور مالها.

كرم فائض

يُلمِح القرآن إلى زيد بن حارثة ربيب النبيّ في الأحزاب، ٤–٥ ويسمّيه في الأحزاب، ٣٧،[١٣] وفي سياق التعريف بزيد في تفسير هذه الآيات تُذكَر خديجة، فزيد كان مملوكها الذي وهبته للنبيّ وهو من أعتقه لاحقًا وتبنّاه.[١٤] ويُروَى في السياق نفسه أنّ حكيم بن حزام بن خويلد هو من اشتراه لعمّته خديجة.[١٥] وعنه في **الدرّ المنثور** يفصّل السيوطيّ في شرائه:

> كان من أمر زيد بن حارثة، أنّه كان في أخواله، بني معن من بني ثعل من طيّئ، فأُصيب في غلمة من طيّئ، فقُدِم به سوق عكاظ، وانطلق حكيم بن حزام بن خويلد إلى عكاظ يتسوّق بها، فأوصته عمّته خديجة أن يبتاع لها غلامًا ظريفًا عربيًّا إن قدر عليه، فلمّا قدِم وجد زيدًا يُباع فيها، فأعجبه ظرفه، فابتاعه فقدم به عليها وقال لها: إنّي قد ابتعت لك غلامًا ظريفًا عربيًّا، فإن أعجبك فخذيه وإلّا فدعيه، فإنّه قد أعجبني. فلمّا رأته خديجة أعجبها فأخذته، فتزوّجها رسول الله ﷺ وهو عندها، فأعجب النبيَّ ﷺ ظرفُه، فاستوهبه منها [...] فوهبته له، إن شاء أعتق وإن شاء أمسك.[١٦]

---

[١٢] عبد المسيح بن إسحاق الكنديّ، «حياة محمّد»، في **رسالة الكنديّ إلى عبد الله بن إسماعيل الهاشميّ يردّ بها عليه ويدعوه إلى النصرانيّة**، تحقيق ويليام موير، ط. ٢ (لندن: طبعة دابليو أيج آلين وكمبني، ١٨٨٧)، **٤٩–٥٠**. والرجلان مجهولا الحال تقريبًا، تذكر المصادر أنّهما عاشا في زمن المأمون (حَكَمَ ١٩٨–٢١٨هـ/٨١٣–٨٣٣). لمدخل حول هذه الرسالة وتاريخها وقيمتها الجدليّة أنظر:
G. Troupeau, "al-Kindī, ʿAbd al-Masīḥ," in *EI*^{2} 5 (1986): 123–24.

[١٣] حول نزول هذه الآيات في المدينة راجع نولدكه، **تاريخ القرآن**، **١٨٦–١٨٨**.

[١٤] في تفسير الأحزاب، ٤ في السمرقنديّ، **بحر العلوم**، **٣٧/٣**؛ وفي ابن عطيّة الأندلسيّ، **المحرّر الوجيز**، **٣٦٨/٤**؛ وفي ابن جزَي، **التسهيل لعلوم التنزيل**، **١٨٢/٢**.

[١٥] في تفسير الأحزاب، ٤ في القرطبيّ، **الجامع**، **١١٨/١٤**؛ وفي أبو حيّان الأندلسيّ، **البحر المحيط**، **٢٠٧/٧**، وفي تفسير الأحزاب، **٥** في ابن العربيّ، **أحكام القرآن**، **٥٣٨/٣**.

[١٦] في تفسير الأحزاب، **٥** في السيوطيّ، **الدرّ المنثور**، **٧٢٢/١١–٧٢٣**.

ينقل الراوي عن لسان خديجة أنّها أوصت ابن أخيها بأن يبتاع لها غلامًا ظريفًا عربيًّا وكأنّ وصيّتها تترجم انتقائيّتها التي تنمّ عن نوع من خبرة التجّار. على أنّ المتمعّن في الخبر يجد أنّ خديجة ليست بيت القصيد هنا، بل الثناء على شخص زيد العربيّ الظريف الذي أُعجب به وبظرفه كلّ المذكورين في الخبر: حكيم وخديجة والنبيّ (لاحظ تكرار الفعل «أعجب» خمس مرّات ونعت «ظريف» مرّتين ومصدر «ظرف» مرّتين أيضًا). فالرواية تستهدف عناصرها الإعلاء من شأن زيد، لأنّه لا بدّ لمن سيكون غلام النبيّ وابنه بالتبنّي أن يكون ظريفًا، وكأنّه يرتقي بشخص زيد ليناسب المرتبة التي سيتبوّؤها لاحقًا. وهذا أشبه ما يكون بالمبالغة في وصف الشابّ الوسيم والشجاع الذي سينقذ أميرة ما ويتزوّجها في قصّة خرافيّة، لكنّها مبالغة مُغلّفة بلبوس الواقعيّة، فظُرْف زيد في الخبر يستجيب لمعايير خديجة التاجرة المكّيّة الميسورة. وإن كان يتبدّى فيه جليًّا أنّ النبيّ ما كان ليحوز على هذا الغلام لولا هبة كريمة من زوجه، وهو ما يعبّر عنه خبر قصير آخر في شرائه مفاده أنّ النبيّ هو من اشترى زيد بن حارثة بنفسه في الجاهليّة من عُكاظ بحُلى امرأته خديجة فاتّخذه ولدًا.[17] فإن كان هذا الخبر يتكّئ على خلفيّة غنى خديجة ويُسرها، إلّا أنّ عنصر الحلى يوطّئ لكرم فيها استثنائيّ، لأنّ للحلى رمزيّة، فالمرأة عادةً لا تتخلّى عن حليّها بسهولة – إلّا إذا كانت ميسورة؟ ومن أمثال العرب قولهم: «شغلَ الحلى أهلَه أن يُعارا»، أي أهل الحلى احتاجوا أن يعلّقوه على أنفسهم فلذلك لا يعيرون.[18] تخالف خديجة بذلك الصورة النمطيّة للنساء أهل الحلى، فهي لم تُعِر النبيّ حليّها فقط، بل تخلّت له عنها ليشتري بها في السوق غلامًا.

وخديجة في السيرة تُفيض من مالها على النبيّ وكذا على بعض من كان لهم به صلة حميمة، ففي الجزء الأوّل من **الطبقات** المخصّص للسيرة النبويّة نصادف اسم خديجة للمرّة الأولى في «ذكر من أرضع رسول الله ﷺ وتسمية إخوته وأخواته من الرضاعة» حيث الخبر: «وكان رسول الله ﷺ يصلها [أي يصل ثويبة مولاة أبي لهب وهي أوّل من أرضعه قبل أن تقدم حليمة] وهو بمكّة وكانت خديجة تكرمها وهي يومئذ مملوكة وطلبت إلى أبي لهب أن تبتاعها منه لتعتقها فأبى أبو لهب فلمّا هاجر رسول الله ﷺ

---

[17] المصدر نفسه، ٦٠/١٢.

[18] أحمد بن محمّد النيسابوريّ الميدانيّ (ت. ١١٢٤/٥١٨)، «الباب الثالث عشر فيما أوّله شين»، في **مجمع الأمثال**، تحقيق نعيم زرزور (بيروت: دار الكتب العلميّة، ١٩٨٨)، ٤٧٢/١، «يُضرَب للمسؤول شيئًا هو إليه أحوج من السائل». وهو من أبيات أُنشِدت عن ثعلب. راجعها في أبو هلال العسكريّ، **كتاب جمهرة الأمثال**، تحقيق محمّد أبو الفضل إبراهيم وعبد المجيد قطامش، ط. ٢ (بيروت: دار الجيل، ١٩٨٨)، ٥٤٣/١.

إلى المدينة أعتقها أبو لهب [...]»،[١٩] وللمرّة الثانية فيه أيضًا: «قدمت حليمة بنت عبد الله على رسول الله ﷺ مكّة وقد تزوّج خديجة فتشكّت جدب البلاد وهلاك الماشية فكلّم رسول الله ﷺ خديجة فيها فأعطتها أربعين شاة وبعيرًا مُوَقّعًا للظعينة وانصرفت إلى أهلها».[٢٠] يقدّم هذان الخبران خديجة الغنيّة التي تكرم مُرضعتَي النبيّ، ففي أوّلهما تعرض أن تبتاع ثويبة، وما كانت لتعرض ذلك لولا أنّها تقدر عليه، وفي ثانيهما تعطي حليمة أربعين شاة وبعيرًا، مع ما للرقم أربعين من وَقْع تكثير ومبالغة. حتّى إنّ غناها الذي يُفهَم من الخبر الثاني هذا كأنّه يُنقَل إلى النبيّ، ففي مدخل «ظعن» يشرح ابن الأثير (ت. ١٢٣٣/٦٣٠) في **النهاية**: «وقيل الظعينة: المرأة في الهودج، ثمّ قيل للهودج بلا امرأة، وللمرأة بلا هودج: ظعينة [...] ومنه الحديث «أنّه أعطى حليمة السعديّة بعيرًا مُوقّعًا للظعينة» أي للهودج»،[٢١] إذ يُسنَد فعل الإعطاء إلى النبيّ نفسه، وفي ذلك تجاوز لفِعل تكليم النبيّ خديجة لإعطاء حليمة البعير المذكور، فلماذا يُحذَف سؤاله خديجة أن تعطي حليمة، ويصبح هو من يعطيها مباشرة؟ خصوصًا أنّ خبرًا آخر ينقله ابن سعد في مورد آخر بالجزء نفسه يتكرّر فيه سؤاله إيّاها، لكن هذه المرّة يسألها أن تهب له زيدًا، ففي «ذكر خدم رسول الله ﷺ ومواليه» ينقل: «[...] ثمّ إنّ خديجة ملكت زيد بن حارثة، اشتراه لها حكيم بن حزام بن خويلد بسوق عكاظ بأربعمائة درهم، فسأل رسول الله ﷺ خديجة أن تهب له زيد بن حارثة وذلك بعد أن تزوّجها، فوهبته له [...]» وذاك مشهور ومنقول في التفسير كما استعرضنا أعلاه.[٢٢] فهل سقط تفصيل سؤاله إيّاها اختصارًا، أم ربّما أُريد بحذف السؤال تفادي ما رأى فيه مصنّفون متأخّرون خدشًا معنويًّا يحمله ذلك السؤال؟ وهو ما يجعل خديجة تتوارى في ظلّ النبيّ، حتّى وإن كان فِعل عطائه المذكور ما كان ليكون بغير واسطتها. ويمكن القول إنّ ابن سعد إذ نقل هذه الأخبار دونما شرحٍ لوضع خديجة المادّيّ مثلًا في هذا الجزء من كتابه، وقبل أيّ تفصيل عن خديجة نفسها، وهي التي يؤخّر ذكرها إلى الجزء الثامن كما أسلفنا، كأنّه كان يعتمد على معرفة مُسبَقة عند القارئ بغنى خديجة

---

[١٩] ابن سعد، **الطبقات**، ١٠٨/١–١٠٩.

[٢٠] المصدر نفسه، ١١٣/١–١١٤.

[٢١] وأصل الظعينة الراحلة التي يُرحل ويُظعن عليها: أي يُسار. وقيل للمرأة ظعينة لأنّها تظعن مع الزوج حيثما ظعن، أو لأنّها تُحمَل على الراحلة إذا ظعنت. راجع عليّ بن محمّد ابن الأثير، «باب الظاء مع العين»، في **النهاية في غريب الحديث والأثر**، تحقيق طاهر الزاوي ومحمود الطناحي (القاهرة: مكتبة الحلبيّ، **١٩٦٣**)، **١٥٧/٣**؛ وابن منظور، **لسان**، **٢٧١/١٣**.

[٢٢] ابن سعد، **الطبقات**، ٤٩٧/١.

الموصوف، على صورة راسخة في خياله، بما لا يحتاج معه إلى بسط وتفسير. وهنا نلحظ أنّ الأخبار المحفوظة في المصادر قصرت عن استيفاء تفاصيل كلّ مظاهر ذلك الغنى المباشرة. فماذا كانت تلبس مثلاً التاجرة القرشيّة المرفّهة التي كانت تسكن بطحاء مكّة التي نقرأ عنها؟

بيت خديجة

١) بيت أم بيتان؟

في **أخبار مكّة** للأزرقيّ (ت. ٨٦٥/٢٥٠) و**أخبار مكّة** للفاكهيّ نجد ما يشبه المسح المدنيّ لمكّة، لمواقع الدور فيها، ففي إحصاء رباع قريش نجد توصيفًا لمنازل كلّ عشيرة على حدة، بتفاصيل مواقعها وحدودها، والآبار التي فيها، ومعاملات البيع والشراء التي مرّت عليها، وسوى ذلك ممّا يتّصل بالمعمار عمومًا، ببنائه وتداوله من شخص إلى آخر، والتغيّرات التي أحدَثها فيه مرور الزمان. وبتعداد الدور المملوكة من بني أسد بن عبد العزّى نقرأ: «لهم [...] دار حكيم بن حزام ودار الزبير. وفي دار حكيم البيت الذي تزوّج فيه رسول الله ﷺ خديجة بنت خويلد رضي الله عنها وهي سقيفة هنالك لها جدار ممّا يلي دار الزبير وفي الجدار باب إلى باب دار الزبير. ولهم بيت خديجة بنت خويلد رضي الله عنها الذي دبر آل عدي بن الحمراء الثقفيّين الذي اتّخذ مسجدًا أيضًا فيه.»[٢٣] فالبيت الأوّل غير البيت الثاني، والبيت تعريفًا قد يكون اسمًا لمسقف واحد له دهليز، والدار اسمًا لِما اشتمل على بيوت.[٢٤] أي إنّ البيت الأوّل كأنّه حجرة أو جناح مستقلّ لخديجة في دار ابن أخيها، فيما البيت الثاني كما لو أنّه مسكن مستقلّ معيّن

---

٢٣ الفاكهيّ، «ذكر رباع بين أسد بن عبد العزّى»، في **أخبار مكّة**، **٣٠٨/٣**. وفي محمّد بن عبد الله الأزرقيّ، «رباع بني أسد بن عبد العزّى»، في **أخبار مكّة وما جاء فيها من الآثار** (مكّة المكرّمة: مكتبة الأسدي: **٢٠٠٣**)، ٨٨٦: «ولهم في سكّة الحزاميّة دار الزبير بن العوّام ودار حكيم بن حزام والبيت الذي تزوّج فيه رسول الله ﷺ خديجة بنت خويلد في دار حكيم بن حزام».

٢٤ في كتاب **الكلّيّات** لأبي البقاء (ت. ١٦٨٣/١٠٩٤): «البيت هو اسم لمسقف واحد له دهليز، والمنزل اسم لِما يشتمل على بيوت، وصحن مسقف ومطبخ يسكنه الرجل بعياله، والدار اسم لِما اشتمل على بيوت، ومنازل، وصحن غير مسقف»، وفي **التعاريف** للمناوي (ت. ١٦٢٢/١٠٣١): «البيت موضع المبيت من الدار المخصوصة من المنزل المختص من البلد». أنظر أبو البقاء أيّوب بن موسى الكفويّ، **الكلّيّات: معجم في المصطلحات والفروق اللغويّة**، تحقيق عدنان درويش ومحمّد المصري، ط. ٢ (بيروت: مؤسّسة الرسالة، ١٩٩٨)، ٢٣٩؛ ومحمّد عبد الرؤوف المناويّ، **التوقيف على مهمّات التعاريف**، تحقيق عبد الحميد حمدان (القاهرة: عالم الكتب، ١٩٩٠)، ٨٦.

موقعه خلف بيت آل عدي بن الحمراء المجاور له.[٢٥] وفي «ذكر رباع بني عبد المطّلب بن هاشم»: «ويقال إنّ أبا لهب كان يسكن في بيت له قبالة بيت خديجة زوج النبيّ ﷺ ورضي عنها».[٢٦]

يوحي هذا النصّ بأنّ النبيّ وخديجة تزوّجا في بيت لها موجود في دار حكيم بن حزام، وربّما انتقلا لاحقًا إلى البيت الثاني حيث استقرّا وأنجبا، لكنّ النصّ لا يُسعفنا لتقدير المدّة الزمنيّة المفترضة التي قضياها في البيت الأوّل، أو سبب انتقالهما للبيت الثاني، أو مثلاً تفصيل شراء البيت الجديد، نحو هويّة الشخص الذي باعه أو ثمنه أو سوى ذلك. لكن لماذا تسكن خديجة في دار ابن أخيها بالأساس؟ كما وتذكر المصادر لها دارًا ثالثة «أهدتها» إلى صهرها وابن أختها أبي العاص بن الربيع زوج زينب بنت النبيّ، «وفيها ولدت ابنته أمامة ابنة زينب فلمّا أسلم وهاجر أخذها بنو عمّه فيما أخذوا من رباع المهاجرين».[٢٧]

ويوافق كون بيت خديجة المذكور الواقع خلف دار آل عدي هو نفسه الواقع قبالة بيت أبي لهب وأنّه هو البيت الذي عاشت فيه مع النبيّ الخبر التالي: «وفي بيت خديجة رضي الله عنها حجر خارج من البيت كان سليم بن مسلم أو غيره من المكّيّين يقول: كان رسول الله ﷺ يجلس تحته يستتر من الرمي إذا جاءه من دار عدي بن الحمراء ودار أبي لهب، وذرع ذلك الحجر ذراع وشبر».[٢٨] وعن الحجر المذكور في المورد نفسه: «فأمّا بعض أهل مكّة فكان يقول: إنّ هذه رِفاف كان أهل مكّة يتّخذونها في بيوتهم

---

[٢٥] في «ذكر رباع حلفاء بني زهرة» يُشار إلى هذا الجوار عند تناول هذا البيت: «ولآل عدي بن الحمراء دارهم التي في ظهر دار ابن علقمة في زقاق أصحاب الشيرق يُقال لها دار العصاميّين بين دار الفضل بن الربيع التي يُقال لها دار القدر إلى بيت النبيّ ﷺ التي يُقال لها بيت خديجة بنت خويلد رضي الله عنها وهو ربع لهم جاهليّ» في الفاكهيّ، **أخبار**، ٣/٣١٦–٣١٧. أنظر أيضًا الأزرقيّ، «ربع آل عدي بن أبي حمراء الثقفي»، في **أخبار**، ٨٩٤.

[٢٦] الفاكهيّ، **أخبار**، ٣/٢٧٠. في هذا الإطار تُعدّ دراسة أحمد زكي اليمانيّ مرجعًا مهمًّا يوثّق ما آل إليه «بيت خديجة» منذ أوائل القرن الماضي وحتّى اليوم، خصوصًا أنّ اليمانيّ نفسه كان أشرف على حفريّات في موقع البيت المذكور في أواخر الثمانينيّات عندما كان وقتها وزيرًا للنفط في المملكة العربيّة السعوديّة، فهو في الكتاب يسجّل بالصور والرسوم البيانيّة النتائج التي توصّل إليها فريق البحث المشارك في التنقيب حينها مع الاستعانة بما حُفِظ عن معمار البيت على مدى القرون في المصادر سيّما منها كتب الرحلات. أنظر أحمد زكي اليمانيّ، **دار السيّدة خديجة بنت خويلد رضي الله عنها في مكّة المكرّمة: دراسة تاريخيّة للدار وموقعها وعمارتها** (لندن: مؤسّسة الفرقان للتراث الإسلاميّ، ٢٠١٣).

[٢٧] الأزرقيّ، **أخبار**، ٨٧٢. أنظر أيضًا الفاكهيّ، **أخبار**، ٣/٢٨٠.

[٢٨] الفاكهيّ، **أخبار**، ٤/٨.

صفائح من حجارة يكون شبه الرفاف يضعون عليها أمتعتهم التي تكون في بيوتهم».[٢٩] يُسنَد إلى الحجر وظيفتان مختلفتان، الأولى فيها نفحة قداسة، لأنّها تتّصل بالنبيّ الذي يستعمله للاحتماء ممّا يرميه جيران السوء، كما لو أنّ الحجر يؤرّخ لتلك الفترة الحرجة من عمره وعمر الرسالة، أمّا الثانية فمادّيّة بحتة لا تخصّ النبيّ وحده، بل سائر أهل مكّة، فكلّهم «يتّخذون» في بيوتهم حجارة مماثلة يحلّونها أمتعتهم. ويُرجَّح ممّا يذكره الأزرقيّ أنّ استعمال النبيّ الحجر للاحتماء هو ربّما حكاية تناقلها العوام:

> قال أبو الوليد [الأزرقيّ]: سألتُ جدّي أحمد بن محمّد ويوسف بن محمّد بن إبراهيم وغيرهما من أهل العلم من أهل مكّة عن هذه الصفيحة [الحجر] ولِمَ جُعِلت هنالك وقلت لهم أو لبعضهم: إنّي أسمع الناس يقولون إنّ رسول الله ﷺ كان يجلس تحت هذه الصفيحة يستدري بها من الرمي بالحجارة إذا جاءت من دار أبي لهب ودار عديّ بن الحمراء الثقفي فأنكروا ذلك وقالوا لم نسمع بهذا من ثبت ولقد سمعنا من يذكرها من أهل العلم فأصحّ ما انتهى إلينا من خبر ذلك أنّ أهل مكّة كانوا يتّخذون في بيوتهم صفائح من حجارة تكون شبه الرفاف توضع عليها المتاع والشيء من الصيني والداجن يكون في البيت [...] قال: فيقولون إنّ تلك الصفيحة التي في بيت خديجة من ذلك[٣٠]

لكنّ مادّيّة هذا الحجر ذاتها هي التي تجعله يصلح ليصبح جزءًا من قصّة الرسالة السماويّة، فلأنّها تُشكّل جزءًا أصيلاً من العالم المادّيّ الملموس، فما أنسب الأشكال المعماريّة لتتحوّل بالتقادم رموزًا.[٣١]

٢) البيت بعد الهجرة

يُستنتَج من الخبر السابق عن دار أبي العاص أعلاه أنّ رباع المهاجرين «صودِرَت» بطريقة ما، فالبيوت الخالية التي خلّفها المسلمون وراءهم أباحها لأنفسهم وعمرها من بقي من أهل مكّة،

> فلمّا كان عام الفتح وكلّم بنو جحش بن رئاب الأسديّ رسول الله ﷺ في دارهم فكره لهم أن يرجعوا في شيء من أموالهم أُخذ منهم في الله وهجروه لله أمسك عتبة بن غزوان عن كلام رسول الله ﷺ في داره[٣٢] [...] وسكت المهاجرون فلم يتكلّم أحد

---

٢٩ المصدر نفسه والصفحة نفسها.

٣٠ الأزرقيّ، **أخبار**، ٨١٣–٨١٤.

٣١ Samer Akkach, *Cosmology and Architecture in Premodern Islam: An Architectural Reading of Mystical Ideas* (New York: State University of New York Press, 2005), 11.

٣٢ أخذها يعلى بن مُنْيَه حين هاجر عتبة، وكان استوصاه بها. أنظر الأزرقيّ، **أخبار**، ٨٨١.

> منهم في دار هجرها لله وسكت رسول الله ﷺ عن مسكنيه كليهما، مسكنه الذي ولد فيه ومسكنه الذي ابتنى فيه خديجة بنت خويلد وولد فيه ولده جميعًا، وكان عقيل بن أبي طالب أخذ مسكنه الذي ولد فيه، وأمّا بيت خديجة فأخذه معتب بن أبي لهب وكان أقرب الناس إليه جوارًا فباعه بعدُ من معاوية بمائة ألف درهم[٣٣]

لكن المثير للاهتمام أكثر من تنازل النبيّ عن بيت خديجة ما نجده تحت عنوان «ذكر منزل النبيّ ﷺ عام الفتح بعد الهجرة وتركه دخول بيوت مكّة بعد الهجرة» في **أخبار الأزرقيّ**[٣٤] إذ يُنقَل أنّه لم يدخل مُذذاك بيوت مكّة، وأنّه قال يوم الفتح: «لا أدخل البيوت. فلم يزل مضطربًا بالحجون لم يدخل بيتًا وكان يأتي المسجد من الحجون»،[٣٥] وفيه أيضًا: «رأيتُ رسول الله صلّى الله مضطربًا بالحجون في الفتح، يأتي لكلّ صلاة».[٣٦] فهل يمكننا أن نقول إنّه كان يحوم حول قبر خديجة هناك؟ تبثّ هذه الأخبار شيئًا من الكآبة ببُعدها الإنسانيّ الرخو، وهل من شيء أكثر إحباطًا من فكرة عدم العودة إلى البيت؟ امتناع النبيّ عن دخول البيوت كما لو أنّه خروج من دنياه في مكّة، وهو خروج تمنحه طابعًا روحيًّا مُضافًا صلاة النبيّ بالحجون. فكأنّه استبدل سقف البيت بالسماء، والأحياء بالأموات، «مضطربًا» بين قبور من رحلوا. فإذا كان مقصد النبيّ قبر خديجة بالتحديد، فإنّ ذلك يرسّخ سكنه إليها حتّى بعد مماتها. وفي **تحفة النظّار** لابن بطّوطة (ت. ١٣٧٧/٧٧٩): «ذِكر الجبانة المباركة: وجبّانة مكّة خارجة باب المعلّى ويُعرف ذلك الموضع بالحجون [...] وبهذه الجبّانة مدفن الجمّ الغفير من الصحابة والتابعين والعلماء والصالحين والأولياء إلّا أنّ مشاهدهم دثرت وذهب عن أهل مكّة علمها فلا يُعرف منها إلّا القليل فمن المعروف منها قبر أمّ المؤمنين ووزير سيّد المرسلين خديجة بنت خويلد أمّ أولاد النبيّ ﷺ كلّهم ما عدا إبراهيم وجدّة السبطين الكريمين صلوات الله وسلامه على النبيّ ﷺ وعليهم أجمعين».[٣٧] يقترب ما يسجّله ابن بطّوطة ممّا يُكتَب في منشورات السياحة الدينيّة التي تُعرِّف بالمزارات والمقامات، فهو يحدّد الموقع الجغرافيّ للجبّانة «المباركة» قبل أن يخبر عمّن دُفِن فيها ممّن قد يُتشوّق إلى زيارة مشاهدهم، ومن هؤلاء المعروفة قبورهم خديجة، التي وكأنّها سبقت بمكانتها «الجمّ الغفير من

٣٣ الأزرقيّ، **أخبار**، ٨٧٦–٨٧٧.

٣٤ المصدر نفسه، ٧٤٤–٧٤٨.

٣٥ المصدر نفسه، ٧٤٥–٧٤٦.

٣٦ المصدر نفسه، ٧٤٦.

٣٧ محمّد بن عبد الله ابن بطّوطة، **تحفة النظّار في غرائب الأمصار وعجائب الأسفار**، تحقيق محمّد العريان (بيروت: دار إحياء العلوم، ١٩٨٧)، ١٥٥–١٥٦.

الصحابة والتابعين» وسواهم الذين امحت آثار مدافنهم. وما يُعرَّف به عنها أنّها أمّ المؤمنين ووزير النبيّ وأمّ أولاده وجدّة السبطَين يكرّس هذه المكانة ويختصر لزائر قبرها المفترض شخصها وحياتها. ففي الزيارة التي هي نوع من التجربة الشخصيّة للمكان المقدّس –الجبّانة المباركة في هذه الحالة، يكشف الرمز المقدّس– قبر خديجة شيئًا من «القداسة نفسها» ويبعث روح القداسة في أولئك الذين يعيشون التجربة. والرموز لا تحتاج إلى تبرير، فمقياس صلاحيّتها الوحيد هو تلاؤمها والحقائق السامية التي تُعبِّر عنها.[٣٨] وعليه، فإنّه يمكن عدّ قبر زوج للنبيّ مصدر إشعاع يبثّ تلك القداسة على الدوام يستثير في نفوس زائريه معنويّات خاصّة ويجعلهم يعيشون التجربة النبويّة بشكل افتراضيّ إن صحّ التعبير في أيّامها المكّيّة.

٣) الدار الرقطاء

في معرض الرواية عن إسلام عمر في **السيرة** إشارة مقتضبة إلى بيت النبيّ: «وكان مسكنه ﷺ في الدار الرقطاء التي كانت بيدَي معاوية بن أبي سفيان».[٣٩] ويوافق ذلك ما يقوله ياقوت: «الدار الرقطاء: بمكّة، كانت مسكنًا لسيّدنا محمّد ﷺ. وتُعرف بدار خديجة أيضًا، لأنّه ابتنى بها في تلك الدار ولم يزل يسكنها إلى يوم هجرته ﷺ، فأخذها عقيل ابن أبي طالب، ثمّ اشتراها معاوية في خلافته لتكون مسجداً له».[٤٠] فهل إنّ بيت خديجة هو عينه الدار الرقطاء؟ يُحتَمل ذلك، وإن كان كلٌّ من الأزرقيّ والفاكهيّ يذكران الدار الرقطاء التي لمعاوية لكن دون أدنى إشارة إلى كونها كانت من قبلُ دار خديجة: «ابتنى معاوية بمكّة دورًا منها الستّ المتقاطرة أوّلها الدار البيضاء [...] والدار الرقطاء إلى جنبها وإنّما سُمّيت الرقطاء لأنّها بنيت بالآجر الأحمر والجصّ الأبيض فكانت رقطاء»،[٤١] ولعلّه يمكن الترجيح أنّ نعت «الرقطاء» بدأت توصف به الدار في زمن

---

٣٨ Akkach, *Cosmology and Architecture*, 12.

٣٩ ابن هشام، **السيرة**، ٣٧٢/١.

٤٠ ياقوت الحمويّ، **الخزل والدأل بين الدور والدارات والديرة**، تحقيق يحيى عبّارة ومحمّد جمران (دمشق: منشورات وزارة الثقافة، ١٩٩٨)، ٨٨/١.

٤١ الأزرقيّ، **أخبار**، ٨٦٤، وفي الفاكهيّ، أخبار، ٢٧٨/٣: «ولمعاوية بن أبي سفيان الدور الستّ ليس بينهنّ لأحد فصل وهي متوالية وهي الدار الرقطاء، وإنّما سُمّيت الرقطاء لأنّها بُنيت بالآجرّ الأحمر والجصّ فكانت رقطاء». وتفسير نعت «الرقطاء» في الكتابين يمكن القول إنّه أدقّ من تفسيره في شرح أبي ذرّ الخشنيّ على السيرة: «وقوله في الدار الرقطاء أصل الرقطاء التي فيها ألوان وكذلك الأرقط» في الخشنيّ، **الإملاء المختصر**، ١٨٩/١.

معاوية، وهو «أوّل من عمل الجصّ والآجرّ بمكّة وبنى به».[٤٢] وينوّه الأزرقيّ والفاكهيّ بأنّ معاوية اشترى بيت خديجة من عقيل بن أبي طالب (وفي خبر آنف أنّه اشتراه من معتب ابن أبي لهب) «وهو خليفة فاتّخذه مسجدًا يُصلّى فيه وبناه بناءً جديدًا، وحدوده الحدود التي كانت لبيت خديجة رضي الله عنها لم تُغيَّر غير أنّ معاوية بن أبي سفيان لمّا بناه فتح فيه بابًا من دار أبي سفيان بن حرب بن أميّة فهو قائم إلى اليوم وهي الدار التي قال رسول الله ﷺ فيها يوم الفتح: من دخل دار أبي سفيان فهو آمن».[٤٣] ويمكن القول إنّ عمل معاوية ببيت خديجة كان لجهة المعمار تجديديًّا ومن جهة الاستعمال كأنّه نقله من الخاصّ إلى العامّ بجعله مسجدًا، إذ يبدو أنّ معاوية تصرّف بحريّة في عدد كبير من أبنية مكّة واستحدث في بناها التحتيّة والخدماتيّة،[٤٤] وإن كانت هذه «التحسينات» لم تسلم على ما يبدو أيضًا من الانتقاد فعن عائشة مثلًا أنّها قالت له: «أنتَ الذي عمدتَ إلى مكّة فبنيتها مدائن وقصورًا وقد أباحها الله عزّ وجلّ للمسلمين وليس أحد أحقّ بها من أحد؟».[٤٥]

٤) البيت مشهدًا

يمكن للشكل/البناء أن يخبر عن شيء سرمديّ خارج الزمن، وكأنّه بذلك يجاوز الظرف التاريخيّ، ليس فقط في تكوينه بل أيضًا في بقائه إلى حدّ معيّن على الأقلّ.[٤٦] وهذا يمنحه قوّة، قوّة تؤجِّج الطاقة الرمزيّة التي يحتملها والتي تبلغ ذروتها عندما يصير ذلك البناء مقصدًا للحجيج الآتين لاستلهام هذه الطاقة، عندما يتحوّل إلى مشهد مقدّس. ويفيض التقديس على بناء ما حين تكون النصوص المكتوبة التي تصفه هي كلّ ما تبقّى منه، التي تصبح بمثابة الدليل لتلمّس «الكنز» المفقود، ولو بالخيال حتّى عندما يكون الوصف يؤرِّخ لحال البناء في حقبة عتيقة بعيدة عن عصر القارئ. لا بل إنّ قِدَم الوصف

---

٤٢ الفاكهيّ، **أخبار**، ٢٢٦/٣.

٤٣ المصدر نفسه، ٧/٤–٨.

٤٤ ففي باب «ما جاء في ذكر العيون التي أجريت في الحرم» مثلًا يقول الأزرقيّ: فهذه العشرة عيون عيون أجراها معاوية واتّخذها بمكّة (الأزرقيّ، **أخبار**، ٨٥٣)، و«وأوّل من أجرى في الحرم عينًا وجعل بمكّة حائطًا معاوية» في الفاكهيّ، **أخبار**، ٢٣٠/٣، و«استخلف معاوية فأجرى للمسجد قناديل وزيتًا من بيت المال» في الأزرقيّ، **أخبار**، ٨٧٨.

٤٥ الفاكهيّ، **أخبار**، ٢٩٠/٣، و«يُقال [...] دخل معاوية بن أبي سفيان حائطًا له بمكّة ومعه ابن صفوان فقال كيف ترى هذا الحائط قال أراه على غير ما وصف الله تعالى به البلد فقال قال الله عزّ وجلّ ﴿بِوَادٍ غَيْرِ ذِي زَرْعٍ﴾ وأراكَ قد جعلت زرعًا» في الفاكهيّ، **أخبار**، ١٢٢/٤–١٢٣.

٤٦ Akkach, *Cosmology*, 14.

بذاته يعطيه قيمة مُضافة، فالموروث النصّي في هذه الحالة (traditum) لا يُتلقّى فقط، بل يقدَّر لاتّصاله بالماضي. يُضاف ربطه بعظمة ماضية إلى تقدير القِدَم (pastness) بحدّ ذاته، فالقِدَم يولّد العظمة، كأنّه يجعله يستحقّ أن يُقرأ ويُحفظ ويُستعاد، أن يتحوّل إلى تراث يُصان ويُورّث.[٤٧] ومن نصوص الرحلات التي بين أيدينا نتبيّن أن «بيت خديجة» كان مشهدًا بمكّة على مدى قرون. يقول البشاريّ المقدسيّ (ت. ٩٩٠/٣٨٠): «والمشاهد بمكّة مولد النبيّ ﷺ في المحامليين ودار الأربعين بالبزّازين ودار خديجة خلف العطّارين. غار ثور على فرسخ أسفل مكّة وحراء من نحو منى وغار آخر خلف أبي قبيس».[٤٨] وهذه الإشارة وإن كانت مختصرة، لكنّها تدلّل على أهمّيّة هذا البيت إذ يُعدّ واحدًا من ثلاثة مشاهد بمكّة، و«مكّة– يقول ابن جبير (ت. ١٢١٧/٦١٤)، كلّها مشهد كريم» وفي وصفه لبيت خديجة يقول:

> فمن مشاهدها التي عاينّاها قبّة الوحي وهي في دار خديجة أمّ المؤمنين رضي الله عنها وبها كان ابتناء النبيّ ﷺ بها وقبّة صغيرة أيضًا في الدار المذكورة فيها كان مولد فاطمة الزهراء رضي الله عنها وفيها أيضًا ولدت سيّدَي شباب أهل الجنّة الحسن والحسين رضي الله عنهما وهذه المواضع المقدّسة المذكورة مُغلقة مصونة قد بُنِيَت بناء يليق بمثلها [...و] في شهر ربيع الأوّل ويوم الإثنين منه لأنّه كان شهر مولد النبيّ ﷺ وفي اليوم المذكور ولد [...] تُفتَح المواضع المقدّسة المذكورة كلّها[٤٩]

ويفصّل ابن جبير في موضع آخر من الكتاب في وصف البيت الذي يقول إنّه دخله في يوم إثنين الثالث عشر من شهر ذي القعدة:

> ودخلتُ أيضًا في اليوم المذكور دار خديجة الكبرى رضوان الله عليها وفيها قبّة الوحي وفيها أيضًا مولد فاطمة رضي الله عنها وهو بيت صغير مائل الطول والمولد شبيه صهريج صغير وفي وسطه حجر أسود وفي البيت المذكور مولد الحسن والحسين ابنَيها رضي الله عنهما لاصق بالجدار ومسقط شِلْو الحسن لاصق بمسقط شلو الحسين وعليهما حجران مائلان إلى السواد كأنّهما علامتان للمولدين المباركين الكريمين ومسحنا الخدود في هذه المساقط المكرّمة المخصوصة بمسّ بشرات المواليد الكرام رضوان الله عليهم وفي الدار المكرّمة أيضًا مختبأ النبيّ ﷺ شبيه القبّة وفيه مقعد في الأرض عميق شبيه الحفرة داخل في الجدار قليلاً وقد خرج عليه من الجدار حجر مبسوط كأنّه يُظلّ المقعد المذكور قيل إنّه كان الحجر الذي كان غطّى النبيّ ﷺ عند اختبائه في الموضع المذكور [...] وعلى كلّ

٤٧ Shils, *Tradition*, 69.

٤٨ محمّد بن أحمد المقدسيّ البشاريّ، **أحسن التقاسيم في معرفة الأقاليم** (ليدن: بريل، ١٨٧٧)، ١٠٢/١.

٤٩ محمّد بن أحمد بن جبير، **رحلة ابن جبير**، ط. ٢ (ليدن: بريل، ١٩٠٧)، ١١٤–١١٥.

واحد من هذه الموالد المذكورة قبّة خشب صغيرة تصون الموضع غير ثابتة فيه فإذا جاء المبصِر لها نحّاها ولمس الموضع الكريم وتبرّك به ثمّ أعادها عليه.[٥٠]

وكذا يقول ابن بطّوطة: «ومن المشاهد المقدّسة بمقربة من المسجد الحرام قبّة الوحي وهي في دار خديجة أمّ المؤمنين رضي الله عنها [...] وفي البيت قبّة صغيرة حيث ولدت فاطمة عليها السلام».[٥١] ويميّز وصف ابن جبير ما يتيحه من نقل فوريّة التجربة ومباشرتها (immediacy) التي تجعل معاينته للبيت زاهيًا حيًّا حاضرًا أمام أعين القرّاء ممّا يخوّلهم أن يتماهوا معه ويعيشوا تجربته بطريقة غير مباشرة.[٥٢] ويكشف وصفه جانبًا من التفاعل الجماعيّ مع هذا البيت، فعلى مستوى «القائمين» عليه يُستدلّ من الوصف الحرص على بنائه سواء في تجميل معماره ووضع العلامات الدالّة على المشاهد داخله أم في فتحه أمام الزوّار ليوم واحد في الأسبوع فقط؛ وعلى مستوى الناس والعوام يُلحَظ التعلّق العاطفيّ الشديد بالمشاهد المذكورة، وعدم التحرّج من إظهار هذا التعلّق باللمس ومسح الخدود. وإن كان في بناء مشاهد ولادات الحسنَين المذكورة [وزيارتها ووصفها من بعدُ] تعارض مع المرويّات المتواترة المشهورة بأنّهما ولدا في المدينة، وكذا ففي الحديث عن «مختبأ النبيّ» إغفال لِما أثبته الأزرقيّ مثلًا [راجع النصّ بحرفيّته أعلاه] من أنّ الحجر الموصوف في بيت خديجة كان ممّا يتّخذه أهل مكّة لوضع المتاع والشيء من الصيني والداجن، وأنّه لم يُسمَع من ثبت استعمال النبيّ له مختبأ لاتّقاء الحجارة من البيوت المجاورة. تنحرف التجربة المعيشة هنا بماديّتها المرسّخة بالجُدُر والعلامات والحجارة والقبب عن النصوص المرويّة. وكأنّ الأخيرة تذوي أمام حضور الحجر الذي يستطيع الزائر أن يتلمّسه ويمسح به خدوده. تتحوّل المشاهد التي بُنيت في لحظة ما إلى مرويّات «جديدة» يختبرها الزائر ولعلّه لا يُسائل تاريخيّتها إذ تأخذه هالة تجربة الزيارة المقدّسة. ويبين ممّا تقدّم كم إنّ نصوص أدب الرحلات (travel accounts) هي نصوص كاشفة، لأنّها وإن كانت بظاهرها تصف الواقع المشاهَد لكنّها تزيح الستار عن العالم الثقافيّ، بكلّ معتقداته ومواضعاته، والذي يتكئ عليه الرحّالة والذي يرى من خلاله ما يرى قبل أن يكتبه. إنّها نصوص

---

٥٠ المصدر نفسه، ١٦٣.

٥١ ابن بطّوطة، **تحفة النظّار**، ١٥٤.

٥٢ Barbara D. Metcalf, “The Pilgrimage Remembered: South Asian Accounts of the Hajj,” in *Muslim Travellers: Pilgrimage, Migration, and the Religious Imagination*, eds. Dale F. Eickelman and James Piscatori (London: Routledge, 1990), 95.

موضوعيّة وشخصيّة في آن (inner and outer)، وهي بمثابة دليل على الأنساق الثقافيّة والاجتماعيّة والدينيّة المتبدّلة.[٥٣]

قلادة من الماضي

ينقل ابن هشام:

> قال ابن إسحاق: وحدّثني يحيى بن عبّاد بن عبد الله بن الزبير عن أبيه عبّاد عن عائشة قالت: لمّا بعث أهل مكّة في فداء أسراهم بعثت زينب بنت رسول الله ﷺ في فداء أبي العاص بن الربيع بمال وبعثت فيه بقلادة لها كانت خديجة أدخلتها بها على أبي العاص حين بنى عليها. قالت: فلمّا رآها رسول الله ﷺ رقّ لها رقّة شديدة وقال: إن رأيتم أن تطلقوا لها أسيرها وتردّوا عليها مالها فافعلوا، فقالوا: نعم يا رسول الله. فأطلقوه وردّوا عليها الذي لها[٥٤]

وهي رواية تُسجَّل في تفسير الأنفال، ٦٧ و٧٠،[٥٥] ولعلّها من الروايات القليلة التي تضع خديجة في قلب حدَث عاشه المسلمون في المدينة يخبر عنه القرآن، أي معركة بدر.[٥٦] لكنّ التفصيل السيَريّ اللافت هو إشارة مزيدة يوردها الواقديّ في **المغازي** عن قلادة زينب المذكورة: «يُقال إنّها من جَزْعِ ظَفار»،[٥٧] وكذا يوردها ابن سعد: «[...] بقلادة لها كانت لخديجة بنت خويلد من جزع ظفار، وظفار جبل باليمن»،[٥٨] فيما يقول ياقوت الحمويّ «هي مدينة باليمن في موضعين أحدهما قرب صنعاء وهي التي يُنسب إليها الجزع الظفاريّ وبها كان مسكن ملوك حمير»،[٥٩] «والجزع بفتح الجيم وسكون الزاي خرز يمنيّ»[٦٠] يقول ابن حجر في **فتح الباري** في شرحه لحديث في أوّل «كتاب التيمّم» وفيه عن عائشة أنّها قالت: «خرجنا مع رسول الله ﷺ في بعض أسفاره حتّى إذا كنّا بالبيداء أو بذات الجيش

---

[٥٣] راجع:
Barbara D. Metcalf, "The Pilgrimage Remembered, 85, 89.

[٥٤] ابن هشام، **السيرة**، ٣٠٦/٢–٣٠٨. أنظر أيضًا الطبريّ، **تاريخ**، ٤٦٨/٢.

[٥٥] في تفسير الأنفال، ٧٠ في القرطبيّ، **الجامع**، ٥٣/٨–٥٤؛ وفي تفسير الأنفال، ٦٧ في الطبرسيّ، **مجمع البيان**، ٤٩٤/٤.

[٥٦] «معظم سورة الأنفال ٨ [...] على علاقة مباشرة بالنصر في بدر» في نولدكه، **تاريخ القرآن**، ١٦٨–١٦٩.

[٥٧] الواقديّ، **المغازي**، ١٣٠.

[٥٨] ابن سعد، **الطبقات**، ٣١/١.

[٥٩] ياقوت، **معجم البلدان**، ٦٠/٤. «بفتح أوّله والبناء على الكسر، بمنزلة قَطامِ وحَذارِ، وقد أعربه قوم» في المصدر نفسه والصفحة نفسها.

[٦٠] ابن حجر، **فتح الباري**، ٥١٩/١.

انقطع عقد لي [...]»[٦١] حيث يورد ما وقع «في هذه القصّة أنّ العقد المذكور كان من جزع ظفار».[٦٢] وليس المثير للاهتمام فيما ينقله ابن حجر أنّ عقد عائشة المذكور ظفاريّ، لأنّ عددًا من الأخبار تُفيد بأنّ الجزع اليمنيّ كان حجرًا يدخل في حليّ النساء في تلك الحقبة، ففي خبر استشهاد حمزة بن عبد المطّلب أنّ وحشيًّا الحبشيّ بعد أن قتل حمزة «أعطت[ه هند بنت عتبة] حليًّا كان عليها من ورِق وجزع ظفار –وظفار جبل باليمن يؤتى منه بهذه الحجارة– وأعطته خواتيم ورِق كانت في أصابيع رجلها»،[٦٣] و«عن عليّ بن زيد بن جدعان (ت. ١٣١/٧٤٨–٧٤٩) أنّ رسول الله ﷺ دخل على أهله ومعه قلادة جزع فقال: لأعطينّها أحبّكنّ إليّ، فقلن يدفعها إلى ابنة أبي بكر فدعا بابنة أبي العاص من زينب فعقدها بيده»[٦٤] بل ما ينقله ابن حجر في شرح حديث الإفك في كتاب التفسير «باب لَوْلَا إِذْ سَمِعْتُمُوهُ ظَنَّ الْمُؤْمِنُونَ وَالْمُؤْمِنَاتُ بِأَنْفُسِهِمْ خَيْرًا وَقَالُوا هَذَا إِفْكٌ مُبِينٌ* لَوْلَا جَاءُوا عَلَيْهِ بِأَرْبَعَةِ شُهَدَاءَ فَإِذْ لَمْ يَأْتُوا بِالشُّهَدَاءِ فَأُولَئِكَ عِنْدَ اللهِ هُمُ الْكَاذِبُونَ» وفيه يقول: «[...] حيث تذكر الرواية: ووقع في رواية الواقديّ: فكان في عنقي عقد من جزع ظفار كانت أمّي أدخلتني به على رسول الله ﷺ».[٦٥] فالتقاطع بين الحليتين، بين قلادة زينب، وهي بالأصل قلادة أمّها خديجة، وبين عقد عائشة ليس فقط في نوع حجرهما، بل في مناسبة تحلّي كلّ منهما بعقدها أو قلادتها. فكلٌّ أهدتها أمّها القلادة/العقد بمناسبة زواجها: زينب أدخلتها أمّها على أبي العاص بالقلادة، وعائشة أدخلتها أمّها بالعقد على رسول الله. وهذا يمكن عدّه مزاحمة لخديجة على تفصيل سيَريّ قد لا يُتوّقع أن يكون مُكرّرًا، فإذا كان الخبر عن زينب يجعلنا نخصّص لخديجة الغنيّة بخيالنا مشهد إهدائها ابنتها قلادة ثمينة عندما زوّجتها، إذ لولا اليُسر المادّيّ، ما كانت الأمّ لتُهدي ابنتها العروس قلادة يوّحي الخبر بأنّها نفيسة إذ قدّمتها البنت بعد سنين في فداء زوجها، فإنّ خبر عقد عائشة يفرض علينا أن نستحضر عائشة في مشهد مشابه، عروسًا تهديها أمّها عقدًا ظفاريًّا، وإن كان الخبر عن عائشة لا يشوّش على صورة خديجة التي يتذكّرها النبيّ بواسطة قلادتها المفتاح التي صدف أنّها فتحت قفل ذكرى ماضية، على ما يُفيده سياق الخبر عن زينب.

---

٦١ المصدر نفسه، ٥١٤/١.

٦٢ المصدر نفسه، ٥١٩/١.

٦٣ البلاذريّ، **أنساب**، ٣٢٢/١.

٦٤ ابن سعد، **الطبقات**، ٤٠/٨. «عن عبد الله بن الزبير عن أمّه عن عائشة أنّ النجاشيّ أهدى إلى رسول الله ﷺ حلية فيها خاتم من ذهب فأخذه وإنّه لمُعرض عنه فأرسل به إلى ابنة ابنته زينب فقال: تحلّي بهذا يا بنيّة» في المصدر نفسه والصفحة نفسها.

٦٥ ابن حجر، **فتح الباري**، ٣١٣/٨.

الفصل السادس

الغياب والذكرى

عام الحزن

يحسن بنا التوقّف عند تسمية «عام الحزن» التي شاع إطلاقها على هذا العام. نلحظ أوّلًا أنّ التسمية صارت في مرحلة معيّنة بمثابة تسمية اصطلاحيّة لذلك العام. ينقل النويريّ (ت. **٧٣٣/١٣٣٣**) مثلًا في باب «ذكر السنين التي يُضرَب بها المَثَل»: «عام الحزن: وهي السنة التي مات فيها أبو طالب عمّ النبيّ ﷺ وخديجة رضي الله عنها وهي سنة عشر من الهجرة، وكان موتها بعده بثلاثة أيّام وقيل بسبعة».[١] فيما ينقل الزمخشريّ في «باب الأوقات وذكر الدنيا والآخرة»: «توفّيت خديجة رضي الله عنها وأبو طالب في عام واحد لسنة ستّ من الوحي فسمّى رسول الله ﷺ ذلك العام عام الحزن».[٢] وبتفصيل أكثر في **إمتاع الأسماع** يقرّر المقريزيّ (ت. **٨٤٥/١٤٤٢**) تحت عنوان «موت خديجة وأبي طالب (عام الحزن)»: «ومات عقيب ذلك أبو طالب وخديجة، فمات أبو طالب أوّل ذي القعدة، وقيل: في نصف شوّال، ولرسول الله من العمر تسع وأربعون سنة وثمانية أشهر وأحد عشر يومًا، وماتت خديجة رضي الله عنها قبله بخمسة وثلاثين يومًا، وقيل: كان بينهما خمسة وخمسون يومًا، وقيل: ثلاثة أيام، وقيل: كان موتها بعد الخروج من الشعب بثمانية أشهر وأحد وعشرين يومًا، فعظمت المصيبة على رسول الله ﷺ بموتهما وسمّاه عام الحزن».[٣] لكنّنا على ذلك لا نقع على هذه التسمية مرويّة عن ابن إسحاق في المصادر المبكرة التي بين أيدينا، ففي **سيرة ابن إسحاق** وفي **السيرة** لابن

---

١ أحمد بن عبد الوهّاب النويريّ، **نهاية الأرب في فنون الأدب**، تحقيق مفيد قميحة وآخرين (بيروت: دار الكتب العلميّة، **٢٠٠٤**)، ١/١٥٧.

٢ الزمخشريّ، «باب الأوقات وذكر الدنيا والآخرة»، في **ربيع الأبرار ونصوص الأخبار**، تحقيق عبد الأمير مهنّا (بيروت: مؤسّسة الأعلمي، **١٩٩٢**)، ١/٦١-٦٢.

٣ أحمد بن علي المقريزيّ، **إمتاع الأسماع بما للنبيّ من الأحوال والأموال والحفدة والمتاع**، تحقيق محمّد عبد الحميد النميسي (بيروت: دار الكتب العلميّة، **١٩٩٩**)، ١/٤٥.

هشام أنّ «خديجة بنت خويلد وأبا طالب ماتا/هلكا في عام واحد فتتابعت على رسول الله ﷺ المصائب»،[٤] وفي **الطبقات** لابن سعد: «توفّي أبو طالب للنصف من شوّال في السنة العاشرة من حين نُبّئ رسول الله ﷺ [...] وتوفّيت خديجة بعده بشهر وخمسة أيّام [...] فاجتمعت على رسول الله ﷺ مصيبتان: موت خديجة بنت خويلد وموت أبي طالب عمّه»،[٥] وأنّه «لمّا توفي أبو طالب وخديجة بنت خويلد، وكان بينهما شهر وخمسة أيّام، اجتمعت على رسول الله ﷺ مصيبتان، فلزم بيته وأقلّ الخروج [...]»[٦] وفي **تاريخ** الطبريّ أنّ «أبا طالب وخديجة هلكا في عام واحد [...] فعظمت المصيبة على رسول الله ﷺ بهلاكهما».[٧]

بل إنّ اللافت هو ما وجدناه مرويًّا في **أنساب الأشراف** للبلاذريّ: «[عليّ بن محمّد] المدائنيّ [(ت. ٨٤٠/٢٢٥)] عن [عثمان بن عبد الرحمن] الوقّاصي[٨] عن الزهريّ قال: كان سعيد بن المسيّب يسمّي العام الذي قُتِل فيه عثمان عام الحزن».[٩] فنسبة التسمية في هذا الخبر هي إلى سعيد بن المسيّب لا إلى النبيّ، والعام المسمّى فيه ليس العام الذي مات فيه أبو طالب وخديجة، بل الذي قُتِل فيه عثمان. فهل إنّ تسمية ذلك العام بعام الحزن المنسوبة إلى النبيّ مأخوذة عن تسمية ابن المسيّب للعام الذي قُتِل فيه عثمان أم العكس؟ وأرفع من نسب هذه التسمية إلى النبيّ هو ابن الأعرابيّ **(ت. ٨٤٥/٢٣١)** فيما ينقله ابن سيده (ت. ١٠٦٦/٤٥٨) في **المحكَم**: «وعام الحزن: العام الذي ماتت فيه خديجة وأبو طالب فسمّاه رسول الله صلى الله عليه وسلم عام الحزن حكى ذلك ثعلب (ت. ٩٠٤/٢٩١) عن ابن الأعرابي، قال: وماتا قبل الهجرة بثلاث سنين».[١٠] وعن ثعلب ينقل أبو حيّان التوحيديّ (ت. ١٠٢٣/٤١٤): «قال ثعلب: مات أبو طالب وخديجة عليهما السلام في عام واحد [...] فسمّاه رسول الله ﷺ عام الحزن».[١١]

---

[٤] ابن إسحاق، **سيرة**، ٢٢٧/٥؛ وابن هشام، **السيرة**، ٥٧/٢.

[٥] ابن سعد، **الطبقات**، ١٢٥/١.

[٦] المصدر نفسه، ٢١١/١.

[٧] الطبريّ، **تاريخ**، ٣٤٣/٢.

[٨] «توفّي في خلافة هارون» في الخطيب البغداديّ، **تأريخ [بغداد] مدينة السلام**، تحقيق بشّار عوّاد معروف (بيروت: دار الغرب الإسلاميّ، ٢٠٠١)، ١٥٧/١٣.

[٩] البلاذريّ، «رؤيا عثمان ومقتله»، في **أنساب الأشراف**، تحقيق إحسان عبّاس، إصدار المعهد الألمانيّ (بيروت: فرانتس شتاينر شتوتكارت، ١٩٧٩)، القسم ٤، ٥٩٠/١.

[١٠] عليّ بن إسماعيل بن سيده، «الحاء والزاي والنون»، في **المحكَم والمحيط الأعظم**، تحقيق عائشة عبد الرحمن (القاهرة: معهد المخطوطات بجامعة الدول العربيّة، ١٩٥٨)، ١٦٥/٣.

[١١] أبو حيّان التوحيديّ، **البصائر والذخائر**، تحقيق وداد القاضي (بيروت: دار صادر، ١٩٨٨)، ١٧٩/٤.

بصرف النظر عن دقّة نسبة هذه التسمية إلى النبيّ، فإنّها تمنح خديجة مكانة رفيعة في قلبه، فشهرة نسبتها إليه لتعيين العام الذي ماتت فيه هي وأبو طالب تبهّت نسبتها إلى ابن المسيّب التي يقصد فيها عام مقتل عثمان. وهذا يضعنا أمام ثنائيّة الراسخ/المهمَل في الذاكرة الثقافيّة. فالراسخ هو أنّ العام الذي ماتت فيه خديجة كان عام الحزن على حدّ قول النبيّ، وهو ما يروّج إلى كونها أهمّ امرأة فقدها النبيّ طوال حياته، خصوصًا إذا ما استحضرنا هنا الروايات التي تتناول حزنه على أمّه مثلاً، ومنها أنّه أُذن له بزياة قبرها لكنْ لم يؤذَن له بالاستغفار لها،[١٢] وكأنّ حزنه عليها حُدَّ بأمر إلهيّ، لأنّها قضت «مشركة» قبل بعثته، الأمر الذي يكبح حزن المسلمين الجماعيّ عليها أو احتذاء النساء المسلمات بها بالمطلق. أمّا خديجة، بما أُسند إليها في حياته وحياة الرسالة، فلكأنّ الحزن عليها مطلوب ومحمود تأسّيًا بحزن النبيّ عليها، وقد «وَجَدَ رسول الله ﷺ على خديجة حتّى خُشي عليه [...]»،[١٣] وإذا كان لنا أن نقارن بين خديجة وزينب بنت خزيمة، وهما الزوجتان اللتان ماتتا قبل النبيّ،[١٤] سنجد أنّ ما يُنقل من أخبار عن حزن النبيّ على خديجة لا يُنقَل مثله بالحديث عن موت زينب، وخديجة «نزل رسول الله صلى الله عليه وسلم في حفرتها»[١٥] عند دفنها وفي ذلك شيء من الحميميّة التي لا نجدها في دفن زينب، فابن سعد ينقل: «أخبرنا محمّد بن عمر قال: سألتُ عبد الله بن جعفر: من نزل في حفرتها؟ [حفرة زينب] فقال: إخوة لها ثلاثة».[١٦]

و«السيرة لا تنتهي بموت الشخص، وإنّما تمتد إلى ما بعد الموت [...] فلا يكتمل السرد إلّا عندما يتحدّد المصير في العالم الآخر»،[١٧] وهذا يبرهنه بشكل ما إثبات حديث

---

١٢ عن عبد الله بن مسعود في قوله ﴿مَا كَانَ لِلنَّبِيِّ وَالَّذِينَ آمَنُوا أَنْ يَسْتَغْفِرُوا لِلْمُشْرِكِينَ وَلَوْ كَانُوا أُولِي قُرْبَى مِنْ بَعْدِ مَا تَبَيَّنَ لَهُمْ أَنَّهُمْ أَصْحَابُ الْجَحِيمِ﴾ [التوبة، ١١٣] أنّ النبيّ حدّث أصحابه وهو يناجي أمّه آمنة عند قبرها أنّ ربّه أذن له في زيارتها لكنّه لم يأذن له في الاستغفار لها ونزلت الآية، في الواحديّ، **أسباب النزول**، ١٧٨.

١٣ ابن سعد، **الطبقات**، ٥٩/١–٦٠.

١٤ ابن إسحاق، **سيرة**، ٢٥٠/٥–٢٥١.

١٥ ابن سعد، **الطبقات**، ١٨/٨.

١٦ ابن سعد، **الطبقات**، ١١٦/٨. راجع المدخل القصير حولها بعنوان «زينب»، في المصدر نفسه، ١١٥/٨–١١٦. حول دفن زينب بنت جحش أوّل نساء النبيّ لحوقًا به في عهد عمر روايات فيها تحديد من ينزل في حفرتها: «من كان يدخل عليها في حياتها»/«من كان يحلّ له الولوج عليها في حياتها»/«من كان يحلّ له أن ينظر إليها وهي حيّة»/«من كان يراها في حياتها، بنو أخيها وبنو أختها». راجعها في المصدر نفسه، ١١٠/٨–١١٢.

١٧ كيليطو، **أبو العلاء المعرّيّ**، ٢٤.

تبشير النبيّ خديجة ببيت في الجنّة في متن **السيرة**،[١٨] ما يوجِّه صوب نهاية سعيدة تتراءى فيها خديجة مُرفَّهة في نعيم بيتها الآخرويّ.

في الجنّة

في خبر كثيرٌ تداوله ونقله في كتب التراث على أنواعها تُبشَّر خديجة على لسان جبريل «ببيت في الجنّة من قصب بعيد من اللهب لا نصب فيه ولا صخب من لؤلؤة جوفاء»، وهو حديث أخرجه البخاريّ في **صحيحه**.[١٩] وإنّه لمن المثير للاهتمام التسجيع فيه: قصب/لهب/نصب/صخب، وهذا لا يقترب به من أسلوب السور المكّيّة في القرآن حيث تُراعى الفاصلة بين الآيات فقط،[٢٠] بل من اللفظ القرآنيّ أيضًا إذ يُستعمَل في متنه لفظ «نصب» المستعمَل في القرآن في سياق الحديث عن أهل الجنّة في سورتَي الحجر وفاطر المكّيّتَين: ﴿لَا يَمَسُّهُمْ فِيهَا نَصَبٌ وَمَا هُمْ مِنْهَا بِمُخْرَجِينَ﴾[٢١]/ ﴿الَّذِي أَحَلَّنَا دَارَ الْمُقَامَةِ مِنْ فَضْلِهِ لَا يَمَسُّنَا فِيهَا نَصَبٌ وَلَا يَمَسُّنَا فِيهَا لُغُوبٌ﴾.[٢٢] ويستدعي

---

١٨ ابن هشام، **السيرة**، ٢٥٧/١؛ وابن إسحاق، **سيرة**، ٢٢٧/٥.

١٩ سنتناوله تفصيليًّا في الفصل التالي. ويبدو أنّ تبشير خديجة بالبيت المذكور على لسان جبريل في الحديث إيّاه قد شوّش على نارينا رستمجي فجعلها تُحيل على القرآن بما يدفع القارئ إلى الاعتقاد أنّ التبشير هذا ورد صراحة في نصّ القرآن. تكتب رستمجي:

"The Qur'an mentions one specific place for Muhammad's first wife Khadija. According to hadith collections, Muhammad and Khadija learned of her palace from Angel Gabriel… Gabriel instructed Muhammad that he should tell Khadija that she has a palace in the Garden where there will be no noise and fatigue. Presumably, he was indicating that the palace would be a reward for the labor of her present life. While in the Qur'an this place is only designated as Qasab, in hadiths it becomes identified as a palce."

فما عدا تناولها السريع هذا التي ينمّ عن فهم مُربَك لنصوص المصادر، خصوصًا إذا ما قارنّاه بإشارتها إلى التبشير في مورد آخر من كتابها (الصفحة ٣٧ منه) لا تُحيل فيه على القرآن بل على الحديث فقط (الهامشان ٣٧ و٣٨ في الصفحة نفسها)، فإنّ لفظ قصب لا يرد في القرآن أبدًا! راجع الاقتباس أعلاه في:

Nerina Rustomji, *The Garden and the Fire: Heaven and Hell in Islamic Culture* (New York: Colombia University Press, 2009), 88.

٢٠ يرى أبو زيد أنّ خصيصة مراعاة الفاصلة في الآيات المكّيّة يمكن أن تُفسَّر في ضوء تشابه آليّات النصّ مع آليّات النصوص الأخرى في الثقافة، ورغم تنبّه القدماء لأهمّيّة الفاصلة في القرآن بشكل عام – يقول أبو زيد، فإنّهم تحاشوا أيّ مقارنة بينها وبين السجع الذي كان ظاهرة مألوفة في النصوص الأخرى. أنظر أبو زيد، **مفهوم النص**، ٨٠.

٢١ الحجر، ٤٨. ينبّه ابن كثير إلى هذا التقاطع اللفظيّ بين الحديث والقرآن في تفسير هذه الآية: «وقوله ﴿لَا يَمَسُّهُمْ فِيهَا نَصَبٌ﴾ يعني المشقّة والأذى كما جاء في **الصحيحين** «إنّ الله أمرني أن أبشّر خديجة ببيت في الجنة من قصب لا صخب فيه ولا نصب». ابن كثير، **تفسير**، ٢٠/٥.

٢٢ فاطر، ٣٥.

الحديثان أيضًا سورة مكّيّة بعينها هي سورة المسد،[٢٣] ونصّها: ﴿تَبَّتْ يَدَا أَبِي لَهَبٍ وَتَبَّ (١) مَا أَغْنَى عَنْهُ مَالُهُ وَمَا كَسَبَ (٢) سَيَصْلَى نَارًا ذَاتَ لَهَبٍ (٣) وَامْرَأَتُهُ حَمَّالَةَ الْحَطَبِ (٤) فِي جِيدِهَا حَبْلٌ مِنْ مَسَدٍ﴾. فكأنّ تبشير خديجة ببيت من ذهب يقابله توعّد أبي لهب بنار ذات لهب. وأبو لهب هو الشخصيّة المكّيّة الوحيدة التي يُسمّيها القرآن، وهو العدوّ النموذج (archenemy) للنبيّ في تلك الفترة،[٢٤] وهذا كأنّه يوجّه إلى صورة خديجة كنصير نموذجيّ (archdefender)، والتي كما أهل الجنّة، ستُكافأ بأنّه لن يطالها في بيتها الآخرويّ «نصب»، البيت البعيد عن «اللهب»، لهب النار التي سيُجزى بها أبو لهب.

وفي السياق نفسه، في «مسند أهل البيت» في «حديث عبد الله بن جعفر بن أبي طالب» ينقل ابن حنبل عن النبيّ قوله: «أُمِرتُ أن أُبشِّر خديجة ببيت من قصب لا صخب فيه ولا نصب».[٢٥] ولعلّه يتبادر إلى الذهن ونحن نقرأ القول المسنَد إلى النبيّ حديثُ العشرة المبشَّرين بالجنّة الشهير الذين يفتتح ابن حنبل كتاب **المسند** بمسانيدهم، وهم: أبو بكر، وعمر بن الخطّاب، وعثمان بن عفّان، وعليّ بن أبي طالب، وطلحة بن عبيد الله، والزبير بن العوّام، وسعد بن أبي وقّاص، وسعيد بن زيد (ت. **٥٠–٥١/ ٦٧٠–٦٧١**)، وعبد الرحمن بن عوف، وأبو عبيدة بن الجرّاح.[٢٦] وإن كان لفظ الجنّة

---

٢٣ «يُجمِع الرأي على أنّ سورة المسد ١١١ هي من أقدم ما نُزّل» في نولدكه، **تاريخ القرآن**، ٨٠.

٢٤ التعبير لآن ماري شيمّل. انظره في:
Shimmel, *My Soul Is a Woman*, 54.

٢٥ المصدر نفسه، ٤٤٧/١.

٢٦ ينتهي إسناد النسخة الأشهر من حديث «العشرة المبشّرين بالجنّة» إلى سعيد بن زيد نفسه وتقابلها أخرى برواية عبد الرحمن بن عوف، وقد رُويَ في **سنن** كلّ من ابن ماجة وأبي داوود والترمذيّ والنسائيّ فيما لم يُروَ في **صحيحي** مسلم والبخاريّ. راجعه مثلًا في محمّد بن عيسى الترمذيّ، **سنن الترمذيّ**، تحقيق عبد الرحمن عثمان، ط. ٢ (بيروت: دار الفكر، **١٩٨٣**)، **٥/٣١١–٣١٢ و٣١٥–٣١٦**. ولعلّ هذا الحديث – بحسب مايا يازجي، قد صلُح في مرحلة من المراحل لتثبيت ادّعاء القرشيّين أحقّيتهم بالخلافة أمام الأنصار، لكنّ رواجه في قرون لاحقة قد يُفسَّر في سياق مواجهة التهديد السياسيّ والعقديّ الذي استشعره أهل السنّة بسبب التمدّد الشيعيّ على رقعة واسعة من جغرافيا العالم الإسلاميّ. فالحديث يتلوّن بصبغة معارضة للرؤية الشيعيّة لأنّه يسمّي أفرادًا يمكن اعتبارهم يشكّلون «لائحة خلفاء محتمَلين» للنبيّ وهم ليسوا من أهل البيت. لتبيان وجهة النظر هذه والوقوف على روايات هذا الحديث وتصبّغاته السياسيّة أنظر:
Maya Yazigi, “Ḥadīth al-‘ashara or the Political Uses of a Tradition,” *Studia Islamica* 86 (1997): 159–67.
وللائحة بأبرز المصادر والمراجع التي تناولته راجع الهامشين ١٢ و١٣ في المرجع نفسه، ١٦٢.

غير مذكور في تنويعته هذه.[٢٧] فالتبشير على لسان النبيّ يبدو أنّه كان ذا وَقْع خاص، بصرف النظر عمّا يُبشِّر به. ويدلّل عليه ما ينقله ابن حنبل في «حديث عبد الله بن أبي أوفى [ت. ٨٧/٧٠٥–٧٠٦]» بصيغة سؤال وجواب، فعن «إسماعيل يعني ابن أبي خالد [ت. ١٤٦/٧٦٣–٧٦٤] قال قلتُ لعبد الله بن أبي أوفى هل بشّر رسول الله ﷺ خديجة قال نعم بشّرها ببيت من قصب لا صخب فيه ولا نصب».[٢٨] فلم يكن سؤال إسماعيل «بماذا بشَّر النبيّ خديجة؟» بل «هل بشَّر النبيّ خديجة؟» وكان جواب ابن أبي أوفى في جزئين: «(١) نعم، (٢) بشَّرها بـ...».

ويمكن أن نتلمّس كم إنّ دور الأمّ الذي قامت به خديجة في حياتها كان يُعَدّ محوريًّا من خلال الأخبار التي تستحضرها في هذا الدور في الحياة الأخرى في الآخرة، إذ «لمّا حضرت الحسن بن عليّ عليهما السلام الوفاة كأنّه جزع عند الموت فقال له الحسين صلوات الله عليه يعزّيه: يا أخي ما هذا الجزع؟ إنّك ترِد على رسول الله ﷺ وعلى عليّ صلوات الله عليه وهما أبواك وعلى خديجة وفاطمة وهما أمّاك [...]»؛[٢٩] وفي كلام بين عروة والحجّاج: «وقال المدائنيّ: كان عروة بن الزبير عند عبد الملك بن مروان (ت. ٨٦/ ٧٠٥) يحدّثه وعنده الحجّاج بن يوسف فقال له عروة في بعض حديثه: قال أبو بكر يعني عبد الله بن الزبير فقال الحجّاج: أعند أمير المؤمنين تكني ذلك الفاسق؟ لا أمّ لك. فقال

---

٢٧ يُذكَر لفظ الجنّة في تنويعات لمتن هذا الحديث أخرى، فتارة تكون العبارة «ببيت في الجنّة من قصب»، في ابن حنبل، **مسند**، ١٥١١/٣؛ ٤٣٩٧/٨، ٤٤٠٠؛ وتارة «ببيت من قصب في الجنّة»، في المصدر نفسه، ٥٨٧٦/١١، ٦١٨٣.

٢٨ ابن حنبل، **مسند**، ٤٤٦٢/٨. وفي «بقيّة حديث عبد الله بن أبي أوفى '[...] أكان رسول الله ﷺ بشّر خديجة رضي الله عنها؟ قال نعم...»، وبصيغة خبريّة «[...] عن عبد الله بن أبي أوفى قال بشّر رسول الله ﷺ خديجة ببيت...» في المصدر نفسه، ٤٣٩٧/٨، ٤٤٠٠. وفي «حديث عائشة» يروي ابن حنبل أيضًا «ولقد أمره ربّه عزّ وجلّ أن يبشّرها [أي خديجة] ببيت من قصب في الجنّة [...]» و«أمرني ربّي أن أبشّر خديجة ببيت في الجنّة من قصب»، في المصدر نفسه، ٥٨٧٦/١١، ٦١٨٣؛ ٦٣٦٨/١٢. وفي «مسند أبي هريرة» «عن أبي زرعة [ت. ٨٧٨/٢٦٤] قال سمعت أبا هريرة يقول أتى جبريل النبيّ ﷺ فقال يا رسول الله هذه خديجة قد أتتك بإناء معها فيه إدام أو طعام أو شراب فإذا هي أتتك فاقرأ عليها السلام من ربّها ومنّي وبشّرها ببيت في الجنّة من قصب لا صخب فيه ولا نصب» في المصدر نفسه، ١٥١١/٣. تعزّز الألفاظ المستعمَلة في تنويعات هذا الحديث فرضيّة أنّه واقع تحت تأثير ألفاظ سُوَر مكّيّة معيّنة، وهو ما أشرنا إليه آنفًا. وربّما نذهب بعيدًا إذا قرأنا الحديث المسند عن أبي هريرة على ضوء الآية المكّيّة ﴿قُلْ نَزَّلَهُ رُوحُ الْقُدُسِ مِنْ رَبِّكَ بِالْحَقِّ لِيُثَبِّتَ الَّذِينَ آمَنُوا وَهُدًى وَبُشْرَى لِلْمُسْلِمِينَ﴾، النحل، ١٠٢، لكنّ الآية تحوي عناصر الحديث كلّها (التنزيل، جبريل، البشرى)، وقد لا يكون هذا التقاطع محض صدفة.

٢٩ المعافى بن زكريّا، **الجليس الصالح**، ١٤١/٤.

عروة: ألي تقول هذا لا أمّ لك وأنا ابن عجائز الجنّة خديجة وصفيّة وأسماء وعائشة بل لا أمّ لك أنت يا بن المسْتَفْرِمَة بعجم زبيب الطائف».[٣٠] وفي قِمّة من السرياليّة الأدبيّة في **رسالة الغفران**، يُلحِق أبو العلاء المعرّيّ خديجة المحاطة بأبنائها «الشباب» بموكب ابنتها فاطمة التي دخلت الجنّة لكن تخرج منها «في كلّ حين مقداره أربع وعشرون ساعة من الدنيا الفانية فتُسلّم على أبيها وهو قائم لشهادة القضاء ثمّ تعود إلى مستقرّها من الجنان»:[٣١] «[...] ومع فاطمة عليها السلام امرأة أخرى تجري مجراها في الشرف والجلالة، فقيل: من هذه؟ فقيل: خديجة ابنة خويلد ابن أسد بن عبد العزّى ومعها شباب على أفراس من نور. فقيل: من هؤلاء؟ فقيل: عبد الله، والقاسم، والطيّب، والطاهر، وإبراهيم: بنو محمّد ﷺ»[٣٢] وكأنّها تكمل أمومتها للأبناء الذين تحفظ المصادر أنّهم ماتوا في الدنيا أطفالًا.

في ذاكرة النبيّ

في «باب قول المعروف» في **الأدب المفرد** ينقل البخاريّ: «[...] عن أنس قال: كان النبيّ ﷺ إذا أُتي بالشيء يقول: إذهبوا به إلى فلانة فإنّها كانت صديقة خديجة، إذهبوا

---

٣٠ أبو حيّان، **الإمتاع والمؤانسة**، ١٨٢/٣. والمستفرمة هي التي تجعل الدواء في فرجها ليضيق. ابن منظور، «فرم»، في **لسان**، ٤٥١/١٢. ويبدو أنّ عروة لم يكن الوحيد في تعيير الحجّاج باستفرام أمّه وهو على ما يبدو أمر اشتُهرت به نساء ثقيف: «وكتب عبد الملك بن مروان إلى الحجّاج لمّا شكا منه أنس بن مالك: «يا ابن المستفرمة بعجم الزبيب»، وهو ممّا يُستفرم به، وقيل إنّما كتب إليه بذلك لأنّ في نساء ثقيف سعة فهنّ يفعلن ذلك يستَضِقنَ به. في الحديث أنّ الحسين بن علي عليهما السلام قال لرجل عليك بفِرام أمّك، سُئل عنه ثعلب فقال: كانت أمّه ثقفيّة وفي أحْراح [جمع حِرُ، بتخفيف الراء أي الفرج وأصله حِرْح] نساء ثقيف سعة ولذلك يُعالجنَ بالزبيب وغيره» في المصدر نفسه والصفحة نفسها؛ وفي خبر آخر «المتَمنّيّة»: «وقال حمزة الأصبهاني في **الدرّة الفاخرة**: وأمّا قولهم أصبّ من المتمنّية فإنّ هذا المثل من أمثال أهل المدينة سار في صدر الإسلام [...] قال حمزة الأصبهاني: قال النسّابون: هذه المتمنّية هي الفُريعة بنت همّام أم الحجّاج بن يوسف الثقفي وكانت حين عشقت نصرًا تحت المغيرة بن شعبة واحتجّوا في ذلك بحديث رووه، وهو أنّ الحجّاج حضر مجلس عبد الملك يومًا وعروة بن الزبير يحدّثه ويقول قال أبو بكر كذا وسمعت أبا بكر يقول كذا – يعني أخاه عبد الله بن الزبير فقال له الحجّاج عند أمير المؤمنين تكنّي أخاك المنافق لا أمّ لك فقال له عروة: يا ابن المتمنّية ألي تقول لا أمّ لك وأنا ابن إحدى عجائز الجنّة صفيّة وخديجة وأسماء وعائشة» في البغداديّ، **خزانة الأدب**، ٨٠/٤–٨١؛ و«كان عروة بن الزبير عند عبد الملك فذكر أخاه عبد الله فقال: قال أبو بكر كذا فقيل له أتكنّيه عند أمير المؤمنين لا أمّ لك فقال: ألي يُقال لا أمّ لك وأنا ابن عجائز الجنّة –يعني أنّ صفيّة بنت عبد المطلب عمّة رسول الله أمّ الزبير وخديجة بنت خويلد سيّدة نساء العالمين عمّة الزبير وعائشة أمّ المؤمنين خالة ابن الزبير وأسماء ذات النطاقين أمّه» في الزمخشريّ، «باب القرابات والأنساب»، في **ربيع الأبرار ونصوص الأخبار**، ٢٦٤/٤.

٣١ المعرّيّ، **رسالة الغفران**، ٢٥٧.

٣٢ المصدر نفسه، ٢٥٩.

به إلى بيت فلانة فإنّها كانت تحبّ خديجة».[٣٣] الوفاء لذكرى خديجة مُكمّل إذًا للأدب النبويّ، وإذا كان هناك من عنوان يصلح لاختصار هذه الفكرة فهو الحديث الذي يمكن أن نُسمّيه حديث «حُسن العهد» المخرَّج في عدد من كتب الحديث والمنقول في عدد غير قليل من كتب الأدب:

ينقل ابن قتيبة في «كتاب الإخوان»، «باب المحبّة»، «ما يجب للصديق على صديقه» في **عيون الأخبار**: «قالوا: وقف رسول الله ﷺ على عجوز فقال: «إنّها كانت تأتينا أيّام خديجة، وإنّ حُسن العهد من الإيمان».[٣٤] والعهد هنا كما ينقل ابن حجر عن غير قائل: رعاية الحرمة، أو الاحتفاظ بالشيء والملازمة له، أو حفظ الشيء ومراعاته حالًا بعد حال.[٣٥] وفي **نثر الدرّ** يورد الآبي: «ودخلت عليه ﷺ عجوز فسأل وأحفى وقال: «إنّها كانت تأتينا أزمان خديجة وإنّ حسن العهد من الإيمان»؛[٣٦] وكذا ابن أبي الحديد في **شرح نهج البلاغة**: «ووقف ﷺ على عجوز، فجعل يسألها ويتحفاها، وقال: إنّ حسن العهد من الإيمان، إنّها كانت تأتينا أيام خديجة»؛[٣٧] وينقل الغزّيّ (ت. ١٥٧٧/٩٨٤) في **آداب العِشرة** في باب «حفظ المودّة والأخوّة»: ومنها [أي من آداب العشرة] حفظ المودّة القديمة والأخوّة الثابتة لقوله عليه السلام «إنّ الله يحبّ حفظ الودّ القديم»، ودخلت امرأة على رسول الله ﷺ فأدناها فقيل له في ذلك فقال: «إنّها كانت تأتينا أيّام خديجة، وإنّ حسن العهد من الإيمان».[٣٨]

---

٣٣ البخاريّ، **الأدب المفرد**، تحقيق محمّد فؤاد عبد الباقي (القاهرة: المطبعة السلفيّة ومكتبتها، **١٩٥٥**)، ٦٨. وهو حديث أتبعه عبد الباقي بتعليق: «لم أعثر عليه في الكتب الستّة».

٣٤ ابن قتيبة، **عيون الأخبار**، ١٥/٣.

٣٥ شرح ابن حجر على لفظ العهد الذي يورده البخاريّ في ترجمة باب من أبواب **الجامع** في كتاب الأدب أي «باب حسن العهد من الإيمان». في هذا الباب يورد البخاريّ حديثًا واحدًا تناولناه سالفًا ونصّه «عن عائشة رضي الله عنها قالت ما غرتُ على امرأة ما غرت على خديجة ولقد هلكت قبل أن يتزوّجني بثلاث سنين لِما كنت أسمعه يذكرها ولقد أمره ربّه أن يبشّرها ببيت في الجنّة من قصب وإن كان رسول الله ﷺ ليذبح الشاة ثمّ يهدي في خلتّها منها». فهو لا يخرّج فيه الحديث المتعلّق بخديجة الذي فيه لفظ «حسن العهد» وإلى ذلك ينبّه ابن حجر قائلًا: «جرى البخاريّ على عادته في الاكتفاء بالإشارة دون التصريح، فإنّ لفظ الترجمة قد ورد في حديث يتعلّق بخديجة رضي الله عنها أخرجه الحاكم والبيهقيّ...». راجع البخاريّ، **صحيح**، ٧٦/٧؛ وابن حجر، **فتح الباري**، **٤٥٠/١٠**.

٣٦ الآبي، **نثر الدرّ**، **٢٠٩/١**.

٣٧ ابن أبي الحديد، **شرح**، ١٠٩/١٨.

٣٨ محمّد الغزي، **آداب العِشرة وذكر الصحبة والأخوّة**، تحقيق عمر موسى باشا (دمشق: مطبوعات مجمع اللغة العربيّة، **١٩٦٨**)، **٣٢**.

وفي تنويعات أخرى للحديث نفسه يُقابَل فِعل النبيّ بغيرة عائشة ففي رسالة **الصداقة والصديق** للتوحيديّ يُنقَل عن لسان عائشة: «قالت عائشة: كنتُ أرى امرأة تدخل على النبيّ صلّى الله عليه وآله، وكان يُقبل عليها بحفاوة فشقّ ذاك عليّ فعلم ذلك منّي فقال: يا عائشة هذه كانت تغشانا أيّام خديجة، وإنّ حسن العهد من الإيمان»؛[٣٩] وفي **البصائر والذخائر** للتوحيديّ أيضًا:

> وقال صلّى الله عليه وآله: «حُسن العهد من الإيمان»؛ قال هذا في امرأةٍ كانت تغشاه في منزل عائشة، فكأنّها وجدت في نفسها من ذلك. فقال عليه السلام: «إنّ هذه كانت تأتينا أيّام خديجة، وإنّ حُسن العهد من الإيمان»: دلّ بهذا القول على حفظ الحالة السالفة ومراعاة من شوهد، وحثّ أيضًا على جميع ما كان موصولاً به قريبًا منه، لأنّ اللفظ مُطلقٌ إطلاقاً، وفي ضمنه إيضاحُ عن حُسن الخلق، وقد قال عليه السلام: «إنّ أحدكم ليبلغ بحُسن خلقه درجة الصائم القائم». وكيف لا يقول هذا وقد قاله الله عزّ وجلّ ﴿وَإِنَّكَ لَعَلى خُلُقٍ عَظِيمٍ﴾[٤٠]

وفي «باب البكاء على ما مضى من الأزمان والتلهّف على صالح الإخوان والحنين إلى الأوطان» في **بهجة المجالس** ينقل ابن عبد البرّ: «روينا أنّ رسول الله ﷺ دخلت عليه عجوز وهو في بيت عائشة فأكرمها وقرّبها ووصلها فقالت له عائشة: من هذه العجوز؟ فقال: كانت تأتينا وتزورنا أيّام خديجة، وحفظ العهد من الإيمان».[٤١] فكما يُفهِم الخبر المذكور وفاءَ النبيّ لذكرى خديجة بما جعله شاهدًا مناسبًا في عدد من الأبواب التي عدّدناها أعلاه، فإنّه يخدم كذلك صورة النبيّ صاحب الخلق اللطيف حَسَنِ العهد، وهو ما يمكن أن نستقرئه في تحديد هويّة المرأة العجوز إيّاها. وفي **سرّ العالمين وكشف ما في الدارين** في معرض الحديث عمّا يُستحبّ للملك: «[...] ويجب عليه التعهّد لأصحاب أبيه ولو كان فقيرًا، ومراعاة أصحابه الذين كانوا معه قبل سلاسل التمليك، فمن لطائف أخلاق رسول الله ﷺ [أنّه] كانت تتردّد إليه امرأة يهوديّة فينهض لها قائمًا فقالت له عائشة: أتقوم لامرأة يهوديّة قائمًا؟ قال: هذه كانت تتردّد إلينا في زمن خديجة وحسن العهد من الإيمان»؛[٤٢] فالحطّ من قدر المرأة المعنيّة

---

٣٩ أبو حيّان التوحيديّ، **رسالة الصداقة والصديق**، تحقيق إبراهيم الكيلاني (دمشق: دار الفكر، ١٩٦٤)، ٢٩٠.

٤٠ أبو حيّان التوحيديّ، **البصائر والذخائر**، ٢١١/٧.

٤١ ابن عبد البرّ، **بهجة المَجالس وأنس المجالس وشحذ الذاهن والهاجس**، تحقيق محمّد الخولي (بيروت: دار الكتب العلميّة، د. ت.)، ٧٩٩/١.

٤٢ «فصل وهو المقالة الثالثة في مسامرة الملك»، في **سرّ العالـمَين وكشف ما في الدارَين** المنسوب للغزاليّ، ط. ٢ (النجف: مكتبة الثقافة الدينيّة، ١٩٦٥)، ١٩.

بطريقة أو بأخرى من باب كونها عجوزًا، أو يهوديّة يجعل تصرّف النبيّ يبدو أكثر نبلًا دون أن يبدّل شيئًا في صورة خديجة المستذكَرة. فإن نحن سألنا أنفسنا «ماذا كانت العجوز تصنع عندما كانت تأتي النبيّ وخديجة؟» ربّما يقفز إلى ذهننا أوّلًا طلبها لمال أو طعام، خصوصًا إذا استحضرنا أخبار إحسان خديجة لمرضعتَي النبيّ مثلًا، وفي ذلك نوع من تكرار الصورة، صورة خديجة الغنيّة، المحسِنة. ويستحضر الباخرزيّ (ت. ١٠٧٥/٤٦٧) مشهد إحسان النبيّ إلى امرأة مجهولة الهويّة كانت تذكّره بأيّام زوجه في باب «في طبقات نيسابور» في **دُمية القصر** بخاتمة قصيدة ينقلها نُظِمت في الصاحب نظام الملك (ت. ١٠٩٢/٤٨٥) وفيها: [الكامل]

كَمْ مُقْتِرٍ أَغْنَيْتَهُ وَأَنَلْتَهُ ... وَنَعْشتَهُ مِنْ ذِلَّةٍ وَهَوانِ
جَدّي يُخاصِمُني وَيَزْعمُ ما الذي ... أَلقاكَ طَيَّ جَريدَةِ النّسْيانِ
هَبْني وَزيرَ المَشْرِقَيْنِ ضَعيفَةً ... تَأْتي خَديجَةَ زينَةَ النّسْوانِ
كانَ الرَّسولُ إذا أَتَتْهُ يُعِزُّها ... وَيقولُ حُسْنُ العَهْدِ في الإيمانِ
عَزمَ الزَّمانُ وَجارَ فَاحْسِمْ جَوْرَهُ ... عَنْ عَبْدِكَ المَظْلومِ بِالرَّيْحانِ
وَاسعَدْ بجدٍّ صاعِدٍ مُتَنَعِّمًا ... في دَوْلَةٍ مُخْضَرَّةِ الأَغْصانِ[٤٣]

يُحيل الشاعر على الخبر المنثور إيّاه، تمثيلًا على إحسان النبيّ إلى المرأة التي كانت تأتيه في أيّامها، أي إنّه يستعيد صورة مُكرّسة في حديث مشهور. وما استرجاعه واستعماله في سياق شعريّ سوى دليل على شهرة الحديث. وخديجة وإن لم تكن موضوع الأبيات الرئيس، على أنّ لقب «زينة النسوان» الذي يُطلَق عليها فيها يرشح بصورة شعريّة مثاليّة تكثّف فيها كلّ معاني التميّز والاستثنائيّة المحفوظة في وجدان المسلمين عن خديجة، امرأةً جليلة متقدّمة على كلّ النساء.

وربّما يجدر بنا أن نستحضر هنا تعيين هذه المرأة التي كان النبيّ يُحسن إليها بحسب عدد من المرويّات بأنّها «ماشطة خديجة»،[٤٤] فهذا التعيين يُكسِب الخبر نوعًا من الحميميّة، ويضعنا أمام مشهد فريد، فالقول إنّ تلك المرأة هي ماشطتها يحوّل إلى غير صورة أكثر خصوصيّة خارج دائرة الإحسان: علاوة على ملامسته خيال خديجة

٤٣ عليّ بن الحسن الباخرزيّ، **دمية القصر وعُصرة أهل العصر**، تحقيق محمّد التونجي (بيروت: دار الجيل، ١٩٩٣)، ٢/١٠٤٣–١٠٤٤.

٤٤ الخطيب البغداديّ، **الأسماء المبهمة في الأنباء المحكمة**، تحقيق عزّ الدين عليّ السيّد، ط. ٢ (القاهرة: مكتبة الخانجي، ١٩٩٢)، ٤٧–٤٨.

المرأة التي تحتاج إلى ماشطة تتردّد عليها، للاعتناء بجمالها، فإنّ هذا التعيين يوجّه إلى أنّ النبيّ يتذكّر ماشطة زوجه: في «فصل في ذكر مواشط رسول الله ﷺ» في **إمتاع الأسماع** يقول المقريزي:

> قال ابن سيده: مشط شعره يمشُطه ويمشِطه مشطًا رجَّله والمشاطة ما سقط منه عند المشط وقد امتشط وامتشطت المرأة، ومشطتها الماشطة مشطًا والماشطة التي تحسن المشط وحرفتها المشاطة والمشاطة الجارية التي تحسن المشاطة [وذُكِر] أنّ أمّ زفر كانت ماشطة خديجة رضي الله تبارك وتعالى عنها وأنّها كانت تأتي رسول الله ﷺ فيكرمها ويقول إنّها كانت تأتينا أيّام خديجة رضي الله تبارك وتعالى عنها[٤٥]

وينقل القرطبيّ في معرض حديثه عن برّ الوالدين: «من تمام برّهما صلة أهل ودّهما [...] وكان ﷺ يهدي لصدائق خديجة برًّا بها ووفاء لها وهي زوجته، فما ظنّك بالوالدين».[٤٦] في سياق الاستدلال على أهمّيّة برّ الوالدين تبدو خديجة التي ماتت منذ زمن والتي يبرّها زوجها في صدائقها كما ينبغي للمرء أن يفعل مع والديه حال وفاتهما. ونميل هنا إلى الاعتقاد أنّ غياب والدَي النبيّ المبكر عن حياته ساهم في تلبيس خديجة هذه الصورة، علاوة على التباس مصير هذين الأبوين «المشركين» – بحسب عدد من الأخبار، وهما اللذان قضيا قبل البعثة.[٤٧] فلم يكن ثمّة أجدر من خديجة، زوج النبيّ الميتة، لتملأ فراغهما، في معرض الاستدلال على التشريع بوجوب الإحسان إلى الوالدين. فـ«سنّة» النبيّ المستحضرة هي برّه بخديجة بدل برّه بهما.

---

٤٥ المقريزيّ، **إمتاع الأسماع**، ١٠/٥٣–٥٤.

٤٦ القرطبيّ، **الجامع**، ١٠/٢٤١. أنظر الخبر في ابن العربيّ، **أحكام القرآن**، ٣/١٨٩ حيث يعقّب ابن العربيّ بتعليق مشابه على الخبر: «[...] فما ظنّك بالأبوين»؛ وفي محمّد بن الحسين السلميّ (ت. ٤١٢/١٠٢١)، **حقائق التفسير**، تحقيق سيّد عمران (بيروت: دار الكتب العلميّة، ٢٠٠١)، ١/٣٨٦ حيث ينقل السلميّ: «وكان النبيّ ﷺ إذا ذبح شاة تتبّع بها صدائق خديجة».

٤٧ في المصادر روايات كثيرة يظهر فيها تساؤل النبيّ عن مصير أبويه في الآخرة ومنها ما يحسم هذا المصير بالقول إنّهما في النار، استنادًا إلى نزول آية أحيانًا، ففي قوله ﴿وَلَا تُسْأَلُ عَنْ أَصْحَابِ الْجَحِيمِ﴾ [البقرة، ١١٩] مثلًا ينقل الواحديّ عن ابن عبّاس أنّ رسول الله قال ذات يوم ليت شعري ما فعل أبواي؟ فنزلت هذه الآية. راجع الواحديّ، **أسباب النزول**، ٢٤. وهو ما يعارضه الإماميّة. يقول الشيخ المفيد: «واتّفقت الإماميّة على أنّ آباء رسول الله صلّى الله عليه وآله من لدن آدم إلى عبد الله بن عبد المطّلب مؤمنون بالله عزّ وجلّ موحّدون له، واحتجّوا في ذلك بالقرآن والأخبار [...]، وأجمعوا على أنّ عمّه أبا طالب رحمه الله مات مؤمنًا، وأنّ آمنة بنت وهب كانت على التوحيد وأنّها تحشر في جملة المؤمنين. وخالفهم على هذا القول جميع الفرق [...]». أنظر المفيد، **أوائل المقالات**، ٤٨.

في شبكة النسب

المتسبون إلى خديجة كُثُر، وهو ما تترجمه الأقوال التي يُصرَّح فيها بالنسبة إليها، وفيها تتنقّل خديجة من خانة إلى أخرى في شجرة النسب هذه أو تلك. والنسب في المصادر الإسلاميّة فنّ خطير، يمكن القول إنّ عرّابه هو العالِم الكوفيّ أبو المنذر هشام بن محمّد بن السائب الكلبيّ (ت. ٢٠٤ أو ٨١٩/٢٠٦ أو ٨٢١) وهو أوّل من وضع كتابًا سُمّي **جمهرة الأنساب**، ويضيق المجال هنا عن ذكر أصول هذا الفنّ وتاريخه وتأثيره وعن الولوج إلى النُظُم الاجتماعيّة التي أفرزته.[٤٨] وما استحضارنا النصوص الدائرة في فلكه هنا سوى محاولة ننفذ منها إلى مواقف استُعيد فيها ذِكر خديجة، هيّأتها قرابات «عائليّة» مختلفة بعد سنين من موتها.

١) بين هاشم وأسد

ينقل الأصفهانيّ في **الأغاني** خبرًا كأنّه يوازي نوعًا ما بين النبيّ وخديجة، فخديجة فيه ليست «زوج النبيّ» بل المرأة التي تزوّجها قبل أن يصبح نبيًّا. وفي الخبر أنّ خالد بن يزيد بن معاوية بن أبي سفيان (ت. ٧٠٤/٨٥) خطب رملة بنت الزبير بن العوّام فأرسل إليه الحجّاج معاتبًا: «[...] وكيف خطبتَ إلى قوم ليسوا لك بأكفّاء؟» وعلى ذلك ردّ خالد: «[...] وأمّا قولك: إنّهم ليسوا بأكفّاء فقاتلك الله يا حجّاج، ما أقلّ علمك بأنساب قريش! أيكون العوّام كفؤًا لعبد المطلب بن هاشم بتزوّجه صفيّة، وبتزوّج رسول الله ﷺ خديجة بنت خويلد، ولا تراهم أهلًا لأبي سفيان».[٤٩] الكفاءة بحسب هذا الردّ هي بين العوّام وعبد المطّلب، فالعوّام تزوّج صفيّة ابنة عبد المطّلب والنبيّ وهو حفيد الأخير تزوّج خديجة أخت العوّام. التصاهر بين الرجلين يجعل كلًّا منهما نظيرًا للآخر، وهذا يدلّ على أنّ الكفاءة في النكاح لا تختصّ بطرَفيه فقط أي الرجل والمرأة المتزوّجَين، وإن كانا المعنيّين المباشرين بها و«الكفاءة في النكاح وهي أن يكون الزوج مساويًا للمرأة في حسبها ودينها وبيتها وغير ذلك».[٥٠] وكأنّ الزواج هو

---

٤٨ لمدخل موجّه راجع إ. ليفي بروفنسال، مقدّمة **لجمهرة أنساب العرب** لابن حزم الأندلسيّ (القاهرة: دار المعارف، ١٩٤٨)؛ وجواد علي، «أنساب العرب»، في **المفصّل**، ٤٦٦/١–٥٠٨؛ و«طبقات القبائل»، في المرجع نفسه، ٥٠٩/١–٥١٧؛ وفي المرجع نفسه، ٤١٤/٤–٦٠٥؛ ومحمّد سعيد، **النسب والقرابة في «المجتمع» العربيّ قبل الإسلام: دراسة في الجذور التاريخيّة للإيلاف**، بالأصل رسالة دكتوراه (بيروت: دار الساقي، ٢٠٠٦).

٤٩ الأصفهانيّ، **الأغاني**، ٢١٩/١٧.

٥٠ ابن منظور، «كفأ»، في **لسان**، ١٣٩/١. وفي تفسير لفظ «كفوًا» في الآية الرابعة من سورة التوحيد، وهي التي ذُكر إنّها نزلت جوابًا للمشركين عندما سألوا النبيّ عن نسب الله بقولهم: «انسب لنا ربّك» =

تزكية مزدوجة لنسب الطرفَين، وبه تنسحب ندّيّة التكافؤ على أقارب كلّ منهما. وهذا يدعونا إلى اقتباس قول رملة نفسها لعبد الملك بن مروان تشكو إليه سكينة بنت الحسين (ت. ٧٣٦/١١٧ أو ٧٤٣/١٢٦) زوج ابنها عبد الله بن عثمان بن عبد الله بن حكيم بن حزام: «[...] لولا أن يُبتزّ أمرنا ما كانت لنا رغبة فيمن لا يرغب فينا. سكينة بنت الحسين قد نشزت على إبني، قال [عبد الملك]: يا رملة إنّها سكينة، قالت: وإن كانت سكينة، فوالله لقد ولدنا خيرهم ونكحنا خيرهم، وأنكحنا خيرهم»، تعني بمن ولدوا فاطمة بنت رسول الله ﷺ، ومن نكحوا صفيّة بنت عبد المطّلب، ومن أنكحوا النبيّ ﷺ».[٥١] إذ يُفهَم منه أنّ لبني أسد فضلاً عظيمًا وهم الذين ولدوا ونكحوا وأنكحوا المتخيَّرين من هاشم. وكأنّ لمبدأ الكفاءة صدى في هذا الكلام، فهو ينبّه على نوع من الأهليّة عند من ولد ومن نكح ومن أنكح من بني أسد، ما فتح الباب لرملة للتفاخر بذلك باسم «العائلة» كلّها. وخديجة هي التي ولدت فاطمة وهي التي نكحت النبيّ. وبالتالي وكما يوجِّه كلام رملة، فلا يمكن فصل خيريّة النبيّ وفاطمة عنها. على أنّ المصاهرة بين أسد وهاشم كانت كما يبدو قميصًا يأخذ كلٌّ منه بطرف، فعن ابن عبّاس يُنقَل ردّ على كلام لابن الزبير: «واعجبًا كلّ العجب لابن الزبير يعيب بني هاشم وإنّما شرُف هو وأبوه وجدّه بمصاهرتهم»،[٥٢] وكذا قوله: «لولا مكان صفيّة فيكم ومكان خديجة فينا لَما تركتُ لبني أسد بن عبد العزّى عظمًا إلّا كسرته».[٥٣] وكأنّ خديجة الأسديّة، ولأنّها زوج النبيّ، وصفيّة الهاشميّة، لأنّها زوج العوّام، قد حالتا دون إمعان ابن عبّاس في تقريع ابن الزبير والحطّ من قدر أصله ونسبه، وابن عبّاس هو الذي «عنده فضائح قريش ومخازيها بأسرها».[٥٤] ويحضرنا هنا تقاذف كلام مماثل بين ابن الزبير وابن الحنفيّة وفيه يُنقَل عن ابن الزبير قوله «عذرتُ بني الفواطم يتكلّمون فما بال ابن أمّ حنيفة؟ فقال محمّد: يا بن أمّ رومان ومالي لا أتكلّم وهل فاتني من الفواطم إلّا واحدة؟ ولم يفتني فخرها لأنّها أمّ أخويّ [...] أما والله لولا خديجة بنت خويلد ما تركتُ في بني أسد بن عبد العزّى عظمًا إلّا هشمته».[٥٥] وفي منافرة أخرى بين ابن الزبير وابن عبّاس نقرأ: «ألستَ تعلم أنّي ابن الزبير حواريّ رسول الله ﷺ وأنّ أمّي أسماء بنت

= ينقل الطبريّ: قالوا إنّ معنى ذلك أنّه لم يكن له مِثل، فيما قال آخرون معنى ذلك أنّه لم يكن له صاحبة. راجع الطبريّ، **جامع البيان**، ٢٢١/٣٠–٢٢٤.

٥١ الأصفهانيّ، **الأغاني**، ٢٢١/٧.

٥٢ ابن أبي الحديد، **شرح**، ١٢٩/٢٠.

٥٣ المصدر نفسه، ١٣٠/٢٠.

٥٤ المصدر نفسه، ١٣١/٢٠.

٥٥ ابن أبي الحديد، **شرح**، ٦٣/٤.

أبي بكر الصدّيق ذات النطاقين وأنّ عمّتي خديجة سيّدة نساء العالمين وأنّ صفيّة عمّة رسول الله ﷺ جدّتي وأنّ عائشة أمّ المؤمنين خالتي فهل تستطيع لذلك إنكارًا؟ قال ابن عبّاس: لقد ذكرتَ شرفًا شريفًا وفخرًا فاخرًا غير أنّك تفاخر من بفخره فخرتَ. قال: وكيف ذلك؟ قال: لأنّك لم تذكر فخرًا إلّا برسول الله ﷺ وأنا أولى بالفخر به منك».[٥٦] ففي جواب ابن عبّاس تركيز على صلة خديجة بالنبيّ، فسيّدة نساء العالمين وإن كانت عمّة ابن الزبير، فهي أوّلًا زوج النبيّ، وكذا عائشة خالته، وصفيّة قبل أن تكون جدّته فهي عمّة النبيّ. وهذا ما يشدّد عليه معاوية فيما رُوي من كلام له يردّ به على ابن الزبير، فجوابًا على قول الأخير «[...] وعمّتي خديجة ذات الخطر والحسب، وعمّته أمّ جميل حمّالة الحطب»[٥٧] يقول: «وأمّا عمّتك أمّ المؤمنين فبِنا شرُفت وسُمّيت أمّ المؤمنين وخالتك عائشة مثل ذلك»،[٥٨] في إشارة إلى كون معاوية من عبد مناف التي منها النبيّ، وهو ما يختصر خطر خديجة وحسبها بلقب أمّ المؤمنين الذي حازته بزواجها من النبيّ. والمفاخرات والمنافرات نوع من المبارزة التي كانت جزءًا من نظام العرب الاجتماعيّ في الجاهليّة وهي غالبًا ما كانت تُقام في المحافل العامّة كالأسواق وبعد الحجّ أو غيره، إمّا شعرًا وإمّا نثرًا بين الأفراد أو بين الجماعات من قبائل وبطون وعشائر، كان يُحكَّم فيها على ما يبدو طرف ثالث أحيانًا. والمفاخرة وإن كانت جُبّت كمؤسّسة اجتماعيّة ثابتة، إلّا أنّها لم تندثر بالإسلام مباشرة، لا بل يمكن القول إنّها انتعشت في بلاطات الخلفاء والأمراء لفترة طويلة. صار لمفهوم الشرف الجاهليّ لبوس «إسلاميّ» مُستلّ من الثقافات والتنظيمات الاجتماعيّة المستجدّة.[٥٩]

٢) والمتفاخرون كُثُر

لكنّ خديجة في الأعمّ الأغلب لا تُذكَر في أقوال المتفاخرين وحدها، بل إلى جانب كوكبة من الأشخاص الذين يُتشوَّف بالانتساب إليهم جميعًا:

---

[٥٦] المصدر نفسه، ٣٢٤/١٠.

[٥٧] ابن عبد ربّه، **العقد**، ١٠١/٤.

[٥٨] المصدر نفسه، ١٠٢/٤.

[٥٩] لمدخل حولها راجع:
Bichr Farès, "Mufākhara," in *EI*² 7 (1993): 308–10.
وللوقوف على نصوص منافرات مشهورة في قريش أوّلها منافرة عبد المطّلب وحرب بن أميّة أنظر ابن حبيب، **المنمّق**، ٩٤–١٢٠. أنظر أيضًا «حُكّام المفاخرات والمنافرات من قريش» في المصدر نفسه، ٤٨٣–٤٨٤.

في نصّ رسالة ابن الحسن العلويّ إلى المنصور التي ينقلها المبرّد في **الكامل** نقرأ:

> [...] وأنّ الله تبارك وتعالى لم يزل يختار لنا فولدني من النبيّين أفضلهم محمّد ﷺ ومن أصحابه أقدمهم إسلامًا وأوسعهم علمًا وأكثرهم جهادًا عليّ بن أبي طالب ومن نسائه أفضلهنّ خديجة بنت خويلد أوّل من آمن بالله وصلّى القبلة ومن بناته أفضلهنّ وسيّدة نساء أهل الجنّة ومن المولودين في الإسلام الحسن والحسين سيّدا شباب أهل الجنّة [...][٦٠]

ليس الجديد هنا تقديم خديجة كأصل للنسل النبويّ وعدّها إلى جانب النبيّ وفاطمة وعليّ وولدَيه الحسن والحسين، بل المفاخرة بها كجزء من هذا النسب الأصيل على لسان ابن الحسن المتكلّم. ويغذّي المقارعة بين ابن الحسن والمنصور بالأساس ادّعاءُ أحقيّةٍ بالحكم استنادًا إلى النسب، نسب كلّ منهما إلى النبيّ. تزجّ المفاخرة بخديجة في هذا السياق في دائرة الصراع العنيف على السلطة بينهما، فخديجة الأيقونيّة «الماضية» زوجًا للنبيّ وأمًّا لفاطمة وجدّة للحسن والحسين تغدو في حاضر هذا الصراع وكأنّها تخصّ ابن الحسن وحده، جزءًا من إرث عائليّ من فرع محدّد. ويوجّه صوب استذكارها باكرًا كجدّة للعلويين في محفل تصادميّ ما يُنسب إلى عليّ بن الحسين في خطبته بأهل الكوفة بعد حادثة كربلاء وفيها:

> يا معشر الناس فمن عرفني فقد عرفني ومن لم يعرفني فأنا أعرّفه نفسي، أنا ابن مكّة ومنى، أنا ابن مروة والصفا، أنا ابن محمّد المصطفى [...] أنا ابن من صلّى بملائكة السماء مثنى مثنى، أنا ابن من أسري به من المسجد الحرام إلى المسجد الأقصى، أنا ابن عليّ المرتضى، أنا ابن فاطمة الزهراء، أنا ابن خديجة الكبرى، أنا ابن المقتول ظلما [...][٦١]

ويصدف القارئ اسم خديجة في أخبار عديدة يتكرّر فيها تعبير «أكرم/خير الناس [كذا: أمًّا، أبًا، جدّة، جَدًّا]»: «في الفخر والمفاخرات»، في **التذكرة الحمدونيّة** نقرأ:

٦٠ الكامل، **المبرّد**، ٧٨٧/١. أنظر أيضًا ابن عبد ربّه، **العقد**، ٣٣٨/٥–٣٣٩، والآبي، **نثر الدرّ**، ٣٧٠/١–٣٧١، وابن حمدون (ت. ١١٦٧/٥٦٢)، «الباب السادس عشر في الفخر والمفاخرة»، في **التذكرة الحمدونيّة**، تحقيق إحسان عبّاس وبكر عبّاس (بيروت: دار صادر، ١٩٩٦)، ٤١٤/٣–٤١٨.

٦١ وهي خطبة ينقلها ابن شهراشوب في **مناقب آل أبي طالب** (النجف: المطبعة الحيدريّة، ١٩٥٦)، ٣٠٥/٣. حتّى ليمكن ردّ استحضار الانتساب إلى النبيّ إلى ساحة المعركة بكربلاء على لسان الحسين نفسه، وإن كانت خديجة غير مسمّاة في الخطبة المنقولة عنه فيها، ومطلعها: «أمّا بعد فانسبوني فانظروا من أنا ثمّ ارجعوا إلى أنفسكم وعاتبوها فانظروا هل يحلّ لكم قتلي وانتهاك حرمتي ألست ابن بنت نبيّكم ﷺ وابن وصيّه وابن عمّه وأوّل المؤمنين بالله والمصدّق لرسوله بما جاء به من عند ربّه أوليس حمزة سيّد الشهداء عمّ أبي أوليس جعفر الشهيد الطيّار ذو الجناحين عمّي [...]». أنظرها كاملة في الطبريّ، **تاريخ**، ٤٢٤/٥–٤٢٥.

«قال الزبير بن بكّار: وكان هند بن أبي هالة يقول: إنّ زينب بنت النبيّ ﷺ تقول: أنا أكرم الناس أربعة: أبي رسول الله ﷺ، وأمّي خديجة، وأختي فاطمة، وأخي القاسم».[٦٢] خديجة هنا هي الأم في العائلة-النواة التي خوّلت زينب أن تدّعي لنفسها الكرامة على سائر الناس لأنّ لها هذا الأب وهذه الأمّ وهذا الأخ وهذه الأخت. ينزاح هذا القول قليلاً عن مفهوم آل بيت النبيّ الذي يُقصَد به فاطمة وبنوها، ففيه يُقدَّم النبيّ وخديجة وثلاثة من أولادهما: زينب وفاطمة والقاسم. وفي سياق متّصل، يوسّع قول مماثل لأبي عبيدة معمر بن المثنّى على أفراد عائلة النبيّ إذ يضمّ إليها ابن خديجة من زواجها السابق:

> قال أبو عبيدة: ولبني عمرو بن تميم خصال تعرفها لهم العرب ولا ينازعهم فيها أحد، فمنها أكرم الناس عمًّا وعمّة وجدًّا وجدّة، وهو هند بن [هند بن] أبي هالة [...] كانت خديجة بنت خويلد قبل النبيّ صلّى الله عليه وآله تحت أبي هالة فولدت له هندًا ثمّ تزوّجها رسول الله صلّى الله عليه وآله وهند بن أبي هالة غلام صغير فتبنّاه النبيّ صلّى الله عليه وآله ثمّ ولدت خديجة من رسول الله صلّى الله عليه وآله القاسم والطاهر وزينب ورقيّة وأمّ كلثوم وفاطمة فكان هند بن أبي هالة أخاهم لأمّهم ثمّ أولد هند بن أبي هالة هند بن هند، فهند الثاني أكرم الناس جدًّا وجدّة، يعني رسول الله صلّى الله عليه وآله وخديجة، وأكرم الناس عمًّا وعمّة، يعني بني النبيّ صلّى الله عليه وآله وبناته[٦٣]

تنسحب الكرامة في قول أبي عبيدة على جيل العائلة الثاني المتمثّل بهند الثاني حفيد خديجة، حتّى إنّ هذه الكرامة خوّلت هندًا أن يكون رافعة لبني عمرو بن تميم جميعًا، إذ إنّ كونه منهم هو من «خصال تعرفها لهم العرب ولا ينازعهم فيها أحد». وعودًا على بني فاطمة يُجرى قول مماثل بصيغة أسئلة متكرّرة في قالب خطبة على لسان النبيّ يذكر فيها الحسن والحسين:

> [...] أيّها الناس ألا أدلّكم على خير الناس جدًّا وجدّة؟ قالوا بلى يا رسول الله. قال: عليكم بالحسن والحسين فإنّ جدّهما محمّد وجدّتها خديجة بنت خويلد سيّدة نساء أهل الجنّة. أيّها الناس ألا أدلّكم على خير الناس أبًا وأمًّا؟ قالوا بلى يا رسول الله. قال: عليكم بالحسن والحسين فإنّ أباهما يحبّ الله ورسوله ويحبّه الله ورسوله وأمّها فاطمة بنت محمّد ثمّ قال: يا أيّها الناس ألا أدلّكم على خير الناس عمًّا وعمّة؟ قالوا بلى يا

٦٢ ابن حمدون، «في الفخر والمفاخرات»، في **التذكرة الحمدونيّة**، **٤٣٣/٣**.

٦٣ ابن أبي الحديد، **شرح**، **١٣١/١٥–١٣٢**.

رسول الله. قال: عليكم بالحسن والحسين فإنّ عمّهما جعفر الطيّار وعمّتهما أمّ هانئ بنت أبي طالب. ثمّ قال يا أيّها الناس ألا أدلّكم على خير الناس خالًا وخالة؟ قالوا بلى يا رسول الله. قال: عليكم بالحسن والحسين فإنّ خالهما القاسم بن رسول الله وخالتهما زينب بنت رسول الله[٦٤]

تتعلّق خيريّة الحسنَين المطلقة بكونهما حفيدَي خديجة، على أنّ عبارة «سيّدة نساء أهل الجنّة» كما لو أنّها تتماشى وطابع هذا الحديث التمجيديّ، فالإعلاء من شأن خديجة بتعبير مماثل يخدم شأن حفيدَيها. يمكن القول إنّ خديجة قُدّمت سيّدة لنساء الجنّة في سياق تبيان فضلها الذي يصل في آخر الحديث إلى مستوى «آخرويّ»: «[...] ثمّ رفع يديه حتّى رأينا بياض إبطَيه ثمّ قال: اللهمّ إنّك يا الله تعلم أنّ الحسن والحسين في الجنّة وجدّهما في الجنّة وجدّتها في الجنّة وأباهما في الجنّة وأمّهما في الجنّة [...] اللهمّ إنّك تعلم أنّ من أحبّهما في الجنّة ومن أبغضهما في النار».[٦٥] وبصيغة إستفهاميّة واحدة على لسان معاوية هذه المرّة نصدف التعبير نفسه والمعنيّ به هو الحسين:

قيل تذاكر جلساء معاوية بحضرته يومًا أشراف الناس وذوي الوجاهة والبيوت الجليلة والحسين بن عليّ رضي الله عنهما حاضر فقال معاوية من تعرفون أكرم الناس أبًا وأمًّا وجدًّا وجدّةً وعمًّا وعمّة وخالًا وخالة؟ فقالوا: أمير المؤمنين أعلم، فأخذ بيد الحسين بن عليّ رضي الله عنهما وقال: هذا، أبوه عليّ بن أبي طالب وأمّه فاطمة بنت محمّد وجدّه رسول الله وجدّته خديجة وعمّه جعفر بن أبي طالب وعمّته هالة بنت أبي طالب وخاله القاسم ابن رسول الله وخالته زينب بنت محمّد فقالوا كلّهم: صدق أمير المؤمنين[٦٦]

أو الحسن:

وقال معاوية ذات يوم وعنده أشراف الناس من قريش وغيرهم: أخبروني بأكرم الناس أبًا وأمًّا وعمًّا وعمّة وخالًا وخالة وجدًّا وجدّة، فقام مالك بن عجلان وأومأ إلى الحسن بن عليّ صلوات الله عليه، فقال: هو ذا أبوه عليّ بن أبي طالب، وأمّه فاطمة بنت رسول الله ﷺ، وعمّه جعفر الطيّار، وعمّته أم هانئ بنت أبي طالب، وخاله القاسم ابن رسول

---

[٦٤] يوسف بن أحمد اليغموريّ (ت. ١٢٧٤/٦٧٣)، **نور القبس المختصر من المقتبس في أخبار النحاة والأدباء والشعراء والعلماء** لمحمّد بن عمران المرزباني (ت. ٩٩٤/٣٨٤)، تحقيق رودلف زلهايم (فيسبادن: فرانتس شتاينر، ١٩٦٤)، **٢٥٢–٢٥٣**.

[٦٥] المصدر نفسه، **٢٥٣**.

[٦٦] المحسّن بن عليّ التنوخيّ (ت. ٩٩٤/٣٨٤)، **المستجاد من فعلات الأجواد**، تحقيق محمّد كرد عليّ (دمشق: المجمع العلميّ العربيّ، ١٩٤٦)، **٩٣**.

الله ﷺ، وخالته زينب بنت رسول الله ﷺ، وجدّه رسول الله ﷺ، وجدّته خديجة بنت خويلد. فسكت القوم ونهض الحسن [...][٦٧]

ويومئ اعتراض عمرو بن العاص على ابن عجلان وجواب الأخير له المنقول في تنويعة أخرى على هذا الخبر في **الجليس الصالح** إلى المقارنة الكلاسيكيّة التفاضليّة التصادميّة بين بني هاشم وبني أميّة: «[...] فقال عمرو بن العاص: فحبّ بني هاشم دعاك إلى ما عملت؟ فقال ابن العجلان: يا ابن العاص أما علمت أنّه من التمس رضى مخلوق بسخط الخالق حرمه الله تعالى أمنيته وختم له بالشقاء في آخر عمره؟ بنو هاشم أنضر قريش عودًا، وأقعدها سلفًا وأفضل أحلامًا».[٦٨] وكأنّ معاوية كان ينتظر جوابًا آخر يزكّيه هو. ويصرّح بهذه المقارنة كلام وردّ مباشر بين معاوية والحسن:

قال أبو الفرج: وحدّثني أبو عبيد محمّد بن أحمد، قال: حدّثني الفضل بن الحسن البصري، قال: حدّثني يحيى بن معين قال: حدّثني أبو حفص اللبان، عن عبد الرحمن ابن شريك، عن إسماعيل بن أبي خالد، عن حبيب بن أبي ثابت، قال: خطب معاوية بالكوفة حين دخلها، والحسن والحسين عليهما السلام جالسان تحت المنبر، فذكر عليًّا عليه السلام فنال منه، ثمّ نال من الحسن، فقام الحسين عليه السلام ليردّ عليه، فأخذه الحسن بيده فأجلسه، ثمّ قام فقال: أيها الذاكر عليًّا، أنا الحسن، وأبي عليّ، وأنت معاوية وأبوك صخر، وأمّي فاطمة وأمّك هند، وجدّي رسول الله وجدّك عتبة بن ربيعة، وجدّتي خديجة وجدّتك قتيلة [وإن كان من المعلوم أنّ جدّة معاوية أمّ أبي سفيان هي صفيّة بنت حزن، وجدّته أمّ هند هي صفيّة بنت أميّة]، فلعن الله أخملنا ذكرًا، وألأمنا حسبًا، وشرّنا قديمًا وحديثًا، وأقدمنا كفرًا ونفاقًا! فقال طوائف من أهل المسجد: آمين. قال الفضل: قال يحيى بن معين: وأنا أقول آمين. قال أبو الفرج: قال أبو عبيد: قال الفضل: وأنا أقول: آمين، ويقول عليّ بن الحسين الأصفهانيّ: آمين. قلتُ: ويقول عبد الحميد بن أبي الحديد مصنّف هذا الكتاب: آمين[٦٩]

---

٦٧ «محاسن المفاخرة»، في **المحاسن والأضداد** المنسوب إلى الجاحظ (بيروت: دار ومكتبة العرفان، [١٩٥٠])، ١١٣. أنظر أيضًا في إبراهيم بن محمّد البيهقيّ، «محاسن كلام الحسن بن عليّ رضي الله عنه»، في **المحاسن والمساوئ**، تحقيق محمّد أبو الفضل إبراهيم (القاهرة: دار المعارف، ١٩٦١)، ٧٧؛ والمعافى بن زكريّا، **الجليس الصالح**، ١٥/٣؛ وابن عبد ربّه، **العقد**، ٣٤٤/٥–٣٤٥.

٦٨ المعافى بن زكريّا، **الجليس الصالح**، ١٥/٣.

٦٩ ابن أبي الحديد، **شرح**، ٤٦/١٦–٤٧. انظره بصيغة أقصر في ابن حمدون، «الباب السادس عشر في الفخر والمفاخرة»، في **التذكرة**، ٣٩٦/٣؛ وأحمد بن عليّ الطبرسيّ (ت. ٦٢٠/١٢٢٣[؟])، «مفاخرة الحسن بن عليّ صلوات الله عليهما على معاوية»، في **الاحتجاج** (بيروت: مؤسّسة الأعلمي، ٢٠٠٩)، ٣٢٥/١.

يقدّم هذا التصادم الكلاميّ خديجة في مقابل قتيلة. جدّة سبط النبيّ مقابل جدّة ابن أبي سفيان. وبردّه العلنيّ على خطبة معاوية، يعلن الحسن أفضليّته على الأخير على الرغم من موقع معاوية في السلطة. تعني المواجهة بين الحسن سبط النبيّ ومعاوية الخليفة مواجهة بين نموذجَين، فالحسن وإن كان يتكلّم من موقع ضعف سلطويّ إلّا أنّه يحجّم غريمه من بوّابة النسب والدين، وكأنّه البطل الخيّر الذي يدافع عن الإرث العلويّ ضدّ الشرّير الأمويّ. خديجة في كلامه هي إذًا جدّة العلويّين النموذجيّة في مقابل قتيلة جدّة عدوّهم. ويمكن القول إنّ علنيّة هذه المقارنة العنيفة تُرسّخ أكثر هذه الصورة لخديجة، فقول آمين من طوائف الناس الحاضرين إثر دعاء الحسن المذكور نوع من التصديق على كلامه، لأنّ الحسن بالحقيقة لا يأتي بجديد، بل يُذكّر بما هو معروف، يُذكّر بنسبه غير الغائب عن وجدان الناس، كما ويدلّ تكرار قول آمين على لسان عدد من رجال سند الخبر على نوع من الاتّصال بين المرويّ في الخبر وبين الراوة المتعاقبين، فيما يشبه تصديقًا عابرًا للزمن لكلام الحسن، من راوٍ تلو الراوي. وقد ظلّ شرف الانتساب إلى النبيّ يُتوارَث عبر الأجيال. وفي هذا الإطار ترى فاطمة المرنيسي أنّه على الرغم من انطلاق الإسلام من مشروع يحدّ من سلطة الأرستقراطيّة، ظلّت لفظة «الأشراف»، التي كانت تُطلَق على سادة قريش في الجزيرة العربيّة قبل الإسلام، ظلّت تُطلق على النخبة، أي على أعيان مدينة أو بلد، وبصفة أخصّ على أهل البيت. بعد انتصار الديانة الجديدة غدا الأشراف والشرفاء هم الذين ينحدرون من فاطمة الزهراء بنت الرسول وزوجها عليّ بن أبي طالب صهر الرسول وابن عمّه، وهو ما ترى فيه مفارقة إذ إنّ لفظة «الأشراف» لم تفقد مكانتها بعد الإسلام. فخديجة هي جدّة كلّ الأشراف.[٧٠]

٣) خديجة عمّة الزبيريّين؟

في ما يشبه تساؤل العارف، ينقل أبو حنيفة الدينوريّ (ت. ٨٩٥/٢٨٢) في **الأخبار الطوال** حديثًا لابن الزبير مع النعمان بن بشير (ت. ٦٨٤/٦٥)، وهو أحد الذين بعثهم يزيد لأخذ البيعة من ابن الزبير يقول: «أنشدك الله أنا أفضل عندك أم يزيد؟ فقال [النعمان]: بل أنت. فقال: فوالدي خير أم والده؟ قال: بل والدك. قال: فأمّي خير أم أمّه؟ قال: بل أمّك. قال: فخالتي خير أم خالته؟ قال: بل خالتك. قال: فعمّتي خير أمّ عمّته؟ قال: بل عمّتك؛ أبوك الزبير وأمّك أسماء بنت أبي بكر وخالتك عائشة

---

[٧٠] فاطمة المرنيسي، **سلطانات منسيّات**، ١٨.

وعمّتك خديجة بنت خويلد».[٧١] للمفاضلة في كلام ابن الزبير طابع سياسيّ لتدعيم ادّعاء الأحقيّة في السلطة التي يُبحَث لها عن جذور على أساس النسب، وهو الطابع نفسه الذي تُفيده الرسائل بين ابن الحسن والمنصور كما أسلفنا، باستثناء أنّ خديجة هنا تُقدَّم كجزء من الإرث الزبيريّ لا العلويّ كونها عمّة الزبير بن العوّام. وهذا يوصلنا إلى الحديث عن بيتَي شعر في هجاء آل خويلد بن أسد لحسّان بن ثابت نقلهما الجاحظ وعقّب عليهما: «وقال حسّان بن ثابت، إن كان قاله: [الطويل]

بني أسدٍ ما بالُ آل خويلد يَحِنّون شوقًا كلَّ يوم إلى القِبْطِ[٧٢]
إذا ذُكرت قَهْقاءُ[٧٣] حنّوا لذِكرها وللرَّمَثِ[٧٤] المقرونِ والسمكِ الرُّقطِ

وهذا الشعر كفر لأنّ خديجة الواسطة من آل خويلد والزبير ابن العوّام كما قال رسول الله ﷺ: «الزبير ابن عمّتي وحواريّي من أمّتي». وحسّان لم يكن كافرًا.»[٧٥] ويرد بيتا الشعر هذان في **ديوان حسّان بن ثابت** في مطلع مقطوعة مؤلّفة من ستّة أبيات، وفي مناسبتها أنّ عبد الرحمن بن العوّام كان يؤذي رسوال الله، وليس له عقب وليس للسائب بن العوّام عقب وقد شهد بدرًا مع المشركين.[٧٦] ونصّ البيتَين الأخيرَين من المقطوعة:

لَعَمرو أبي العَوّامِ إنَّ خويلِدًا غَداةَ تبنّاه لَيوثِقُ في الشَّرْطِ
وإنّكَ إنْ تَجرُرْ عليَّ جريرةً رَدَدتُكَ عَبْدًا في المهانَةِ والعَفْطِ

---

٧١ أبو حنيفة أحمد بن داود الدينوريّ، **الأخبار الطوال**، تحقيق عبد المنعم عامر (القاهرة: دار إحياء الكتب العربيّة، ١٩٦٠)، ٢٦٣–٢٦٤.

٧٢ «القِبْط جيل بمصر وقيل هم أهل مصر» في ابن منظور، «قبط»، في **لسان**، ٣٧٣/٧.

٧٣ «قهقاء كصحراء أهمله الجوهريّ وصاحب **اللسان** وقال الصاغانيّ: هي في قول حسّان بن ثابت رضي الله عنه:

إذا ذُكِرَتْ قهقاءُ حنّوا لذِكرها وللرَّمَثِ المقرونِ والسمكِ الرُّقطِ»

في محمّد مرتضى الحسينيّ الزبيديّ (ت. ١٢٠٥/١٧٩٠)، «ق هـ ق»، في **تاج العروس من جواهر القاموس**، تحقيق عبد الكريم العزباوي (الكويت: مطبعة الحكومة، ١٩٩٠)، ٣٤٤/٢٦–٣٤٥.

٧٤ «الرَّمَث بفتح الراء والميم خشب يُشدّ بعضه إلى بعض كالطوف ثمّ يُركَب عليه في البحر» في ابن منظور، «رمث»، في **لسان**، ١٥٥/٢.

٧٥ الجاحظ، **كتاب البرصان والعرجان والعميان والحولان**، تحقيق عبد السلام هارون (بيروت: دار الجيل، ١٩٩٠)، ١١٣–١١٤.

٧٦ حسّان بن ثابت، **ديوان حسّان بن ثابت**، تحقيق وليد عرفات (بيروت: دار صادر، ٢٠٠٦)، ٣٧٤/١.

وهذا زعمٌ صريح بأنّ العوّام هو ابن خويلد بالتبنّي، ويبدو أنّه كان من المطاعن المشهورة، ففي «ذِكر بعض المطاعن في النسب وكلام للجاحظ في ذلك»، ينقل ابن أبي الحديد:

[...] وكما قالوا إنّ آل الزبير بن العوّام من أرض مصر من القبط وليسوا من بني أسد بن عبد العزّى. قال الهيثم بن عديّ في كتاب **مثالب العرب**: إنّ خويلد بن أسد بن عبد العزّى كان أتى مصر ثمّ انصرف منها بالعوّام فتبنّاه فقال حسّان بن ثابت يهجو آل العوّام بن خويلد:

بني أسدٍ ما بالُ آل خويلد يَحِنّون شوقًا كلَّ يوم إلى القِبْطِ[٧٧]

وللهيثم بن عديّ الأخباريّ الطائيّ الكوفيّ (ت. **٨٢١/٢٠٦** أو **٨٢٢/٢٠٧** أو **٨٢٤/٢٠٩**) كما يسجّل ابن النديم (ت. **٩٩٥/٣٨٥**) في **الفهرست** أربعة كتب في المثالب[٧٨] كلّها لم تصل إلينا لكنّ مخطوطة كتاب **مثالب العرب** لابن الكلبيّ المحفوظة بدار الكتب المصريّة كما يلحظ محقّقها تحوي بين ثناياها بعض روايات الهيثم في المثالب،[٧٩] وقد أحصاها وأوردها كلّها منفصلة في مقدّمة تحقيقه موزَّعة على أبواب، وفي «باب أدعياء الجاهليّة»، نقرأ: «قال الهيثم قال معروف [بن خربوذ]:[٨٠] ومن أدعياء بني أسد بن عبد العزّى العوّام بن خويلد بن أسد بن عبد العزّى، بلغنا، والله أعلم، أنّه قبطيّ[٨١] من أهل

٧٧ ابن أبي الحديد، **شرح**، ٦٨/١١.

٧٨ علاوة على كتاب **المثالب**، **المثالب الكبير والمثالب الصغير ومثالب ربيعة**. راجع محمّد بن إسحاق ابن النديم، **الفهرست** (القاهرة: المطبعة الرحمانيّة، د. ت.)، **١٤٥–١٤٦**.

٧٩ أنظر أمجد حسن سيّد أحمد، «كتاب المثالب لأبي المنذر هشام بن محمّد بن السائب الكلبيّ المتوفّى سنة **٢٠٤**هـ برواية أبي جعفر محمّد بن أبي السرّي: تحقيق وتوثيق ودراسة» (رسالة دكتوراه، جامعة بنجاب بلاهور باكستان، **١٩٧٧**)، **٣٧**م.

٨٠ لم نقع له على تاريخ وفاة، ينقل الكشّيّ في ترجمته أربعة أحاديث. راجع محمّد بن عمر الكشّيّ، **رجال الكشّيّ**، تحقيق أحمد الحسينيّ (بيروت: مؤسّسة الأعلمي، **٢٠٠٩**)، **١٥٥–١٥٦**.

٨١ في أصل المخطوطة – يشير سيّد أحمد، اللفظ هو «نبطيّ» قام هو بـ«تصحيحه»، وكذا في البيت الأوّل من المقطوعة فاللفظ في الأصل «النبط» وليس «القبط». وإلى ذلك يشير عبد السلام هارون إذ يذكر الخبر عن العوّام لكن مُحيلًا على مخطوطة دار الكتب من كتاب **المثالب** لا على تحقيقها في رسالة سيّد أحمد في الجاحظ، **كتاب البرصان**، **١١٤** في الهامش رقم واحد تعليقًا على البيت الأوّل في نصّ الجاحظ حيث يقول: «رواية البيت في **المثالب** لابن الكلبيّ ٧٨ مخطوطة دار الكتب:

لقد أصبح العوّام فينا ورهطه يحنّون شوقًا كلّ يوم إلى النَّبَط

وفيه أيضًا: «ومن أدعياء بني أسد بن عبد العزّى العوّام بن خويلد بن أسد بن عبد العزّى، بلغنا، والله أعلم، أنّه نبطيّ من أهل قهقاء ويزعمون أنّ أمّه مازنيّة مازن هوزان» والنَّبَط بالتحريك: جيل كانوا =

قهقاء، ويزعمون أنّ أمّه مازنيّة مازنة هوزان»[٨٢] قبل نقل مقطوعة حسّان إيّاها لكن باختلاف في الألفاظ وبزيادة بيتَين دون نسبتها إليه.[٨٣]

وبالعودة إلى كلام الجاحظ في كتاب **البرصان**، فهل يكفي كون خديجة «الواسطة من آل خويلد» والحديث «الزبير ابن عمّتي» للحُكم الحادّ بالكفر على شعر حسّان؟ – وهو الذي يشكّك بنسبته إليه على أساس هذا الحُكم بقوله: «وحسّان لم يكن كافرًا». ربّما يفيد في فهم حُكمه ما ينقله عنه ابن أبي الحديد: «قال شيخنا أبو عثمان [الجاحظ] في كتاب **مفاخرات قريش**: لا خير في ذكر العيوب إلّا من ضرورة ولا نجد كتاب مثالب قطّ إلّا لدعيّ أو شعوبيّ ولستَ واجدَه لصحيح النسب ولا لقليل الحسد [...] ولو كان ما يقوله أصحاب المثالب حقًّا لَما كان على ظهرها عربيّ كما قال عبد الملك بن صالح الهاشميّ [ت. ٨١٢/١٩٦]: إن كان ما يقول بعضٌ في بعض حقًّا فما فيهم صحيح وإن كان ما يقول بعض المتكلّمين في بعض حقًّا فما فيهم مسلم».[٨٤] فلعلّ ذلك مردّه الدفاع عن كلّ ما هو عربيّ صحيح. وخديجة هنا هي بمثابة الرافعة لآل خويلد، بشخصها ومقامها وبكلّ ما هي والقول إنّها واسطة آل خويلد يومئ إلى أنّها زينتهم، كواسطة القلادة، أي «الدرّة التي في وسطها، وهي أنفَس خرزها».[٨٥] وليس اعتياديًّا تقديم امرأة على كلّ أفراد عائلتها، لكن هل قُدّمت خديجة عليهم

= ينزلون بالبطائح بين العراقين [ابن منظور، «نبط»، في **لسان**، ٤١١/٧]»، وفي الهامش الثاني في الصفحة نفسها يقول هارون: «والعرب لا يتهاجون بالنسبة إلى مصر والقبط وإنّما يتهاجون بالنسبة إلى النبط وسمكهم المالح منه والطريّ». لكنّ هارون لا يُعلّق على لفظ «القبط» في متن نصّ الجاحظ الذي يذيّله بهذا الهامش، فهو يعتمد نصّ ابن الكلبيّ وكأنّه يجزم بأنّ النسبة الصحيحة هي إلى النبط لا إلى القبط. وفي التحقيقات المتعاقبة لمخطوطة **كتاب المثالب** المحفوظة في العراق (أنظر الهامش أدناه) يرد لفظ «نبطي» في الخبر، ثمّ لفظ «القبط» في بيت الشعر! فهل هو تصحيف نُسّاخ أم خطأ محقّقين؟ وكلّهم لا يشير إلى نصّ ابن أبي الحديد الذي يحدّد فيه نقلًا عن الهيثم في كتابه **مثالب العرب** ذهاب خويلد إلى مصر قبل أن ينقل بيت حسّان بلفظ «القبط».

٨٢ سيّد أحمد، «كتاب المثالب»، ٤٦ م – و.

٨٣ أنظر أيضًا ابن الكلبيّ، «باب أدعياء الجاهليّة»، في **مثالب العرب**، تحقيق نجاح الطائي (بيروت: دار الهدى، ١٩٩٨)، ١٢٨–١٢٩. وقد اعتمد الطائي في تحقيقه على مخطوطة محمّد السماوي بمكتبة النجف الأشرف في العراق لا على مخطوطة دار الكتب، وقد أعاد نشره محمّد الدجيلي تحت عنوان **مثالب العرب والعجم** (بيروت: دار الأندلس، ٢٠٠٩). أنظر الخبر فيها عن العوّام في الصفحة ١٤٠، ونشر مخطوطة السماوي أيضًا جاسم الدرويش وسليمة حسين بعنوان **كتاب مثالب العرب لأبي المنذر هشام بن محمّد بن السائب الكلبيّ مع نصوص من مثالب الهيثم بن عديّ** (دمشق: تمّوز، ٢٠١٥)، والخبر عن العوّام فيه يقع في الصفحة ٢٧٥.

٨٤ ابن أبي الحديد، **شرح**، ٦٨/١١.

٨٥ ابن منظور، «وسط»، في **لسان**، ٤٢٩/٧.

لأنّها خديجة بمعزل عن كونها زوج النبيّ أم إنّها ما قُدّمت إلّا لأنّها زوجه؟ ومن المثير للاهتمام أنّ تعريضًا بابن الزبير من خلال طعن بنسبه يُروَى عن طائيّ آخر غير الهيثم بن عديّ هو عديّ بن حاتم (ت. ٦٨/٦٨٧–٦٨٨):

> قد ورد أنّ العوّام كان عبدًا لخويلد ثمّ أعتقه وتبنّاه ولم يكن من قريش وذلك إنّ العرب الجاهليّة كان إذا كان لأحدهم عبد وأراد أن ينسب إلى نفسه ويلحق به نسبه أعتقه وزوّجه كريمة من العرب فيلحق بنسبه وكان هذا من سنن العرب. ويصدّق ذلك شعر عديّ بن حاتم في عبد الله بن الزبير بحضرة معاوية وعنده جماعة قريش وفيهم عبد الله بن الزبير فقال عبد الله لمعاوية: يا أمير المؤمنين ذرنا نُكلّم عديًّا فقد زعم أنّ عنده جوابًا فقال: إنّي أحذركموه فقال: لا عليك دعنا وإيّاه. فقال: يا أبا طريف متى فُقئت عينك؟ فقال: يوم فرّ أبوك وقتل شرّ قتلة وضربك الأشتر على أستك فوقعت هاربًا من الزحف وأنشد يقول:
>
> أَمَا وأَبِي يَا ابْنَ الزُّبَيْرِ لَوْ أَنَّنِي ... لَقِيتُكَ يَوْمَ الزَّحْفِ رُمْتَ مَدى شَحطا
> وَكَانَ أَبِي فِي طَيءٍ وأَبُو أَبِي ... صَحِيحَيْنِ لَمْ يَنْزِعْ عُرُوقَهُمَا الْقِبْطَا
>
> قال معاوية: قد حذرتكموه فأبيتم. وقوله: «صحيحين لم ينزع عروقهما القبط» تعريض بابن الزبير بأنّ أباه وأبا أبيه ليسا بصحيحَي النسب وأنّهما من القبط ولم يستطع ابن الزبير إنكار ذلك في مجلس معاوية[٨٦]

فهل إنّ انتساب الزبير إلى خديجة ليس صحيحًا؟ سيّما وأنّه واسطة افتخار عابرة للأجيال، وهو ما يمكن أن نستقرئه مثلًا في كلام فيه شيء من الإبهام بين عبد الله بن الحسن بن الحسن وعامر بن خُبَيب بن عبد الله بن الزبير، إذ يُنقَل عن عبد الله قوله: «أما والله لولا عمّتي – يعني صفيّة بنت عبد المطّلب كنتَ كبعض بني حميد – يعني حميد بن أسد بن عبد العزّى في شعاب مكّة. فقال له عامر: فمنّة عمّتي عليك أعظم: لولا عمّتي كُنتَ كبعض بني عقيل [بن أبي طالب (ت. ٦٠/٦٧٩)] بالأبطح يعني بعمّته خديجة بنت خويلد رضي الله عنها».[٨٧]

٤) الاسم فخرًا

يمكن القول إنّ في التسمية باسمها نوعًا من الامتداد للمفاخرة بالانتساب إليها، ففي **المردفات من قريش** للمدائنيّ، وهو كتاب «يتناول النساء القرشيّات

---

٨٦ المجلسيّ، **بحار**، ٢٢/٢١٩–٢٢٠.

٨٧ الآبي، **نثر الدرّ**، ٣/١٨٧. ولم نقع على الخبر غير المسند الوارد فيه هذا الكلام في غير هذا الكتاب.

اللاتي أردفن زوجًا بعد زوج ولم يكتفين بزوج واحد لظروف متباينة»[٨٨] في المدخل عن سكينة بنت الحسين: «سكينة ابنة الحسين عليه السلام أمّها الرباب بنت امرئ القيس الكلبيّة تزوّجها عبد الله بن الحسن وهو أبو عذرتها، فمات ويُقال قُتِل مع الحسين فتزوّجها مصعب بن الزبير فولدت له ابنة فأرسل إليها سمّيها زَبراء. قالت: أسمّيها باسم إحدى أمّهاتي فسمّتها خديجة أو فاطمة. فماتت ابنتها من مصعب وهي صغيرة».[٨٩] خديجة في الخبر جدّة/أمّ تنتسب إليها بفخر سكينة بنت الحسين بن عليّ إذ تستعيد اسمها في ما يشبه الحفاظ على إرث العائلة من خلال الإبقاء على أسماء أفرادها مُتداوَلًا من جيل إلى جيل. وغنيّ عن القول إنّ التسمية باسم شخص محدّد كأنّ فيها بعثًا لروحه في المولود المسمّى، أو نوعًا من استعادة مزاياه، وهذا ما يوجّه إليه خبر آخر عن سكينة في المدخل نفسه: «وكانت ظريفة فقيل لها يا سكينة أختك ناسكة وأنت مزّاحة. قالت: إنّكم سمّيتموها باسم جدّتها المؤمنة وسمّيتموني باسم جدّتي التي لم تدرك الإسلام».[٩٠] وفي قولها إشارة إلى أنّ أختها فاطمة بنت الحسين، سُمّيت باسم جدّتها فاطمة بنت النبيّ زوج عليّ بن أبي طالب، أمّا هي فباسم جدّتها آمنة بنت وهب أمّ النبيّ، ففي الأخبار أنّ اسمها آمنة وأنّ سكينة لقب لها.[٩١] وهذا ينسحب بشكل ما على إرث جماعات أكبر من العائلة أو البيت الواحد، كالفرقة أو الجماعة الدينيّة، فتسمية المواليد تيّمنًا بأسماء أشخاص مميّزين في الذاكرة الثقافيّة يهدف بالمقام الأوّل إلى إحياء ذكر هؤلاء الأشخاص، وفي التسمية فخر ومجاهرة بالانتماء إليهم، وإلى الرواية عن الماضي التي تختصرها أسماؤهم. وفي الإطار نفسه أيضًا فإنّ العدول عن التسمية باسم محدّد يحمل في ذاته نوعًا من إرادة الطمس، طمس ذكر شخص يحمل ذاك الاسم، شخص مُقصى من ذاكرة ثقافيّة ما، وليس أدلّ على ذلك من ندرة تسمية الشيعة بناتهنّ باسم عائشة مثلًا نظرًا لِما تمثّله عائشة بنت أبي بكر في ذاكرتهم. وهنا تفترق خديجة عن عائشة مرّة أخرى، فاسمها مُستعاد على الدوام في بيوت كلّ المسلمين. اسمها بهذا المعنى أيقونيّ، تنبعث معه صورة سيّدة الإسلام

---

٨٨ عبد السلام هارون، مقدّمة لـ«كتاب المردفات من قريش»، في **نوادر المخطوطات**، ط. ٢ (القاهرة: مطبعة الحلبيّ، **١٩٧٣**)، **٥٩/١**. وخديجة، مع المشهور عن زواجها مرّتين قبل النبيّ ليست من المردفات المذكورات فيه وكذا كلّ أزواج النبيّ القرشيّات الباقيات، وقد كنّ جميعًا كما هو معلوم، باستثناء عائشة، من المردفات، ربّما مراعاة لخصوصيّة زواجهنّ من النبيّ الذي يذوي أمامه كلّ زوج آخر.

٨٩ المصدر نفسه، ٦٤/١–٦٥.

٩٠ المصدر نفسه، ٦٨/١.

٩١ أنظر الأصفهانيّ، «الخلاف في اسم سكينة»، في **الأغاني**، ٣٦٠/١٦.

الأولى التي لم يشبها غبار الاختلاف بين الفِرَق المتنافرة فالجميع يريدها جزءًا من ذاكرته ويفتخر بالانتساب المعنويّ إليها.

...وفي مناماتنا

أخيرًا، ربّما ينفتح على رمزيّة خديجة الزوج المثاليّة التي عاش معها النبيّ هناءة ورخاء ما يورده النابلسي (ت. ١١٤٣/١٧٣١) في **تعطير الأنام**: «خديجة بنت خويلد رضي الله عنها زوجة النبيّ ﷺ أمّ المؤمنين من رآها في المنام نال السعادة والذرّيّة الصالحة».[٩٢] فإذا كانت التسمية باسمها نوعًا من البعث لشخصها ولمزاياها، فإنّ رؤيتها في المنام كأنّها بعث لحياتها، إذ يُتوقّع للرائي أن يختبر، أن «يعيش» جانبًا منها، أولادًا وسعادة.

٩٢ عبد الغنيّ النابلسيّ، **تعطير الأنام في تعبير المنام** (القاهرة: مطبعة الاستقامة، ١٩٦٤)، ١٧٣.

الفصل السابع

من البخاريّ إلى ابن حجر: دقائق التسريدات ومآلاتها

في هذا الفصل الأخير نخصّ بشيء من التركيز اتّساع التسريد وأثره على خديجة مع اتّساع الشرح والتأويل بتقادم الزمن على صفحات قليلة من نصوص حديث مرجعيّة، فننظر أوّلًا في «باب تزويج النبيّ خديجة وفضلها رضي الله تعالى عنها» **بصحيح البخاريّ** عارضين إيّاه على **شرح** ابن حجر الذي يثريه معرفيًّا (وسرديًّا) أيّما إثراء؛ ثمّ في مدخل «خديجة» في **الإصابة** لنعاين عن كثب اشتغال ابن حجر بما كان بين يديه من أخبار السيرة والطبقات، فنرصد بذلك التحوّلات النصّيّة التي توالدت معها المعاني الدينيّة والأخلاقيّة والمثاليّة.

فتح الباري بشرح صحيح البخاريّ: «إنّها كانت وكانت» أي كانت فاضلة وكانت عاقلة

يُفتتَح «باب تزويج النبيّ خديجة وفضلها رضي الله تعالى عنها» في **صحيح البخاريّ** بحديث «خير نسائها مريم وخير نسائها خديجة».[1] وتعكس آراء العلماء التي ينقلها ابن حجر، علاوة على رأيه هو، لتحديد المقصود بضمير العائد «الهاء» في كلمة نسائها المكرّرة مرّتين في هذا الحديث اختلافًا في تلقّيه، وتتبوّأ خديجة مع اختلاف آراء الشُّرّاح مراتب متفاوتة في الخيريّة. يقول ابن حجر مُستفيضًا:

> والذي يظهر لي أنّ قوله «خير نسائها» خبر مقدّم والضمير لمريم فكأنّه قال مريم خير نسائها أي نساء زمانها وكذا في خديجة وقد جزم كثير من الشُّرّاح أنّ المراد نساء زمانها لِما تقدّم في أحاديث الأنبياء في قصّة موسى وذِكْر آسية من حديث أبي موسى [الأشعريّ

[1] انظره أيضًا في «باب وَإِذْ قَالَتِ الْمَلَائِكَةُ يَا مَرْيَمُ إِنَّ اللهَ اصْطَفَاكِ وَطَهَّرَكِ وَاصْطَفَاكِ عَلَى نِسَاءِ الْعَالَمِينَ* يَا مَرْيَمُ اقْنُتِي لِرَبِّكِ وَاسْجُدِي وَارْكَعِي مَعَ الرَّاكِعِينَ* ذَلِكَ مِنْ أَنْبَاءِ الْغَيْبِ نُوحِيهِ إِلَيْكَ وَمَا كُنْتَ لَدَيْهِمْ إِذْ يُلْقُونَ أَقْلَامَهُمْ أَيُّهُمْ يَكْفُلُ مَرْيَمَ وَمَا كُنْتَ لَدَيْهِمْ إِذْ يَخْتَصِمُونَ»، في البخاريّ، **صحيح**، ١٣٨/٤.

(ت. ٦٦٥/٤٤)] رفعه «كمل من الرجال كثير ولم يكمل من النساء إلّا مريم وآسية» فقد أثبت في هذا الحديث الكمال لآسية كما أثبته لمريم فامتنع حمل الخيريّة في حديث الباب [يعني به الباب في **صحيح البخاريّ**] على الإطلاق وجاء ما يُفسّر المراد صريحًا فروى البزّار [ت. ٩٠٥/٢٩٢] والطبرانيّ من حديث عمّار بن ياسر [ت. ٦٥٧/٣٧] رفعه «لقد فُضِّلت خديجة على نساء أمّتي كما فُضِّلت مريم على نساء العالمين» وهو من حديث حسن الإسناد واستُدلّ بهذا الحديث على أنّ خديجة أفضل من عائشة. قال ابن التين [ت. ١٢١٤/٦١١] ويُحتمَل أن لا تكون عائشة دخلت في ذلك لأنّها كان لها عند موت خديجة ثلاث سنين فلعلّ المراد النساء البوالغ كذا قال وهو ضعيف فإنّ المراد بلفظ النساء أعمّ من البوالغ ومن لم تبلغ أعمّ ممّن كانت موجودة وممّن ستوجد وقد أخرج النسائيّ بإسناد صحيح وأخرجه الحاكم من حديث ابن عبّاس مرفوعًا «أفضل نساء أهل الجنّة خديجة وفاطمة ومريم وآسية» وهذا نصّ صريح لا يحتمل التأويل قال القرطبيّ لم يثبت في حقّ واحدة من الأربع أنّها نبيّة إلّا مريم وقد أورد ابن عبد البرّ من وجه آخر عن ابن عبّاس رفعه «سيّدة نساء العالمين مريم ثمّ فاطمة ثمّ خديجة ثمّ آسية» قال وهذا حديث حسن يرفع الإشكال [...] قلتُ الحديث الثاني الدالّ على الترتيب ليس بثابت وأصله عند أبي داود والحاكم بغير صيغة ترتيب وقد يتمسّك بحديث الباب من يقول إنّ مريم ليست بنبيّة لتسويتها في حديث الباب بخديجة وليست خديجة بنبيّة بالاتّفاق والجواب أنّه لا يلزم من التسوية في الخيريّة التسوية في جميع الصفات وقد تقدّم ما قيل في مريم في ترجمتها من أحاديث الأنبياء والله أعلم[٢]

تكشف مراجعة ابن حجر كيف يتحوّل حديث إلى أداة استدلال تُسوّغ تأويل حديث آخر، أو تَبتُّ في أمر مُشكِل مُختلَف فيه، أو تدعم حجّة في جدال يقول فيه العلماء. وهذا يجبرنا على أن نحاول سبر غور جسم الأحاديث ككلّ مركّب تراكم كمّه وشرحه عبر القرون. فنحن إذا أردنا الإحاطة بصُوَر خديجة في الحديث، لا نستطيع أن نقتصر على ما يقدّمه الحديث الواحد، أو حتّى الكتاب الواحد، مستقلًّا، لأنّ الأحاديث ليست فقاقيع متباعدة سابحة في الفراغ، بل وحدات حيويّة متنقّلة عبر المجاميع، اجتهد العلماء في استقرائها وشرحها وابتداع شبكات اتّصال تجمع بعضًا منها إلى بعض، لتوكيد روح الكلّيّة فيما بينها، سواء أكانت هذه الروح موجودة فعلًا، أم كانت النظرة الجامعة لهذا العالِم أو ذاك هي التي فرضتها بما يتناسب والرأي المراد إثباته. وحتّى إذا بسّطنا هذا الواقع الحديثيّ إذا صحّ التعبير، وقرّرنا أنّ الكتب الستّة حصرًا

---

٢ ابن حجر، **فتح الباري**، ١٦٨/٧. راجع ما أوردناه عن قضيّة نبوّة النساء على رأي ابن حزم خاصّة في فصل سابق.

هي بحسب المنظومة السنّيّة الديوان الجامع الذي انتُقيت منه الأحاديث واشتُغِل بها تعليقًا وشرحًا وتأويلًا لتُستعمَل في المحاججات الفقهيّة والعقديّة وغيرها لاحقًا، فإنّ هذا التقرير ليس بسيطًا بالحقيقة، لأنّ الاشتغال بالأحاديث استوعبته مئات الكتب المتخصّصة على مدى قرون بعد تصنيف هذه الكتب.[٣] ويكفي ما نقلناه عن ابن حجر أعلاه بشأن حديث واحد في باب واحد في كتاب واحد ليبيّن كم رأيًا وجوابًا وتأويلًا يفرزه النظر فيه، وبالتالي كم صورة تتولّد على ضوء ذلك، فممّا ساقه ابن حجر في شرح حديث «خير نسائها» نستنتج مثلًا أنّ الراجح عند «الشرّاح» حصر خيريّة خديجة في زمانها وهذا يُقصي صورة خديجة المتعالية على كلّ النساء؛ وأنّ خيريّتها غير منفصلة عن خيريّة نساء أخريات، ومن المقارنات المكّوكيّة بينها وبينهنّ ترشح صُوَر متذبذبة مختلفة لها ولهنّ. فالتعليق على حديث «فُضِّلت خديجة على نساء أمّتي كما فُضِّلت مريم على نساء العالمين» بالقول «وهو من حديث حسن الإسناد» يؤشّر على مقبوليّة نوعيّة لهذا التفضيل الموازي بين المرأتين، وقوله «واستُدلّ بهذا الحديث على أنّ خديجة أفضل من عائشة» يبيّن أنّ مقارنة قامت بين خديجة وعائشة كان من مقتضياتها استجرار الأحاديث واستنطاقها والبناء عليها لترجيح كفّة الواحدة على الأخرى، وهو ما يعبّر عنه ما ينقله ابن حجر عن ابن التين وجوابه هو عليه فهو يعارض رأيه بالرأي أوّلًا: «كذا قال وهو ضعيف فإنّ المراد بلفظ النساء أعمّ من البوالغ» وبالحديث ثانيًا: «وقد أخرج النسائيّ بإسناد صحيح وأخرجه الحاكم من حديث ابن عبّاس... مرفوعًا». يعترض ابن حجر أيضًا على ما يورده ابن عبد البرّ من وجه آخر عن ابن عبّاس «سيّدة نساء العالمين مريم ثمّ فاطمة ثمّ خديجة ثمّ آسية» فهذا الحديث الدالّ على الترتيب «ليس بثابت وأصله عند أبي داود والحاكم بغير صيغة ترتيب»، وهذا يكشف أنّ الحديث بصيغة الترتيب متأخّر عن الحديث بغيرها. في وقت معيّن، إنزاح الحديث إذًا عمّا يعدّه ابن حجر أصلًا له. ويُخلّف هذا التحوير اللفظيّ الطفيف في الحديث «الأصليّ» تحويرًا

---

[٣] لاستعراض تاريخيّ مفصّل لـ«مراحل» التراث الحديثيّ اعتمادًا على رؤية الذهبيّ لقرونه السبعة الأولى أنظر الفصل الثالث من دراسة لوكاس الآنفة الذكر التي هدف فيها إلى «تبيان الدور الخطير الذي لعبه علماء الحديث في القرن الثالث الهجريّ في بلورة الإسلام السنّيّ»، إذ يحشد فيه أبرز أسماء العلماء المساهِمين في كتابة هذا التراث مبيّنًا جوانب من اصطفافاتهم الفكريّة وآرائهم وعلاقاتهم وتوزّعهم على حواضر العلم كلّ في زمانه، كما ويختم استعراضه لكلّ مرحلة بخلاصة مقتضبة تبيّن خصائصها العامّة من خلال سِمات كُتُبها منهجًا وكمًّا، في:
Lucas, "A Historical Narrative: Al-Dhahabī's Vision of the First Seven Centuries of Sunnī *Ḥadīth* Scholarship," in *Constructive Critics*, 63–112.

خطيرًا في الصورة لأنّ الترتيب الذي تُفيده «ثمّ» يؤخّر خديجة عن غيرها، وهو تأخير لا يُفيده الحديث «الأصليّ» وإن كان ترتيب ورود أسماء النساء المعنيات فيه إذ تُعطف أسماؤهنّ على بعضها بالواو قد يُستقرأ فيه تدرّج مقصود ربّما يؤشّر إلى أنّ الأولى أفضل من الثانية فالثالثة وهكذا.

ويجمع الحديث الثاني الأفكار المكرّرة التي فصّلناها أعلاه في «حديث عائشة» **بمسند أحمد**، أي الغيرة، والتبشير، وتاريخ الوفاة،[٤] وصِلة الخلائل.[٥] واللافت في شرح ابن حجر له إقحامها كلّها تحت مظلّة فكرة الغيرة برابط السببيّة أو غيره. يقول ابن حجر:

> قوله «ما غرت على امرأة للنبيّ» فيه ثبوت الغيرة وأنّها غير مستنكر وقوعها من فاضلات النساء فضلاً عمّن دونهنّ [...] وأصل غيرة المرأة من تخيّل محبّة غيرها أكثر منها وكثرة الذكر تدلّ على كثرة المحبّة، [و]قوله «هلكت قبل أن يتزوّجني» أشارت بذلك إلى أنّها لو كانت موجودة في زمانها لكانت غيرتها منها أشدّ [و]قوله «وأمره الله أن يبشّرها» هو أيضًا من جملة أسباب الغيرة لأنّ اختصاص خديجة بهذه البشرى مُشعِرٌ بمزيد محبّة من النبيّ ﷺ فيها [و]قوله «وإن كان ليذبح الشاة» [...] أيضًا من أسباب الغيرة لِما فيه من الإشعار باستمرار حبّه لها حتّى كان يتعاهد صويحباتها[٦]

ولعلّه يمكننا أن نقرأ هذا الشرح على ضوء ما ذهبت إليه ستووَسر في معالجتها لهذه القضيّة، فحفظ الأحاديث التي بدت فيها أمّهات المؤمنين في صورة المرأة الغيور سببه بحسب ستووَسر أنّ أحاديث مماثلة كانت تروّج لصفات وطبائع تنسجم مع نظرة العلماء المسلمين القروسطيّين إلى طبيعة المرأة اللاعقلانيّة/الدنيا، حتّى وإن تناقض ذلك مع ثيمات الفضائل والقداسة ورموزها المعهودة.[٧] وهو ما يؤيّده إدراج البخاريّ

---

٤ أنظر أيضًا البخاريّ، «باب تزويج النبيّ ﷺ عائشة وقدومها المدينة وبنائه بها»، في **صحيح**، ٢٥٢/٤.

٥ ومثله الحديث الثالث باستثناء صلة خلائلها. انظره في المصدر نفسه، ٢٣١/٤. أنظر أيضًا «باب حسن العهد من الإيمان»، في المصدر نفسه، ٧٦/٧ وفيه حديث وحيد تُكرَّر فيه الأفكار نفسها. وفي باب قوله تعالى ﴿وَلَا تَنْفَعُ الشَّفَاعَةُ عِنْدَهُ إِلَّا لِمَنْ أَذِنَ لَهُ حَتَّى إِذَا فُزِّعَ عَنْ قُلُوبِهِمْ قَالُوا مَاذَا قَالَ رَبُّكُمْ قَالُوا الْحَقَّ وَهُوَ الْعَلِيُّ الْكَبِيرُ﴾: «[...] عن عائشة رضي الله عنها قالت ما غرت على امرأة ما غرت على خديجة ولقد أمره ربّه أن يبشّرها ببيت في الجنّة». أنظر المصدر نفسه، ١٩٥/٨.

٦ ابن حجر، **فتح الباري**، ١٦٩/٧.

٧ راجع تفصيل ذلك في:

Barbara Stowasser, *Women*, 113.

وتستهدف دراسات عدد من الباحثين المعاصرين زعزعة قراءات ذكوريّة سلطويّة (patriarchal) مماثلة تدّعي احتكار المعرفة والفهم، بالدعوى إلى إعادة قراءة للقرآن والتراث، مروّجة بذلك لإيبستيمولوجيا قرآنيّة وتراثيّة (nonpatriarchal) جديدة. أنظر مثلاً: =

الحديث: «عن عائشة أنّها قالت ما غرتُ على امرأة لرسول الله ﷺ كما غرت على خديجة لكثرة ذكر رسول الله ﷺ إيّاها وثنائه عليها وقد أُوحي إلى رسول الله ﷺ أن يبشّرها ببيت لها في الجنّة من قصب» في «باب غيرة النساء ووجدهنّ»،[٨] وكأنّ غيرة عائشة من خديجة مثال قياسيّ على غيرة كلّ النساء.

وإن نحن ابتعدنا عن تعميمات مماثلة يُشمَل بها العلماء المسلمون القروسطيّون جميعهم، فلعلّنا نتلمّس خلف شرح ابن حجر طرفًا من تجربته الشخصيّة مع النساء. فقد كان لابن حجر خمس بنات من زوجه أُنْس خاتون.[٩] وأحبّ أن يكون له ولد ذكر، وقد رأى كثرة ما تلده أمّ أولاده من النساء، لكنّه «لم يمكنه التزويج مراعاة لخاطرها»،[١٠] فاختار التسرّي بإحدى جواري زوجه التي ولدت له ابنه محمّد. وفي **الجواهر والدرر** للسخاويّ تفصيل قصّة زواجه من تلك الجارية، وفيها أنّه أظهر تغيّظًا منها لإخراجها من بيته وأمر زوجه ببيعها قبل أن يرسل أحدهم ليشتريها له بطريق الوكالة وأقامها ببعض الأماكن حتّى أنجبت له ابنه المذكور وظلّ يتردّد عليها حتّى بلغ الخبر أمّ أولاده [...].[١١] فهل كان ابن حجر ليجهد في كتم أمره لولا ما كان يتوقّعه من وقوع غيرة زوجه من جاريتها؟ يقول السخاويّ: «وكان شيخنا [ابن حجر] كثير التبجيل لها [لزوجه] والتعظيم، لا سيّما وهي عظيمة الرغبة فيه، بحيث إنّه لـمّا تسرّى [...] بلغني أنّها حينئذ عتبته. فاعتذر بميله للأولاد الذكور، فدعت عليه أن لا يُرزَق ولدًا عالِمًا، فتألّم لذلك وخشي من دعائها، وقال لها: أحرقتِ قلبي، أو كما قال. حكاه لي سبطها».[١٢] فكأنّ ابن حجر الذي يقيم شرح أقوال عائشة كلّها في الحديث أعلاه على فكرة الغيرة متأثّر بشيء ممّا اختبره هو شخصيًّا في هذا الميدان.

Asma Barlas, *"Believing Women" in Islam: Unreading Patriarchal Interpretations of the Qur'ān* (Austin: University of Texas Press, 2002); Amina Wadud, *Qur'an and Woman: Rereading the Sacred Text from a Woman's Perspective*, 2nd ed. (New York: Oxford University Press, 1999); Nimat Hafez Barazangi, *Woman's Identity and the Qur'an: A New Reading* (Gainesville: University Press of Florida, 2004). =

٨ البخاريّ، **صحيح**، ١٥٨/٦.

٩ راجع ما أثبته السخاويّ (ت. ١٤٩٧/٩٠٢) من سيرتهنّ في محمّد بن عبد الرحمن السخاويّ، **الجواهر والدرر في ترجمة شيخ الإسلام ابن حجر**، تحقيق إبراهيم باجس عبد المجيد (بيروت: دار ابن حزم، ١٩٩٩)، ١٢٠٧/٣-١٢١٣.

١٠ المصدر نفسه، ١٢١٨/٣.

١١ المصدر نفسه، ١٢١٩/٣.

١٢ المصدر نفسه، ١٢١١/٣-١٢١٢.

ويحضر هنا جمهور المتلقّين الأُوَل لهذا الشرح الذي كأنّه يُشرف على دخيلة في نفس الأستاذ ابن حجر، نعني بهم الطلّاب في حلقة درسه. فقد كان الابتداء في كتابه **فتح الباري** على طريق الإملاء على الطلّاب، ثمّ صار يُكتب من خطّه مداولة بينهم شيئًا فشيئًا، مع الاجتماع في يوم من الأسبوع للمقابلة والمباحثة وذلك على مدار خمس وعشرين سنة، ولم ينتهِ إلّا قبيل وفاة ابن حجر بقليل.[١٣] فلنا أن نتساءل عن وقع هذا الشرح وسواه من شروحات على الطلبة الشبّان الذين كانوا يستمعون إلى نتاج أستاذهم، ويكتبونه ويتداولونه ويتباحثون فيه، قبل أن يتبلور في هيئة الكتاب الموسوعيّ الذي بين أيدينا اليوم. وإن كنّا لا نستطيع أن نعثر في **فتح الباري** على ما يشفي غليل تساؤلنا، لأنّنا إذ نسمع في الكتاب أصوات جمع غفير من العلماء والرواة والشرّاح السابقين وغيرهم، فلا صوت فيه للطلبة إيّاهم.[١٤] لكنّ الثابت أنّ شروحات ابن حجر على أحاديث البخاريّ في هذا السياق الاجتماعيّ التعليميّ في القرن التاسع الهجريّ كانت الوسيط بين تلك الأحاديث وهؤلاء الطلّاب. وليست خصوبة تلك الشروح في مقدرة الأستاذ الحافظ المحدّث على رفد تلك الأحاديث بغزير ما استوعبته ذاكرته ومقدرته الممتازة في النقد والتحليل والربط وحسب، بل في الإيحاء العام للطلبة المتلقّين بأنّ تلك الأحاديث باتت بعد شرحه بيّنة واضحة. ولعلّ نشوة القبض على النصّ المرجعيّ، **صحيح البخاريّ** هنا، بواسطة شروحات عليه هي ما يؤسّس لترسيخ تلك الشروحات. فالشروح بعد ترويض النصّ المرجعيّ بواسطتها يصبح فكّها عنه صعبًا.

وعليه يمكن القول إنّ الأحاديث التي تتناول نساء النبيّ هي كجزء من نصّ (text) تقدّم «صوَرًا» لهؤلاء النساء، أمّا كنصّ ضمنيّ (subtext) فإنّها تكتسب معناها لا في المجتمع الذي تشكّلت فيه أوّل مرّة وحسب، بل وأيضًا في المجتمعات التي تلقّفتها لاحقًا عن طريق التعليم والشرح لشرعنة وضع راهن أو تأسيس شرعيّة نموذج جديد.[١٥]

---

١٣ المصدر نفسه، ٢/٦٧٥.

١٤ أنظر:
Joel Blecher, "Ḥadīth Commentary in the Presence of Students, Patrons, and Rivals: Ibn Ḥajar and Ṣaḥīḥal-Bukhārī in Mamluk Cairo," *Oriens* 41, no. 3/4 (2013): 267.

١٥ Stowasser, *Women in the Quran*, 106.

كلّ جيل، يقول شيلز، يتلقّى النموذج-المثال من الجيل الذي سبقه، والتوكيد على القيمة الجوهريّة لذلك النموذج يوافق الموروث وهي قيمة تُتلقّى بدورها كموروث. تُقدَّم نماذج المرأة المثاليّة أو الرجل المثاليّ وغيرها كنماذج مناسبة تمامًا بجوهرها، وكموروث يستحقّ دوام النقل والاستنساخ. راجع:
Shils, *Tradition*, 32.

وبالعودة إلى ثيمة الغيرة، تبرز خديجة في انطباعات ابن حجر من بين أمّهات المؤمنين، وتاليًا من بين كلّ النساء، لأنّها لم تغرق في مستنقعها:

ومّما كافأ النبيّ ﷺ به خديجة في الدنيا أنّه لم يتزوّج في حياتها غيرها [...] وفيه دليلٌ على عظم قدرها عنده وعلى مزيد فضلها لأنّها أغنته عن غيرها واختصّت به بقدر ما اشترك فيه غيرها مرّتين لأنّه ﷺ عاش بعد أن تزوّجها ثمانية وثلاثين عامًا انفردت خديجة منها بخمسة وعشرين عامًا وهي نحو الثلثين من المجموع ومع طول المدّة فصان قلبها فيها من الغيرة ومن نكد الضرائر الذي ربّما حصل له هو منه ما يشّوش عليه بذلك وهي فضيلة لم يشاركها فيها غيرها. ومّما اختصّت به سبقها نساء هذه الأمة إلى الايمان فسنّت ذلك لكلّ من آمنت بعدها فيكون لها مثل أجرهنّ لِما ثبت أنّ «من سنّ سنّة حسنة...» وقد شاركها في ذلك أبو بكر الصدّيق بالنسبة إلى الرجال ولا يعرف قدر ما لكلٍّ منهما من الثواب بسبب ذلك إلّا الله عزّ وجلّ[١٦]

على أنّ فضيلة خديجة المحفوظة في هذا التعليق وإن كانت استثنائيّة ربّما لم تنجُ من قواميّة ذكوريّة متحكّمة، لأنّ النبيّ هو الذي «صان قلبها من الغيرة ومن نكد الضرائر» إذ لم يتزوّج غيرها في حياتها. ويلفت هنا إسناد فعل الصون إلى النبيّ لا إلى الله مثلاً المتحكّم بالقلوب، خصوصًا إذا استحضرنا المرويّ عن خطبة النبيّ أمّ سلمة ففي الحديث أنّها قالت لرسوله «أخبر رسول الله أنّي امرأة غيرى وأنّي مصيبة [أي إنّها أمّ عيال...] فبعث إليها رسول الله: أمّا قولك إنّي مصيبة فإنّ الله سيكفيك صبيانك، وأمّا قولك إني غيرى فسأدعو الله أن يذهب غيرتك [...].»[١٧] فكأنّ فِعل النبيّ هو الذي جنّبها الوقوع في شرك الغيرة وأراحها من ضرّ الضرائر، وإن كانت هذه الصيغة واقعيّة إذا صحّ التعبير، لأنّها تستند إلى واقع قدرة النبيّ الرجل على الزواج من أكثر من امرأة في وقت واحد. لكنّ الذي يعبّر أكثر عن النظرة الذكوريّة احتمال إحجام النبيّ عن ذلك لتفادي ما قد يحصل «له هو منه» من تشويش عليه بذلك. كما وتتجلّى هذه النظرة في القول إنّها سبقت نساء الأمّة إلى الإيمان وأنّ أبا بكر شاركها بذلك بالنسبة إلى الرجال. وليس الجديد في ذلك شطر السبق بين امرأة ورجل، بل اعتباره سنّة سنّها كلّ منهما لكلّ من جاء بعدهما، فيما يشبه الفصل بين الجنسَيْن.

يتقاطع الحديث الرابع مع الحديثَين السابقين لكنّه يختلف عنهما بإضافة جملتين حواريّتين يتبادلهما النبيّ وعائشة: «فربّما قلتُ له كأنّه لم يكن في الدنيا إلّا خديجة فيقول

---

١٦ ابن حجر، **فتح الباري**، ١٧٠/٧–١٧١.

١٧ ابن سعد، **الطبقات**، ٨٩/٨.

إنّها كانت وكانت وكان لي منها ولد».[١٨] تنفتح مقالة النبيّ المقتضبة على صوَر كثيرة لخديجة، لأنّ خبر «كانت» محذوف فيها، و«الحذف في مثل هذا أبلغ من الذكر لأنّ النفس تذهب فيه كلّ مذهب، ولو ذكر الجواب لقَصُرَ على الوجه الذي تضمّنه البيان».[١٩] فلَنا هنا أن نتخيّل فضائل وأقوالًا وأفعالًا وطبائع وصفات لا تُعدّ لها لسدّ مسدّ الخبر المحذوف. وفي هذا الإطار، يبدو أنّ ابن حجر قد ضيّق إطلاق المعنى الذي يسمح به الحذف في شرحه لهذه العبارة إذ يقول «قوله «إنّها كانت وكانت» أي كانت فاضلة وكانت عاقلة ونحو ذلك وعند أحمد من حديث مسروق عن عائشة «آمنت بي إذ كفر بي الناس وصدّقتني إذ كذّبني الناس وواستني بمالها إذ حرمني الناس ورزقني الله ولدها إذ حرمني أولاد النساء».»[٢٠] يُسقِط ابن حجر بشرحه هذا نظرته هو عن المرأة المثاليّة، فينتقل الحديث بذلك من احتمالات غير محدودة من الصوَر «الإيجابيّة» لخديجة إلى صوَر محدودة بفهم ابن حجر نفسه، وهو فهم يريد به ترويج هذه الصوَر، فهو لا يقدّم خديجة كنموذج لتحتذي به نساء عصره فقط، بل يساهم بنفسه في تشكيل هذا النموذج عندما ينفذ إلى نصوص الأحاديث مطعّمًا إيّاها بشرحه هو. وكذا استشهاده بجواب أكثر تفصيلًا في حديث عند أحمد بن حنبل، فإنّه يحرف عن غنى الجواب الموجز في حديث البخاريّ، لأنّه يوحي بأنّه يملأ فراغ الحذف فيه، فهو يصادر بذلك مساحة التخيّل الممكنة لدى القارئ التي يفتحها هذا الحديث مستبدلًا إيّاها بشرح مدعّم بنصّ حديث مكتوب آخر.

في الحديث الخامس يُثبَت على لسان ابن أبي أوفى تبشير خديجة بـ«بيت من قصب لا صخب فيه ولا نصب»،[٢١] وهو حديث تعرّضنا له آنفًا حيث استرجعنا فيه ترجيحنا وقوعه تحت تأثير ألفاظ آيات قرآنيّة معيّنة (صخب/نصب). أمّا فيما يلي، فسنضع جانبًا احتمال تأثّره بكلمات قرآنية مُلتفتين إلى ما اجترحه شرّاحه من تسويغ لكون الحديث يقوم على هذه الألفاظ بالتحديد. فعن لفظ «قصب» ينقل ابن حجر:

> قال ابن التين المراد به لؤلؤة مجوّفة واسعة كالقصر المنيف. قال السهيليّ النكتة في قوله «من قصب» ولم يقل من لؤلؤ أنّ في لفظ القصب مناسبة لكونها أحرزت قصب السبق

---

[١٨] البخاريّ، **صحيح**، ٢٣١/٤.

[١٩] الرمّانيّ، **النكت في إعجاز القرآن**، ٧٠–٧١. والحذف بتعريف الرمّانيّ إسقاط كلمة للاجتزاء عنها بدلالة غيرها من الحال أو فحوى الكلام، وهو أحد وجهَي الإيجاز. راجع المصدر نفسه، ٧٠.

[٢٠] ابن حجر، **فتح الباري**، ١٧٠/٧.

[٢١] البخاريّ، **صحيح**، ٢٣١/٤.

بمبادرتها إلى الإيمان دون غيرها ولذا وقعت هذه المناسبة في جميع ألفاظ هذا الحديث انتهى. وفي القصب مناسبة أخرى من جهة استواء أكثر أنابيبه وكذا كان لخديجة من الاستواء ما ليس لغيرها إذ كانت حريصة على رضاه بكلّ ممكن ولم يصدر منها ما يغضبه قطّ كما وقع لغيرها[٢٢]

وفي لفظ «بيت» يقول:

قال السهيليّ لذكر البيت معنى لطيف لأنّها كانت ربّة بيت قبل المبعث ثمّ صارت ربّة بيت في الإسلام منفردة به فلم يكن على وجه الأرض في أوّل يوم بُعث النبيّ ﷺ بيت إسلام إلّا بيتها وهي فضيلة ما شاركها فيها أيضًا غيرها قال وجزاء الفعل يُذكَر غالبًا بلفظه وإن كان أشرف منه فلهذا جاء في الحديث بلفظ البيت دون لفظ القصر انتهى. وفي ذكر البيت معنى آخر لأنّ مرجع أهل بيت النبيّ ﷺ إليها لِما ثبت في تفسير قوله تعالى ﴿إِنَّمَا يُرِيدُ اللهُ لِيُذْهِبَ عَنْكُمُ الرِّجْسَ أَهْلَ الْبَيْتِ﴾ قالت أم سلمة لمّا نزلت دعا النبيّ ﷺ فاطمة وعليًّا والحسن والحسين فجلّلهم بكساء فقال اللّهم هؤلاء أهل بيتي الحديث أخرجه الترمذيّ وغيره ومرجع أهل البيت هؤلاء إلى خديجة لأنّ الحسنَيْن من فاطمة وفاطمة بنتها وعليّ نشأ في بيت خديجة وهو صغير ثمّ تزوّج بنتها بعدها فظهر رجوع أهل البيت النبويّ إلى خديجة دون غيرها[٢٣]

وفي عبارة «لا صخب فيه ولا نصب»:

وقال السهيليّ مناسبة نفي هاتين الصفتَين أعني المنازعة والتعب أنّه ﷺ لمّا دعا إلى الإسلام أجابت خديجة طوعًا فلم تحوجه إلى رفع صوت ولا منازعة ولا تعب في ذلك بل أزالت عنه كلّ نصب وآنسته من كلّ وحشة وهوّنت عليه كلّ عسير فناسب أن يكون منزلها الذي بشّرها به ربّها بالصفة المقابلة لفعلها[٢٤]

تكشف هذه المراجعات التفسيريّة لألفاظ هذا الحديث كيف يتحوّل الحديث الواحد، على قِصره، إلى نصّ إرجاعيّ (referential) ثابت يُحيل على صوَر نموذجيّة عديدة مشهورة لخديجة، من خلال رصد «مناسبة» بين ألفاظه من جهة وأخبار معروفة عن خديجة من جهة أخرى. فإذا عددْنا الحديث عند تشكّله أسًّا يروّج لصورة ما في مرحلة أولى، تشكّله عبر عمليّة معقّدة يضطلع بها المحدّث تدخل فيها أفعال الحذف والإسقاط والإضافة علاوة على تلوّنات الآراء الشخصيّة حول الأشخاص والأحداث

٢٢ ابن حجر، **فتح الباري**، ١٧١/٧.

٢٣ المصدر نفسه، ١٧١/٧–١٧٢.

٢٤ المصدر نفسه، ١٧٢/٧.

يسمّيها غونتر (fictionalization)،[٢٥] فإنّ رصد «المناسبات» بين ألفاظه المحدّدة ووقائع معيّنة مُتّفَق عليها من حياة خديجة هو في مرحلة ثانية بمثابة ترسيخ (١) للحديث نفسه (٢) وللصورة المستقاة منه (٣) وللصوَر المكرَّسة في الأخبار المشهورة التي ينسج التأويل مناسبة بينها وبين ألفاظه. فتبرير استخدام ألفاظ بعينها في حديث على خلفيّة أحاديث أخرى يُعمي عن عمليّة تشكّل هذا الحديث، إذ لا يُنظَر إليه كنصّ متحرِّك يخضع كغيره من النصوص لشروط التأليف والنقل، وما تحتمله تلك الشروط من اشتغال بألفاظه، كاحتمال تأثّر ألفاظه بألفاظ قرآنيّة مثلاً، بل كنصّ ثابت منعزل عن شروط مماثلة يكاد يكون مُنزلًا. وعلاوة على ترسيخ صورة معيّنة – خديجة المبشَّرة بالجنّة، فإنّ التعامل مع النصّ كمعطًى ثابتة ألفاظه وتسويغ استعمال تلك الألفاظ من خلال الاستعانة بغيره من النصوص المتوّفرة يتدخّل بين القارئ ونصّ الحديث الذي بين يديه. فإذا كان الحديث المشكَّل في مرحلة معيّنة يحفّز بطريقة ما خيال الناس إذ تبدو فيه الأحداث المستلّة من حياة الصحابة مصبوغة بطابع نموذجيّ لجيل نموذجيّ استثنائيّ،[٢٦] فإنّ تأويل ألفاظ الحديث فيه محاولة للسيطرة على اتّجاهات هذا الخيال. وفي هذا الإطار يمكن أن نقارب التأويلات التي يسوقها ابن حجر للفظتَي قصب وبيت، لأنّه بذلك يحاول حرف خيال القارئ عن أيّ تصوّر قد ينتهي به إلى مشهد هزيل لمنزل خديجة الآخرويّ. إنّها تأويلات يُراد بها التحكّم بالصورة الممكن انبثاقها في الخيال. وعليه، يُصار إلى إسقاط تقاطعات تناسبيّة بين استخدام هاتين اللفظتين في هذا الحديث وبين استعمالهما في سياقات دلاليّة وتاريخيّة أخرى، ومن ذلك مثلاً استحضار رمزيّة بيت خديجة في سياق أوّل الرسالة كأوّل بيت في الإسلام، ورمزيّته في تعبير «أهل البيت» القرآنيّ وإرجاع المعنيّين به إليها في سبيل تعظيم شأن البيت المبشَّرة به في الحديث، ومن ذلك شأن صاحبته، فلا يُخيَّل للقارئ أنّ بيتًا في الجنّة هو مكافأة متواضعة تفتقر إبهار القصور مثلاً، ممّا قد يهزّ لديه منزلة خديجة نفسها. وهو ما نجده أيضًا في مراجع معاصرة ولو بكلمة واحدة في هامش لا يكاد يُرى في أسفل صفحة، فمثلاً في كتابها القصير **خديجة أمّ المؤمنين**، عندما تورد بثينة توفيق حديث التبشير هذا تُحيل على هامش تشرح فيه كلمة قصب: «قصب: الذهب»، وهي تسوق في الكتاب الأخبار في قالب أدبيّ وقلّما تستعمل فيه الهوامش.

---

٢٥ راجع هذه النقطة في مقالته،
Sebastian Günther, "Modern Literary Theory Applied to Classical Arabic Texts: Ḥadīth Revisited," in *Understanding Near Eastern Literatures: A Spectrum of Interdisciplinary Approaches*, ed. Verena Klemm and Beatrice Gruendler (Wiesbaden: Reichert, 2000), 174.

٢٦ المرجع نفسه، ١٧٥.

استعماله في هذا الموضع يدلّ على تقدير أهمّيّة شرح هذه الكلمة كي لا يظنّ القارئ أنّ المراد بالقصب القصب الذي يعرفه.

ويثبت البخاريّ هذا الحديث بصيغة أطول في «باب متى يحلّ المعتمر» يُساق فيها تبشير خديجة في موقف جماعيّ يتجاذب فيه أطراف الكلام كلٌّ من ابن أبي أوفى وإسماعيل وصاحبه – وربّما أشخاص آخرون أيضًا لم تُسجِّل الرواية أصواتهم: «عن إسماعيل [بن أبي خالد] عن عبد الله بن أبي أوفى قال اعتمر رسول الله ﷺ واعتمرنا معه فلمّا دخل مكّة طاف وطفنا معه وأتى الصفا والمروة وأتيناها معه وكنّا نستره من أهل مكّة أن يرميه أحد فقال له صاحب لي أكان دخل الكعبة قال لا قال فحدّثْنا ما قال لخديجة قال بشّروا خديجة ببيت من الجنّة من قصب لا صخب فيه ولا نصب».[٢٧] يحكم قولَ ابن أبي أوفى الأوّل ترديدٌ ترجيعيّ يزاوج بين أفعال الرسول وأفعال الصحابة عمومًا وهم الذين يحكي ابن أبي أوفى بلسان جماعتهم: «اعتمر رسول الله/واعتمرنا معه، فلمّا دخل مكّة طاف/وطفنا معه، وأتى الصفا والمروة/وأتيناها معه». ويضع المشهد الموصوف كلّ أهل مكّة في خانة اعتداء جماعيّ مرتقب على النبيّ: «وكنّا نستره من أهل مكة أن يرميه أحد». يُقدّم هذا النفَس التعميميّ في نقل أفعال الصحابة والمكّيّين المشهد في صورة فضفاضة كبيرة، خصوصًا أنّه لا يحدّد زمان الحدَث. كأنّه مشهد سرياليّ معلّق مسند إلى ذاكرة ابن أبي أوفى ومحوره شخص وحيد هو النبيّ مشوّش فيه حضور كلّ الأشخاص الآخرين. يطالب سؤال صاحب لإسماعيل بتحديد زمان الحدَث، كأنّه يشدّ المشهد إلى واقعه المفقود. لكنّ السؤال نفسه متساهل في التقييد، لأنّه يريد تعيين زمان الحدَث بالنسبة إلى لحظة دخول النبيّ الكعبة يوم فتح مكّة، أكان قبلها أم بعدها، ولا يسمح جواب ابن أبي أوفى بالقبض على لحظة الحدَث، بل يتركه يسبح في كلّ الفترة المكّيّة قبل الفتح، ومعه يسبح تبشير خديجة بالبيت في الجنّة.

ويكشف تعليق ابن حجر على الحديث السادس في شرحه الموسوعيّ محاولة بسط نصّ الحديث قدر المستطاع لاستخراج دلائل «فِعل» ما لخديجة، فهو يتجاوز متن الحديث كما يورده البخاريّ عن أبي هريرة، وفيه أنّ جبريل أتى النبيّ مُقرئًا على خديجة السلام من ربّها ومنه ومبشرًا إيّاها ببيت في الجنة من قصب لا صخب فيه ولا نصب،[٢٨] حيث يقول: «زاد الطبرانيّ في الرواية المذكورة «فقالت هو السلام ومنه

---

٢٧ البخاريّ، **صحيح**، ٢٠٣/٢.

٢٨ البخاريّ، **صحيح**، ٢٣١/٤. راجعه أيضًا بصيغة أقصر في «باب قول الله تعالى ﴿يُرِيدُونَ أَنْ يُبَدِّلُوا كَلَامَ اللهِ﴾ ﴿لَقَوْلٌ فَصْلٌ﴾ حقّ ﴿وَمَا هُوَ بِالْهَزْلِ﴾»، في المصدر نفسه، ١٩٧/٨.

السلام وعلى جبريل السلام» وللنسائيّ من حديث أنس قال [...] «فقالت إنّ الله هو السلام وعلى جبريل السلام وعليك يا رسول الله السلام ورحمة الله وبركاته»،[٢٩] مُردِفًا:

قال العلماء في هذه القصّة دليل على وفور فقهها لأنّها لم تقل «وعليه السلام» كما وقع لبعض الصحابة حيث كانوا يقولون في التشهّد «السلام على الله» فنهاهم النبيّ ﷺ وقال إنّ الله هو السلام فقولوا «التحيّات لله» فعرفت خديجة لصحّة فهمها أنّ الله لا يُرَدّ عليه السلام كما يُرَدّ على المخلوقين لأنّ السلام اسم من أسماء الله وهو أيضًا دعاء بالسلامة وكلاهما لا يصلح أن يُرَدّ به على الله فكأنّها قالت: «كيف أقول عليه السلام والسلام اسمه ومنه يُطلَب ومنه يحصل» [...] فجعلت مكان ردّ السلام عليه الثناء عليه ثمّ غايرت بين ما يليق بالله وما يليق بغيره فقالت وعلى جبريل السلام ثمّ قالت وعليك السلام ويُستفاد منه ردّ السلام على من أرسل السلام وعلى من بلّغه والذي يظهر أن جبريل كان حاضرًا عند جوابها فردّت عليه وعلى النبيّ ﷺ مرّتين مرّة بالتخصيص ومرّة بالتعميم[٣٠]

يُسند قول العلماء هذا بحسب ابن حجر صفات لخديجة لعلّها مطلوبة في المرأة على مسطرة هؤلاء العلماء، أي «وفور الفقه» و«صحّة الفهم»، ويجعلها تتفوّق على غيرها من الصحابة في تقديرها لِما يليق ردًّا على السلام الإلهيّ، ويُنطقها بقول «كأنّها» قالته. وهو قول يرسم لها صورة المرأة الواقفة على قدر كبير من المعرفة، من خلال الشرح التشريحيّ له. لكنّ ما يورده ابن حجر هنا على أنّه قول للعلماء يذكِّر بأقواله هو بحقّ خديجة في مفتتح شرحه لأحاديث هذا الباب حيث يستعمل التعابير نفسها إذ يشير إلى «وفور عقلها» و«صحّة عزمها». فكأنّ ابن حجر والعلماء إيّاهم يروّجون لصورة واحدة.

ويسترجع النبيّ خديجة بحسب الحديث السابع والأخير في هذا الباب بواسطة صوت أختها،[٣١] فحين استأذنت عليه عرف استئذان خديجة فارتاع لذلك، «لشبه صوتها بصوت أختها فتذكّر خديجة بذلك، وقوله ارتاع من الروع بفتح الراء أي فَزِعَ والمراد من الفزع لازمه وهو التغيّر ووقع في بعض الروايات ارتاح بالحاء المهملة أي اهتزّ لذلك سرورًا وفي الحديث أنّ من أحبّ شيئًا أحبّ محبوباته وما يشبهه وما يتعلّق

٢٩ ابن حجر، **فتح الباري**، ١٧٢/٧.
٣٠ المصدر نفسه والصفحة نفسها.
٣١ البخاريّ، **صحيح**، ٢٣١/٤.

به،»[٣٢]، فقال اللّهم هالة، قالت عائشة: فغرت فقلت ما تذكر من عجوز من عجائز قريش حمراء الشدقين هلكت في الدهر قد أبدلك الله خيرًا منها. «قال ابن التين في سكوت النبيّ ﷺ على هذه المقالة دليل على أفضليّة عائشة على خديجة إلّا أن يكون المراد بالخيريّة هنا حُسن الصورة وصغر السنّ».[٣٣] تتقابل في الحديث كما فصّلنا آنفًا صورة خديجة الذكرى الجميلة في وجدان النبيّ وصورتها عجوزًا هرِمة التي تصرّ عليها عائشة الغيور. ويجاري ابن التين في تعليقه عليه الخيريّة التي تنادي بها الأخيرة، لأنّه يجزم بتفوّقها على خديجة بحُسن الصورة وصغر السنّ، بصرف النظر عن أفضليّة إحداهما على الأخرى. وهو ما يحبس خديجة في صورة العجوز التي يستلّها قول عائشة من الماضي.

الإصابة في تمييز الصحابة: «ومن مزايا خديجة أنّها ما زالت تُعظّم النبيّ»

في مقارنات تفصيليّة دقيقة بين ما يرِد في عدد من المداخل السيريّة التي تتناول النساء الصحابيّات بدءًا **بالطبقات** لابن سعد وصولًا إلى **الإصابة** لابن حجر، تلحظ أسما أفسر الدين في إحدى مقالاتها أنّ الأخير قد برع في إعادة تشكيل مُتقَن لحيوات نساء السلف بما يجعلها تتلاءم والبُنى النظريّة المتأخِّرة التي أنتجها عصره حول المرأة المسلمة.[٣٤] لقد عمد مُصنّفو السيرة والطبقات المتأخّرون عمومًا إلى نوع من «التصحيح» (to doctor) للأخبار الواردة في المداخل المخصّصة لعدد من الصحابيّات في المصادر المبكرة، لأنّ تلك الأخبار لو لم تُراجَع، كانت سترسم صورة إشكاليّة نوعًا ما مُخالِفة للصورة المطواعة المرغوب فيها التي تستجيب للمواضعات الثقافيّة في العصور التي كانوا يكتبون فيها التي تحدّد المناسب للمرأة فيما يتعلّق بشكل رئيس بدورها الاجتماعيّ، العام

---

٣٢ ابن حجر، **فتح الباري**، ١٧٤/٧.

٣٣ المصدر نفسه والصفحة نفسها.

٣٤ أنظر:

Asma Afsaruddin, "Reconstituting Women's Lives: Gender and the Poetics of Narrative in Medieval Biographical Collections," *Muslim World* 92, nos. 3–4 (2002): 461–80.

ولمقارنة مماثلة تركّز على قضيّة حضور المرأة في المجتمع أنظر:

Afsaruddin, "Early Women Exemplars and the Construction of Gendered Space: (Re-) Defining Feminine Moral Excellence," in *Harem Histories: Envisioning Places and Living Spaces*, ed. Marilyn Booth (Durham: Duke University Press, 2010), 23–48.

والخاصّ، وهو دور تدور في فلكه قضايا عدّة، كملبسها المناسب، وأماكن تواجدها المناسبة، واحتكاكها المناسب بالرجال وبغيرها من النساء وسوى ذلك.[٣٥]

وفي خلفيّة هذه الرؤية، يمكن القول، تقبع الفكرة التي كرّرها ويكرّرها كثير من الباحثين المعاصرين أنّه وعلى مرّ العصور تأثّر وضع المرأة المسلمة وتبدّلت النظرة إليها بموازاة التعقيدات التشريعيّة التي كانت آخذة بالتبلور، وبالمزاج السلطويّ الذكوريّ (patriarchal) الذي أخذ يطغى تدريجيًّا ما يوجّه إلى أنّه في صدر الإسلام وما تلاه في فترة الإسلام المبكر كان للمرأة حضور أوسع وأكثر تحرّرًا وحيويّة.

وإن نحن نظرنا في مدخل «خديجة بنت خويلد بن أسد بن عبد العزّى بن قصيّ القرشيّة الأسديّة زوج النبيّ ﷺ» في **الإصابة** نجد فِعلًا أثرًا واضحًا لاشتغال ابن حجر بما كان بين يديه من أخبار ذكرها ابن إسحاق وابن سعد وغيرهما من المصنّفين في الحديث والنسب والسيرة والطبقات الذين نقل عنهم كمسلم والبخاريّ والزبير بن بكّار وابن عبد البرّ وأبي نُعيم الأصبهانيّ (ت. ١٠٣٨/٤٣٠) والدولابيّ (ت. ٩٢٣/٣١٠) وسواهم، وهو مدخل يقع في تسع صفحات.[٣٦] تمتزج في الصوَر التي تُظهَّر بها خديجة والآراء حولها في هذا الكتاب، يمكن القول، ترسبّات فكرة المرأة الأبديّة (eternal woman) النموذجية؛ والمفاهيم الثقافيّة عن النساء عمومًا في العصر الذي كُتِب فيه علاوة على تصوّرات كاتبه ابن حجر عن المميّز والاستثنائيّ فيما خصّ خديجة تحديدًا. إنّها تركيب معقّد من هذه العناصر الثلاثة.[٣٧] وسنسجّل فيما يلي ما لحظناه من اختلافات فارقة في صيغ عدد من الأخبار المنقولة فيه عن كلٍّ من ابن إسحاق وابن سعد التي تُحوّر صوَر خديجة السيريّة التي رُسّخت مع هذين المصنَّفَين المؤسّسَين أو تجترح منها صوَر جديدة:

١. يقول ابن حجر: «ومن مزايا خديجة أنّها ما زالت تعظّم النبيّ ﷺ وتصدّق حديثه قبل البعثة وبعدها وقالت له لمّا أرادت أن يتوجّه في تجارتها: إنّه دعاني إلى البعث إليك ما بلغني من صدق حديثك وعظيم أمانتك وكرم أخلاقك. ذكره ابن إسحاق. وذكر أيضًا أنّها قالت لمّا خطبها: إنّي قد رغبتُ فيك لحسن خلقك

---

٣٥ راجع:
Afsaruddin, “The Status and Role of Women,” in *The First Muslims*, 158–65;

٣٦ ابن حجر، **الإصابة**، ٣١٣/١٣–٣٢١.

٣٧ Paula R. Backscheider, *Reflections on Biography*, 141.

وصدق حديثك».[٣٨] يكتسب هذان القولان الشهيران المنسوبان إلى خديجة بقول ابن حجر معنًى جديدًا، فهو ينقلهما عن ابن إسحاق للاستشهاد على دوام تعظيم خديجة النبيّ وتصديقها حديثه قبل البعثة وبعدها. وفِعلا التعظيم والتصديق المسنَدان إليها يعدّهما من مزاياها. فكأنّ استلال هذين القولين من سياقهما الأوّل في **سيرة ابن إسحاق** يجرِّدهما من معنَيَيهما الأصليّين اللذين يُستشفّان من ذلك السياق، سياق قصّة حياة النبيّ، إذ إنّ وضعهما في دائرة تعظيم خديجة النبيّ وتصديقه ينزاح بهما إلى مقلب توجيهيّ (prescriptive) واضح. فابن حجر ينطلق منهما للترويج لصورة المرأة التي تعظّم زوجها وتصدّقه على الدوام. ومن جهة أخرى، يطمس قول ابن حجر: «وذكر أيضًا أنّها قالت لمّا خطبها» صورة المرأة المبادرة إلى عرض الزواج بنفسها التي يظهّرها الخبر عند ابن إسحاق وفيه أنّها «عرضت عليه نفسها»،[٣٩] وهو خبر يمكن أن يُستنتَج منه بوضوح أنّها هي من خطبت النبيّ لا العكس، وذلك يصبّ في صالح صورة النبيّ المبادِر لا المبادَر إليه، وربّما يتوافق أكثر مع الأرفع أو المستحسَن أو المتعارف عليه في أمر الخطبة أو البوح بالحبّ.

٢. يبدأ الخبر حول زواج النبيّ بخديجة عن نفيسة أخت يعلى بن أميّة عند ابن سعد بـ «أخبرنا محمّد بن عمر بن موسى بن شيبة بن عميرة بنت عبيد الله بن كعب بن مالك عن أمّ سعد بنت سعد بن الربيع عن نفيسة بنت أميّة أخت يعلى بن أميّة سمعتها تقول: كانت خديجة ذات شرف ومال كثير وتجارة [...]»،[٤٠] وهو خبر يشير إليه ابن حجر بقوله: «وأسند [ابن سعد] أيضًا عن الواقديّ من حديث نفيسة أخت يعلى بن أميّة قالت: كانت خديجة ذات شرف وجمال [...]».[٤١] تصبح خديجة ذات المال خديجة ذات الجمال في إعادة الصياغة هذه. فإن كنّا لا نستطيع أن نستبعد تمامًا احتمال أن يكون الاختلاف محض تصحيف، فإنّنا كذلك لا يمكن ألّا نحتمل أن يكون مقصودًا، أي يكون ابن حجر قد قدّم الجمال على المال، خصوصًا أنّه وفي صيغة أخرى ينقلها عن ابن سعد لخبر الزواج سؤال على لسان نفيسة نفسها تتجاور فيه اللفظتان ونصّه: «فإن كُفيتَ ذلك ودُعيتَ

---

[٣٨] ابن حجر، **الإصابة**، ٣١٨/١٣.

[٣٩] راجع الفقرة السابقة أعلاه.

[٤٠] ابن سعد، **الطبقات**، ١٥/١–١٦.

[٤١] ابن حجر، **الإصابة**، ٣١٦/١٣.

إلى المال والجمال والكفاءة؟»[٤٢] – **مخاطِبَةً** به النبيّ تريد به خديجة. فالمال كما الجمال منسوب إلى خديجة، ونصّه في **الطبقات**: «فإن كُفيت ذلك ودُعيت إلى الجمال والمال والشرف والكفاءة ألا تُجيب؟».[٤٣]

ولنا أن نلاحظ بناءً عليه كيف يؤدّي هذا الاختلاف اللفظيّ الطفيف في مفتتح الخبر الأوّل إلى اختلاف نوعيّ في صورة خديجة، فالفرق كبير بين توصيف جمالها وتوصيف غناها.

على أنّه يجب ألّا نذهب مباشرة إلى إطلاق نتائج تعميميّة بناءً على هذا الخبر فقط، كالقول مثلًا إنّ توصيفًا جسديًّا لخديجة لم يكن مقبولًا عند ابن سعد، خصوصًا أنّه علاوة على إثباته رواية التزويج التي فيها سؤال نفيسة إيّاه، يورد أخبارًا أخرى تشير صراحة إلى جمال عدد من زوجات النبيّ وغيرهنّ ففي مدخل «حمزة بن عبد المطّلب» يقول: «[...] عن سعيد بن المسيّب قال: قال عليّ لرسول الله ﷺ ألا تتزوّج ابنة عمّك ابنة حمزة فإنّها قال سفيان [بن عُيَيْنة] أجمل وقال إسماعيل [بن إبراهيم الأسديّ] أحسن فتاة في قريش [...]»،[٤٤] وفي مدخل «زينب»: «وكانت زينب بنت جحش ممّن هاجر مع رسول الله ﷺ إلى المدينة وكانت امرأة جميلة»،[٤٥] وعنها «قالت عائشة: فأخذني ما قرُب وما بعُد لِما يبلغنا من جمالها»،[٤٦] وفي مدخل «جويريّة»: «[...] عن عائشة: [...] وكانت [جويريّة] امرأة حلوة لا يكاد يراها أحد إلّا أخذت بنفسه»،[٤٧] وفي «ذكر ماريّة أمّ إبراهيم ابن رسول الله ﷺ»: «[...] وكان رسول الله ﷺ معجبًا بأمّ إبراهيم، وكانت بيضاء جميلة».[٤٨] حتّى إنّ ابن حبيب المعاصر له يخصّص في **المنمّق** عنوانًا لـ«الموصوفين بالجمال من قريش»،[٤٩] وكلّهم من الرجال وأوّلهم تحت هذا العنوان أبو لهب، فالإشارة إلى الجمال، جمال النساء والرجال على السواء، لم تكن على ما يبدو متروكة مُهمَلة.

---

[٤٢] المصدر نفسه، ٣١٧/١٣.

[٤٣] ابن سعد، **الطبقات**، ١٣١/١.

[٤٤] المصدر نفسه، ١١/٣.

[٤٥] المصدر نفسه، ١٠١/٨.

[٤٦] المصدر نفسه، ١٠٢/٨.

[٤٧] المصدر نفسه، ١١٦/٨.

[٤٨] ابن سعد، **الطبقات**، ٢١٢/٣.

[٤٩] ابن حبيب، **المنمّق**، ٥٣٤–٥٣٦.

ويحثّ على ضرورة التنبّه لاختلاف الألفاظ الذي قد يبدو طفيفًا للوهلة الأولى بين صيَغ الخبر الواحد المنقولة في غير كتاب اللفظ الذي ينفرد البلاذريّ بنقله عن الواقديّ في إسناده: «وكانت [خديجة] امرأة عاقلة حازمة بَرْزة»[٥٠] في مقابل «كانت خديجة بنت خويلد بن أسد بن عبد العزّى ابن قصيّ امرأة حازمة جلدة شريفة»[٥١] في **الطبقات**، و«كانت خديجة امرأة شريفة جلدة كثيرة المال»[٥٢] في **الإصابة**. لأنّ اللفظ «برزة» له وجوه منها (١) الجليلة التي تظهر للناس ويجلس إليها القوم، (٢) أو الموثوق برأيها وعفافها، (٣) أو الكَهْلَة لا تحتجب احتجابَ الشَّوابّ، وهي مع ذلك عفيفة عاقلة تجلس للناس وتحدّثهم، من البُروزِ وهو الظهور والخروج، (٤) أو بارزة المحاسِن. وهو ما يذهب بصورة خديجة في اتّجاهات مختلفة، بين توصيف جمالها، أو عقلها أو بروزها الاجتماعيّ.

٢. يقول ابن حجر: «ومن طواعيتها له قبل البعثة أنّها رأت ميله إلى زيد بن حارثة بعد أن صار في ملكها فوهبته له ﷺ».[٥٣] وهذا يجبّ ما ينقله ابن سعد أنّ النبيّ «سألها» أن تهب له زيدًا وذلك بعد أن تزوّجها، فوهبته له. وكأنّها طاوعت ميله من غير أن يحتاج إلى أن يسألها. وهذا يضادّ مثلًا ما نقله ابن هشام والطبريّ في روايتهما عن ابن إسحاق بأنّ النبيّ كان «لا يخالفها»، في معرض الحديث عن تزويجه ابنته زينب لابن أختها أبي العاص نزولًا عند رغبتها:

> وكان أبو العاص من رجال مكّة المعدودين مالًا وأمانة وتجارة وكان لهالة بنت خويلد، وكانت خديجة خالته فسألت خديجة رسول الله ﷺ أن يزوّجه، وكان رسول الله ﷺ لا يخالفها، وذلك قبل أن ينزل عليه الوحي فزوّجه، وكانت تعدّه بمنزلة ولدها فلمّا أكرم الله رسوله ﷺ بنبوّته آمنت به خديجة وبناته فصدّقنه وشهدن أنّ ما جاء به الحقّ ودنّ بدينه وثبت أبو العاص على شركه [...][٥٤]

وهي رواية لا يذكرها ابن حجر لا في مدخله عن خديجة ولا عن أبي العاص، بل يكتفي فيه بالقول: «وكان [أبو العاص] قبل البعثة فيما قال الزبير [بن بكّار] عن عمّه مصعب: زعم بعض أهل العلم مواخيًا لرسول الله ﷺ وكان يكثر

[٥٠] البلاذريّ، **أنساب**، ٩٨/١.
[٥١] ابن سعد، **الطبقات**، ١٣١/١.
[٥٢] ابن حجر، **الإصابة**، ٣١٧/١٣.
[٥٣] المصدر نفسه، ٣١٨–٣١٩.
[٥٤] ابن هشام، **السيرة**، ٣٠٦/٢. أنظر أيضًا الطبريّ، **تاريخ**، ٤٦٦/٢–٤٦٧.

غشيانه في منزله وزوّجه ابنته زينب أكبر بناته وهي من خالته خديجة»،[٥٥] وكذا في مدخله عن زينب ينقل «وتزوّجها ابن خالتها أبو العاص بن الربيع العبشميّ وأمّه هالة بنت خويلد»[٥٦] فقط. ويصعب أن نجزم على أنّ العبارة «وذلك قبل أن ينزل عليه الوحي» يُقصَد منها أنّ النبيّ كان لا يخالف خديجة قبل نزول الوحي حصرًا، فمن المحتمَل أنّه أُريد بها تعيين زمن سؤالها إيّاه تزويج زينب من ابن أختها. والعبارة إذا حُملت على حصر موافقة النبيّ زوجه بفترة ما قبل الوحي فإنّها تعبّر عن الحرص على تمييز النبيّ بعد النبوّة والإيحاء قدر الإمكان باستغنائه عن غيره، وربّما أيضًا التوكيد على امتثاله مُذ ذاك لِما يأتيه من الوحي بما يتجاوز أيّ أحد، حتّى زوجه التي اعتاد أن يأخذ برأيها من قبلُ. وهذا يبهّت صورتها كزوج لم يكن يخالفها زوجها على الدوام، أي قبل نبوّته وبعدها. وتناقض هذه الصورة على كلّ حال المحفوظَ بحقّ النساء في عدد من المصادر «وقد قيل: شاوروهنّ وخالفوهنّ»،[٥٧] وإن كان ابن الجوزيّ يوهّنه، منتصرًا للنساء هذه المرّة، مستندًا إلى مشاورة النبيّ أمّ سلمة، لا خديجة: «وأمّا مشاورة رسول الله ﷺ أمّ سلمة وقبول قولها ففيه دليل على جواز العمل بمشاورة النساء، ووهن لِما يُقال: شاوروهنّ وخالفوهنّ».[٥٨]

---

٥٥ ابن حجر، «أبو العاصي بن الربيع بن عبد العزّى بن عبد شمس بن عبد مناف العبشميّ»، في **الإصابة**، ٤٠٨/١٢.

٥٦ ابن حجر، «زينب بنت سيّد ولد آدم محمّد بن عبد الله بن عبد المطّلب القرشيّة الهاشميّة»، في المصدر نفسه، **٤١٤/١٣**.

٥٧ «وقد قيل: شاوروهنّ وخالفوهنّ» في الغزاليّ، «كتاب آداب النكاح»، في **إحياء علوم الدين** (جدّة: دار المنهاج، **٢٠١١**)، **١٨١/٣**؛ وفي محمّد بن موسى الدميريّ (ت. **١٤٠٥/٨٠٨**)، **حياة الحيوان الكبرى**، تحقيق إبراهيم صالح (دمشق: دار البشائر، **٢٠٠٥**)، **٢٦٠/٣**؛ «وجاء في الحديث أيضًا: شاوروهنّ وخالفوهنّ» في ابن أبي الحديد، **شرح**، **١٩٩/١٨**.

٥٨ ابن الجوزيّ، **كشف المشكل من حديث الصحيحين**، تحقيق عليّ البوّاب (الرياض: دار الوطن، **١٩٩٧**)، **٥٨/٤**.

كلمة أخيرة

لقد حاولنا في هذا الكتاب أن نُلاحِق شخصيّة خديجة بنت خويلد بهيئاتها السرديّة المختلفة في أنواع كتب مختلفة وفي حقبات مُتوالية، كي نُجيب عن سؤال «أيّ خديجة نجد في المصادر؟» على ضوء الأخبار المحفوظة عنها وتلوُّن هذه الأخبار بعمليّات التذكُّر والتلقّي والتسريد المتشابِكة والمتواصلة.

ترصد الأخبار المدوَّنة في المصادر الإسلاميّة المبكرة حياة خديجة في زمنَين: الأوّل هو ما اصطُلح على تسميته بالجاهليّة، والثاني هو زمن مبعث زوجها نبيًّا وما بعدُ في الفترة الأولى من عمر الرسالة الإسلاميّة. يغطّي الزمنان هذان مساحة قديمة، أو قديمة جدًّا، من تاريخ مكّة، موطن خديجة ومدفنها. وتجرّ هذه الأخبار خلفها أحمالًا ثقيلة من الإشكاليّات التاريخيّة والقِيَميّة والمعرفيّة. فمعلوم أنّ أخبار الفترة المكّيّة وما سبقها هي بعمومها من أكثر النصوص استعصاءً على التحرّي التاريخيّ، فهي تُحيل على الأحداث الأكثر بُعدًا عن بداية التدوين التاريخيّ الممنهج الذي اضطلع فيه الأخباريّون والمؤرّخون المسلمون المؤسِّسون. كما إنّها تُسجِّل بداية «القصّة» المقدّسة التي تتكّئ عليها الجماعة المسلمة، مع ما تورِّط فيه البدايات في كلّ ثقافة أو ديانة كبرى من تعقيدات ومسائل.[1] وهي محتكمة بطبيعة الحال إلى انتقائيّة من جمعها ورواها ودوّنها، انتقائيّة تستجيب لرؤى من تناول تلك الأخبار، وما توفّر له منها، ولخلفيّاته والأسئلة الإنسانيّة التي كانت تؤرِّقه. فالأخبار في المصادر المبكرة كتل نصّيّة معقّد تركيبها، لا مجرّد أنباء نقلتها ذاكرة رواة متعاقبين، بل أحداث ثقافيّة بذاتها تنطبع باللحظات التاريخيّة التي فيها ابتقت.

وإنّه لَمِن الصعب على من يبحث عن خديجة الحقيقيّة أن يخترق حُجُب الماضي

---

[1] «كلّ ما هو كبير لا يمكن أن يبدأ إلّا كبيرًا. حتّى إنّ بدايته هي أكبر ما فيه.»
Martin Heidegger, *Introduction à la Métaphysique*, trans. Gilbert Kahn (Paris: Gallimard, 1967), 28.

المتراكبة وأن يتصالح مع الإشكاليّات المختلفة اللصيقة بنصوص أخبارها المتوفّرة في تلك المصادر المبكرة. لكنّ هذه النصوص التي تنقل لنا تجربة خديجة مع زمنَي الجاهليّة والإسلام هي كلّ ما تبقّى منها، وهي جزء أصيل من التراث السرديّ الذي تشكّلت به ولا تزال هويّة المسلمين.[٢] فهي نصوص لم تنزلق إلى النسيان بعد، بل عايشها المسلمون طويلًا على مدى قرون، يتوارثونها ويستلهمونها ويتوسّلونها للاستفادة والهداية. بها انبنت الصورة الأبديّة المحفورة عن خديجة الحقيقيّة في ذاكرتهم الجماعيّة.[٣]

خديجة التي تهوي إليها أفئدة المسلمين هي تاجرة أربعينيّة أحبّت النبيّ وتزوّجته وأغنته وأنجبت له وصدّقته وساندته وأخيرًا أحزنته إذ ماتت عنه قبيل هجرته إلى المدينة. تبسط المصادر المبكرة هذه «الحقائق» عن خديجة في أخبار متفاوتة، منها أخبار مشهورة تثبتها المصادر بكافّة أنواعها، وإن بتنويعات مختلفة، كخبر أوّل الوحي مثلًا الذي لا تكاد تُحصى مرّات روايته في التفاسير وصِحاح الأحاديث ومتون السيرة النبويّة ودواوين الأدب. ومنها أخبار تصدّرت في نوع بعينه، كتفصيل زيجاتها في الجاهليّة وأبنائها وولاداتها أولاد النبيّ في **الطبقات الكبرى** لابن سعد، أو الأحاديث حولها المسندة جُلّها إلى عائشة في كتب الحديث.

لقد تطبّعت جُلّ هذه الأخبار نسبيًّا كما بيّنا بهيكيليّات أنواع المصادر التي فيها وردت، فحريّ بمن أراد مطالعة أخبار خديجة ألّا يسلخها عن سياقات ورودها الأصليّة تلك، لأنّ الأخبار وإن كانت وحدات شبه مقفلة سهلٌ انتقالها من مصدر إلى آخر، فإنّ سياقات الأنواع التي تحتضنها تطبع تجربة قراءتنا إيّاها، وتوجِّهنا صوب معانٍ ومنظورات شتّى، يصعب لحظها إن نحن أهملنا تلك السياقات. فنحن ما كنّا لنتأمّل طويلًا في نظرة عائشة إلى خديجة مثلًا لولا ما وجدناه مرصوفًا أمامنا من أحاديث تتناول فيها عائشة خديجة حشدها ابن حنبل في «مسند عائشة» **بمسنده**. لقد تبدّى لنا أنّ استلال الأخبار من المصادر مع إغفال خصوصيّة كلّ مصدر لا يبتر قراءة تلك الأخبار وحسب، بل قد يقود إلى نتائج بحثيّة يعسر اعتبارها أو الدفاع عنها. تذكر المصادر مثلًا خبرًا أنّ والد النبيّ صادف امرأة توسّمت فيه نورًا قبيل زواجه (النور المحمّديّ طبعًا)،

٢ «إنّ وجودنا الأصيل هو الوجود مع الآخرين وبهم ومن خلالهم، الآخرين الذين تُنقَل لنا تجاربهم بواسطة السرد». في پول ريكور، «الحياة بحثًا عن السرد»، في **الوجود والزمان والسرد**، **٥٤**.

٣ «المهمّ حقًّا هو تصوّرنا للتاريخ (Der Geschichtsbild)، الصورة المحفورة عنه في الذاكرة الجماعيّة، لا التاريخ نفسه.»

Josef Van Ess, *The Flowering of Muslim Theology*, 33.

يورده البلاذريّ في **أنساب الأشراف** بتنويعات مختلفة ينقل في إحداها عن الواقديّ أنّ تلك المرأة هي أخت ورقة بن نوفل وأنّها «كانت تنظر في الكتب».[٤] فإن نحن تبنّينا هذا الخبر مغفلين تنويعاته الأخرى التي تستعيد الحكاية نفسها ولا تسمّي المرأة المعنية به، وضربنا صفحًا عن أنّه من أخبار السيرة السابقة للمبعث المطعَّم جُلّها بفكرة «البشارة» بالنبوّة القادمة، أي أنّ تفصيل قراءة الكتب يخدم هنا هذه الفكرة بالضبط؛ فربّما ننجرّ إلى استنتاج «كبير» أنّ خديجة كانت من بيت علم ينظر أهله في الكتب!

وإنْ نحن أسقطنا فوارق الأنواع بين المصادر، وحيّدنا اختلافاتها المنهجيّة والشكليّة، ونحّينا مصداقيّة أخبارها وتصديقنا أو تكذيبنا تلك الأخبار، وأنّنا جمعناها طمعًا بقصّة كاملة تحكي حياة خديجة، فسنجد أنّ المصادر تسكت عن سنين طويلة منها، وتضطرب في كثير ممّا تنطق به. فعن فترة زواجها من النبيّ قبل المبعث يُسجّل أنّها أنجبت أولادها مثلاً، بلا اتّفاق حول أسماء هؤلاء الأولاد وترتيبهم وولاداتهم، حالهم كحال زوجَيها وأبنائها المفترضين منهما قبلُ، فالتفاصيل شحيحة جدًّا والاتّفاق حول المتوفّر بعيد.

حتّى إنّ ما تقوم عليها صورتها الأبديّة الراسخة إيّاها يرى الناظر إلى المصادر أنّه على غير ما قد يرجوه من وضوح وتفصيل. تقول المصادر إنّها غنيّة مثلاً، وتلك واقعة راسخة بقوّة في الذاكرة الجماعيّة عنها، لكنّ المصادر لا تجيب على سؤال 'كيف جمعت خديجة أموالها؟'، قلْ إنّها جمعتها بالتجارة، فالمصادر لا تخبر 'كيف استقلّت خديجة بتجارتها بدءًا؟'. لقد أظهر الكتاب أنّ ما رسخ عن خديجة فيه بدوره انتقائيّة، فالتفصيلات المحفوظة عنها وإن كانت قليلة، جُلّها كما أسلفنا غير متّفق عليها. عمومًا، تُستذكَر خديجة امرأة أربعينيّة عند زواجها من النبيّ، في حين أنّ في المصادر مرويّات أخرى تقول إنّها كانت حين زواجهما شابّة عشرينيّة مثلاً. فلماذا ومتى رسخت صورة العجوز لا صورة الشابّة؟ هل رسّخها خبر واحد يقوّيه أنّ في سنده اسم حكيم بن حزام ابن أخيها المعروف؟

وفوق اضطرابات الروايات وقلّتها، فإنّ جمهرتها تدور في فلك مبعث النبيّ وأيّام رسالته الصعبة بمكّة. صحيحٌ أنّها تُقدّم خديجة كأوّل من أسلم وأوّل من صلّى وأكرم من بذل في سبيل تلك الرسالة، لكنْ هل تصدّرت خديجة في الذاكرة الجماعيّة استنادًا إلى ذلك وبما يوازي خطر ما تتّفق عليه المصادر من إسهام لها في دعم الإسلام بمهده

---

[٤] البلاذريّ، **أنساب الأشراف**، ١/٨١.

الأوّل؟ لقد عكست المصادر الإسلاميّة، المبكرة والمتأخّرة على السواء، خطابات المشروعيّة السياسيّة التي أفرزها انقسام الجماعة المسلمة بعد موت النبيّ منذ السقيفة. وليست خديجة جزءًا من تلك الأحداث الجسيمة التي يُشكّل الموقف منها أساس تلك الخطابات. في ظلّ تلك الخطابات السجاليّة صارت تُنبَش فترة الإسلام الأولى لتأصيل دعاوى الأطراف المتناحرة في المشروعيّة على اعتبار الأسبقيّة في الإسلام أوّلًا. وعليه، تراجعت أسبقيّة خديجة لصالح الاعتناء بجمع الأخبار وتأويلها وخلقها في سبيل تبيين أسبقيّة أبي بكر لترجيح كفّته مقابل عليّ، أو العكس مثلًا. وكذا مع محاولة توزيع فضل تلك الأسبقيّة على عدد من الصحابة الأُوَل عند التعرّض لقضيّة أوّل من أسلم في كتب علوم الحديث خصوصًا، صارت خديجة تُذكَر كأوّل من أسلم من النساء لا كأوّل من أسلم مطلقًا.

وعلى حساب وعي تاريخيّ جامع، كرّست كلّ فرقة إسلاميّة تاريخها. في تلك التواريخ ولد أبطال جُدد تمركزت حولهم الرؤى السياسيّة والعقائديّة المختلفة. خُذ مثلًا مركزيّة فاطمة التي تطغى على أمّها خديجة في الأدبيّات الشيعيّة، وهي ابنة النبيّ وزوج عليّ وأمّ الأئمّة. من عندها بدأت قصّة مظلوميّة الشيعة، وهي قصّة لا تستوعب فِعلًا شخصيّة خديجة الغنيّة العزيزة السعيدة مع النبيّ، فعنوان فضائلها في تلك الأدبيّات أنّها أمّ فاطمة. وإن كان تقديم خديجة، حين تُقارن بباقي زوجات النبيّ، يستتبع تحجيم عائشة في الخطاب الشيعيّ، ولعلّ فيه دعوى أنّه يحفظ لخديجة أكثر المكانة التي تستحقّها. وكذا بالمقابل، فإنّ الحرص على استحضار فضائل عائشة بزخم كبير هو جزء من آلة الخطاب السنّيّ الذي صار من أولوياته الدفاع عن زوج النبيّ التي عارضت عليًّا من خلال حشد رصيد سابق لها في حياة النبيّ، فهي عروسه البكر الوحيدة، المبرّأة في القرآن، ابنة أبي بكر، العالِمة الراوية للحديث. وخديجة في مقارنة سريعة لم يكن النبيّ أبا عذرتها، ولم تُربط بتلك المباشرة بنصّ القرآن، وليست ابنة خليفة رسول الله، ولا نُقل عنها حديثه. فإذا كان من اتّفاق حول فضل خديجة القديم وإسهامها في الإسلام فإنّه متراجع على الدوام، حتّى إنّه قد يُصمَت عنه في صخب الاختلاف العاموديّ الذي أرسته المذاهب فيما بعد.

وعلاوة على ارتهان الباحثين اليوم بتقلقل أخبار الفترة المكّيّة وإشكاليّاتها التي أسلفنا ذكرها، إذ تراهم يصبّون اهتمامهم على تناول الشخصيّات الأشهر المتوفّر حولها إرث عريض متين من الأخبار، وقد أشرنا إلى كمّ الدراسات الكبير حول عائشة مثلًا، فإنّ في الدراسات الحديثة عمومًا تأثّرًا بما انعكس في المصادر من الانقسامات والاتّجاهات

وما رسخّته خطابات المذاهب. في مراجعة لقائمة محتويات إحدى الدراسات الصادرة مؤخّرًا مثلًا، والتي تتناول الشخصيّات النسائيّة المرجعيّة في «الإسلام الشيعيّ» لا يقع القارئ في عناوين الفصول على اسم خديجة.[٥] حتّى لإنّ الدراسات الحديثة قد تُهمل نقاطًا هامّة حريّة بأن تُشكّل نواة أبحاث جادّة، وذلك تحت سطوة المشهور تداوله أو المتبنّى مذهبيًّا أو سياسيًّا في المصادر، وفي ذلك إجحاف لجزء غير يسير من التراث النصّيّ الإسلاميّ.

ولعلّنا نضع إهمال انتساب الزبيريّين إلى خديجة عمّة لهم مثلًا في هذه الخانة، على الرغم من مركزيّة مبحث الأنساب عند العرب، وورود الإشارة إلى تلك النسبة في غير مصدر، وفي سياق مفاخرات غنيّة جديرة بالاهتمام كما كشفنا في الكتاب. ونردف القول هنا في قضيّة ترويج المصادر لخطاب السلطة الحاكمة، الأمويّة ثمّ العبّاسيّة في القرون الإسلاميّة الأولى، ما أسهم في تشكيل صور شخصيّات «قديمة» مبرّزة من البيتَين الأمويّ والعبّاسيّ، تحسينًا أو تقبيحًا، كالعبّاس وأبي سفيان وهند بنت عتبة. فهل كانت خديجة ستحظى بحضور أكبر لو أنّ الزبيريّين نجحوا في إزاحة الأمويّين وسادوا مكانهم في إطار محاولة تدعيم مشروعيّة السلطة المفترضة من خلال الانتساب إلى زوج النبيّ الأولى التي هي ما هي وفتح الباب تاليًا إلى تكثيف حضورها والمبالغة أكثر في ذكرها وتمجيدها؟

الأخبار كما نظرنا إليها في هذا الكتاب أدوات نصّيّة ثقافيّة حيويّة أسهم نقلها وتنقيحها وشرحها في أن تُخلَق لكلّ زمن ولكلّ جيل خديجته، ولكلٍّ طريقته في تبنّيها كجزء من ذاكرته وتصوّراته المختلفة عن المرأة المسلمة. فالمصنّفون، سيّما المتأخّرون من قامة ابن حجر العسقلانيّ مثلًا، صنعوا، عَبْر خديجة، المثال الذي أرادوا للجمهور أن يتطلّع إليه، لتمرير رؤى معيّنة حول المرأة المسلمة، حول دورها المناسب في الحياة اليوميّة، وحول اللائق بها والمتوقَّع منها، وحول أشياء أخرى كثيرة. وليس الاشتغال بالأخبار من هذه الزاوية بمستهجن، فكلّ قصّة مرجعيّة في أيّ ثقافة تُستعاد وتُؤوَّل على ضوء التجربة المعيشة في الحاضر، كيما تظلّ هذه القصّة في دائرة المألوف في الراهن الذي يُستعاد فيه، ولا تستحيل أثرًا قديمًا غريبًا مُستغرَبًا. لكنّه تبدّى لنا أنّه لا اختلافات جوهريّة طرأت على تلك الأخبار بتقادم العصور، بل هي عمليّات تنميق وتهذيب

---

٥ أنظر:
Mirjam Künkler, and Devin J. Stewart, eds., *Female Religious Authority in Shi'i Islam: Past and Present* (Edinburgh: Edinburgh University Press, 2020).

وتنقيح تُبقي زبدة الأخبار على حالها تُمرَّر عبرها التغيرات و«التجديدات» المتوخّاة. فما نتذكّره عن خديجة، كيفما عدّلناه، يتحكّم به رصيد الأخبار الذي أُثبت عنها في المصادر المبكرة. ففي كلّ كتابة طرق لم تُسلَك، وخيارات بديلة لم تُعتمَد، وأشياء لم تُكتَب، يتوارى معها كلّ ما كان يمكن أن يُعرَف ولم يُعرَف، لأنّه لم يُسجّل.

مشدودة هي ذكرى خديجة إلى أُطُر مثاليّة تقديسيّة إذ تتجاذب اسمها الألقاب والتشريفات والأحاديث التي تسبح بها في فضاء الكمال. فهي زوج النبيّ، ووزير صدقه، وأمّ المؤمنين، وخير نساء العالمين، ومن سلّم عليها جبريل، وبشّرها ببيت في الجنّة. ولعلّ شهرة هذه الأحاديث، الواردة في صِحاح الأحاديث المعتمَدة، قد أخبَت أخبارًا سيَريّة أخرى عنها تشدّها أكثر إلى كينونة المرأة «الحقيقيّة» التي من لحم ودم، التي تخاف على زوجها من إصابة العين، وتستخدم الماشطة، وتُهدي ابنتها العروس قلادة لها.

لقد خلقت عمليّات المعالجة السيريّة التي سُردت وصُقلت وهُذِّبت ومُهِّدت بها أخبار خديجة هيئة معيّنة لها في كلّ سياق نصّيّ، وكذا فإنّ استعراضنا لتلك الأخبار قد خلق لها بدوره هيئة نصّيّة الآن في حاضر كتابتنا، وهي هيئة تؤثّر على عمليّة تلقّيها التي يختبرها من يقرأ هذا الكتاب، وهذه نتيجة لا مفرّ منها.[٦] تتغيّر صِبغة كلّ نصّ موروث في كلّ مرّة يُنفَض عن ذاك النصّ غبار الماضي، بتغيّر العقول والعيون والأيادي. فالتراث لا يُعرِّفنا بخديجة، بقدر ما يعرّفنا بذواتنا، ويُشكِّلها.

---

٦ تُعبّر المنهجيّات والنظريّات المعتمَدة عن نفسها في كلّ بحث حتّى عندما لا يُصرّح الكاتب بذلك، تمامًا كما تتكّشف في ثنايا كتابته الافتراضات البحثيّة التي ينطلق منها تلقائيًّا. والبحث في مصادر الإسلام المبكرة هو بالدرجة الأولى بحث في النظريّة والمنهج. للإضاءة والتمثيل راجع:
Herbert Berg, ed., *Method and Theory in the Study of Islamic Origins*.

البيبلوغرافيا

أوّلًا: المصادر

الآبي، منصور بن الحسين (ت. ١٠٣٠/٤٢١). **نثر الدرّ**. ١–٧. تحقيق محمّد عليّ قرنة ومراجعة حسين نصّار. القاهرة: الهيئة المصريّة العامّة للكتاب، ١٩٨٥.

ابن أبي الحديد، عبد الحميد بن هبة الله (ت. ١٢٥٨/٦٥٦). **شرح نهج البلاغة**. ١–٢٠. تحقيق محمّد أبو الفضل إبراهيم. القاهرة: دار إحياء الكتب العربيّة، د. ت.

ابن الأثير، عليّ بن محمّد (ت. ١٢٣٣/٦٣٠). **النهاية في غريب الحديث والأثر**. ١–٥. تحقيق طاهر الزاوي ومحمود الطناحي. القاهرة: مطبعة الحلبيّ، ١٩٦٣.

ابن إسحاق، محمّد (ت. ٧٦٨/١٥١). **سيرة ابن إسحاق** المُسمّاة **بكتاب المبتدأ والمبعث والمغازي**. ١–٥. تحقيق محمّد حميد الله. الرباط: معهد الدراسات للأبحاث والتعريب، ١٩٧٦.

ابن بابويه، محمّد بن عليّ المعروف بالشيخ الصدوق (ت. ٩٩١/٣٧١). **الأمالي**. قم: مؤسّسة البعثة، ١٩٩٦.

———. **عيون أخبار الرضا**. تحقيق مهدي الحسينيّ اللاجورديّ. قم: محمّد رضا المشهديّ، ١٩٥٨.

———. **من لا يحضره الفقيه**. ١–٤. تصحيح عليّ أكبر الغفاري. ط. ٢. قم: مؤسّسة النشر الإسلاميّ، د. ت.

ابن بطّوطة، محمّد بن عبد الله (ت. ١٣٧٧/٧٧٩). **تحفة النظّار في غرائب الأمصار وعجائب الأسفار**. تحقيق محمّد العريان. بيروت: دار إحياء العلوم، ١٩٨٧.

ابن جبير، محمّد بن أحمد (ت. ١٢١٧/٦١٤). **رحلة ابن جبير**. ط. ٢. ليدن: بريل، ١٩٠٧.

ابن الجوزيّ، عبد الرحمن بن عليّ (ت. ١٢٠٠/٥٩٧). **زاد المسير في علم التفسير**. ١–٩. ط. ٣. بيروت ودمشق: المكتب الإسلاميّ، ١٩٨٤.

———. **كشف المشكل من حديث الصحيحين**. تحقيق عليّ البوّاب. الرياض: دار الوطن، ١٩٩٧.

ابن حبّان، أبو حاتم محمّد (ت. ٩٦٥/٣٥٤). **كتاب الثقات**. ١–١٠. تحقيق محمّد عبد المعيد خان. حيدر آباد: دائرة المعارف العثمانيّة، ١٩٧٣–١٩٨٣.

ابن حبيب، البغداديّ (ت. ٨٥٩/٢٤٥). **كتاب المحبّر.** تحقيق إيلزه ليختن شتيتر. حيدر آباد: دائرة المعارف العثمانيّة، ١٩٤٢.

——. **المنمّق في أخبار قريش.** تحقيق خورشيد أحمد فارق. حيدر آباد: دائرة المعارف العثمانيّة، ١٩٦٤.

ابن حبيب، عبد الملك (ت. ٨٥٢/٢٣٨). كتاب **أدب النساء** الموسوم بكتاب **الغاية والنهاية.** تحقيق عبد المجيد تركيّ. بيروت: دار الغرب الإسلاميّ، ١٩٩٢.

ابن حجر العسقلانيّ، أحمد بن عليّ (ت. ١٤٤٩/٨٥٢). **الإصابة في تمييز الصحابة.** ١–١٦. تحقيق عبد الله التركيّ. القاهرة: مركز هجر للبحوث والدراسات، ٢٠٠٨.

——. **فتح الباري بشرح صحيح البخاريّ.** ١–١٣. تحقيق محمّد عبد الباقي ومحبّ الدين الخطيب. القاهرة: دار الريّان، ١٩٨٦.

ابن حزم، عليّ بن أحمد الأندلسيّ (ت. ١٠٦٤/٤٥٦). **كتاب الفصل في المِلَل والأهواء والنِّحَل.** القاهرة: مطبعة الموسوعات، ١٩٠٣.

——. **رسالة في المفاضلة بين الصحابة.** تحقيق سعيد الأفغاني. دمشق: المطبعة الهاشميّة، ١٩٤٠.

ابن حمدون، محمّد بن الحسن (ت. ١١٦٧/٥٦٢). **التذكرة الحمدونيّة.** ١–١٠. تحقيق إحسان عبّاس وبكر عبّاس. بيروت: دار صادر، ١٩٩٦.

ابن حنبل، أحمد (ت. ٨٥٥/٢٤١). **كتاب فضائل الصحابة.** تحقيق وصيّ الله بن محمّد عبّاس. مكّة المكرّمة: جامعة أمّ القرى، ١٩٨٣.

——. **مسند الإمام أحمد بن حنبل.** ١–١٢. تحقيق أحمد معبد عبد الكريم. جدّة: جمعيّة المكنز الإسلاميّ، ٢٠٠٨.

ابن خلدون، عبد الرحمن بن محمّد (ت. ١٤٠٦/٨٠٨). **مقدّمة ابن خلدون.** ١–٣. تحقيق عليّ عبد الواحد وافي. القاهرة: نهضة مصر، ٢٠٠٤.

ابن دريد، محمّد بن الحسن (ت. ٨٦٩/٣٢١). كتاب **المجتنى.** تحقيق عبد المعيد خان. ط. ٣. حيدرآباد: دائرة المعارف العثمانيّة، ١٩٦٣.

ابن سعد، محمّد (ت. ٨٤٥/٢٣٠). **الطبقات الكبرى.** ١–٩. تحقيق إحسان عبّاس. بيروت: دار صادر، ١٩٥٧–١٩٦٨.

ابن سيده، عليّ بن إسماعيل (ت. ١٠٦٦/٤٥٨). **المُحكَم والمحيط الأعظم.** ١–٧. تحقيق عائشة عبد الرحمن. القاهرة: معهد المخطوطات بجامعة الدول العربيّة، ١٩٥٨.

ابن شبّة، عمر (ت. ٨٧٨/٢٦٢). **تاريخ المدينة المنوّرة.** تحقيق فهيم محمّد شلتوت. بيروت: دار التراث، ١٩٩٠.

ابن شهراشوب (ت. ١١٩٢/٥٨٨). **مناقب آل أبي طالب.** ١–٣. النجف: المطبعة الحيدريّة، ١٩٥٦.

ابن الصلاح، عثمان بن عبد الرحمن (ت. ١٢٤٥/٦٤٣). **مقدّمة ابن الصلاح**. تحقيق عائشة عبد الرحمن. القاهرة: دار المعارف، ١٩٨٩.

ابن عبد البرّ (ت. ١٠٧١/٤٦٣). **الاستيعاب في معرفة الأصحاب**. ١-٤. تحقيق محمّد البجاوي. بيروت: دار الجيل، ١٩٩٢.

———. **بهجة المَجالس وأنس المُجالس وشحذ الذاهن والهاجس**. ١-٣. تحقيق محمّد الخولي. بيروت: دار الكتب العلميّة، د. ت.

ابن عبد ربّه (ت. ٩٤٠/٣٢٨). **العقد الفريد**. ١-٧. تحقيق عبد المجيد الترحيني. بيروت: دار الكتب العلميّة، ١٩٨٣.

ابن العربيّ، محمّد بن عبد الله (ت. ١١٤٨/٥٤٣). **أحكام القرآن**. ١-٤. تحقيق محمّد عبد القادر عطا. بيروت: دار الكتب العلميّة، د. ت.

ابن عساكر، عليّ بن الحسن (ت. ١١٧٦/٥٧١). **تاريخ مدينة دمشق**. ١-٨٠. تحقيق عمر بن غرامة العمروي. بيروت: دار الفكر، ١٩٩٧.

ابن عطيّة، عبد الحقّ بن غالب الأندلسيّ (ت. ١١٥١/٥٤٦). **المحرّر الوجيز في تفسير الكتاب العزيز**. ١-٦. تحقيق عبد السلام محمّد. بيروت: دار الكتب العلميّة، ٢٠٠١.

ابن عقيل، عبد الله بن عبد الرحمن (ت. ١٣٦٧/٧٦٩). **شرح ابن عقيل على ألفيّة ابن مالك**. تحقيق رمزي بعلبكي. بيروت: دار العلم للملايين، ١٩٩٢.

ابن قاضي شُهبة، أبو بكر بن أحمد (ت. ١٤٤٧/٨٥١). **تراجم طبقات النحاة واللغويّين والمفسّرين والفقهاء**. تحقيق محسن غياض. بيروت: الدار العربيّة للموسوعات، ٢٠٠٨.

ابن قتيبة. **أدب الكاتب**. تحقيق عليّ فاعور. الرياض: وزارة الشوؤن الإسلاميّة والأوقاف، د. ت.

———. **تأويل مختلف الحديث**. تحقيق محمّد النجّار. القاهرة: مكتبة الكلّيّات الأزهريّة، ١٩٦٦.

———. **عيون الأخبار**. ١-٤. مصوّر عن طبعة دار الكتب المصريّة، ١٩٢٥. بيروت: دار الكتاب العربيّ، د. ت.

ابن قيّم الجوزيّة (ت. ١٣٤٩/٧٥١). **إعلام الموقّعين عن ربّ العالمين**. ١-٧. تحقيق مشهور بن حسن آل سلمان. الرياض: دار ابن الجوزيّ، ٢٠٠٢.

———. **التبيان في أقسام القرآن**. تحقيق طه شاهين. بيروت: دار الكتاب العربيّ، د. ت.

———. **زاد المعاد في هدي خير العباد**. ١-٦. تحقيق شعيب الأرناؤوط وعبد القادر الأرناؤوط. ط.٢. بيروت: مؤسّسة الرسالة، ١٩٩٨.

ابن كثير، إسماعيل بن عمر (ت. ١٣٧٣/٧٧٤). **البداية والنهاية**. ١-١٤. بيروت: مكتبة المعارف، ١٩٦٦.

———. **تفسير ابن كثير**. ١-٩. مصر: مطبعة المنار، ١٩٢٤-١٩٢٨.

ابن الكلبيّ، هشام بن محمّد (ت. ٨١٩/٢٠٤ أو ٨٢١/٢٠٦). **مثالب العرب**. تحقيق نجاح الطائي. بيروت: دار الهدى، ١٩٩٨.

———. **مثالب العرب والعجم**. تحقيق محمّد الدجيلي. بيروت: دار الأندلس، ٢٠٠٩.

———. **كتاب مثالب العرب لأبي المنذر هشام بن محمّد بن السائب الكلبيّ مع نصوص من مثالب الهيثم بن عدي**. تحقيق جاسم الدرويش وسليمة حسين. دمشق: تمّوز، ٢٠١٥.

ابن منظور، محمّد بن مكرم (ت. ١٣١١/٧١١). **لسان العرب**. ١–١٥. دار صادر ودار بيروت: ١٩٥٥–١٩٥٦.

ابن النديم، محمّد بن إسحاق (ت. ٩٩٥/٣٨٥). **الفهرست**. القاهرة: المطبعة الرحمانيّة، د. ت.

ابن هشام، عبد الملك (ت. ٨٢٨/٢١٣). **السيرة النبويّة**. ١–٤. تحقيق إبراهيم الأبياريّ ومصطفى السقّا وعبد الحفيظ شلبي. القاهرة: مطبعة البابيّ الحلبيّ، ١٩٣٦.

أبو البقاء، أيّوب بن موسى الكفويّ (ت. ١٦٨٣/١٠٩٤). **الكلّيّات: معجم في المصطلحات والفروق اللغويّة**. تحقيق عدنان درويش ومحمّد المصري. ط. ٢. بيروت: مؤسّسة الرسالة، ١٩٩٨.

أبو حيّان، محمّد بن يوسف الأندلسيّ (ت. ١٣٤٤/٧٤٥). **البحر المحيط**. ١–٨. تحقيق عادل عبد الموجود وعليّ معوّض. بيروت: دار الكتب العلميّة، ١٩٩٣.

أبو ذر الخشنيّ، مصعب بن أبي بكر (ت. ١٢٠٨/٦٠٤). **كتاب الإملاء المختصر في شرح غريب السيَر**. تحقيق عبد الكريم خليفة. عمّان: دار البشير، ١٩٩١.

أبو عبيدة، معمر بن المثنّى (ت. ٨٢٤/٢٠٩). **تسمية أزواج النبيّ وأولاده**. تحقيق كمال يوسف الحوت. بيروت: مؤسّسة الكتب الثقافيّة، ١٩٨٥.

أرسطوطاليس (ت. ٣٢٢ ق. م.). **كتاب النفس**. ترجمة أحمد فؤاد الأهوانيّ. القاهرة: دار إحياء الكتب العربيّة، ١٩٤٩.

الأزرقيّ، محمّد بن عبد الله (ت. ٨٦٥/٢٥٠). **أخبار مكّة وما جاء فيها من الآثار**. ١–٢. تحقيق عبد الملك بن عبد الله بن دهيش. مكّة المكرّمة: مكتبة الأسدي: ٢٠٠٣.

الأشعريّ، عليّ بن إسماعيل (ت. ٩٣٥/٣٢٤). **مقالات الإسلاميّين واختلاف المُصلّين**. تحقيق هلموت ريتر. ط. ٤. بيروت: المعهد الألمانيّ للأبحاث الشرقيّة، ٢٠٠٥.

الأصفهانيّ، أبو الفرج عليّ بن الحسين (ت. ٩٦٧/٣٥٦). **الأغاني**. ١–٢٥. بيروت: دار إحياء التراث العربيّ، ١٩٩٤.

الباخرزيّ، عليّ بن الحسن (ت. ١٠٧٥/٤٦٧). **دمية القصر وعُصرة أهل العصر**. ١–٣. تحقيق محمّد التونجي. بيروت: دار الجيل، ١٩٩٣.

الباقلّاني، محمّد بن الطيّب (ت. ١٠١٣/٤٠٣). **إعجاز القرآن**. تحقيق السيّد أحمد صقر. القاهرة: دار المعارف، د. ت.

البخاريّ، محمّد بن إسماعيل (ت. ٢٥٦/٨٧٠). **الأدب المفرد**. تحقيق محمّد فؤاد عبد الباقي. القاهرة: المطبعة السلفيّة ومكتبتها، ١٩٥٥.

——. **صحيح البخاريّ**. ١–٨. عن طبعة دار الطباعة العامرة باستانبول. بيروت: دار الفكر، ١٩٨١.

البشاريّ، محمّد بن أحمد المقدسيّ (ت. ٣٨٠/٩٩٠). **أحسن التقاسيم في معرفة الأقاليم**. ليدن: بريل، ١٨٧٧.

البغداديّ، عبد القادر بن عمر (ت. ١٠٩٣/١٦٨٢). **خزانة الأدب ولبّ لباب لسان العرب**. ١–١٣. تحقيق عبد السلام هارون. القاهرة: دار الكاتب العربيّ، د. ت.

البغداديّ، عبد القادر بن طاهر (ت. ٤٢٩/١٠٣٧). **الفرق بين الفِرَق وبيان الفرقة الناجية منهم**. بيروت: دار الآفاق الجديدة، ١٩٧٣.

البغويّ، الحسين بن مسعود (ت. ٥١٦/١١٢٢). **معالم التنزيل**. بيروت: دار ابن حزم، ٢٠٠٢.

البلاذريّ، أحمد بن يحيى (ت. ٢٧٩/٨٩٢). **أنساب الأشراف**. الجزء الأوّل. تحقيق محمّد حميد الله. القاهرة: دار المعارف، ١٩٥٩.

——. **أنساب الأشراف**. القسم الرابع/الجزء الأوّل. تحقيق إحسان عبّاس. إصدار المعهد الألمانيّ. بيروت: فرانتس شتاينر شتوتكارت، ١٩٧٩.

البيضاويّ، عبد الله بن عمر (ت. ٦٩١/١٢٩٢). **أنوار التنزيل وأسرار التأويل**. ١–٥. تحقيق محمّد المرعشلي. بيروت: دار إحياء التراث العربيّ ومؤسّسة التاريخ العربيّ، د. ت.

البيهقيّ، أحمد بن الحسين (ت. ٤٥٨/١٠٦٦). **شُعَب الإيمان**. ١–٧. تحقيق محمّد بن بسيوني زغلول. بيروت: دار الكتب العلميّة، ١٩٩٠.

البيهقيّ، إبراهيم بن محمّد. **المحاسن والمساوئ**. تحقيق محمّد أبو الفضل إبراهيم. القاهرة: دار المعارف، ١٩٦١.

الترمذيّ، محمّد بن عيسى (ت. ٢٧٩/٨٩٢). **سُنَن الترمذيّ**. ١–٥. تحقيق عبد الرحمن عثمان. ط. ٢. بيروت: دار الفكر، ١٩٨٣.

التنّوخيّ، المحسّن بن عليّ (ت. ٣٨٤/٩٩٤). **المُستجاد من فعلات الأجواد**. تحقيق محمّد كرد علي. دمشق: المجمع العلميّ العربيّ، ١٩٤٦.

التوحيديّ، أبو حيّان (ت. ٤١٤/١٠٢٣). **البصائر والذخائر**. ١–١٠. تحقيق وداد القاضي. بيروت: دار صادر، ١٩٨٨.

——. **رسالة الصداقة والصديق**. تحقيق إبراهيم الكيلاني. دمشق: دار الفكر، ١٩٦٤.

الثعلبيّ، أحمد بن محمّد (ت. ٤٢٧/١٠٣٥). **الكشف والبيان**. ١–١٠. تحقيق أبو محمّد بن عاشور. بيروت: دار إحياء التراث العربيّ، ٢٠٠٢.

الجاحظ ، عمرو بن بحر (ت. ٨٦٩/٢٥٥). **البيان والتبيين**. ١–٤. تحقيق عبد السلام هارون. ط. ٧. القاهرة: مكتبة الخانجي، ١٩٩٨.
——. **رسائل الجاحظ**. ١–٤. تحقيق عبد السلام هارون. بيروت: دار الجيل، ١٩٩١.
——. **كتاب البرصان والعرجان والعميان والحولان**. تحقيق عبد السلام هارون. بيروت: دار الجيل، ١٩٩٠.
——. **كتاب الحيوان**. ١–٧. تحقيق عبد السلام هارون. القاهرة: البابيّ الحلبيّ، ١٩٣٨–١٩٤٥.
——. (منسوب) **المحاسن والأضداد**. بيروت: دار ومكتبة العرفان، [١٩٥٠].

الجريريّ، المعافى بن زكريّا (ت. ١٠٠٠/٣٩٠). **الجليس الصالح الكافي والأنيس الناصح الشافي**. ١–٤. تحقيق محمّد الخولي وإحسان عبّاس. بيروت: عالم الكتب، ١٩٩٣.

الحاكم النيسابوريّ، محمّد بن عبد الله (ت. ١٠١٤/٤٠٥). **معرفة علوم الحديث**. تحقيق معظم حسين. القاهرة: مطبعة دار الكتب المصريّة، ١٩٣٧.

حسّان بن ثابت (ت. ٦٥٩/٤٠ أو ٦٦٩/٥٠ أو ٦٧٣/٥٤). **ديوان حسّان بن ثابت**. تحقيق وليد عرفات. بيروت: دار صادر، ٢٠٠٦.

الحلّيّ، الحسن بن يوسف بن المطهّر (ت. ١٣٢٥/٧٢٦). **منتهى الطلب في تحقيق المذهب**. ١–١٥. ط. ٢. مشهد: مجمع البحوث الإسلاميّة، ٢٠٠٨.

الحمويّ، ياقوت بن عبد الله (ت. ١٢٢٩/٦٢٦). **الخزل والدأل بين الدور والدارات والديرة**. تحقيق يحيى عبّارة ومحمّد جمران. دمشق: منشورات وزارة الثقافة، ١٩٩٨.
——. **معجم البلدان**. ١–٥. بيروت: دار صادر، ١٩٧٧.

الخطيب البغداديّ، أحمد بن علي (ت. ١٠٧١/٤٦٣). **الأسماء المبهمة في الأنباء المحكمة**. تحقيق عزّ الدين علي السيّد. ط. ٢. القاهرة: مكتبة الخانجي، ١٩٩٢.
——. **تأريخ [بغداد] مدينة السلام**. ١–٢١. تحقيق بشّار عوّاد معروف. بيروت: دار الغرب الإسلاميّ، ٢٠٠١.
——. **تقييد العلم**. تحقيق يوسف العشّ. دمشق: المعهد الفرنسيّ للدراسات العربيّة، ١٩٤٩.
——. **كتاب الكفاية في علم الرواية**. حيدر آباد: دائرة المعارف العثمانيّة، ١٩٣٨.

الداووديّ، محمّد بن عليّ (ت. ١٥٣٨/٩٤٥). **طبقات المفسّرين**. تحقيق علي محمّد عمر. القاهرة، مطبعة وهبة، ١٩٧٢.

الدميريّ، محمّد بن موسى (ت. ١٤٠٥/٨٠٨). **حياة الحيوان الكبرى**. ١–٤. تحقيق إبراهيم صالح. دمشق: دار البشائر، ٢٠٠٥.

الدينوريّ، أبو حنيفة أحمد بن داود (ت. ٨٩٥/٢٨٢). **الأخبار الطوال**. تحقيق عبد المنعم عامر. القاهرة: دار إحياء الكتب العربيّة، ١٩٦٠.

الرازيّ، ابن أبي حاتم عبد الرحمن بن محمّد (ت. ٩٣٨/٣٢٧). **تقدمة المعرفة لكتاب الجرح والتعديل**. حيدر آباد: دائرة المعارف العثمانيّة، ١٩٥٢.

الرازيّ، أبو حاتم أحمد بن حمدان (ت. ٩٣٣/٣٢٢-٩٣٤). **أعلام النبوّة: الردّ على الملحد أبي بكر الرازيّ [(ت. ٩٢٥/٣١٥)]**. تصدير جورج طرابيشي. جنيف وبيروت: المؤسّسة العربيّة للتحديث الفكريّ ودار الساقي، ٢٠٠٣.

الرازيّ، فخر الدين محمّد بن عمر (ت. ١٢٠٩/٦٠٦). **التفسير الكبير**. ١-٣٢. طبعة عبد الرحمن محمّد. القاهرة: المطبعة البهيّة المصريّة، ١٩٣٨.

الرمّانيّ، عليّ بن عيسى (ت. ٩٩٤/٣٨٤). «النكت في إعجاز القرآن». في **ثلاث رسائل في إعجاز القرآن**. تحقيق محمّد خلف الله ومحمّد زغلول سلام. القاهرة: دار المعارف، ١٩٥٥.

الزبيدي، محمّد مرتضى الحسينيّ (ت. ١٧٩٠/١٢٠٥). **تاج العروس من جواهر القاموس**. ١-٤٠. تحقيق عبد الكريم العزباوي. الكويت: مطبعة الحكومة، ١٩٩٠.

الزبير بن بكّار (ت. ٨٧٠/٢٥٦). **جمهرة نسب قريش وأخبارها**. تحقيق محمود محمّد شاكر. القاهرة: مكتبة دار العروبة، ١٩٦١.

——. **المنتخب من كتاب أزواج النبيّ**. تحقيق سكينة الشهابي. بيروت: مؤسّسة الرسالة، ١٩٨٣.

الزبيريّ، مصعب بن عبد الله (ت. ٨٥٠/٢٣٦). **نسب قريش**. تحقيق إ. ليفي بروفنسال. ط. ٣. القاهرة: دار المعارف، ١٩٥٣.

الزركشيّ، محمّد بن عبد الله (ت. ١٣٩٢/٧٩٤). **البرهان في علوم القرآن**. ١-٤. تحقيق محمّد أبو الفضل إبراهيم. القاهرة: دار إحياء الكتب العربيّة، ١٩٥٧.

الزمخشريّ، محمود بن عمر. **ربيع الأبرار ونصوص الأخبار**. ١-٥. تحقيق عبد الأمير مهنّا. بيروت: مؤسّسة الأعلمي، ١٩٩٢.

——. **الكشّاف عن حقائق غوامض التنزيل**. ١-٦. تحقيق عادل عبد الموجود وعلي معوّض. الرياض، مكتبة العبيكان، ١٩٩٨.

السخاويّ، محمّد بن عبد الرحمن (ت. ١٤٩٧/٩٠٢). **الجواهر والدرر في ترجمة شيخ الإسلام ابن حجر**. ١-٣. تحقيق إبراهيم باجس عبد المجيد. بيروت: دار ابن حزم، ١٩٩٩.

السلمي، محمّد بن الحسين (ت. ١٠٢١/٤١٢). **حقائق التفسير**. ١-٢. تحقيق سيّد عمران. بيروت: دار الكتب العلميّة، ٢٠٠١.

السمرقنديّ، نصر بن محمّد (ت. ٩٨٥/٣٧٥). **تفسير السمرقنديّ المُسمّى بحر العلوم**. ١-٣. تحقيق علي معوّض وعادل عبد الموجود وزكريّا النوتي. بيروت: دار الكتب العلميّة، ١٩٩٣.

السمعانيّ، منصور بن محمّد (ت. ١٠٩٦/٤٨٩). **تفسير القرآن**. ١-٦. تحقيق ياسر بن إبراهيم. الرياض: دار الوطن، ١٩٩٧.

السنديّ، محمّد بن عبد الهادي (ت. ١١٣٨/١٧٢٦). **حاشية مسند الإمام أحمد بن حنبل**. ١-١٧. تحقيق نور الدين طالب. إصدارات وزارة الأوقاف والشؤون الإسلاميّة بدولة قطر. دمشق وبيروت: دار النوادر، ٢٠٠٨.

السهيليّ، عبد الرحمن بن عبد الله (ت. ٥٨١/١١٨٥). **الروض الأنف في تفسير السيرة النبويّة لابن هشام**. ١-٤. تحقيق طه عبد الرؤوف سعد. القاهرة: مكتبة الكلّيّات الأزهريّة، ١٩٧١-١٩٧٣.

السيوطيّ، جلال الدين (ت. ٩١١/١٥٠٥). **الإتقان في علوم القرآن**. تحقيق شعيب الأرنؤوط. بيروت: مؤسّسة الرسالة، ٢٠٠٨.

———. **الدرّ المنثور في التفسير بالمأثور**. ١-١٧. تحقيق عبد الله التركيّ. القاهرة: مركز هجر للبحوث والدراسات، ٢٠٠٣.

———. **طبقات الحفّاظ**. بيروت: دار الكتب العلميّة، ١٩٨٣.

———. **طبقات المفسّرين**. تحقيق علي محمّد عمر. القاهرة: مكتبة وهبة، ١٩٧٦.

الشهرستانيّ، محمّد بن عبد الكريم (ت. ٥٤٨/١١٥٣). **تفسير الشهرستانيّ** المسمّى **مفاتيح الأسرار ومصابيح الأبرار**. تحقيق محمّد علي آذرشب. طهران: مركز البحوث والدراسات بالتعاون مع مؤسّسة الدراسات الإسماعيليّة وجامعة طهران، ٢٠٠٨.

———. **المِلَل والنّحَل**. تحقيق أحمد فهمي محمّد. ط. ٢. بيروت: دار الكتب العلميّة، ١٩٩٢.

الصالحيّ الدمشقيّ، محمّد بن يوسف (ت. ٩٤٢/١٥٣٦). **أزواج النبيّ اللاتي دخل بهنّ أو عقد عليهنّ أو خطبهنّ وبعض فضائلهنّ**. تحقيق محمّد لفتيح. دمشق: دار ابن كثير، ١٩٩٢.

———. **سبل الهدى والرشاد في سيرة خير العباد** المعروف **بالسيرة الشاميّة**. ١-١٢. تحقيق عادل عبد الموجود وعلي معوّض. بيروت: دار الكتب العلميّة، ١٩٩٤.

الصنعانيّ، عبد الرزّاق بن همّام (ت. ٢١١/٨٢٧). **تفسير القرآن**. ١-٣. تحقيق مصطفى محمّد. الرياض: مكتبة الرشد، ١٩٨٩.

الطبرانيّ، سليمان بن أحمد (ت. ٣٦٠/٩٧١). **المعجم الكبير**. ١-٢٥. تحقيق حمدي عبد المجيد السلفيّ. القاهرة: مكتبة ابن تيمية، د. ت.

الطبرسيّ، أحمد بن عليّ. **الاحتجاج** (ت. ٦٢٠/ ١٢٢٣[؟]). ١-٢. بيروت: مؤسّسة الأعلمي، ٢٠٠٩.

الطبرسيّ، الفضل بن الحسن (ت. ٥٤٨/١١٥٣). **إعلام الورى بأعلام الهدى**. النجف: المكتبة الحيدريّة، ١٩٧٠.

———. **مجمع البيان في تفسير القرآن**. ١-١١. بيروت: مؤسّسة الأعلمي، ١٩٩٥.

الطبريّ، محبّ الدين أحمد بن عبد الله (ت. ٦٩٤/١٢٩٥). **السمط الثمين في مناقب أمّهات المؤمنين**. حلب: المطبعة العلميّة، ١٩٢٨.

الطبريّ، محمّد بن جرير (ت. ٩٢٣/٣١٠). **تاريخ الرسل والملوك**. ١–١٠. ط. ٢. تحقيق محمّد أبو الفضل إبراهيم. القاهرة: دار المعارف، ١٩٦٠–١٩٦٨.

——. **جامع البيان في تفسير القرآن**. ١–٣٠. عن طبعة بولاق المصريّة. بيروت: دار الجيل، د. ت.

الطوسيّ، محمّد بن الحسن (ت. ١٠٦٧/٤٦٠). **التبيان في تفسير القرآن**. ١–١٠. تصحيح أحمد قصير. النجف: المطبعة العلميّة ومطبعة النعمان، ١٩٦٣.

——. **تهذيب الأحكام**. ١–١٠. تحقيق حسن الموسويّ. ط. ٣ طهران: دار الكتب الإسلاميّة، ١٩٨٥.

——. **مصباح المتهجّد**. بيروت: مؤسّسة فقه الشيعة، ١٩٩١.

العسكريّ، أبو هلال الحسن بن عبد الله (ت. بعد ١٠٠٤/٣٩٥). **الأوائل**. ١–٢. تحقيق محمّد المصري ووليد قصّاب. دمشق: منشورات وزارة الثقافة والإرشاد القوميّ، ١٩٧٥.

——. **كتاب جمهرة الأمثال**. تحقيق محمّد أبو الفضل إبراهيم وعبد المجيد قطامش. ط. ٢. بيروت: دار الجيل، ١٩٨٨.

العيّاشيّ، محمّد بن مسعود (ت. ٩٣٢/٣٢٠). **تفسير العيّاشيّ**. ١–٢. تحقيق هاشم المحلّاتي. طهران: المكتبة العلميّة الإسلاميّة، د. ت.

الغزاليّ، أبو حامد محمّد بن محمّد (ت. ١١١١/٥٠٥). **إحياء علوم الدين**. ١–١٠. جدّة: دار المنهاج، ٢٠١١.

——. **جواهر القرآن**. تحقيق محمّد القبّاني. بيروت: دار إحياء العلوم، ١٩٨٥.

——. (منسوب) **سرّ العالمَين وكشف ما في الدارَين**. ط. ٢. النجف: مكتبة الثقافة الدينيّة، ١٩٦٥.

الغزيّ، محمّد (ت. ١٥٧٧/٩٨٤). **آداب العِشرة وذكر الصحبة والأخوّة**. تحقيق عمر موسى باشا. دمشق: مطبوعات مجمع اللغة العربيّة، ١٩٦٨.

الفاكهيّ، محمّد بن إسحاق (ت. ٢٧٢–٢٧٩/٨٨٥–٨٩٣). **أخبار مكّة في قديم الدهر وحديثه**. ١–٦. تحقيق عبد الملك بن عبد الله بن دهيش. ط. ٢. مكّة: مكتبة ومطبعة النهضة الحديثة، ١٩٩٤.

الفيروزآباديّ، محمّد بن يعقوب (ت. ١٤١٥/٨١٧). **تنوير المقباس من تفسير ابن عبّاس**. بيروت: دار الكتب العلميّة، ١٩٩٢.

القاضي عبد الجبّار (ت. ١٠٢٥/٤١٥). «باب في حقيقة العلم». في **كتاب المجموع في المحيط بالتكليف**. من جَمْع الحسن بن أحمد بن متّويه (ت. ١٠٧٦/٤٦٩). تحقيق يان بترِس. بيروت: دار المشرق، ١٩٩٩.

القالي، أبو علي إسماعيل بن القاسم (ت. ٩٦٧/٣٥٦). **كتاب ذيل الأمالي والنوادر**. القاهرة: الهيئة المصريّة العامّة للكتاب، ١٩٧٦.

القرطبيّ، محمّد بن أحمد (ت. ١٢٧٢/٦٧١). **الجامع لأحكام القرآن**. ١–٢٠. ط. ٣ عن دار الكتب المصريّة. القاهرة: دار الكاتب العربيّ، ١٩٦٧.

القمّيّ، عليّ بن إبراهيم (ت. نحو ٩٤١/٣٢٩). **تفسير القمّيّ**. ١–٢. تحقيق طيّب الجزائريّ. قم: مؤسّسة دار الكتاب، ١٩٨٤.

الكشّيّ، محمّد بن عمر. **رجال الكشّيّ**. تحقيق أحمد الحسينيّ. بيروت: مؤسّسة الأعلمي، ٢٠٠٩.

الكلبيّ، محمّد بن أحمد بن جُزَي (ت. ١٣٤٠/٧٤١). **التسهيل لعلوم التنزيل**. ١–٢. تحقيق محمّد هاشم. بيروت: دار الكتب العلميّة، ١٩٩٥.

الكلينيّ، محمّد بن يعقوب (ت. ٩٤١/٣٢٩). **الكافي**. ١–٨. تصحيح عليّ أكبر الغفاري. ط. ٥. طهران: دار الكتب الإسلاميّة، ١٩٨٤.

الكنديّ، عبد المسيح بن إسحاق. **رسالة الكنديّ إلى عبد الله بن إسماعيل الهاشميّ يردّ بها عليه ويدعوه إلى النصرانيّة**. تحقيق ويليام موير. ط. ٢. لندن: طبعة دابليو أيج آلين وكمبني، ١٨٨٧.

الكوفيّ، عليّ بن أحمد (ت. ٩٦٣/٣٥٢). **الاستغاثة في بِدَع الثلاثة**. طهران: مؤسّسة الأعلمي، د. ت.

الكوفيّ، فرات بن إبراهيم (ت. ٩٦٣/٣٥٢)، **تفسير فرات الكوفيّ**. تحقيق محمّد الكاظم. طهران: مؤسّسة الطبع والنشر، ١٩٩٠.

المبرّد، محمّد بن يزيد (ت. ٩٠٠/٢٨٦). **الفاضل**. تحقيق عبد العزيز الميمني. القاهرة: مطبعة دار الكتب المصريّة، ١٩٩٥.

———. **الكامل**. ١–٣. عن طبعة بروكهاوس بتحقيق رِيت، ١٨٧٤. بيروت: دار صادر، د. ت.

مجاهد بن جبر (ت. ٧١٨/١٠٠–٧٢٢/١٠٤). **تفسير مجاهد**. الأجزاء. تحقيق عبد الرحمن الطاهر بن محمّد السورتي. بيروت: المنشورات العلميّة، د. ت.

المجلسيّ، محمّد باقر بن محمّد تقي (ت. ١٦٩٩/١١١١). **بحار الأنوار الجامعة لدرر أخبار الأئمّة الأطهار**. ١–٤٤. بيروت: دار التعارف للمطبوعات، ٢٠٠١.

المدائنيّ، عليّ بن محمّد (ت. ٨٤٠/٢٢٥). «كتاب المردفات من قريش»، في **نوادر المخطوطات**. تحقيق عبد السلام هارون. ط. ٢. القاهرة: مطبعة الحلبيّ، ١٩٧٣.

المرتضى، الشريف عليّ بن الحسين الموسويّ (ت. ١٠٤٤/٤٣٦). **رسائل الشريف المرتضى**. ١–٤. تحقيق أحمد الحسينيّ. قم: دار القرآن الكريم، ١٩٨٥–١٩٩٠.

المسعوديّ، عليّ بن الحسين (ت. ٩٥٧/٣٤٦). **مروج الذهب ومعادن الجوهر**. ١–٧. طبعة بربيه دي مينار وبافيه دي كرتاي. تنقيح وتصحيح شارل بلّا. بيروت: الجامعة اللبنانيّة، ١٩٦٥–١٩٧٩.

المعرّيّ، أبو العلاء (ت. ١٠٥٧/٤٤٩). **رسالة الغفران**. تحقيق عائشة عبد الرحمن. ط. ٩. القاهرة: دار المعارف، د. ت.

المفيد، الشيخ محمّد بن محمّد بن النعمان (ت. ١٠٢٢/٤١٣). **أوائل المقالات في المذاهب المختارات**. بيروت: دار الكتاب الإسلاميّ، ١٩٨٣.

مقاتل بن سليمان (ت. ٧٦٧/١٥٠). **تفسير الخمس مائة آية من القرآن**. تحقيق يشعياهو غولدفيلد. شفاعمرو: مطبعة دار المشرق، ١٩٨٠.

———. **تفسير مقاتل بن سليمان**. ١–٥. تحقيق عبد الله شحاته عن طبعة الهيئة المصريّة العامّة للكتاب، ١٩٧٩. بيروت: مؤسّسة التاريخ العربيّ، ٢٠٠٢.

المناويّ (ت. ١٦٢٢/١٠٣١)، محمّد عبد الرؤوف بن تاج العارفين. **التوقيف على مهمّات التعاريف**. تحقيق عبد الحميد حمدان. القاهرة: عالم الكتب، ١٩٩٠.

الميدانيّ، أحمد بن محمّد النيسابوريّ (ت. ١١٢٤/٥١٨). **مجمع الأمثال**. تحقيق نعيم زرزور. بيروت: دار الكتب العلميّة، ١٩٨٨.

المقريزيّ، أحمد بن عليّ (ت. ١٤٤٢/٨٤٥). **إمتاع الأسماع بما للنبيّ من الأحوال والأموال والحفدة والمتاع**. ١–١٥. تحقيق محمّد عبد الحميد النميسي. بيروت: دار الكتب العلميّة، ١٩٩٩.

النابلسيّ، عبد الغني (ت. ١٧٣١/١١٤٣). **تعطير الأنام في تعبير المنام**. القاهرة: مطبعة الاستقامة، ١٩٦٤.

النسَفيّ، عبد الله بن أحمد (ت. ١٣١٠/٧١٠). **مدارك التنزيل وحقائق التأويل**. ١–٣. تحقيق يوسف بديوي. بيروت: دار الكلم الطيّب، ١٩٩٨.

النوويّ، محيي الدين بن شرف (ت. ١٢٧٧/٦٧٦). **التقريب والتيسير لمعرفة سنن البشير النذير في أصول الحديث**. تحقيق محمّد الخُشْت. بيروت: دار الكتاب العربيّ، ١٩٨٥.

النويريّ، أحمد بن عبد الوهّاب (ت. ١٣٣٣/٧٣٣). **نهاية الأرب في فنون الأدب**. ١–٣٣. تحقيق مفيد قميحة وآخرين. بيروت: دار الكتب العلميّة، ٢٠٠٤.

النيسابوريّ، مسلم بن الحجّاج (ت. ٨٧٥/٢٦١). **الجامع الصحيح**. ١–١٨. تحقيق خليل مأمون شيحا. بيروت: دار المعرفة، ١٩٩٤.

الواحديّ، عليّ بن أحمد (ت. ١٠٧٦/٤٦٨). **أسباب النزول**. القاهرة: مؤسّسة الحلبيّ، ١٩٦٨.

الواقديّ، محمّد بن عمر (ت. ٨٢٣/٢٠٧). **المغازي**. تحقيق مارسدن جونز. لندن: مطبوعات جامعة أكسفورد، ١٩٦٦.

اليغموريّ، يوسف بن أحمد (ت. ١٢٧٤/٦٧٣). **نور القبس المختصر من المقتبس في أخبار النحاة والأدباء والشعراء والعلماء** لمحمّد بن عمران المرزباني (ت. ٩٩٤/٣٨٤). تحقيق رودلف زلهايم. فيسبادن: فرانتس شتاينر، ١٩٦٤.

ثانيًا: المراجع

العربيّة والـمُترجَمة

أبو زيد، نصر حامد. «السيرة النبويّة سيرة شعبيّة». **مجلّة الفنون الشعبيّة ٣٢–٣٣ (١٩٩١): ١٧–٣٦.**

——. **مفهوم النصّ: دراسة في علوم القرآن.** ط. ٨. بيروت والدار البيضاء: المركز الثقافيّ العربيّ، ٢٠١١.

——. **نقد الخطاب الدينيّ.** ط. ٣. بيروت والدار البيضاء: المركز الثقافيّ العربيّ، ٢٠٠٧.

أركون، محمّد. **القرآن من التفسير الموروث إلى تحليل الخطاب الدينيّ.** ترجمة هاشم صالح. بيروت: دار الطليعة للطباعة والنشر، ٢٠٠١.

استانبولي، محمود، ومصطفى الشلبي. «خديجة بنت خويلد: سيّدة قريش الطاهرة». في **نساء حول الرسول والردّ على مفتريات المستشرقين، ٣٥–٤٥.** ط. ١٣. دمشق وبيروت: دار ابن كثير، ٢٠٠٨.

الأعظميّ، مصطفى. **دراسات في الحديث النبويّ وتاريخ تدوينه.** بيروت: المكتب الإسلاميّ، ١٩٨٠.

إمبِرت، إنريكِ أندرسون. **مناهج النقد الأدبيّ.** ترجمة الطاهر أحمد مكّي. القاهرة: مكتبة الآداب، ١٩٩١.

إلياد، مرسيا. **المقدّس والعادي.** ترجمة عادل العوّا. بودابست: صحارى للصحافة والنشر، ١٩٩٤.

أومون، جاك. **الصورة.** ترجمة ريتا الخوري. بيروت: المنظّمة العربيّة للترجمة، ٢٠١٣.

برهان، محمّد. «السيّدة خديجة بنت خويلد رضي الله عنها». في **نساء حول الرسول، ٢٣–٣٢.** بيروت: دار الجيل، ٢٠٠٥.

بروفنسال، إ. ليفي. مقدّمة **لجمهرة أنساب العرب** لابن حزم الأندلسيّ. القاهرة: دار المعارف، ١٩٤٨.

ابن الشيخ، جمال الدين. **ألف ليلة وليلة أو القول الأسير.** ترجمة محمّد برادة وعثماني الميلود ويوسف الأنطكي. القاهرة: المجلس الأعلى للثقافة والمركز الفرنسيّ للثقافة والتعاون، ١٩٩٨.

ابن عاشور، محمّد الفاضل. **التفسير ورجاله.** تونس: دار الكتب الشرقيّة، ١٩٦٦.

أبو عجيلة، ناجية الوريمي. **في الائتلاف والاختلاف: ثنائيّة السائد والمُهمّش في الفكر الإسلاميّ القديم.** دمشق: دار المدى، ٢٠٠٤.

توفيق، بثينة. **خديجة أمّ المؤمنين.** القاهرة: دار الفكر العربيّ، ١٩٤٨.

جرّار، ماهر. مراجعة لكتاب (*Ideas, Images, and Methods of Portrayal*)، تحرير سيباستيان غونتر. **الأبحاث ٥٨–٥٩** (٢٠١٠–٢٠١١): ١٢١–١٢٤.

جعيط، هشام. في السيرة النبويّة: تاريخيّة الدعوة المحمّديّة في مكّة. ط. ٢. بيروت: دار الطليعة، ٢٠٠٧.

——. **في السيرة النبويّة: الوحي والقرآن والنبوّة**. ط. ٤. بيروت: دار الطليعة، ٢٠٠٨.

جوده، جمال. «القصص والقُصّاص في صدر الإسلام بين الواقع التاريخيّ والنظرة الفقهيّة». **دراسات تاريخيّة** ٣٣–٣ (١٩٨٩): ١٠٥–١٤١.

جولدسيهر، إجناتس. «الفِرَق». في **العقيدة والشريعة في الإسلام**، ترجمة محمّد يوسف موسى، ٢٤٥–٣٣٠. منشورات الجمل: بيروت وبغداد: ٢٠٠٩.

——. **مذاهب التفسير الإسلاميّ**. ترجمة عبد الحليم النجّار. ط. ٢. بيروت: دار إقرأ، ١٩٨٣.

جونز، مارسدن. «أصول السيرة النبويّة وتطوّرها في القرنين الأوّل والثاني للهجرة»، في مقدّمة **لكتاب المغازي** للواقديّ [ت. ٢٠٧/٨٢٣]، ١٩–٣٥. لندن: مطبوعات جامعة أكسفورد، ١٩٦٦.

حسن، محمّد كامل. **خديجة بنت خويلد: أوّل أهل القبلة**. عكّا: مكتبة السروجي، ١٩٧٦.

الحسنيّ، نبيل. **خديجة بنت خويلد: أمّة جُمعت في امرأة**. ١–٥. كربلاء: قسم الشؤون الفكريّة والثقافيّة في العتبة الحسينيّة، ٢٠١١.

الحمّامي، نادر. **صورة الصحابيّ في كتب الحديث**. بيروت والدار البيضاء: المركز الثقافيّ العربيّ ومؤسّسة مؤمنون بلا حدود، ٢٠١٤.

الخالدي، صلاح. **تعريف الدارسين بمناهج المفسّرين**. دمشق: دار القلم، ٢٠٠٢.

الخطيب، محمّد عجّاج. **السنّة قبل التدوين**. القاهرة: مكتبة وهبة، ١٩٦٣.

الدمشقي، عرفان العشّا حسونة. «السيّدة خديجة بنت خويلد رضي الله عنها». في **نساء في ظلّ رسول الله: السيرة الكاملة لأزواج النبيّ وبناته الأطهار**، ٥–٤١. ط. ٣. بيروت: دار الكتب العلميّة، ٢٠٠٠.

ديتشِس، ديفيد. **مناهج النقد الأدبيّ بين النظريّة والتطبيق**. ترجمة محمّد يوسف نجم. بيروت: دار صادر، ١٩٦٧.

الذهبي، محمّد حسين. **التفسير والمفسّرون**. القاهرة: دار الكتب الحديثة، ١٩٦١–١٩٦٢.

رضا، محمّد رشيد. **الوحي المحمّديّ**. ط. ٢. القاهرة: مطبعة المنار، ١٩٣٣.

الرويلي، ميجان، وسعد البازعي. **دليل الناقد الأدبيّ: إضاءة لأكثر من سبعين تيّارًا ومصطلحًا نقديًّا معاصرًا**. ط. ٥. بيروت والدار البيضاء: المركز الثقافيّ العربيّ، ٢٠٠٧.

ريكور، بول. **من النصّ إلى الفعل: أبحاث التأويل**. ترجمة محمّد برادة وحسّان بورقية. القاهرة: عين للدراسات والبحوث الإنسانيّة والاجتماعيّة، ٢٠٠١.

الزركليّ، خير الدين. «أمّ المؤمنين خديجة بنت خويلد عليها السلام». في **الأعلام: قاموس تراجم لأشهر الرجال والنساء من العرب والمستعربين والمستشرقين**، ٣٠٢/٢. ط. ٥. بيروت: دار العلم للملايين، ١٩٨٠.

ساعي، إبراهيم زكي. **أمّ الاشتراكيّة، خديجة بنت خويلد**. القاهرة: الدار القوميّة للطباعة والنشر، ١٩٦٥.

السباعي، مصطفى. **السنّة ومكانتها في التشريع الإسلاميّ**. القاهرة: دار العروبة، ١٩٦١.

سرور، طه عبد الباقي. **خديجة زوجة الرسول**. القاهرة: دار الشرق الجديد، ١٩٥٧.

سروش، عبد الكريم. **بسط التجربة النبويّة**. ترجمة أحمد القبانجي. بغداد وبيروت: منشورات الجمل، ٢٠٠٩.

سعد الدين، محمّد. **العلماء عند المسلمين، مكانتهم ودورهم في المجتمع**. بيروت: دار المناهل، ١٩٩٢.

سعيد، محمّد. **النسب والقرابة في «المجتمع» العربيّ قبل الإسلام: دراسة في الجذور التاريخيّة للإيلاف**. بالأصل رسالة دكتوراه. بيروت: دار الساقي، ٢٠٠٦.

سكاكيني، وداد. «أمّ الزهراء». في **أمّهات المؤمنين وأخوات الشهداء**، ٧–٢٠. القاهرة: دار الفكر العربيّ، ١٩٤٧.

——. «خديجة بنت خويلد أمّ الزهراء». في **أمّهات المؤمنين وبنات الرسول**، ١٦–٢٦. ط. ٢. القاهرة: دار الفكر العربيّ، ١٩٩٢.

سوبليه، جاكلين. **حصن الاسم: قراءات في الأسماء العربيّة**. ترجمة سليم بركات. دمشق: المعهد الفرنسيّ للدراسات العربيّة، ١٩٩٩.

سيّد أحمد، أمجد حسن. «كتاب المثالب لأبي المنذر هشام بن محمّد بن السائب الكلبيّ المتوفّى سنة ٢٠٤ هـ برواية أبي جعفر محمّد بن أبي السرّي: تحقيق وتوثيق ودراسة». رسالة دكتوراه. جامعة بنجاب بلاهور باكستان: ١٩٧٧.

سيزكين، فؤاد. **تاريخ التراث العربيّ**. ١–١٠. ترجمة محمود حجازي. الرياض: جامعة محمّد بن سعود، ١٩٩١.

السيلاوي، غالب. **الأنوار الساطعة من الغرّاء الطاهرة، خديجة بنت خويلد عليها السلام**. ط. ٢. طهران: محلاتي، ٢٠٠٣.

شاكر، أحمد محمّد. **الباعث الحثيث: شرح اختصار علوم الحديث للحافظ ابن كثير**. بيروت: دار الكتب العلميّة، د. ت.

الشبّر، زكيّة. **نبع الكوثر: السيّدة خديجة**. بيروت: دار المحجّة البيضاء، ٢٠١٠.

شلبي، محمود. **حياة أمّ المؤمنين خديجة عليها السلام**. بيروت: دار الجيل، ١٩٨٩.

صالح، بشرى. **نظريّة التلقّي: أصول وتطبيقات**. بيروت: المركز الثقافيّ العربيّ، ٢٠٠١.

الصالح، صبحي. **مباحث في علوم القرآن**. ط ١٠. بيروت: دار العلم للملايين، ٢٠٠٩.

الصبّاغ، محمّد. **لمحات في علوم القرآن واتّجاهات التفسير**. بيروت: المكتبة الإسلاميّة، ١٩٧٤.

الطباطبائيّ، محمّد حسين. **الميزان في تفسير القرآن**. ١-٢٠. قم: مؤسّسة النشر الإسلاميّ، د. ت.

طهماز، عبد الحميد محمود. **السيّدة خديجة أمّ المؤمنين وسبّاقة الخلق إلى الإسلام**. دمشق: دار القلم، ١٩٩٩.

العايب، سلوى بالحاج صالح. **دثّريني يا خديجة: دراسة تحليليّة لشخصيّة خديجة بنت خويلد**. ط. ٢. بيروت: دار الطليعة، ٢٠١١.

عبد الحميد، شاكر. **عصر الصورة: السلبيّات والإيجابيّات**. عالم المعرفة ٣١١. الكويت: المجلس الوطنيّ للثقافة والفنون والآداب، ٢٠٠٥.

عبد الرازق، عليّ. **الإسلام وأصول الحكم: بحث في الخلافة والحكومة في الإسلام**. ط. ٢. القاهرة: مطبعة مصر، ١٩٢٥.

عبد الرحمن، عائشة المعروفة ببنت الشاطئ. «خديجة بنت خويلد أمّ العيال وربّة البيت». في **موسوعة آل النبيّ عليه الصلاة والسلام**، ٢١٠-٢٣٢. بيروت: دار الكتاب العربيّ، ١٩٦٧.

———. «خديجة بنت خويلد أمّ المؤمنين الأولى». في نساء النبيّ عليه الصلاة والسلام، ٢٨-٥٠. ط. ٤. القاهرة: دار الهلال، ١٩٦٧.

عبد الكريم، خليل. **فترة التكوين في حياة الصادق الأمين**. القاهرة: دار مصر المحروسة، ٢٠٠٤.

عبّود، حُسن. **السيّدة مريم في القرآن الكريم: قراءة أدبيّة**. بيروت: دار الساقي، ٢٠١٠.

العروي، عبد الله. **مفهوم التاريخ**. ١-٢. بيروت والدار البيضاء: المركز الثقافيّ العربيّ، ١٩٩٢.

عزّام، محمّد. **التلقّي والتأويل: بيان سلطة القارئ في الأدب**. دمشق: دار الينابيع، ٢٠٠٧.

العلايلي، عبد الله. **مثلهنّ الأعلى: السيّدة خديجة**. ط. ٤. بيروت: دار الجديد، ١٩٩٢.

عليّ، جواد. **المفصّل في تاريخ العرب قبل الإسلام**. ١-١٠. بيروت: دار العلم للملايين، ١٩٧٦-١٩٨٠.

العلي، صالح. **محاضرات في تاريخ العرب**. بغداد: مطبعة المعارف، ١٩٥٩.

العلي، مريم. «القصص في القرآن». في «البُنية الحَكائيّة لقصّة سليمان في القرآن والتراث». رسالة ماجستير. الجامعة الأميركيّة في بيروت: ٢٠١١.

عمامو، حياة. **أصحاب محمّد ودورهم في نشأة الإسلام**. ط. ٣. جبيل: دار ومكتبة بيبليون، ٢٠١٤.

عمر، عبد المنعم محمّد. **خديجة أمّ المؤمنين: نظرات في إشراق فجر الإسلام**. القاهرة: الهيئة المصريّة العامّة للكتاب، ١٩٨٢.

عوض، إبراهيم. «**لكن محمّدًا لا بواكي له**»: **هتك الأستار عن خفايا كتاب «فترة التكوين في حياة الصادق الأمين»**. ط. ٢. القاهرة: دار الفكر العربيّ، ٢٠٠١.

العيد، يمنى. **في معرفة النصّ: دراسات في النقد الأدبيّ**. ط. ٤. بيروت: دار الآداب، ١٩٩٩.

غوتيي، غي. **الصورة: المكوّنات والتأويل**. ترجمة وتقديم سعيد بنگراد. بيروت والدار البيضاء: المركز الثقافيّ العربيّ، ٢٠١٢.

فاركلوف، نورمان. **تحليل الخطاب: التحليل النصّي في البحث الاجتماعيّ**. ترجمة طلال وهبه. بيروت: المنظّمة العربيّة للترجمة، ٢٠٠٩.

فراي، نورثروب. **تشريح النقد: محاولات أربع**. ترجمة محمّد عصفور. عمّان: منشورات الجامعة الأردنيّة، ١٩٩١.

فِك، يوهان. **العربيّة: دراسات في اللغة واللهجات والأساليب**. ترجمة وتحقيق عبد الحليم النجّار. القاهرة: مطبعة دار الكتاب العربيّ، ١٩٥١.

فوّاز، زينب. «خديجة ابنة خويلد بن أسد بن عبد العزّى بن قصيّ بن كلاب». في **الدرّ المنثور في طبقات ربّات الخدور**، ١٨٠–١٨٢. القاهرة: المطبعة الكبرى الأميريّة، ١٨٩٦.

القاضي، محمّد. **الخبر في الأدب العربيّ: دراسات في السرديّة العربيّة**. بيروت: دار الغرب الإسلاميّ، ١٩٩٨.

القرشيّ، باقر. **حياة السيّدة خديجة**. بيروت: دار جواد الأئمّة، ٢٠٠٨.

قشوري، فاطمة. **عائشة في كتب الحديث والطبقات**. بيروت والدار البيضاء: المركز الثقافيّ العربيّ ومؤسّسة مؤمنون بلا حدود، ٢٠١٤.

القيسيّ، قاسم. **تاريخ التفسير**. بغداد: مطبعة المجمع العلميّ العراقيّ، ١٩٦٦.

كحّالة، عمر رضا. «خديجة بنت خويلد». في **أعلام النساء في عالَمي العرب والإسلام**، ٣٢٦–٣٣١. ط. ٢. بيروت: مؤسّسة الرسالة، ١٩٥٩.

كَنْت، إمانويل. **نقد العقل العمليّ**. ترجمة غانم هنا. بيروت: المنظّمة العربيّة للترجمة، ٢٠٠٨.

كيليطو، عبد الفتاح. **أبو العلاء المعرّيّ أو متاهات القول**. الدار البيضاء: دار توبقال للنشر، ٢٠٠٠.

———. **الأدب والارتياب**. الدار البيضاء: دار توبقال للنشر، ٢٠٠٧.

———. **الأدب والغرابة: دراسات بنيويّة في الأدب العربيّ**. ط. ٣. الدار البيضاء: دار توبقال للنشر، ٢٠٠٦.

———. **الحكاية والتأويل: دراسات في السرد العربيّ**. الدار البيضاء: دار توبقال للنشر، ١٩٨٨.

مؤنس، حسين. **تاريخ قريش**. جدّة: الدار السعوديّة للنشر والتوزيع، ١٩٨٨.

مرتضى، جعفر. «خديجة لم تتزوّج أحدًا قبل النبيّ»، في **بنات النبيّ صلّى الله عليه وآله أم ربائبه؟**، ٦٧–٧١. ط. ٣. بيروت: المركز الإسلاميّ للدراسات، ٢٠١١.

———. **الصحيح من سيرة النبيّ الأعظم**. ط. ٢. بيروت: دار الحديث للطباعة والنشر، ٢٠٠٧.

المرنيسي، فاطمة. **سلطانات منسيّات**. ترجمة فاطمة الزهراء أزرويل. بيروت: المركز الثقافيّ العربيّ، ٢٠٠٠.

المنجد، صلاح الدين. «أزواج الرسول أمّهات المؤمنين». في **معجم ما أُلّف عن رسول الله ﷺ**، ٢١٩–٢٢٣. بيروت: دار الكتاب الجديد، ١٩٨٢.

———. **أمثال المرأة عند العرب: ما قالته المرأة العربيّة وما قيل فيها**. بيروت: دار الكتاب الجديد، ١٩٨١.

نولدكه، تيودور. **تاريخ القرآن**. تعديل فريدريش شفالي؛ نقله إلى العربيّة جورج تامر. بيروت: مؤسّسة كونراد، ٢٠٠٤.

نويهض، عادل. **معجم المفسّرين من صدر الإسلام حتّى العصر الحاضر**. بيروت: مؤسّسة نويهض الثقافيّة، ١٩٨٣.

هوروفتس، يوسف. **المغازي الأولى ومؤلّفوها**. ترجمة حسين نصّار. القاهرة: مطبعة البابيّ الحلبيّ، ١٩٤٩.

وورد، ديڤيد. محرّر. **الوجود والزمان والسرد: فلسفة پول ريكور**. ترجمة سعيد الغانميّ. الدار البيضاء وبيروت: المركز الثقافيّ العربيّ، ١٩٩٩.

يقطين، سعيد. **الكلام والخبر: مقدّمة للسرد العربيّ**. بيروت والدار البيضاء: المركز الثقافيّ العربيّ، ١٩٩٧.

اليمانيّ، أحمد زكي. **دار السيّدة خديجة بنت خويلد رضي الله عنها في مكّة المكرّمة: دراسة تاريخيّة للدار وموقعها وعمارتها**. لندن: مؤسّسة الفرقان للتراث الإسلاميّ، ٢٠١٣.

يمانيّ، محمّد عبده. **أمّ المؤمنين خديجة بنت خويلد: سيّدة في قلب المصطفى**. دمشق: مؤسّسة علوم القرآن، ٢٠٠٠.

الينبعيّ، محمّد. **مفهوم الجهل والجاهليّة في القرآن الكريم والسنّة النبويّة: دراسة مصطلحيّة وتفسير موضوعيّ**. بالأصل رسالة دكتوراه. القاهرة: دار السلام، ٢٠١٣.

المصادر والمراجع الإنكليزيّة والفرنسيّة

The Qur'an. Translated by Tarif Khalidi. London: Penguin Books, 2008.

Abbott, Nabia. *Aishah, the Beloved of Mohammed*. Chicago: University of Chicago Press, 1942.

——. *Studies in Arabic Literary Papyri, II, Qur'ānic Commentary and Tradition*. Chicago: The University of Chicago Press, 1967.

——. "Women and the State in Early Islam." *Journal of Near Eastern Studies* 1, nos. 1; 3 (1942): 106–126; 341–368.

Abdul-Jabbar, Ghassan. *Bukhari*. London and New York: I.B. Tauris and Oxford University Press, 2007.

Adorno, Theodor. *Théorie Ésthetique*. Translated by Marc Jimenez. Paris: Éditions Klincksieck, 1974.

Afsaruddin, Asma. "Early Women Exemplars and the Construction of Gendered Space: (Re)Defining Feminine Moral Excellence." In *Harem Histories: Envisioning Places and Living Spaces*, edited by Marilyn Booth, 23–48. Durham: Duke University Press, 2010.

——. *The First Muslims: History and Memory*. Oxford: Oneworld, 2008.

——. "Reconstituting Women's Lives: Gender and the Poetics of Narrative in Medieval Biographical Collections." *Muslim World* 92, nos. 3–4 (2002): 461–80.

Akkach, Samer. *Cosmology and Architecture in Premodern Islam: An Architectural Reading of Mystical Ideas*. New York: State University of New York Press, 2005.

Ali, Kecia. *Marriage and Slavery in Early Islam*. Cambridge: Harvard University Press, 2010.

——. "The Prophet Muhammad, his Beloved Aishah, and Modern Muslim Sensibilities." In *Sexual Ethics and Islam: Feminist Reflections on Qur'an, Hadith, and Jurisprudence*, 135–50. 4th ed. London: Oneworld Publications, 2013.

——. "The Wife of Muhammad." In *The Lives of Muhammad*, 114–54. Cambridge: Harvard University Press, 2014.

Amir-Moezzi, Mohammad Ali. "Remarques sur les Critères d'Authenticité du Hadîth et l'Autorité du Juriste dans le Shi'isme Imâmite." *Studia Islamica* 85 (1997): 5–39.

Amir–Moezzi, Mohammad Ali et al., eds. *Le Shī'isme Imāmite Quarante Ans Après*. Turnhout: Brepols, 2009.

Ansari, Zafer. "The Authenticity of Traditions - A Critique of Joseph Schacht's Argument e silentio." *Hamdard Islamicus* 7 (1984): 51–61.

'Arafat, W. "Early Critics of the Authenticity of the Poetry of the "Sīra." *Bulletin of the School of Oriental and African Studies* 21, no. 1/3 (1958): 453–63.

Aristotle. *De Anima*. Translated by R. D. Hicks. Cambridge: Cambridge University Press, 1907.

Arjomand, Said Amir, ed. *Authority and Political Culture in Shi'ism*. New York: State University of New York Press, 1988.

Arkoun, Mohammed. "Lecture de la sourate 18." In *Lectures Du Coran*, 69–86. Paris: Editions G.-P. Maisonneuve et Larouse, 1982.

Asad, Talal. *The Idea of an Anthropology of Islam*. Washington, D.C.: Centre for Contemporary Arab Studies, Georgetown University, 1986.

Ascha, Ghassan. "The "Mothers of the Believers": Stereotypes of the Prophet Muhammad's Wives." In *Female Stereotypes in Religious Traditions*, edited by Ria Kloppenborg and Wouter J. Hanegraaff, 89–107. Leiden: Brill, 1995.

Assmann, Jan. *Religion and Cultural Memory: Ten Studies*. Translated by R. Livingstone. Stanford: Stanford University Press, 2006.

'Athamina, Khalil. "Al-Qasas: Its Emergence, Religious Origin and Its Socio-Political Impact on Early Muslim Society." *Studia Islamica* 76 (1992): 53–74.

Ayoub, Mahmoud. "Literary Exegesis of the Qur'ān: The Case of al-Sharīf al-Raḍī." In *Literary Structures of Religious Meaning in the Qur'ān*, edited by Issa Boullata, 292–309. Surrey: Curzon, 2000.

——. *The Qur'an and its Interpreters*. Albany: State University of New York Press, 1984.

al-Azami, Muhammad Mustafa. *On Schacht's Origins of Muhammadan Jurisprudence*. Riyadh: King Saud University, 1985.

——. *Studies in Early Ḥadīth Literature*. 2nd ed. Indianapolis: American Trust Publications: 1978.

Backscheider, Paula R. *Reflections on Biography*. Oxford: Oxford University Press, 1999.

Barazangi, Nimat Hafez. *Woman's Identity and the Qur'an: A New Reading*. Gainesville: University Press of Florida, 2004.

Barlas, Asma. *"Believing Women": Unreading Patriarchal Interpretations of the Qur'an*. Austin: University of Texas Press, 2002.

Bearman, P., Th. Bianquis, C.E. Bosworth, E. van Donzel, and W.P. Heinrichs, eds. "Djāhiliyya." In *EI*2 2 (1983): 383–84.

Beeston, A. F. L., T. M. Johnstone, R. B. Serjeant, and G. R. Smith, eds. *The Cambridge History of Arabic Literature, I: Arabic Literature to the End of the Umayyad* Period. Cambridge: Cambridge University Press, 1983.

Bell, Richard. *Bell's Introduction to the Qur'ān*. Edited by W. Montgomery Watt. 4th ed. Edinburgh: Edinburgh University Press, 1994.

Benjamin, Walter. "The Storyteller." In *Illuminations*. Edited by Hannah Arendt and translated by Harry Zorn, 83–107. London: Pimlico, 1999.

Berg, Herbert. *The Development of Exegesis in Early Islam: The Authenticity of Muslim Literature from the Formative Period*. Surrey: Curzon Press, 2000.

Blecher, Joel. "Ḥadīth Commentary in the Presence of Students, Patrons, and Rivals: Ibn Ḥajar and Ṣaḥīḥal-Bukhārī in Mamluk Cairo." *Oriens* 41, no. 3/4 (2013): 261–287.

Bloch, Marc. "L'idole des origines." In *Apologie pour l'Histoire ou Métier d'Historian*. 2nd ed. 19–23. Paris: Librairie Armand Colin, 1952.

Bodkin, Maud. *Studies of Type-Images in Poetry, Religion, and Philosophy*. London: Oxford University Press, 1951.

Boisard, Marcel A. "Égalité et statut de la femme," in *L'humanisme de l'Islam*, 104–110. Paris: Albin Michel, 1979.

Bonebakker, Seeger. "Adab and the concept of belles-lettres." In *The Cambridge History of Arabic Literature: 'Abbāsid Belles-Lettres*, edited by Julia Ashtiany et al., 16–30. Cambridge: Cambridge University Press, 1990.

Bousquet, G-H., trans. "Études islamologiques d'Ignaz Goldziher: Traduction analytique (III)." *Arabica* 7, no. 3 (1960): 237–72.

Brockopp, Jonathan E., ed. *The Cambridge Companion to Muḥammad*. Cambridge: Cambridge University Press, 2012.

Brown, Jonathan A. C. *The Canonization of al-Bukhari and Muslim: The Formation and Function of the Sunni Hadith Canon*. Leiden: Brill, 2007.

——. *Hadith: Muhammad's Legacy in the Medieval and Modern World*. Oxford: Oneworld, 2009.

——. "How We Know Early Hadīth Critics Did Matn Criticism and Why It's so Hard to Find." *Islamic Law and Society* 15, no. 2 (2008):143–84.

Buckley, Ron. *The Night Journey and Ascension in Islam: The Reception of Religious Narrative in Sunni, Shi'i and Western Culture*. London: I. B. Tauris, 2012.

Burton, John. "The Collection of the Qur'ān." In *EQ* 1 (2001): 351–61.

——. *An Introduction to the Ḥadīth*. Edinburgh: Edinburgh University Press, 1994.

Cahen, Claude. "L'Historiographie Arabe: Des Origines au VIIᵉ s. H." *Arabica* 33, no. 2 (1986): 133–98.

Cameron, A. J. *Abu Dharr al-Ghifari: An Examination of His Image in the Hagiography of Islam*. New Delhi: Adam Publishers, 2006.

Carruthers, Mary J. *The Book of Memory: A Study of Memory in Medieval Culture*. 4th ed. Cambridge: Cambridge University Press, 1994.

Ceylan, Yasin. *Theology and Tafsīr in the Major Works of Fakhr al-Dīn al-Rāzī*. Kuala Lumpur: International institute of Islamic Thought and Civilization, 1996.

Chelhod, J. "Ḥidjāb." In *EI*² 3 (1979): 359–61.

Colby, Frederick. *Narrating Muhammad's Night Journey: Tracing the Development of the Ibn 'Abbās Ascension Discourse*. Albany: SUNY Press, 2008.

Conrad, Lawrence I., ed. Introduction to *The Earliest Biographies of the Prophet and Their Authors* by Joseph Horovitz, ix–xxxiii. Princeton: Darwin Press, 2002.

Cook, Michael et al., eds. *Law and Tradition in Classical Islamic Thought: Studies in Honor of Professor Hossein Modarressi*. New York: Palgrave MacMillan, 2013.

Cooperson, Michael. *Classical Arabic Biography: The Heirs of the Prophets in the Age of al-Ma'mūn*. Cambridge: Cambridge University Press, 2000.

——. "Classical Arabic Biography: A Literary-Historical Approach," In *Understanding Near Eastern Literatures: A Spectrum of Interdisciplinary Approaches*, edited by Verena Klemm and Beatrice Gruendler, 177–87. Wiesbaden: Reichert, 2000.

Corbin, Henri. *En Islam iranien: Aspects spirituels et philosophiques*. Vol. 1, *Le Shî'isme duodécimain*. Paris: Gallimard, 1971.

Di Cesare, Michelina. *The Pseudo-historical Image of the Prophet Muhammad in Medieval Latin Literature: A Repertory*. Berlin: De Gruyter, 2012.

Dickinson, Eerik. *The Development of Early Sunnite Ḥadīth Criticism: The Taqdima of Ibn Abī Ḥātim al-Rāzī (240/854–327/938)*. Leiden: Brill, 2001.

Donner, Fred. *Muhammad and the Believers at the Origins of Islam*. Cambridge: Belknap Press of Harvard University Press, 2010.

——. *Narratives of Islamic Origins: The Beginnings of Islamic Historical Writing*. Princeton: The Darwin Press, 1998.

Dumont, Louis. *From Mandeville to Marx: The Genesis and Triumph of Economic Ideology*. Chicago: University of Chicago Press, 1977.

Dunne, John. *The City of The Gods: A Study in Myth and Mortality*. New York: Macmillan, 1965.

Eliade, Mircea. *Images et Symboles: Essais sur le symbolisme magico-religieux*. 2nd ed. Paris: Gallimard, 1980.

——. *The Sacred and the Profane: The Nature of Religion*. Translated by Willard R. Trask. New York: Harcourt, Brace & World, 1963.

Elias, Jamal J. *Aisha's Cushion. Religious Art, Perception, and Practice in Islam*. Cambridge: Harvard University Press, 2012.

——. "Ṣūfī Tafsīr Reconsidered: Exploring the Development of a Genre." *Journal of Qur'anic Studies* 12 (2010): 41–55.

Fahd, Toufic, ed. *La Vie du Prophète Mahomet*. Paris: P.U.F., 1983.

Farès, Bichr. "Mufākhara." In *EI*^{2} 7 (1993): 308–10.

Foda, Hachem. "La Langue de L'*Adab*." In *Paroles, Signes, Mythes: Mélanges offerts à Jamal Eddine* Bencheikh, edited by Floréal Sanagustin, 157–78. Damas: Institut Français d'Études Arabes de Damas, 2001.

France, Peter and William St Clair, eds. *Mapping Lives: The Uses of Biography*. Oxford: Oxford University Press, 2002.

Fry, Paul. *Theory of Literature*. New Haven and London: Yale University Press, 2012.

Frye, Northrop. "The Archetypes of Literature." *The Kenyon Review* 13, no. 1 (1951): 92–110.

Fueck, J. "The Role of Traditionalism in Islam." In *Ḥadīth: Origins and Developments*, edited by Harald Motzki, 3–26. Aldershot: Ashgate, 2004.

Gätje, Helmut. *The Qur'ān and Its Exegesis*. Translated by Alford T. Welch. London: Routledge, 1976.

Geissinger, Aisha. *Gender and Muslim Constructions of Exegetical Authority: A Rereading of the Classical Genre of Qur'an Commentary.* Leiden and Boston: Brill, 2015.

Gilliot, Claude. "Exegesis of the Qur'ān: Classical and Medieval." In *EQ* 2 (2002): 99–124.

——. "Narratives." In *EQ* 3 (2003): 516–28.

Gilliot; Repp; Nizami; Hooker; Lin; Hunwick, "'Ulamā," in *EI²* 10 (2000): 801–10.

Gleave, Robert. "Between Ḥadīth and Fiqh: The Canonical Imāmī Collections of Akhbār." *Islamic Law and Society* 8 (2001): 350–82.

Goodman, Nelson. "Reality Remade." In *Aesthetics: Critical Concepts in Philosophy*, edited by James O. Young, 76–98. London and New York: Routledge, 2005.

Görke, Andreas. "Prospects and Limits in the Study of the Historical Muḥammad." In *The Transmission and Dynamics of the Textual Sources of Islam*, edited by Nicolet Boekhoff-van der Voort, Kees Versteegh and Joas Wagemakers, 137–51. Leiden: Brill, 2011.

——. and Johanna Pink, eds. *Tafsīr and Islamic Intellectual History: Exploring the Boundaries of a Genre.* New York: Oxford University Press, 2014.

Graham, Gordon. *Eight Theories of Ethics.* London: Routledge, 2004.

Graham, Joseph F. "The Difference in Aesthetics." In *Onomatopoetics: Theory of Language and Literature*, 140–77. Cambridge: Cambridge University Press, 1992.

Grunebaum, Gustave E. Von. *Medieval Islam: A Study in Cultural Orientation.* Chicago: University of Chicago Press, 1946.

Grzelak, Janusz and Valerian J. Derlega, eds. *Introduction to Cooperation and Helping Behavior: Theories and Research.* New York: Academic Press, 2013.

Guillory, John. "Canonical and Noncanonical: The Current Debate." In *Cultural Capital: The Problem of Literary Canon Formation*, 3–82. Chicago and London: The University of Chicago Press, 1994.

Günther, Sebastian. "Modern Literary Theory Applied to Classical Arabic Texts: Ḥadīth Revisited." In *Understanding Near Eastern Literatures: A Spectrum of Interdisciplinary Approaches*, edited by Verena Klemm and Beatrice Gruendler, 171–76. Wiesbaden: Reichert, 2000.

——. ed. *Ideas, Images, and Methods of Portrayal: Insights into Classical Arabic Literature and Islam.* Leiden: Brill, 2005.

Haidar, Najam. *Shīʿī Islam: An Introduction.* New York: Cambridge University Press, 2014.

Hafsi, Ibrahim. "Recherches sur le Genre "Ṭabaqāt" dans la Littérature Arabe I–III." *Arabica* 23 (1976): 227–65; *Arabica* 24 (1977): 1–41, 150–86.

Hallaq, Wael. "From Regional to Personal Schools of Laws? A Reevaluation." *Islamic Law and Society* 8 (2001): 1–26.

——. *The Origins and Evolution of Islamic Law.* Cambridge: Cambridge University Press, 2005.

Halm, Heinz. *Shiism.* Translated by Janet Watson. Edinburgh: Edinburgh University Press, 1991.

Hambly, Gavin R. G. ed. *Women in the Medieval Islamic World: Power, Patronage, and Piety.* New York: St. Martin's Press, 1998.

Heffeman, Thomas. *Sacred Biography: Saints and Their Biographies in the Middle Ages*. Oxford: Oxford University Press, 1988.

Heidegger, Martin. *Introduction à la Métaphysique*. Translated by Gilbert Kahn. Paris: Gallimard, 1967.

Heinemann, Arnim, John L. Meloy, Tarif Khalidi, and Manfred Kropp, eds. *Al-Jāḥiẓ: A Muslim Humanist for our Time*. Beirut: Orient-Institut, 2009.

Hinds, Martin. "Maghāzī and Sīra in Early Islamic Scholarship." In *Studies in Early Islamic History*, edited by Jere Bacharach, Lawrence I. Conrad, and Patricia Crone, 188–98. Princeton: Darwin Press, 1996.

———. "The Ṣiffīn Arbitration Agreement." In *Studies in Early Islamic History*, edited by Jere Bacharach, Lawrence Conrad, and Patricia Crone, 56–96. Princeton: Darwin Press, 1996.

Hirschler, Konrad. *Medieval Arabic Historiography: Authors as Actors*. London and New York: Routledge, 2006.

Hodgson, Marshall G.S. *The Venture of Islam: Conscience and History in a World Civilization*. Chicago and London: University of Chicago Press, 1974.

Horovitz, Joseph. "The Earliest Biographies of the Prophet and Their Authors." *Islamic Culture* 1 (1927): 535–59; 2 (1928): 22–50, 164–82, 495–526.

Hoyland, Robert. *Arabia and the Arabs from the Bronze Age to the Coming of Islam*. London: Routledge, 2001.

———. "History, Fiction, and Authorship in the First Centuries of Islam." In *Writing and Representation in Medieval Islam: Muslim Horizons*, edited by Julia Bray, 16–46. London and New York: Routledge, 2006.

Humphreys, Stephen. *Islamic History: A Framework for Inquiry*. Revised edition. Princeton: Princeton University Press, 1991.

Iser, Wolfgang. *The Act of Reading: A Theory of Aesthetic Response*. London: Routledge, 1979.

Jabali, Fu'ad. *The Companions of the Prophet: A Study of Geographical Distribution and Political Alignments*. Leiden: Brill, 2003.

Jafri, H. M. *The Origins and Early Development of Shi'a Islam*. London: Longman, 1979.

Jarrar, Maher. "Exegetical Designs of the Sīra: Tafsīr and Sīra" In *Oxford Handbook of Qur'anic Studies*, edited by Muhammad Abdel Haleem and Mustafa Shah. Oxford: Oxford University Press, 2020.

———. "Sira." In *Muhammad in History, Thought, and Culture: An Encyclopedia of the Prophet of God*, edited by Coeli Fitzpatrick and Adam Walker, 568–82. Santa Barbara: ABC-CLIO, 2014.

Jauss, Hans Robert. *Aesthetic Experience and Literary Hermeneutics*. Translated by Michael Shaw. Minneapolis: University of Minnesota Press, 1982.

——. *Toward an Aesthetic of Reception.* Translated by Timothy Bahti. Minneapolis: University of Minnesota Press, 1982.

Jung, C. G. *The Archetypes and the Collective Unconscious.* Translated by R. F. C. Hull. 2nd ed. Princeton: Princeton University Press, 1969.

Jurgi, Edward. "Khadīja, Mohamed's first wife." *The Muslim World* 26, no. 2 (1936): 197– 99.

Juynboll, G.H.A. "Ḥadīth and the Qurʾān." In *EQ* 2 (2002): 376–97.
——. *Muslim Tradition: Studies in Chronology, Provenance and Authorship of Early Ḥadīth.* Cambridge: Cambridge University Press, 1983.

Keddie, Nikki. "Problems in the Study of Middle Eastern Women." *International Journal of Middle East Studies* 10 (1979): 225–40.

Kennedy, Philip, ed. *On Fiction and Adab in Medieval Arabic literature.* Wiesbaden: Harrassowitz, 2005.

Khalidi, Tarif. *Arabic Historical Thought in the Classical Period.* Cambridge: Cambridge University Press, 1994.
——. *Images of Muhammad: Narratives of the Prophet in Islam across the Centuries.* New York and London: Doubleday, 2009.
——. Review of *Medieval Arabic Historiography: Authors as Actors* by Konrad Hirschler. *American Historical Review* 114, no. 3 (2009): 868–69.
——. Review of *Night and Horses and The Desert: An Anthology of Classical Arabic Literature* edited by Robert Irwin. *Times Literary Supplement*, no. 5061 (MARCH 31, 2000).

Kilpatrick, Hilary. "'Umar ibn 'Abd al-'Azīz, al-Walīd ibn Yazīd and their Kin: Images of the Umayyads in the Kitāb al-Aghānī." In *Umayyad Legacies: Medieval Memories from Syria to Spain*, edited by Antoine Borrut and Paul M. Cobb, 63–88. Leiden: Brill, 2010.

Kister, M. J. "God Will Never Disgrace Thee." *Journal of the Royal Asiatic Society of Great Britain and Ireland* 97, no.1 (1965): 27–32.

——. "The Sons of Khadīja." *Jerusalem Studies in Arabic and Islam* 16 (1993): 59–95.

——. "Al-taḥannuth: an Inquiry into the Meaning of a Term." *Bulletin of the School of Oriental and African Studies* XXXI (1968): 223–36.

——. "Shīʿī Ḥadīth," in *The Cambridge History of Arabic Literature, I*, 299–307.

Künkler, Mirjam and Devin J. Stewart, eds. *Female Religious Authority in Shiʿi Islam: Past and Present.* Edinburgh: Edinburgh University Press, 2020.

Lane, Andrew J. *A traditional Muʿtazilite Qurʾan Commentary: the Kashshaf of Jar Allah al-Zamakhshari (d. 538/1144).* Leiden: Brill, 2006.

Lane, Lauriat. "The Literary Archetype: Some Reconsiderations." *The Journal of Aesthetics and Art Criticism* 13, no. 2 (1954): 226–32.

Lapidus, I. M. "Knowledge, Virtue, and Action: The Classical Muslim Conception of Adab and the Nature of Religious Fulfillment in Islam." In *Moral Conduct and*

Authority: The Place of Adab in South Asian Islam, edited by B. D. Metcalf, 30–61. Berkeley and Los Angeles: University of California Press, 1984.

Larsson, Göran. "Images of the Prophet Muhammad: Some New Books on the Sira Literature." *Temenos* 48, no. 2 (2012): 231–34.

Lecomte, Gérard. *Le Shî'isme Imâmite*. Paris: Presses Universitaires de France, 1970.

Leder, Stefan. "Authorship and Transmission in Unauthored Literature: The Akhbār Attributed to al-Hayṯam ibn 'Adī." *Oriens* (1988): 67–81.

——. "The Literary Use of the Khabar, A Basic Form of Historical Writing." In *The Byzantine and Early Islamic Near East I: Problems in the Literary Source Material*, edited by L. Conrad and A. Cameron, 277–315. Princeton: Darwin Press, 1992.

——. ed. *Story-Telling in the Framework of Non-Fictional Classical Arabic Literature*. Wiesbaden: Harrassowitz, 1998.

——. "Understanding a Text through its Transmission: Documented Samā', Copies, Reception." In *Manuscript Notes as Documentary Sources*, edited by Andreas Goerke and Konrad Hirschler, 59–72; 192–95 (illustrations). Beirut: Orient-Institut Beirut, 2011.

——. "The Use of Composite Form in the Making of the Islamic Historical Tradition." In *On Fiction and Adab in Medieval Arabic Literature*, edited by Philip F. Kennedy, 125–48. Wiesbaden: Harrassowitz, 2005.

Leder, Stefan and Hilary Kilpatrick. "Classical Arabic Prose Literature: A Researchers' Sketch Map." *Journal of Arabic Literature* 23, no. 1 (1992): 2–26.

Leemhuis, Fred. "Origins and Early Development of the tafsīr Tradition." In *Approaches to the History of the Interpretation of the Qur'ān*, edited by Andrew Rippin, 13–30. New York: Oxford University Press, 1988.

Long, Charles. "The Study of Religion: Its Nature and Its Discourse." In *Significations: Signs, Symbols and Images in the Interpretation of Religion*, 15–29. Aurora: The Davies Group Publishers, 1999.

Lucas, Scott. *Constructive Critics, Ḥadīth Literature, and the Articulation of Sunnī Islam*. Leiden: Brill, 2004.

Lyotard, Jean-François. *La Condition Postmoderne: Rapport Sur Le Savior*. Paris: Les Éditions de Minuit, 1979.

Madelung, W. and E. Tyan. "'Iṣma." In *EI*² 4 (1978): 182–84.

Makdisi, George. ""Ṭabaqāt"-Biography: Law and Orthodoxy in Classical Islam." *Islamic Studies* 32, no. 4 (1993): 371–396.

Market House Books, ed. *A Dictionary of World History*. 3rd ed. Oxford: Oxford University Press, 2016.

Martin, Richard C. "Islamic Studies in the American Academy: A Personal Reflection." *Journal of the American Academy of Religion* 78, no. 4 (2010): 896–920.

McAuliffe, Jane Dammen. "Text and tafsīr." In *Qur'ānic Christians: An Analysis of Classical and Modern Exegesis*, 13–36. Cambridge: Cambridge University Press, 1991.

———. ed. *The Cambridge Companion to the Qur'ān*. Cambridge: Cambridge University Press, 2006.

In *Writing and Representation in Medieval Islam: Muslim Horizons*, edited by Julia Bray, 47–87. London and New York: Routledge, 2006.

Meisami, Julie Scott. "Writing Medieval Women: Representations and Misrepresentations."

Metcalf, Barbara D. "The Pilgrimage Remembered: South Asian Accounts of the Hajj." In *Muslim Travellers: Pilgrimage, Migration, and the Religious Imagination*, edited by Dale F. Eickelman and James Piscatori, 85–107. London: Routledge, 1990.

Mez, Adam. "Shi'ah." In *The Renaissance of Islam*, translated by Salahuddin Khuda Bukhsh and D. S. Margoliouth, 59–72. Beirut: United Publishers, 1973.

Mir, Mustansir. "Some Aspects of Narration in the Qur'an." In *Sacred Tropes: Tanakh, New Tesament, and Qur'an as Literature and Culture*, edited by Roberta Sterman Sabbath, 93–106. Leiden: Brill, 2009.

Mitchell, W. J. T. "Editor's Note: On Narrative." *Critical Inquiry* 7, no. 1 (1980): 1–4.

Modarressi, Hossein. "Imāmite Shī'ism in the Late Third/Ninth Century." In *Crisis and Consolidation in the Formative Period of Shī'ite Islam: Abū Ja'far ibn Qiba al-Rāzī and His Contribution to Imāmite Shī'ite Thought*, 3–105. Princeton: Darwin Press, 1993.

Momen, Moojan. *An Introduction to Shi'i Islam: The History and Doctrines of Twelver Shi'ism*. New Haven and London: Yale University Press, 1985.

Morley, Neville. *Writing Ancient History*. New York: Cornell University Press, 1999.

Motzki, Harald. "The Question of the Authenticity of Muslim Traditions Reconsidered: A Review Article." In *Method and Theory in the Study of Islamic Origins*, edited by Herbert Berg, 211–57. Leiden: Brill, 2003.

———. *The Origins of Islamic Jurisprudence: Meccan Fiqh before the Classical Schools*. Translated by Marion Katz. Leiden: Brill, 2002.

———. ed. *Hadith: Origins and Developments*. Aldershots: Ashgate, 2004.

———. ed. *The Biography of Muḥammad: The Issue of the Sources*. Leiden: Brill, 2000.

———. "The Collection of the Qur'ān: A Reconsideration of Western Views in Light of Recent Methodological Developments." *Der Islam* 78, no. 1 (2001): 1–34.

———. "Dating Muslim Traditions: A Survey." *Arabica* 52 (2005): 250–53.

———. "Der Prophet und die Schuldner: Eine ḥadīt-Untersuchung auf dem Prüfungstand." *Der Islam* 77 (2000): 1–83.

Müller, Max. *The Essential Max Müller: On Language, Mythology, and Religion*. Edited by Jon R. Stone. New York: Palgrave MacMillan, 2002.

Nadel, Ira Bruce. *Biography: Fiction, Fact and Form*. London: Palgrave Macmillan, 1984.

Nadwi, M. A. *Al-Muḥaddithāt: The Women Scholars in Islam*. Oxford and London: Interface Publications, 2007.

Noth, Albrecht, and Lawrence Conrad. *The Early Arabic Historical Tradition: A source-Critical Study*. Translated by Michael Bonner. Princeton: The Darwin Press, 1994.

Oakshott, Michael. *On History and Other Essays*. 2nd ed. Indianapolis: Liberty Fund, 1999.

Orfali, Bilal and Gerhard Böwering, eds. *Sufi Inquiries and Interpretations of Abū ʿAbd al-Raḥmān al-Sulamī (d. 412/1021) and a Treatise of Traditions by Ismāʿīl b. Nujayd al-Naysābūrī (d. 366/976–7)*. Beirut: Dar al-Machreq, 2010.

Osman, Rawand. *Female Personalities in the Qur'an and Sunna: Examining the Major Sources of Imami Shiʿi Islam*. London and New York: Routledge, 2015.

Otto, Rudolf. *The Idea of the Holy: An Inquiry into the Non-Rational Factor in the Idea of the Divine and its Relation to the Rational*. Translated by John Harvey. 4th ed. Oxford: Oxford University Press, 1969.

Pachter, Marc, ed. *Telling Lives: The Biographer's Art*. Philadelphia: University of Pennsylvania Press, 1981.

Pederson, Johnnes. "The Criticism of the Islamic Preacher." *Die Welt Des Islam* 2 (1953): 215–31.

Peters, F. E. *Muhammad and the Origins of Islam*. Albany: State University of New York Press, 1994.

——. ed. *The Arabs and Arabia on the Eve of Islam*. Formation of the Classical Islamic World 3. Aldershots: Ashgate, 1999.

Pinault, David. "Images of Christ in Arabic Literature." *Die Welt des Islams* XXVII (1987): 103–25.

Plato, The *Republic*. Translated by Benjamin Jowett. 3rd ed. Oxford: Clarendon Press, 1888.

Pomeroy, Sarah. *Goddesses, Whores, Wives, and Slaves: Women in Classical Antiquity*. New edition. London: Pimlico, 1994.

al-Qadi, Wadad. "Biographical Dictionaries: Inner Structure and Cultural Significance." In *The Book in the Islamic World: The Written Word and Communication in the Middle East*, edited by George N. Atiyeh, 93–112. Albany: State University of New York Press, 1995.

Raven, W. "Sīra." In *EI*2 9 (1997): 660–63.

Renard, John. *Islam and the Heroic Image: Themes in Literature and the Visual Arts*. Macon: Mercer University Press, 1999.

Reynolds, Dwight Fletcher. "Islam and Life Writing." In *Encyclopedia of Life Writing: Autobiographical and Biographical Forms*, edited by Margaretta Jolly, 1: 475–77. London and Chicago: Fitzroy Dearborn Publishers, 2001.

Rippin, Andrew, ed. *The Qur'an: Formative Interpretation*. Formation of the Classical Islamic World 25. Aldershots: Ashgate, 1999.

Robinson, Chase. "Islamic Historiography Writing, Eighth through the Tenth Centuries." In *The Oxford History of Historical Writing*, edited by Sarah Foot and Chase Robinson, 2: 238–66. Oxford: Oxford University Press, 2012.

——. "Al-Muʿāfā b. ʿImrān and the Beginnings of the Ṭabaqāt Literature." *Journal of the American Oriental Society* 116, no. 1 (1996): 114–120.

Robson, James. "Ḥadīth." In *EI²* 3 (1971): 23–8.

——. "Isnād." In *EI²* 4 (1978): 207.

——. "The Isnād in Muslim Tradition." In *Ḥadīth: Origins and Developments*, edited by Harald Motzki, 163–74. Aldershot: Ashgate, 2004.

Roded, Ruth. *Women in Islamic biographical Collections: from Ibn Sad to Who's who*. Boulder and London: Lynne Rienner, 1994.

Roman, André. "Le Temps dans la Langue et la Culture d'Arabie et d'Islam." In *Paroles, Signes, Mythes: Mélanges offerts à Jamal Eddine* Bencheikh, edited by Floréal Sanagustin, 48–65. Damas: Institut Français d'Études Arabes de Damas, 2001.

Rosenthal, F. "al-Fākihī." In *EI²* 2 (1983): 757.

Rubin, Uri. "Muḥammad's Night Journey (Isrāʾ) to al-Masjid al-Aqṣā: Aspects of the Earliest Origins of the Islamic Sanctity of Jerusalem." *Al-Qanṭara* 29, no. 1 (2008): 147–64.

Rupprecht, Carol Schreier. "Archetypal Theory and Criticism," in *The Johns Hopkins Guide to Literary Theory and Criticism*, edited by Michael Groden, Martin Kreiswirth, and Imre Szeman, 2nd ed., 62–67. Baltimore and London: Johns Hopkins University Press, 2005.

Rustomji, Nerina. *The Garden and the Fire: Heaven and Hell in Islamic Culture*. New York: Colombia University Press, 2009.

Said, Edward. *The World, the Text, and the Critic*. Cambridge: Harvard University Press, 1983.

Salamah-Qudsi, A. S. "A Lightning Trigger or a Stumbling Block: Mother Images and Roles in Classical Sufism." *Oriens* 39 (2011): 199–226.

Savage-Smith, Emilie, ed. *Magic and Divination in Early Islam*. Aldershot: Ashgate, 2004.

Sayeed, Asma. *Women and the Transmission of Religious Knowledge in Islam*. New York: Cambridge University Press, 2013.

Schacht, Joseph. *The Origins of Muhammadan Jurisprudence*. 3rd ed. Oxford: Clarendon Press, 1959.

Schacter, Daniel L. *Searching for Memory: The Brain, the Mind, and the Past*. New York: Basic Books, 1996.

Schimmel, Annemarie. *My Soul Is a Woman: The Feminine in Islam*. Translated by Susan Ray. 2nd ed. New York: Continuum, 2003.

Schmid, Nora K. "Quantitative Text Analysis and its Application to the Qur'an: Some Preliminary Considerartions." In *The Qur'ān in Context. Historical and Literary*

Investigations into the Qur'ānic Milieu, edited by Angelika Neuwirth, Nicolai Sinai, and Michael Marx, 441–60. Leiden: Brill 2010.

Schoeler, Gregor. *The Biography of Muḥammad: Nature and Authenticity*. Translated by Uwe Vagelpohl and edited by James E. Montgomery. New York and London: Routledge, 2011.

——. *Écrire et transmettre dans les débuts de l'islam*. Paris: Presses Universitaires de France, 2002.

Shah, Mustafa, ed. *Tafsīr: Interpreting the Qur'ān*. 1–4. London and New York: Routledge, 2013.

Shaheed, Farida and Aisha Lee Shaheed. *Great Ancestors: Women Claiming Rights in Muslim Contexts*. Oxford: Oxford University Press, 2011.

Shils, Edward. *Tradition*. Chicago: The University of Chicago Press, 1981.

Siddiqui, M. Z. *Ḥadīth Literature: Its Origin, Development, and Special Features*. Edited by Abdal Hakim Murad. Cambridge: Islamic Texts Society, 1993.

Smith, Wilfred Cantwell. "Comparative Religion: Whither-and Why?." In *The History of Religions: Essays in Methodology*, edited by Mircea Eliade and Joseph Kitagawa, 31–58. 4th ed. Chicago and London: University of Chicago Press, 1969.

Soroush, Abdulkarim. *The Expansion of Prophetic Experience: Essays on Historicity, Contingency and Plurality in Religion*. Translated by Nilou Mobasser and Edited with Analytical Introduction by Forough Jahanbakhsh. Leiden: Brill, 2009.

Spellberg, Denise A. *Politics, Gender, and the Islamic Past: The Legacy of 'A'isha bint Abi Bakr*. New York: Columbia University Press, 1994.

——. "The Politics of Praise: Depictions of Khadīja, Fāṭima, and 'A'isha in Ninth-Century Muslim Sources." *Literature East and West* 2648–130 :(1990) .

Stowasser, Barbara Freyer. "Khadīja." In *EQ* 31–80 :(2003) .

——. *Women in the Qur'an, Traditions, and Interpretation*. New York: Oxford University Press, 1994.

Totolli, Roberto. "Prophets and Messengers According to the Qur'ān." In *Biblical Prophets in the Qur'ān and Muslim Literature*, 71–79. Surrey: Curzon, 2002.

Troupeau, G. "al-Kindī, 'Abd al-Masīḥ." In EI^2 5 (1986): 123–24.

Trueman, Carl. *Histories and Fallacies: Problems Faced in the Writing of History*. Illinois: Crossway, 2010.

Van Ess, Josef. *The Flowering of Muslim Theology*. Translated by Jane Marie Todd. Canbridge and London: Harvard University Press, 2006.

Vogt, Matthias. *Figures de califes entre histoire et fiction: al-Walıd b. Yazīd et al-Amīn dans la représentation de l'historiographie arabe de l'époque 'abbāside*. Beiruter Texte und Studien 106. Beirut: Orient-Institut, 2006.

Wach, Joachim. *Sociology of Religion*. 7th ed. Chicago: University of Chicago Press, 1954.

——. "On Teaching History of Religions." In *Pro Regno pro Sanctuario*, edited by Willem J. Kooiman, 525–32. Nijkerk: Callenbach, 1950.

Wadud, Amina. *Qur'an and Woman: Rereading the Sacred Text from a Woman's Perspective*. 2nd ed. New York: Oxford University Press, 1999.

Waldman, Marilyn Robinson. "Towards a Mode of Criticism for Premodern Islamicate Historical Narratives." In *Towards a Theory of Historical Narrative: A Case Study in Perso-Islamicate Historiography*, 3–25. Columbus: Ohio State University Press, 1980.

Watt, Montgomery. "Khadīdja." In *EI²* 431–930 :(1978) .

——. *Muhammad at Mecca*. 3rd ed. London: Oxford University Press, 1965.

——. *Muḥammad's Mecca: History in the Qur'ān*. Edinburgh: Edinburgh University Press, 1988.

Wensinck, A.J. and A. Rippin. "Waḥy." In *EI²* 11 (2002): 53–56.

White, Hayden. *The Content of the Form: Narrative Discourse and Historical Representation*. 2nd ed. Baltimore and London: Johns Hopkins University Press, 1990.

——. *The Fiction of Narrative: Essays on History, Literature, and Theory (1957–2007)*, edited by Robert Doran. Baltimore: Johns Hopkins University Press, 2010.

Widdowson, Peter. *Literature*. London and New York: Routledge, 1999.

Worth, Sol. "Pictures Can't Say Ain't." In *Studying Visual Communication*, edited by Larry Gross, 162–84. Philadelphia: University of Pennsylvania Press, 1981.

Yazigi, Maya. "Ḥadīth al-'ashara or the Political Uses of a Tradition." *Studia Islamica* 86 (1997): 159–67.

Zaman, Iftikhar. "The Science of Rijāl as a Method in the Study of Ḥadīths." *Journal of Islamic Studies* 5 (1994): 1–34.

مسرد الأعلام الواردة أسماؤهم في المتن